AF524334

Bibliografische Information der Deutschen Nationalbibliothek:
Die Deutsche Nationalbibliothek verzeichnet diese Publikation in der Deutschen Nationalbibliografie; detaillierte bibliografische Daten sind im Internet über www.dnb.de abrufbar.

oekom – Gesellschaft für ökologische Kommunikation mbH
Waltherstraße 29, 80337 München

Layout und Satz: Reihs Satzstudio, Lohmar
Korrektur: Elena Bruns
Umschlaggestaltung: Mirjam Höschl, oekom verlag
Umschlagabbildung: © mimadeo/Adobe Stock
Druck: CPI books GmbH, Leck

ISBN 978-3-96238-325-1

Carsten Hobohm

Natur und Kultur

in Zeiten
der ökologischen Krise

---

*Ein Plädoyer für den Erhalt
von Biodiversität und Ökosystemen*

Inhaltsverzeichnis

1 Einleitung

Wenn Aliens die Erde besuchen würden, wäre sicherlich eine ihrer ersten Fragen an die Menschen: »Was ist für euch am wichtigsten?«

Die meisten Menschen würden vermutlich antworten: »Glück, Liebe, Gesundheit, genügend zu essen und zu trinken, Frieden, Freiheit, Arbeit …«

»Und was sind eure Wünsche für die Zukunft?«

»Optimale Voraussetzungen für das Leben unserer Kinder und zukünftiger Generationen.«

»Und wie wollt ihr dies in Anbetracht all der Zerstörungen in der Natur bewerkstelligen?«

Die Aliens wären mit Sicherheit erstaunt über die Ungewissheit und Hilflosigkeit der Menschen angesichts dieser Frage.

Frei übersetzt nach Hobohm et al. 2021.
Landuse change and the future of biodiversity, S. 451.

Wissenschaftliche Analysen der Vorgänge und Probleme in der Umwelt gibt es mittlerweile in einer schier unüberschaubaren Fülle. Hinzu kommen Prognosen, Überlegungen zur sozialökologischen Transformation, Nachhaltigkeitsstrategien, Bedenken, Kompromissvorschläge und eine rege Diskussion zur Frage, ob nicht dieses und jenes noch vorab geklärt oder berücksichtigt werden müsse. Dass die Umwelt momentan besonders intensiv genutzt und geschädigt wird, ist offensichtlich und wird von vielen Menschen zunehmend mit Sorge wahrgenommen. Doch wie eng ist die Beziehung zwischen den kulturellen Handlungen und Ökosystemdienstleistungen, zwischen der Erhaltung der Biodiversität in den Ökosystemen und der Gesundheitsvorsorge?

Für die Zukunft der Menschheit und das Überleben der Arten ist es notwendig, die Auswirkungen der Landnutzung in Kombination mit den sich wandelnden klimatischen Verhältnissen detailgetreu zu analysieren und über effektive Möglichkeiten der Schadensbegrenzung und Umweltvorsorge nachzudenken. Sind Restriktionen das Mittel der Wahl oder könnte es auch andere Lösungen auf der Grundlage von Kreativität und kulturellen Maßnahmen geben?

Natur und Kultur wirken an ihren entferntesten Enden wie ein Gegensatzpaar. In einem breiten Übergangsbereich sind sie zugleich eine merkwürdige Melange und unzertrennliche Einheit, die für das kulturelle und soziale Leben konstitutiv ist. Die Betrachtung und Analyse elementarer Ökosystemfunktionen sind der Weg, auf dem zwei miteinander in Beziehung stehende Ziele verfolgt werden können: die Erhaltung der Biodiversität und die Erhaltung der kulturellen Grundlagen menschlichen Befindens.

Es ist davon auszugehen, dass die Annehmlichkeiten menschlicher Errungenschaften inklusive kultureller Entwicklungsmöglichkeiten kaum zu bewahren sind, ohne die Erhaltung der lebendigen Natur, der Biodiversität und Ökosystemdienstleistungen dabei in den Blick zu nehmen. Wenn wir die Natur andererseits weiterhin so malträtieren, wie wir dies derzeit tun, werden kulturelle Möglichkeiten schrittweise eingeschränkt und Probleme der Gesundheit und des Wohlbefindens dramatisch zunehmen.

Bestrebungen zur Überwindung der Natur-Kultur-Dichotomie können zu einem besseren Verständnis der Umwelt im Allgemeinen und zu einem Katalog von sehr konkreten Implikationen und Möglichkeiten der Umsetzung umweltpolitischer Maßnahmen beitragen. Auf der anthropozentrischen, biozentrischen und holistischen Ebene wäre beispielsweise auszuloten, in welcher Weise die Umweltpolitik, das soziale Leben und die Menschenrechte in Zukunft unter Berücksichtigung des Existenzrechts des Lebens, der Natur und Artenvielfalt komponiert und ausgestaltet werden können. Welche Aufgabe darf oder muss die globalisierungsaffine Makroökonomie der Zukunft dabei übernehmen?

Die ökologische Krise hat viele Gesichter. Zu den wichtigsten gehören der Klimawandel, Einbußen in der Qualität von Wasser und Böden sowie die rabiate Nutzung der Ökosysteme. Der Klimawandel und die Zunahme von Extremwetterereignissen stellen ein erhebliches Umweltproblem mit schwer einschätzbaren Risiken dar. Langsam setzt sich aber auch die Erkenntnis durch, dass die Auswirkungen der veränderten Landnutzung inklusive Umbau der Energiewirtschaft mit einer in die Fläche greifenden Nutzung regenerativer Energien nicht unproblematisch sind und bislang deutlich unterschätzt wurden. Die ökologischen Probleme sind längst virulent, der Umbau der Landschaften und die Zerstörung von Ökosystemen vollzieht sich vor unseren Augen; die Artenvielfalt ist nicht nur bedroht, sie wird aktuell in einem bislang nicht dagewesenen Ausmaß dezimiert. Umweltbelastungen, die Intensivierung der Landnutzung, Veränderungen in den Ökosystemen und der Klimawandel stellen zusammen ein gravierendes Problem dar. Schon jetzt sterben Millionen von Menschen an den Folgen der Umweltverschmutzung, jedes Jahr. Und es stellt sich die Frage, in welcher Weise sich der Schwund der Artenvielfalt auf die Gesundheit und das kulturelle Leben auswirken wird.

Wie sehr ist die Kultur von der Natur abhängig, und wie sehr wird die Natur durch Kultur beeinflusst? Wie viel Distanz zur Natur, wie viel Wildnis, Unberührtheit, Ursprünglichkeit, aber auch emotionale Verbundenheit und Naturerfahrung ist wichtig, um die Artenvielfalt und Ökosysteme erhalten zu können?

Man kann nur schützen, was man kennt. So lautet eine häufig strapazierte einfache Weisheit. Muss man wirklich alles kennen, was man schützen möchte? Kann man die Natur nicht einfach sich selbst überlassen? Wie viel Nähe und Eingriffe sind notwendig, um Ökosysteme auch weiterhin nutzen zu können? Gibt es Lebensräume, die von Menschen gepflegt werden müssen, damit sie und ihre Lebensgemeinschaften erhalten bleiben? Muss das Schalenwild durch Jagd reguliert werden, damit der Laubwald in Europa gedeihen kann? Wie bedeutsam ist die Eliminierung von invasiven Arten für die Natur und das Überleben von archaischen und endemischen Arten auf Inseln? Vielleicht ist die Annahme, dass die Natur sich selbst am besten hilft, nicht in jedem Fall zielführend?

Jede Wissenschaftsdisziplin nutzt drei Grundprinzipien – Empirie, Sprache, Logik. Dabei wird der Logik oft die größte Bedeutung beigemessen. In den Naturwissenschaften wird wie in anderen Disziplinen auch Wert auf begriffliche Schärfe und die Bedeutung der Fachsprache gelegt, allerdings weniger auf rhetorische Stilmittel oder sprachästhetische Aspekte. Die kompositorische Bedeutung dieser drei Prinzipien ist allerdings kein Naturgesetz. Wissenschaft will erklärt und gehört werden. Auch aus diesem Grund werden alle drei Prinzipien in dieser Schrift als gleichrangig betrachtet. Das bedeutet aber auch, dass sprachanalytische Ausführungen einen für naturwissenschaftliche Betrachtungen eher ungewöhnlichen Raum einnehmen.

In dieser Erörterung wird sehr viel darüber diskutiert, was einzelne Begriffe bedeuten, in vielen Fällen wird die klassische Etymologie bemüht. Das Wort ist der Weg, das Werkzeug, die Wunderwaffe, das ultimative World Wide Web. Begriffe werden geboren, wandeln sich, altern und zum Schluss werden sie dann nicht mehr gebraucht – wie die Lehman-Bank oder Plastiktüten. Zu jedem Zeitpunkt sagen Worte über den Kontext, in den sie eingebunden sind, und über die psychosoziale Umwelt, in die man sich freiwillig hinein begibt und unfreiwillig hin- und her gestoßen wird wie im quirligen Durcheinander von Autoscootern, eine Menge aus.

Einige Ausdrücke werden in dieser Schrift bewusst nicht oder nur unter Vorbehalt verwendet, auch wenn sie zum umgangssprachlichen Allgemeingut gehören. Dazu gehören zum Beispiel die intakte Natur und das ökologische Gleichgewicht, weil damit üblicherweise Vorstellungen bedient werden, die unserem Bedürfnis nach Harmonie eher entsprechen als einer objektiven Beschreibung der Natur- und Kulturgeschichte. Klimaneutralität gibt es natürlich, theoretisch. Was da allerdings derzeit alles als klimaneutral hochgejazzt wird, ist atemberaubend – Städte, Elektroautos, Biogasanlagen, Tourismus und einiges mehr. Auch der damit verbundene Ablasshandel muss hier keine theoretische oder moralische Unterstützung erfahren.

Mit dieser Abhandlung soll auch aufgezeigt werden, dass wir noch weit von der entwickelten Gesellschaft entfernt sind, die wir uns und den bemitleidenswerten, ökonomisch schwachen Gemeinschaften mit den vielen armen, kranken, hungernden und flüchtenden Menschen gern vollmundig als real existierend vorzugaukeln geneigt sind. Ja, wir tragen das Bild der demokratischen, toleranten und modernen Gesellschaft gern als Alltagsmaske vor uns her, möchten vielleicht selbst daran glauben und vergessen den Klamauk dabei. Freiheit? Gerechtigkeit? Smoothie-Mixer? Und gleichzeitig machen Europa und Deutschland nicht nur in der Klimapolitik einen ziemlich miserablen Job, sondern wegen der Kollateralschäden in der Land- und Forstwirtschaft inklusive gut gemeinter Installationen auch im Management der Wasserqualität, Lufthygiene, Landschaften, Ökosysteme und im Artenschutz. Dabei wäre das vollkommen unnötig, denn es gibt Möglichkeiten und Handlungsspielräume.

Fehlendes Verantwortungsbewusstsein und Vetternwirtschaft im Verein mit einem jedes abwägende Argument zukleisternden und den Turbokapitalismus befeuernden Freiheitsideal werden die Lebensbedingungen von Menschen, Pflanzen, Insekten und anderem Getier zunehmenden Risiken aussetzen, während die kluge Kultivierung aller menschlichen Programme das Verhältnis von Mensch und Umwelt, von Natur und Gesellschaft mutmaßlich bereichern würde. Umgekehrt ist davon auszugehen, dass Tier- und Pflanzenarten, die unwiderruflich ausgestorben sind, dass jedes Ökosystem, welches zerstört, und jede Insel, die untergegangen ist, kulturelle Verluste zur Folge haben wird, indem Bilder, Landschaftskulissen, Nutzungspotenzial, Eigenwerte und Möglichkeiten der Reflexion verloren gehen. Dies wirkt sich auch auf das Spektrum ästhetischer Zugänge aus, auf Spiritualität, Rituale, Kunst, Freizeit und Erholung. Allein das Wissen um einen kontinuierlichen Abwärtstrend der Biodiversität kann uns und unsere psychosoziale Lebenswirklichkeit belasten.

Dort die Natur, hier die Kultur, diese Vorstellung können wir getrost ad acta legen. Sie kann die ganze Geschichte nicht einmal ansatzweise erzählen. Von Menschen unbeeinflusste Natur ist nicht mehr zu haben. Kultur ohne Natur hat es nie gegeben.

Auch die Vermutung, dass die globale Zunahme materiellen Reichtums und technische Neuerungen den außerordentlich tragischen Prozess der Verarmung in den Ökosystemen überkompensieren, dass Naturkapital in irgendeiner Weise durch menschliche Produkte plus Recycling ersetzt werden könnte, ist längst widerlegt. Jeder Blick auf eine einzelne Vogelfeder zeigt, so etwas würden wir nie hinbekommen. Darin stecken dann doch einige

Millionen Jahre mehr an Entwicklungsarbeit und vielschichtiger Lebenserfahrung.

Das ambivalente Verhältnis des Menschen zu sich selbst, sein Verhältnis zur inneren und äußeren Natur, ein häufig technokratischer und zugleich verschwenderischer Umgang mit den Ökosystemen und der Biodiversität, die Vielschichtigkeit und Widersprüchlichkeit, mit der die Natur und Kultur wechselseitig unabgestimmt aufeinander losgelassen werden, vor allem aber der Reichtum mutualistischer Bezüge stehen im Zentrum der hier dargelegten Analysen und Erzählungen. Das Anliegen dieser Schrift ist es, das tradierte aber nicht mehr erfolgversprechende Muster der Orientierungen entlang einer unbarmherzigen Natur-Kultur-Dichotomie infrage zu stellen und eine freundschaftliche Kultur-Natur-Beziehung als wertvollen und realistischen Weg zu skizzieren. Die von den Wissenschaften zu diesem Thema vorgelegten Mosaiksteine sind noch weit davon entfernt, sich zu einem Gesamtbild zusammensetzen zu lassen. Es ist auch zu komplex, um bereits jetzt mit mathematischen Modellen realistische Prognosen wagen zu können. Das ist einer der Gründe für die gewählte Form der Darstellung und die Auswahl an Beispielen.

In dieser Schrift sollen Aspekte eines kultivierten Umgangs mit der Natur skizziert werden. Dabei wird versucht, auf Dogmen zu verzichten. Der Text soll Fragen aufwerfen, Ideen präsentieren, gern auch Mehrheitsmeinungen infrage stellen, aber nichts beweisen. Dennoch handelt es sich bei dieser Erörterung um mehr als nur eine wertneutrale Analyse.

Um den Gesamtzusammenhang von den planetaren Grenzen und abiotischen Faktoren über die kulturelle Ausgestaltung gesellschaftlichen Lebens bis hin zur Bedeutung der Natur für die darstellende Kunst und Lyrik aufzeigen zu können, wurden Stilmittel eingesetzt, die über rein sachliche Bezüge des engen Rahmens der Naturwissenschaften hinausgehen. Es wurde Wissenschaftlichkeit bemüht, zusätzlich wurden aber auch persönliche Beobachtungen, Analysen, Überlegungen und Kommentare eingeflochten. Es ist hoffentlich leicht festzustellen, wo wissenschaftliche Neutralität in subjektiv wertende Darstellung mündet. Kultur ist mehr als Wissenschaft und Natur ist mehr als Poesie.

Welche konkreten Ziele werden mit dieser Schrift verfolgt? Gibt es gesellschaftliche Prozesse, die unbedingt unterstützt werden sollten? Die gibt es. Allerdings stehen nicht die großen Fragen, Konzepte und Lösungen im Vordergrund dieser Erörterung. Die haben ja nichts gebracht, auch wenn sie als Hintergrundbelastung überall mitschwingen, sondern die Feinheiten, Gemeinheiten und Unschärfen der kleinteiligen Agenda, die Vermeidung von Konflikten, die sich nur deshalb ergeben, weil wir gekonnt aneinander vorbeireden. Und auch die Überzeugung, dass das Böse der Preis der Freiheit sei, mehr noch, die Forderung nach einem Diskurs verantwortungsvoller Kontrolle der Freiheit, nach der Grundsteinlegung einer Sozialphilosophie der Deliberalisierung unausgewogener Freiheitsrechte für alle Bereiche der Gesellschaft und Umwelt soll an dieser oder jener Stelle zum Ausdruck gebracht werden.

Die Erzählung dieser Schrift ist der Weg, es sind die kleinen tänzelnden Schritte. Der Kommunismus hat versagt, freie Marktwirtschaft existiert nur in homöopathischen Dosen und bringt ansonsten kaum adäquate Lösungsansätze für die Umweltprobleme, der Turbokapitalismus ist entfesselt, monströs und geht über Leichen. Vielleicht kann man eine quer dazu liegende Ebene, die es längst gibt, verstärken, die eines kultivierten Umgangs mit der inneren Natur von Menschen und der äußeren Natur in den umgebenden Landschaften. Auch das kulturelle Leben selbst, unsere zweite Natur, sollte davon profitieren können.

Kulturelles Handeln betrifft jedenfalls nicht nur die zwischenmenschliche Ebene, sondern auch den Umgang mit den Elementen auf der einen Seite und mit allen anderen Lebewesen und Ökosystemen auf der anderen. Die gibt es nämlich auch noch. Die Überheblichkeit, mit der wir uns gern ausschließlich mit uns selbst als Gattungswesen beschäftigen, ist gelegentlich mindestens ignorant, ein Luxusliner, der wie selbstverständlich nicht nur die Natur gegen die Wand fährt. Die damit verbundene Vergnüglichkeit ist aber überhaupt nicht ratsam, wenn man letztlich feststellen muss, dass der Ast, an dem man gerade sägt, der ist, auf dem man sitzt. Spätestens, wenn es eng wird mit den Ressourcen, mit der Energie, der Nahrung, den Böden oder dem Wasser, werden wir uns daran erinnern dürfen. Hoffentlich ist der

Ausverkauf der Ökosysteme und der Abwärtstrend der biologischen Vielfalt bis dahin noch nicht allzu weit fortgeschritten.

In dieser Schrift wird hartnäckig die These vertreten, dass es sich bei den Ausdrücken »Kultur« und »Freiheit« in gewisser Hinsicht um ein Gegensatzpaar handelt, während veranschaulicht werden soll, dass die Begriffe »Kultur« und »Natur« untrennbar miteinander verbunden und zwei Seiten derselben Medaille sind; nur dass man der Natur das Attribut der Harmonie nicht andichten sollte. Man muss die vom Aussterben bedrohten Lebewesen und das Verhalten von Menschen ja nur beobachten. Auf der Zeitachse sollte man darüber hinaus nicht immer wieder Heilsversprechen, zu denen auch einige Konzepte der Nachhaltigkeit gehören, strapazieren. Verantwortung im Kindesalter zu üben und später zu übernehmen, das ist vermutlich ein sehr wichtiges Ansinnen, das es zu konkretisieren gilt – Umwelterziehung, Gesundheitserziehung, Verantwortung für das Leben. »Bildung ist die mächtigste Waffe, die wir nutzen können, um die Welt zu verändern« – Nelson Mandela. Und wenn Erziehung, Umweltbildung und Verantwortung dann noch sinnvoll miteinander kombiniert werden, wäre es vielleicht möglich, die Schäden der ökologischen Krise irgendwann zu begrenzen. Wenn wir dies nicht schaffen, wird der langsame Tod der Natur unweigerlich zu soziokultureller Verarmung und einem erheblich gesteigerten Risiko für die Gesundheit führen.

Warum stellt überhaupt noch jemand Analysen, Kommentare und Essays zu einem – dann auch noch gedruckten – Buch zusammen? Bekommt man nicht alles und jedes viel schneller, origineller und umfassender über das Internet heraus?

Sowohl das Tempo als auch die Unübersichtlichkeit des Internets scheinen für den Feinschliff einer auf Muße, Entschleunigung und Kultivierung abhebenden Erörterung nicht besonders gut geeignet zu sein. Der Text wurde und wird seit Jahren immer und immer wieder überarbeitet – wie ein Acker, der regelmäßig von Neuem bestellt wird. Die Unkräuter bleiben dort stehen, wo sie sind, weil sie ökologisch hervorragend dort eingenischt sind, wo sie wachsen. Und es macht eben doch einen Unterschied, ob man für sich selbst einen Haufen Dokumente auf dem eigenen Rechner zusammensammelt und diese wie unbearbeitete Fotos in Ordnern ablädt oder ob man sich vornimmt, eine strukturierte Abhandlung zu verfassen und anfängt, die Bilder zu sortieren und zu beschriften. Das Buch richtet sich damit vor allem an Menschen, die bereit sind, zwischendurch einen Gang runterzuschalten.

Die inhaltliche Motivation, Diskussionsbeiträge und Erörterungen zum Themenkomplex Natur und Kultur zusammenzustellen, bestand darin, herauszufinden, wohin der Hase läuft und wie wir es vermeiden können, den Karren vollends in den Sand zu setzen. Hinter diesem Unterfangen verbirgt sich nicht nostalgische Rührseligkeit oder der zum kläglichen Scheitern verurteilte Versuch der Rekonstruktion einer zeitgenössischen Etymologie von Brehms Tierleben durch einen Hobbyphilologen, sondern die Frage, wie wir mit dem Wachstum der Weltgemeinschaft, dem Ressourcenhunger und den Umweltproblemen umzugehen gedenken.

Wo können wir selbst aktiv werden? Wie könnte etwas umgesetzt werden? Wann sind wir zu schwach und die Politik ist gefordert? Können wir das Übel an der Wurzel packen oder müssen wir an den Symptomen arbeiten? Die eigene Sicht zeitgenössischer Irrationalismen sollte in dieser Abhandlung durchaus zum Ausdruck gebracht werden. Den Tugendpfad der Wissenschaftlichkeit zu verlassen, ist dann essenziell. In das Buch sind natur-, umwelt- und kulturwissenschaftliche Erkenntnisse sowie persönliche Erlebnisse und Erinnerungen eingeflossen. Auch die eine oder andere Realsatire sollte ihren Platz erhalten. Die Beziehung von Natur und Kultur mündet einerseits in die ökologische Krise, die bereits seit einigen Jahrzehnten um sich greift, sie hat auf der anderen Seite aber auch eine helle Seite, die ausbaufähig ist. Das Ziel war es insbesondere nicht, alles sachlich und flauschig weich zu verpacken, sondern die Verbindung harter naturwissenschaftlicher Fakten mit gesellschaftlichen, ökonomischen und kulturellen Vorgängen wenigstens teilweise auch in anekdotischer Art und Weise aufzuzeigen.

Die Frage dabei ist nicht unbedingt, was der Weg mit den Zielen, die Sieger mit der Geschichte oder die Fake News mit der Wirklichkeit machen. Denn das vornehme Recht, diese Frage in unangemessener Weise zu beantworten, liegt bei den Machtzentren mit dem ihnen eigenen Konzentrat aus oligarchischer Verflochtenheit, juristischer Spitzfindigkeit und merkantilistischer Definitionsgewalt – Glyphosat, ein Fruchtcocktail ohne Zucker. Die Frage ist, wie lange das noch so weitergehen soll.

Mit dieser Erörterung wird trotz einer um sich greifenden Dystopie und trotz der Schwere objektiver Bedrohungsszenarien versucht, positive Ansätze vor allem im kulturellen Bereich auszuloten. Auch wenn wissenschaftliche Analysen zum Klimawandel und zur ökologischen Katastrophe global bedrohlich erscheinen, können auf der regionalen Ebene durchaus überzeugende Lösungen für richtungsweisende Umweltpolitik auf kultureller Basis aufgezeigt werden. Zum Nulltarif sind diese natürlich nicht zu haben. Aber es gibt mehr als nur eine Möglichkeit.

Kurzum, es wurde der Versuch unternommen, profunde Wissenschaftlichkeit, provokante Thesen, kulturelle Aspekte und die persönliche Faszination der Natur ebenso miteinander zu verknüpfen wie die subjektiv-zweckskeptizistische Position mit der theatralischen.

Aufgrund der besseren Lesbarkeit wird in dieser Schrift in aller Regel das generische Maskulinum verwendet. Gemeint sind jedoch immer alle Geschlechter. Unabhängig davon ist zu vermuten, dass jede auf sprachliche Veränderung abzielende Lösung zur Gleichberechtigung von Lebenswelten scheitern wird, solange Ungerechtigkeiten nicht auch praktisch beseitigt sind.

Das Buch ist in Themenblöcke unterteilt.

Der erste Themenblock nach der Einleitung beginnt mit einem kurzen Blick in die Vergangenheit. Für die Organisation der Zukunft ist die Kenntnis vergangener Vorgänge hilfreich. Welche Rolle haben Argumentationsmuster gespielt und welche Tendenzen zeichnen sich ab? Welche Funktion übernimmt die Wissenschaft und ist Wissenschaft in der Lage Schlimmeres zu verhindern?

Der zweite Block mit der Überschrift *Natur und Natürlichkeit* behandelt vor allem die Rolle der Menschen in der Natur, den Umgang mit den eigenen natürlichen Antrieben und der Gesundheit sowie den Einflüssen, Wechselwirkungen und Maßnahmen in der natürlichen Umgebung.

Daran knüpfen zwei Themenblöcke an, die ausgewählte Großregionen, Ökosysteme sowie Arten oder Artengruppen jeweils in ihrem Verhältnis zu den ökologischen Bedingungen, zur menschlichen Nutzung und sich daraus ergebenden Bedeutung behandeln.

Es folgt der Themenkomplex *Wirtschaft, Politik, Umweltvorsorge* mit Analysen ökonomischer Bedingungen, aktueller Umweltprogramme, gesellschaftlicher Rahmenbedingungen und Prozesse und einer Einschätzung möglicher Lösungsansätze.

Eine Erörterung, die sich auf *Symbole, Sprache und Übereinkünfte* bezieht, ist im Zusammenhang mit Natur, Ökologie und Umwelt sicherlich eher ungewöhnlich. Doch der strategische Einsatz von Sprache und die Bedeutung von Formulierungen sollten auch in der aktuellen Debatte zum Thema Klimakrise-Umweltvorsorge-Naturschutz nicht unterschätzt werden. Es kann gezeigt werden, dass keinesfalls nur wissenschaftliche Erkenntnisse und Sachanalysen maßgeblich für Erfolge in der Umweltpolitik sind, sondern auch Geisteshaltungen und Grundüberzeugungen eine wichtige Rolle spielen. Was macht das Wort auf dem Weg mit dem Ziel?

2

Ein kurzer Blick in die Vergangenheit

2.1

Prinzipien der Wissenschaft – Empirie, Sprache, Logik

Nichts ist sicher. Wissenschaft bedeutet zu allererst Fragen zu stellen, genau zu beobachten, Erkenntnisse zu sichern und Zweifel zu äußern. Jede noch so felsenfeste Tatsache ist eingesponnen in ein Netz aus Messungen, Analysen, Interpretationen, Hypothesen und Schlussfolgerungen. An all diesen Knotenpunkten wackelt die Wahrnehmung der Realität beträchtlich, und Bedenken sind grundsätzlich angebracht. Wenn aber keine Erkenntnis wirklich so sicher ist, wie sie vielleicht auf den ersten Blick erscheinen mag, würde sich diese Aussage aufgrund der in ihr verankerten Unumstößlichkeit selbst widersprechen. Nichts ist sicher.

Immerhin, für das Alltagsgeschehen und politische Entscheidungen ist ja nicht ganz unwichtig, ob man wissenschaftlichen Erkenntnissen trauen darf, ob das Auto fahrtauglich ist oder der Reifen bei großer Geschwindigkeit platzen könnte. Wir müssen uns auf den Wert von Analysen, Messungen und wissenschaftlichen Erkenntnissen verlassen können. Es wäre umgekehrt vertrauensbildend, wenn Wissenschaftlichkeit sich nur der Wahrheit, Neutralität und Objektivität verpflichtet fühlen würde.

Doch welche Funktion übernimmt Wissenschaft zum Beispiel während einer Krise, während einer Pandemie oder angesichts der Erderwärmung? Was bedeutet Wissenschaft für die ökonomischen Vorgänge? Offensichtlich ist Objektivität kein Selbstzweck, denn auch Wissenschaft ist eine Dienstleistung.

Schon der einfache Blick mit dem Auge fängt viel mehr Signale ein, als ein Gehirn verarbeiten könnte. Vom Signal über die Reizverarbeitung bis zur menschlichen Reaktion muss gefiltert und das heißt insbesondere Wichtiges von Unwichtigem getrennt werden. Woher aber weiß die Schaltzentrale, was wichtig und unwichtig ist? Wir probieren es natürlich aus, von Anfang an. Menschliches Verhalten ist über weite Strecken ein Mensch-ärgere-dich-nicht-Spiel. Die Realität stutzt uns dabei immer wieder ordentlich zurecht. Und auch wenn wir die Natur durch das Mikroskop anschauen oder Dinge mit aufwendigem Gerät in den Forschungslaboren messen, ändert das nichts am Prinzip. Man kann die Ungenauigkeit von Messgeräten und statistischen Verfahren sogar einschätzen – mehr oder weniger genau.

Bereits direkt nach der Geburt kommt eine ballonartige Brust auf uns zu und versorgt uns mit einem wunderbaren Milchfluss komatöser Zufriedenheit. Schon bald darauf erfahren wir fürchterliche Schmerzen, zum Beispiel wenn der Popo wund ist oder nachdem sich eine Whiskey-Verköstigung feucht-fröhlich in die Länge gezogen hat. Unsere Wahrnehmung wird von Anfang an durch Erfahrungen konditioniert. Alltägliche Vorgänge und weltpolitische Ereignisse werden den eigenen Erfahrungen entsprechend, aber auch in Abhängigkeit von den Argumenten der sozialen Gruppe und der Intensität medialer Präsenz in bestimmte Deutungsrahmen eingebettet – Schubladendenken *(framing)*. Was dabei herauskommt, ist eine ganz persönliche Sicht der Dinge, mitnichten ein umfassendes Abbild der Realität. Die Realität wäre viel zu komplex, und die frames sind emotional und normativ durchgestylt. Der kleine Teilbereich der Realität, der nach dem Filterprozess überhaupt verarbeitet werden kann, wird also mindestens auch noch eingefärbt, wenn nicht gar komplett neu arrangiert.

Kann Wissenschaft zur Objektivität jenseits von subjektiven und intersubjektiven Deutungsmustern beitragen? Auch Wissenschaft kann immer nur sektoral arbeiten. Auch das Wissen ist natürlich ein Konstrukt und deshalb eine der wenigen schlichten Wahrheiten einer Realität, die sich zwar möglicherweise nackt zu erkennen gibt, die intersubjektiv und umfassend aber nicht originalgetreu wahrzunehmen und nur konstruktivistisch darzustellen ist. Dadurch bekommt dieser Strang der Wirklichkeit die Form einer in sich gekrümmten tautologischen Schnecke.

Was kann Wissenschaft leisten? Wie ehrfürchtig darf man der Wissenschaft gegenüber sein? Wenn Wissenschaft sich irrt, was bedeutet dies dann für politische und wirtschaftliche Entscheidungen, die sich auf Wissenschaft berufen? Einigkeit in *der* Wissenschaft gibt es jedenfalls nur höchst selten, auch nicht jene, auf die sich zum Beispiel Klimaaktivisten oder Gesundheitsminister während einer Pandemie berufen. Wissenschaft ist kein Heiligtum.

Soziologische und geschichtswissenschaftliche Studien befassen sich zunehmend mit der Systematik wissenschaftlicher Strategien im Sinn von gezielter Ignoranz, der Nichtproduktion von Wissen – *Undone Science*. Wer hat Interesse an bestimmten Ergebnissen, und wer möchte, dass bestimmte Dinge nicht geklärt werden? Nicht finanziell geförderte Studien und Wissen, das kaum wahrgenommen wird, auf der einen Seite und extrem aufwendige Auftragsforschung auf der anderen sind zwei Antipoden, die sich unter anderem im Verhältnis zu den Einflüssen von außen unterscheiden und zwischen denen sich die konstruktivistische Forschungsrealität der Hochschulen, Ministerien und Wirtschaftsgiganten bewegt.

Elfenbein ist das Material der Stoßzähne von Elefanten. Man kann daraus hübsche Schachfiguren schnitzen oder Schmuck herstellen. Das ist nunmehr aus Gründen der Arterhaltung fast überall verboten und gilt als unmoralisch bis zum Gehtnichtmehr. Als Symbol der Reinheit wurde der Begriff Elfenbeinturm vermutlich erstmals im Hohelied der hebräischen Bibel verwendet – um den Hals der Jungfrau Maria zu charakterisieren. Seit dem 19. Jahrhundert symbolisiert der Elfenbeinturm den Ort der Abgeschiedenheit und Unberührtheit, an dem Literatur und Kunst, Forschung und Wissenschaft zwanglos und ohne Einfluss von außen zur Vollendung gelangen können.

Tatsächlich sind die Freiheit in Forschung und Lehre und das immerwährende Streben nach Neutralität und Objektivität in Deutschland ein hohes Gut, das nach dem Zweiten Weltkrieg eine besondere Wertschätzung erfahren hat (Art. 5 GG). Es gibt nicht viele Nationen, in denen die Freiheit der Wissenschaft so hoch gehängt wurde. Diese Wertschätzung hängt auch mit den leidvollen Erfahrungen im Dritten Reich und den menschenverachtenden Versuchen von Leuten wie Joseph Mengele in Auschwitz zusammen.

Und doch gibt es Einflüsse auf die Inhalte und Methoden der Wissenschaft von staatlicher oder privater Seite überall dort, wo es sich lohnt Einfluss zu nehmen. Forschung muss finanziert werden, Drittmittel müssen eingeworben werden, und Erkenntnisse müssen publiziert werden. Die entsprechenden Gelder müssen vorab beantragt, eingeplant und genehmigt werden. Der flächendeckende Lobbyismus, der zum Beispiel viele Bereiche der Pharmazie von der Erprobung eines Medikaments bis zur Verschreibung in den Arztpraxen fest im Würgegriff hat, hat aber längst alle Nuancen eines schalen Beigeschmacks übertroffen. Wenn die Entwicklung, Erforschung, Erprobung und Anwendung von Medikamenten oder Pestiziden ökonomisch begründet ist, wenn Ergebnisse geschönt oder aus politischen und ökonomischen Gründen in der Schublade bleiben, dann ist das Produkt in aller Regel sehr teuer, manchmal unwirksam oder im ungünstigen Fall sogar problematisch. Haben wir den Kampf gegen die Mafia, Vetternwirtschaft, Klüngelklubs, Filzokratien, gegen den Lobbyismus also auch in der Wissenschaft längst verloren – ein Kampf gegen Windmühlenflügel? Die Produktion von pharmazeutischen Produkten, Abgasen, Kohlendioxid, Pestiziden und anderen in der Umwelt zu verteilenden Stoffen bewegt sich auch mit Billigung nationaler und internationaler Ministerien immer am Rande der Legalität eigener Regularien und im Grenzbereich von Kompromissen, bei denen die Gesundheit und das Leben von Menschen, Flora und Fauna aufs Spiel gesetzt werden.

Wie sieht die objektive Beschreibung der Wirklichkeit von wissenschaftlicher Seite aus? Negative Auswirkungen von Medikamenten und Pestiziden auf unsere Gesundheit sind ja auch mithilfe wissenschaftlicher Untersuchungen immer wieder aufgedeckt worden. Wissenschaft ist glücklicherweise in der Lage, die Realität mehr oder weniger naturgetreu abzubilden, theoretisch jedenfalls. Es gibt fast überall Korrekturmechanismen, zum Beispiel wenn wissenschaftliche Erkenntnisse oder deren Anwendungen allzu sehr an der Wirklichkeit vorbeischrammen, vielfach im Schulterschluss mit den Medien. Wissenschaft ist aber keinesfalls in der Lage, die ganze Geschichte zu erzählen.

Und auch wenn sich wissenschaftliche Methoden durch zunehmend hohe Standards auszeichnen, so können Analysen nur Ergebnisse hervorbringen, die methodologisch erfassbar sind. Gleichzeitig müssen all jene Zusammenhänge ignoriert werden, die noch nicht analysiert worden sind oder ausgemustert wurden und in den Schubladen verschwanden.

Das Tagesgeschäft der Gemeinschaft, in die Wissenschaftler eingebunden sind, wird immer auch durch die persönliche Attitüde, die Schwächen und Vorlieben ihrer Mitglieder beeinflusst. Es gibt bestärkende und abschwächende Einflüsse auf das wissenschaftliche Verhalten. Diese führen zu Modewellen und Gepflogenheiten in den Wissenschaftsdisziplinen. Man sollte darüber hinaus das konservative Moment der Wissenschaft nicht unterschätzen. Es dauert gelegentlich sehr lange, bis die Erde rund und die Evolution anerkannt ist, und es bedarf dann schon einiger Sturheit, um sich unbeirrt und frei von all diesen Einflüssen wissenschaftlich zu positionieren. Das schaffen nicht alle.

Wissenschaftler wollen in aller Regel, dass ihre Erkenntnisse wahrgenommen werden, sie wollen zitiert werden, möglichst großflächig und nachhaltig, und natürlich stehen sie Zusatzgeschäften nicht in jedem Fall ablehnend gegenüber. Aus den genannten Gründen ist Wissenschaft voll am Geschehen beteiligt, und das heißt auch, dass sie sich immer wieder bemühen muss, die vermeintliche Objektivität oder Neutralität anzustreben.

Die Prinzipien der Wissenschaft können Eindeutigkeit nicht erzwingen. Sie öffnen der Scharlatanerie und dem Okkultismus nicht unbedingt Tür und Tor, verhindern können sie diese aber auch nicht, weil sich wissenschaftliche Defizite und menschliche Schwächen gegeneinander aufschaukeln, untereinander verstärken und Wissenschaft nicht isoliert zu betrachten ist. Man wird sich dagegen verwahren, Verschwörungstheorien und Paranoia als Teil der Wissenschaft zu betrachten. Und doch, manchmal unterstützt sie diese mit ihren Erkenntnissen. Wissenschaft muss sich auch im Alltagsleben behaupten und in verständliche Sprache übersetzt werden, damit sie wahrgenommen wird und die Ergebnisse kommuniziert werden können. Und diese Rolle übernehmen die Medien, im besten Fall auf seriöse Art und Weise.

Wackelige Erkenntnisse mit wissenschaftlichen Methoden anzuzweifeln oder zu widerlegen ist eine der leichtesten Übungen. Erkenntnisse so darzustellen, dass die Käufer der Produkte, die Wissenschaftler und damit die Disziplinen profitieren, gehört zum täglichen Geschäft. Erkenntnisse zu betonen und andere Ergebnisse, insbesondere die noch gar nicht vorhandenen, nicht zu ignorieren, das Ganze auch noch überblicken zu wollen, ist weitaus schwieriger.

Und wer jetzt feststellen sollte, dass ich mir selbst widerspreche, weil ich einerseits behaupte, dass Wissenschaft die Realität theoretisch ganz ordentlich abbilden könne, die Wirklichkeit andererseits aber trotzdem nie komplett objektiv dargestellt wird, dem stimme ich gern zu, einerseits, andererseits aber zum Teil auch nicht. So funktioniert Wissenschaft eben. Sie ist immanente investigative Widersprüchlichkeit in sich, ein zartes, verletzliches und schutzbedürftiges Pflänzchen inmitten gesellschaftlicher Zwänge und Liebkosungen.

Was also bleibt von der Freiheit der Wissenschaft übrig? Als Wissenschaftler ist man im Rahmen der Möglichkeiten und Ressourcen tatsächlich sehr frei. Das weiß ich aus eigener Erfahrung. Anonyme Gutachter entscheiden, ob eine Publikation in einer wissenschaftlichen Reihe angenommen wird oder nicht. Das System finde ich über weite Strecken in Ordnung, auch wenn ich mich schon schwarz darüber geärgert habe, wenn ein Manuskript von Gutachterseite schlecht begründet nicht zur Publikation angenommen wurde. Man kann es dann bei einem anderen Journal noch einmal versuchen. Und natürlich ist klar, dass eben dieses Gutachtersystem in der Kritik steht. Der Kern der hier vorgetragenen Kritik bezieht sich aber im Wesentlichen nicht auf das Gutachtersystem.

Es gibt wissenschaftliche Modebegriffe und Themenfelder, die zu einem bestimmten Zeitpunkt in einer Wissenschaftsdisziplin in besonderer Weise diskutiert werden. Und es gibt unendlich viele Förderer, Drittmittelgeber in der Ökonomie und beim Staat.

In meiner eigenen Possensammlung habe ich eine Publikation von einem Herrn Jacobshagen, der 1941 »Untersuchungen über die Form der äußeren Nase in alteingesessenen Bauernsippen der Lüneburger Heide« im *Anatomi-*

schen Anzeiger veröffentlicht hat. Das ist aus heutiger Sicht skurril und nicht mehr aktuell, wenngleich die Arbeit fachlich vermutlich kaum zu beanstanden ist. Nun stellt sich natürlich die Frage, welche aktuelle Forschung aus der Sicht von morgen skurril, dramatisch oder völlig verfehlt sein könnte?

Ich wage dazu einige Prognosen.

Medizinische und pharmazeutische Forschung wird überwiegend von großen Pharmakonzernen finanziert und gelenkt. Lukrative Ergebnisse werden geschönt und publiziert, andere unter den Tisch gekehrt. Insbesondere die aktive Gesundheitsförderung, die Ergebnisse der Forschung zum Thema Ernährung und Prävention werden gegenüber der auf Heilung abzielenden modernen Medizin aus nachvollziehbaren ökonomischen Gründen auch in Zukunft stark vernachlässigt bleiben.

Die Produktionsentwicklung von Agrochemikalien, anderen Materialien und Technologien und deren Einsatz in den Landschaften werden auch in Zukunft wenig Rücksicht auf die Umwelt nehmen, sofern die Lobbys und Behörden weiterhin so eng zusammenarbeiten und wachsweiche Regularien dies zulassen.

Die neoklassischen Wirtschaftswissenschaften sind eng mit der Ökonomie und profitablen Banken verbandelt. Besonders problematisch sind allerdings nicht die quantifizierenden Beschreibungen der Realität, sondern die ethisch fragwürdigen Axiomensysteme im konzeptionellen Bereich. Bei der Beschreibung von Umweltproblemen ist es häufig ähnlich, weil ökonomische Leitplanken auch im Umweltschutz eine wichtige Rolle spielen. Und natürlich erhöht jede Modewelle in einer Wissenschaftsdisziplin auch den finanziellen Anreiz, entsprechende Programme zu entwickeln.

Wenn eine Gefahr, der Kollaps der Ökosysteme oder die Menschheitskatastrophe droht, kann ein »Weiter so« nicht funktionieren. Auf das, was dann unternommen werden sollte, muss man sich, wissenschaftlich fundiert, möglichst schnell verständigen. Die notwendige Kommunikation angesichts der Dringlichkeit ist gelegentlich allerdings ein aufreibender und viel Zeit verschlingender Prozess. Analysen und Schlussfolgerungen sollten logisch einwandfrei sein und auf gesicherten Erkenntnissen basieren. Wenn Umweltpolitik also keine Wolkenkuckucksheime errichten will, ist es notwendig, möglichst die gesamte Abfolge von der einfachen Beobachtung über die solide Datengrundlage, Analyse und Schlussfolgerung bis zur Umsetzung praktischer Maßnahmen auf der Grundlage reibungsloser Kommunikation mithilfe einer möglichst verständlichen Sprache aufeinander abzustimmen.

Das alles sind Selbstverständlichkeiten im Hinblick auf die Umwelt-, Kultur- und Sozialverträglichkeit politischer Maßnahmen, und doch wird der eine oder andere Schritt häufig bewusst mit dem Hinweis auf die Dringlichkeit der Angelegenheit übersprungen. Wenn der Löwe in der Nähe brüllt, müsse man sofort auf den nächsten Baum flüchten und nicht noch lange im Smartphone nachschauen, wo es am sichersten ist und man dann hinlaufen könnte. So jedenfalls lautet die logische Argumentation angesichts der drohenden Gefahr. Allerdings wird ein verkürztes Verfahren nach eigener Erfahrung auch oft angemahnt, wenn es überhaupt nicht notwendig ist. Häufig hat man den Verdacht, dass auf die Tube gedrückt wird, wenn die Politik, ein Präsidium oder die Moderation davon ausgehen, dass die Mehrheit nach einer längeren Diskussion mutmaßlich nicht zustimmen würde. Deshalb sind die letzten Tagesordnungspunkte auch meistens die wichtigsten. Man hat am Ende langer Sitzungen kaum noch die Kraft gegen anzustinken. Das ist menschlich, und Moderation weiß das zu schätzen.

Ohne empirische Befunde (Beobachtungen, Messungen, Faktencheck), Sprache/Kommunikation (Verwendung von Begriffen, Zeichen, Symbolen, Schrift) und Logik (Analysen, Modellierungen, Schlussfolgerungen) können aber weder die Wissenschaft noch der Alltag gut funktionieren. Dabei drängelt sich die Logik sehr häufig vor, und es stellt sich die Frage, ob ihr diese Rolle a priori zusteht, zumal sie sowohl den Faktencheck als auch die Regeln der Kommunikation gar nicht selten kraft der ihr verliehenen Bedeutung anfängt zu manipulieren.

Warum ist es gelegentlich schwierig, eine einfache Frage zu formulieren? Warum ist es auch in der Wissenschaft manchmal so viel einfacher, eine sinnvolle Frage nicht zu stellen?

Es gibt Fragen, die im Sinne der Political Correctness oder mit Rücksicht auf Befindlichkeiten besser nicht gestellt werden sollten. Wenn eine Katastrophe viele Tote und unendliches Leid zur Folge hat, ist es mit Rücksicht auf die Opfer und Hinterbliebenen meistens unangebracht, die Frage nach positiven Effekten der Katastrophe zu stellen. Insofern gibt es günstige und weniger günstige Zeitpunkte für Fragen. Und es gibt Fragen, die aufgrund der professionellen Distanz oder persönlichen Nähe nicht gestellt werden, um Gesprächspartner, Freunde, Kollegen oder Geschäftsleute nicht zu brüskieren.

Auch in der Wissenschaft gibt es Themenkomplexe, in denen Fragen als Provokation aufgefasst oder missverstanden werden und in denen man bestimmte Untiefen besser umschiffen sollte, weil man ansonsten mit heftigen Gegenreaktionen des Mainstreams in der Wissenschaftlergemeinde rechnen darf. Es gibt zum Beispiel eine unübersehbare Vielfalt an wissenschaftlichen Veröffentlichungen zu den negativen Auswirkungen des Klimawandels, zu den Problemen durch invasive Arten in der Natur oder auch zur Covid-19-Pandemie. Diese Publikationen erscheinen moralisch in einem herausgehobenen Gestus, denn sie warnen vor negativen Auswirkungen.

Müsste die Frage nach den positiven Auswirkungen von Katastrophen und Krisen im Sinne der Ausgewogenheit, Objektivität und Neutralität der Wissenschaft nicht grundsätzlich gestellt werden dürfen? Denn selbstverständlich gibt es fast immer positive und negative Effekte gleichzeitig. Der Klimawandel führt in vielen Gegenden der Erde zu besseren Ernteerträgen, einige der gebietsfremden Arten können genutzt und vermarktet werden, und die Covid-19-Pandemie hatte wenigstens kurzfristig positive Auswirkungen auf die CO_2-Bilanz und Umwelt.

Doch eine Frage wird man auch in der Wissenschaft üblicherweise nur stellen, wenn man keinen Sturm der Entrüstung erwartet. Viele Ökologen sind schon seit längerer Zeit der Meinung, dass das ökologische Armageddon durch die veränderte Landnutzung und den Klimawandel im Verbund befeuert wird, wobei die negativen Auswirkungen der Nutzungsintensivierung und vernichtenden Maßnahmen in den Ökosystemen für die Gesundheit und das Wohlbefinden von Menschen, für Fauna und Flora immer noch vollkommen unterschätzt werden.

Die wichtige Frage nach den negativen Auswirkungen der Nutzung regenerativer Energien und die besonders wichtige Frage, ob die Nutzung fossiler Brennstoffe durch die Steigerung des Anteils regenerativer Energien beeinflusst wird oder beide Prozesse mehr oder weniger unabhängig voneinander verlaufen, fand aufgrund der gefühlten Alternativlosigkeit des eingeschlagenen Weges bislang praktisch keine Beachtung.

Aus der persönlichen Sicht wurde allein deshalb sehr viel wertvolle Zeit vergeudet. Das folgende Zitat stammt von Jonathan Franzen 2020 (S. 48 f.), aus seinem Buch *Wann hören wir auf, uns etwas vorzumachen?*.

> »Die Klimadebatte wird unter einer derartigen politischen Hochspannung geführt, dass es bei der weiteren Diskussion über Fragen der Natur sofort zum Kurzschluss kommt. Was mich wütend macht, ist das: Anders als der Klimawandel könnte eine Vielzahl der Gefahren, denen die Biodiversität ausgesetzt ist, bedeutsam verringert werden. Die öffentliche Diskussion wird von einem einzigen Problem, dem Klima, dominiert, für das es keine Lösung gibt (bestenfalls kann es etwas abgemildert werden), während es nicht weniger drängende Umweltprobleme gibt, die tatsächlich gelöst werden könnten.«

In einigen Bereichen der Wissenschaft wurde mittlerweile eine Gegenwissenschaft geschaffen, die das Ziel verfolgt, bereits vorhandene Erkenntnisse systematisch infrage zu stellen und die öffentliche Meinung zu drehen. Agnotologie heißt die recht junge Disziplin der Geschichtswissenschaften etwa seit Beginn des Jahrtausends, in der erforscht wird, wie Unwissen mit wissenschaftlichen Methoden gestärkt werden kann oder bereits publizierte Erkenntnisse durch zusätzliche Fragen, Hypothesen und Erkenntnisse in ihrer Bedeutung geschmälert werden, um zum Beispiel ein schädliches Produkt nicht vom Markt nehmen zu müssen. Die interessengeleitete Choreografie des Dissens hat inzwischen ein beachtliches Niveau wissenschaftlicher Schlitzohrigkeit erreicht.

Prominente Beispiele sind Tabak, Insektizide, Bausteine aus Schlackenabfällen und die entsprechende Produktion von Publikationen. In einem internen Bericht der Tabakindustrie mit dem Titel »Smoking and Health Proposal« wurde die zentrale Strategie schon 1969 wie folgt dargelegt (Anonymus 1969; eigene Übersetzung).

»Zweifel ist das Produkt der Wahl, um dem ›body of fact‹ in der öffentlichen Meinung auf Augenhöhe zu begegnen. Es geht darum, eine Kontroverse zu schaffen. … Wenn wir erfolgreich darin sind, eine öffentliche Kontroverse zu schaffen, dann haben wir die Möglichkeit, zwischen den realen Fakten von Rauchen und Gesundheit zu vermitteln. … Leider wird es nicht möglich sein, eine gegenteilige Position zur Anti-Zigaretten-Kampagne mit dem Tenor zu vertreten, dass Rauchen gut für die Gesundheit sei, da wir dafür keine Belege haben. … Letztlich geht es darum, die Botschaft und Effektivität der Anti-Zigaretten-Kampagne genau zu verstehen, und dann die beste Methode ausfindig zu machen, um Missinformation zu streuen.«

Logik ist die denkende Kunst beziehungsweise die Lehre innerhalb wissenschaftlicher Disziplinen, welche sich mit der Stichhaltigkeit von Argumenten und Schlussfolgerungen auseinandersetzt. Die formale Logik übersetzt die Struktur von Argumenten in eine Symbolsprache und emanzipiert sich auf diese Weise vom Inhalt einer Aussage. Wenn die Prämissen klar seien, könne eine Aussage entweder wahr oder falsch und nicht gleichzeitig beides sein; soweit die Theorie der reinen Lehre. Nun sind logische Systeme keinesfalls sich selbst erklärende, konsistente, in sich abgeschlossene Systeme von Ursachen und Wirkungen. Manchmal rauscht es in der realen Welt beträchtlich und die Melodie von Zusammenhängen und Auswirkungen ist kaum zu vernehmen. Auch logische Systeme und mathematische Modelle sind als Objekte der Wissenschaft nur auf der Basis von Übereinkünften verständlich, auch wenn sie ein Abstraktionsniveau erreichen können, das sich letztlich jeder Alltagserfahrung oder vergleichenden Anschaulichkeit verschließt. Es gibt keine empiriefreie Logik, wie so oft behauptet wurde, weil es keine Logik ohne Symbole und keine Symbole ohne Übereinkünfte geben kann. Wie auch sollte man sich Übereinkünfte ohne eine gemeinsame Idee vorstellen können? Sprachliche Übereinkünfte beziehen sich dabei mindestens auf die Bedeutung von Symbolen, die in der Systematik der formalen Logik verwendet werden. Symbole, Zeichen, Begriffe, Lautäußerungen oder andere Signale und Texte sind Werkzeuge von Sprachen, auch von Fachsprachen, auch in der Mathematik und auch in der formalen Logik als Teildisziplin der Philosophie.

Warum sollte dies im Hinblick auf die Beurteilung historischer Zusammenhänge und die objektive Beschreibung der Welt wichtig sein?

In der realen offenen Welt gibt es die *eine* Ursache, welche genau *eine* definierte Wirkung zur Folge hat, nur ausgesprochen selten. Diese Feststellung bezieht sich auf den Klimawandel, die sozialökologische Transformation, auf internationale Konflikte genauso wie auf das Tagesgeschäft der Lokalpolitik. Im Sinne der Überzeugungsarbeit favorisieren viele Menschen und insbesondere Politiker einfache logische Systeme. Die Logik hat in unserer modernen Welt aufgrund ihrer vermeintlichen Beweiskraft und Unumstößlichkeit, aber auch aufgrund des ihr entgegengebrachten Vertrauens und weil es nicht nur möglich, sondern geradezu vorteilhaft ist, komplexe Sachverhalte vereinfachend darzustellen, einen ganz besonderen Stellenwert in der Kommunikation. Wenn Dinge logisch sind, sollte man sich mit Einwänden zurückhalten; man sitzt ansonsten schnell auf verlorenem Posten.

Die Logik befreit sich vom Ballast empirischer Daten vollends dort, wo sie Vorgänge prognostiziert, die so oder ähnlich noch nicht existiert haben. Und wenn damit Ängste geschürt werden können, dann ist den Publikationsorganen der Wissenschaft und der Boulevardpresse die Aufmerksamkeit sicher. Extreme Effekte, Erwartungen, Sorgen und Forderungen binden die Aufmerksamkeit in aller Regel stärker als Durchschnittswerte und das Alltagsgeschehen. Es kann bei entsprechenden Vorsorgemaßnahmen dann leicht zu Kurzschlüssen kommen, insbesondere wenn Logik in Priorisierung mündet, ein Großteil der Bevölkerung ohnehin sensibilisiert oder irritiert ist, viele Menschen das Gefühl haben, kurz vor einer brandgefährlichen Entwicklung zu stehen, Horrormeldungen über Kipppunkte und deren Überschreitung nicht angenehm finden und Stress empfinden.

Was unterscheidet die Analysen zum Klimawandel und zur Coronapandemie?

Der Klimawandel erstreckt sich über viele Jahrzehnte beziehungsweise Jahrhunderte, während sich die Coronapandemie in wenigen Monaten zu einem globalen Phänomen auswuchs.

Beide Probleme sind nicht auf bestimmte Regionen oder Kontinente beschränkt, auch wenn die Auswirkungen regional sehr unterschiedlich sein können. Die Coronapandemie hat weltweit in kürzester Zeit zu bisher vier Millionen Todesopfern geführt. Der direkte Zusammenhang der Ursache-Wirkung-Komplexe und die persönliche Betroffenheit im Fall der globalen Erwärmung sind dagegen vielfältiger und auch weniger konkret. In beiden Fällen gibt es Menschen, die das Problem generell bestreiten oder umgekehrt zur größten aktuellen Katastrophe der Menschheit ausdeuten.

In der wissenschaftlichen Darstellung beider Probleme überwiegt die Logik als Grundprinzip. In beiden Fällen werden auch von wissenschaftlicher Seite wichtige empirische Befunde ignoriert oder angezweifelt.

Auf der Basis von Schnelltests und Impfungen könnte die Coronapandemie möglicherweise zeitnah erfolgreich bekämpft werden, auch wenn momentan nicht ersichtlich ist, dass sie vollständig zu eliminieren wäre.

In Bezug auf die globale Emission von Treibhausgasen gibt es bislang nicht den geringsten empirischen Hinweis für eine Trendwende. Die Kurvenverläufe deuten nicht auf einen Abschwung hin.

Auch mit wissenschaftlicher Unterstützung werden Argumentationsmuster in der Planung manchmal auffällig lang. Und am Ende stehen dann Konzepte wie Frieden oder Freiheit, Kommunismus, Begründungszusammenhänge für die Ausgrenzung bestimmter Personengruppen oder Rassen, für die Notwendigkeit einer genau zu befolgenden Agenda, für den freien Welthandel oder man blickt auf ein Plakat mit der Wahlwerbung von Angela Merkel mit dem Slogan: »Für ein Deutschland, in dem wir gut und gern leben.« Dem einen oder anderen Ziel mag man gern zustimmen. Man darf sich gegen wissenschaftlich zwingende Plausibilität aber genauso wie gegen klebrige Argumentation verwahren, unter anderem weil Wissenschaft in der Vergangenheit die problematischsten Entwicklungen nicht hat verhindern können. Es kann sehr wertvoll sein, das aufkeimende Unbehagen zuzulassen oder Zusammenhänge sogar umso intensiver infrage zu stellen, je einfacher und logischer die Botschaften gestrickt sind.

Man könnte nun leicht einwenden, dass an den Gräueltaten der Geschichte nichts logisch gewesen sei. Auf der anderen Seite ist auffällig, dass Prämissen und Schlussfolgerungen, die zu großen Säuberungsaktionen und Massenmorden geführt haben, unter Berücksichtigung des jeweiligen Zeitgeistes immer auch logisch begründet worden sind. Häufig wurden Maßnahmen auch im Sinne der Bewahrung einer zumeist nicht näher bestimmten Form der Freiheit oder Befreiung unter Berufung auf stringente Logik und mittels eines gezielten Einsatzes von Sprache umgesetzt. Der Irrsinn des Dritten Reiches entsprach auch einem konsequent durchstrukturierten Programm, und logische Argumentation der Wissenschaft war eingebunden.

Es wäre sicherlich vertrauensbildend, wenn Wissenschaft, nur der Wahrheit verpflichtet, den Fels in der Brandung der von Unwahrheiten und Fake News beherrschten See darstellen würde. Wissenschaft leistet in dieser Hinsicht gute Dienste, aber sie schafft es nicht immer, da sie auch nur ein Abbild der Gesellschaft und des Zeitgeistes, Teil der politischen Ökonomie und keinesfalls in irgendeiner Weise sakrosankt oder erhaben ist.

Wissenschaft ist nur selten frei oder objektiv, und sie wird vermarktet. Wissenschaft muss logischen Prinzipien folgen und Beobachtungen sind die Grundlage logischer Argumentation. Lange Argumentationsketten in wissenschaftlichem Outfit und gespickt mit strategischen Begriffen, die in den offenen Raum der Zukunft ausgeschüttet werden und bestimmte Beobachtungen und Befunde konsequent ausklammern, erwecken häufig den Anschein von zwingender Logik. Zum Glück muss niemand derartigen Argumentationsmustern zustimmen, insbesondere dann nicht, wenn auch nur eins ihrer Kettenglieder schwächelt oder man selbst nach dem persönlichen Wertmaßstab andere Ziele favorisiert. Aber man muss höllisch aufpassen.

2.2 Individualismus und Liberalismus

»Ich, ich, ich«, rufen acht Milliarden Menschen und bekunden damit ihren Anspruch auf Gleichberechtigung, auf die Befriedigung der elementaren Bedürfnisse, auf Menschenrechte, Freiheit und Wohlstand. In den Menschenrechten, wie sie 1789 in Frankreich und 1948 von der Generalversammlung der UN verkündet worden sind, ist die Freiheit das zentrale Element.

John Locke gilt als Begründer des Liberalismus (lateinisch *libertas* = »Freiheit«). Mit seinen Überlegungen zur politischen Philosophie, zum Liberalismus und zur Theorie der Grundrechte hat Locke den Grundstein für die Verfassung diverser Staaten der westlichen Welt gelegt. Bereits im 17. Jahrhundert vertrat er die Auffassung, dass die Rechte auf Freiheit, Leben und Eigentum elementare Naturrechte und durch die Verfassung zu schützen seien. Heutzutage gibt es kaum eine politische Bewegung, soziale Strömung oder moralphilosophische Anschauung, die darauf verzichtet, sich allgemein zur Freiheit zu bekennen.

Nach Hegel und später auch Friedrich Engels ist Freiheit Einsicht in die Notwendigkeit. Das klingt nicht sehr euphorisch, eine radikale Philosophie der Freiheitsbeschränkung wurde allerdings auch von ihnen nicht vertreten. Rüdiger Safranski hat dann eine Analyse vorgelegt, in der schon im Titel das Böse ganz in die Nähe der Freiheit gerückt wurde – *Das Böse oder das Drama der Freiheit.*

Totale Freiheit kann objektiv und uneingeschränkt – einerseits aus physikalischen, chemischen und biologischen Gründen, andererseits aus juristischen, sozialen und ökonomischen Gründen – gar nicht existieren. Sind wir tatsächlich freier als die Seegurke, die hell und dunkel wahrzunehmen in der Lage ist und auf dieser Grundlage auf dem Meeresboden zielgerichtet entscheidet, wohin sie sich rollt? Ein wesentlicher Unterschied besteht hoffentlich darin, dass die Seegurke so etwas wie ein zentrales Nervensystem nicht besitzt.

Natürlich hat auch der Liberalismus eine helle und eine dunkle Seite, je nach Motivation. Soziale Bestrebungen im Sinne der Befreiung und Emanzipation dürften im Allgemeinen zu den eher positiven Aspekten gerechnet werden.

Die Weltgeschichte ist allerdings voll von Völkermorden und Menschenrechtsverletzungen, die im Namen der Freiheit begangen wurden. Unter den Menschen, die nach dem 11. September 2001 – *Nine Eleven* – von den USA in Pakistan gezielt eliminiert wurden und von denen nicht wenige Terroristen gewesen sein sollen, waren auch Kinder, Alte, Nachbarn und Bauern auf dem Feld gewesen. Deren Anteil kann nur geschätzt werden. Der Freiheit, privat eine Waffe besitzen zu dürfen, folgen viele Tausende Menschen – in den Tod, jährlich.

Dabei stellt sich auch die Frage, ob und in welcher Weise ein radikales Streben nach Freiheit das kultivierte Zusammenleben, eine akzeptable Umwelt und das Überleben der Biodiversität bedrohen könnte. Diese Frage berührt zwar auch den Aspekt der Grundlegung des Menschen. Sind wir von Natur aus gut oder werden wir bereits sündig geboren? Im Kern geht es aber doch mehr um die konkreten Handlungen und um die Frage, was Menschen mit ihrer Freiheit und ihren Möglichkeiten anzufangen gedenken. Dort, wo sich der Liberalismus mit den Zielen ökonomisch Gleichgesinnter oder von Privatpersonen verbindet, ist höchste Aufmerksamkeit auch im Sinne der Bewältigung von Umweltproblemen angesagt.

Es gibt reichlich Erläuterungen im Namen des Liberalismus, die zu dem Ergebnis gelangen, dass Liberalismus, Nachhaltigkeit, Wirtschaftswachstum und effektiver Umweltschutz hervorragend zusammengehen können; Freiheit sei die Grundlage der Demokratie. Wer wollte einem solchen Bonmot widersprechen?

Doch Freiheit ist in diesem Zusammenhang viel weniger ein vernunftgesteuerter Rahmen (Kant, Marx) als ein Ideal, eine Grundeinstellung, die Tea-Party-Bewegung. Den Wohltaten der Freiheit – Palmen, Samba und Champagner für alle – stehen die Frechheiten der Freiheiten von Mächtigen, die Freiheiten der Ökonomie und der Banken, das Lohndumping, der anonymen User im Internet, der Waffenbesitzer, die Finanzialisierung des globalen Marktes, die Steuerparadiese und Menschenrechtsverletzungen der Geheimdienste gegenüber.

Eine Lösung des Rätsels könnte die Übernahme von Verantwortung sein. Verantwortliches Handeln kann die Verwirklichung von Möglichkeiten ebenso gewährleisten, wie sie die dunkle Seite der Freiheit einzuschränken vermag. Der Kern einer Sozialphilosophie der verantwortungsvollen Beschränkung von Freiheit bestünde demnach darin, dem moralisch ausgehandelten Benehmen und dem Konsens den Vortritt zu lassen und jedwedem Streben nach uneingeschränkter Freiheit vorzuschlagen, sich erst einmal zu besinnen und hinten anzustellen.

Verantwortliches Handeln schränkt das Spektrum von Freiheiten unweigerlich ein. Regierungshandeln im Sinne effektiver Umwelt- und Naturschutzpolitik ist darüber hinaus nicht denkbar, ohne den entfesselten Neoliberalismus jeder Freihandelszone in seine Schranken zu weisen.

Und es stellt sich die Frage, warum immer noch Produkte gehandelt werden dürfen, deren Erzeugung nachweislich gegen die Menschenrechtskonvention, gegen die *Convention on Biological Diversity (CBD)* oder gegen das Tierschutzgesetz stattgefunden hat – im Namen der Freiheit. Und wieso werden Produktions- und Lieferketten nicht grundsätzlich im Hinblick auf die Einhaltung ethischer Mindeststandards geprüft, mit Prüfplakette und natürlich von unabhängiger Seite?

Bei vielen Vorgängen im Namen der Freiheit geht es vielmehr um Vetternwirtschaft, Rücksichtslosigkeit, Gräueltaten, beschämende Arbeitsverhältnisse, um die wachsende Ausbeutung der Ressourcen und derzeit unlösbare Müllprobleme als um Palmen, Champagner und Samba für alle.

1789 ist noch ganz weit entfernt.

2.3 Säuberungsaktionen und Schmetterlingseffekte

Die Geschichte der Zivilisation ist eine Abfolge von Aufräum- und Säuberungsaktionen. Viele Kriege und Massenmorde waren dem Gedanken geschuldet, klare Verhältnisse zu schaffen, Dinge ein für allemal zu erledigen und Sauberkeit und Ordnung herzustellen. Aber auch Befreiungsaktionen, ethnische Säuberungen und groß angelegte Erziehungs- und Umerziehungsmaßnahmen sind Ausdruck einer politischen Doktrin, der es darum geht einheitliche und übersichtliche Verhältnisse zu schaffen.

Sehr häufig wurde versucht, das Übel auszumerzen. Die Hexenverfolgungen vom Mittelalter bis zum Ende des 17. Jahrhunderts werden aus heutiger Sicht als Konsequenzen der Massenhysterie infolge der Angst vor Schadenzauber gedeutet. Man darf gespannt sein, welche Säuberungsaktion von heute in der Sicht von morgen als Folge von Massenhysterie gedeutet werden könnten.

Im 17. Jahrhundert wurden in Deutschland die letzten Bären und im 18. Jahrhundert die letzten Elche geschossen, sieht man einmal von wenigen

Einzeltieren (Bruno) ab, die es auch danach gelegentlich schafften, über die Grenze einzuwandern, um in aller Regel sofort erlegt zu werden.

Insbesondere während der zweiten Phase der französischen Revolution (circa 1792 bis 1794) wurden mithilfe von Terror, Guillotine und auf der Grundlage der Entscheidungen des Wohlfahrtsausschusses Menschen willkürlich für die Ziele der Aufklärung und Menschenrechte geopfert, zum Teil, weil diese ein wenig zögerlich für die gute Sache eintraten.

In den 1920er-Jahren begann Stalin in Russland, politische Gegner zu bekämpfen. Die stalinistischen Säuberungen erreichten von 1936 bis 1938 mit über tausend hingerichteten Menschen pro Tag in der Sowjetunion ihren Höhepunkt. 1940 wurde Leo Trotzki, dessen Schwester schon vorher getötet worden war, in seinem mexikanischen Exil im Auftrag des Stalinismus gezielt eliminiert. Russland, die USA, Israel und andere Nationen machen das gelegentlich heute noch, allerdings nicht mehr in so großem Umfang. Israel und die USA haben die Eliminierung von Staatsfeinden *(targeted killing)* im Gegensatz zu anderen Staaten nie bestritten.

Hitler und die Nazis haben versucht, die Juden zu eliminieren. Fünf bis sechs Millionen Juden wurden zur Zeit des Zweiten Weltkrieges (1939–1945) ermordet.

Während der McCarthy-Ära zwischen 1947 und 1956 wurden vermeintliche Kommunisten in den USA verfolgt und selbst verdächtige Leute aus der Filmbranche wie Charlie Chaplin des Landes verwiesen. Weitere Staaten ließen sich anführen, die die gezielte Hinrichtung von Staatsfeinden und Terroristen für ihr gutes Recht erachten. Die Briten haben in den 1980er-Jahren IRA-Mitglieder in Nordirland gezielt getötet. 1988 wurde der PLO-Stellvertreter Abu Dschihad umgebracht, vor allem nach 2001 wurden viele weitere Führer der Palästinenser durch den Staat Israel gezielt ermordet.

Die USA haben diverse Versuche unternommen, Fidel Castro auf Kuba zu eliminieren, und viele Millionen Menschen wurden in Stellvertreterkriegen getötet, die geführt wurden, um den Kommunismus einzudämmen. Der Terrorist Bin Laden wurde 2011 auf Befehl des Friedensnobelpreisträgers Präsident 44 vor laufender Kamera in Pakistan erschossen. Die Aktion wurde von ranghohen Politikern der USA live angeschaut und diese wiederum wurden dabei gefilmt, wie sie der Tötung beiwohnten. Nur die Außenministerin Hillary Clinton hat ein wenig emotional reagiert und sich die Hand vor den Mund gehalten. Später hat sie dann versucht, diese Reaktion, die von vielen Amerikanern als peinlich und gefühlsduselig eingeschätzt wurde, kleinzureden und als Folge ihres allergischen Hustens darzustellen. Politiker von Schily über Schäuble bis Merkel haben Verständnis für die Tötung von Staatsfeinden geäußert, Kollateralschäden inklusive. Sie alle haben den Amerikanern zur Hinrichtung Bin Ladens gratuliert.

Auch Terroristen hätten es gern etwas sauberer. Sie sind von einem ins Martialische gewandelten Putzfimmel besessen. Das gilt für die Aktionen der RAF im Deutschland der 1970er-Jahre genauso wie für Anders Breivik, der in Norwegen, getrieben vom Hass gegen den Islam und die Überfremdung, 77 Menschen ermordete. Und auch die Attentate der NSU im ersten Jahrzehnt dieses Jahrtausends waren sicherlich dem Gedanken der nationalen Einheit und dem dringenden Bedürfnis, endlich aufräumen zu müssen, geschuldet. Am 7. Januar 2015 wurden bei einem Terroranschlag auf das Büro der Satirezeitschrift *Charlie Hebdot* in Paris zwölf Menschen von radikalen Islamisten ermordet und am 27. Juni 2015 wurde ein Mann bei Lyon enthauptet aufgefunden – die erste, aber nicht letzte IS-Enthauptung in Europa.

Sir Tim Hunt, ein britischer Biochemiker, bekam 2001 den Nobelpreis für Physiologie/Medizin. Am 9. Juni 2015 hielt er in Seoul einen Vortrag, bei dem er einen Scherz über die gemeinsame Arbeit von Frauen und Männern in Laboren machte. Daraufhin setzte ein Shitstorm ein, infolgedessen Hunt seine Honorarprofessur am University College London und seine Positionen sowohl beim Europäischen Forschungsrat als auch in der Royal Society einbüßte. Auf jeden Fall hätte Hunt sich dafür nicht im Nachhinein entschuldigen müssen; an den Konsequenzen hat es nichts geändert. Political Correctness kann man in vielerlei Hinsicht als groß angelegtes Korrektiv im Sinne begrifflicher Sauberkeit betrachten.

Wenn man nur lang genug über die gezielte Eliminierung von Hexen, Staatsfeinden und Normalbürgern durch Regierungen oder Terroristen, über die »Achse des Bösen« und die Bedrohung der Menschen durch Viren, Pilze,

Bakterien und gebietsfremde Arten nachdenkt, kann man spüren, wie es langsam überall anfängt zu jucken. Dann ist es vielleicht wieder an der Zeit, die Umgebung intensiv zu putzen, zu desinfizieren, abzustrahlen?

Was bedeuten die in Wellen auftretenden Säuberungsaktionen in Kombination mit einem anerzogenen oder vielleicht sogar natürlicherweise vorhandenen Reinigungsbedürfnis für den Umgang mit der Natur und Umwelt? Müssen die Kohlekraftwerke sofort abgeschaltet werden oder wäre es auch möglich, die Nutzung der Kohle langfristig und in Stufen herunterzufahren? Kohle muss nicht verbrannt werden. Man kann sie anderweitig nutzen. Wie viel Unordnung, Unruhe, Ungeziefer, Unkräuter, Unbegreiflichkeit, Unbesonnenheit und Untätigkeit in der Landschaft sollten im Sinne des Funktionierens von Ökosystemen toleriert werden? Überall auf der Welt werden Landschaften von irgendwelchen Strukturen, Dingen oder Organismen befreit.

Wie intensiv müssen unsere Agrarlandschaften von Unkräutern, Fadenwürmern, Insekten befreit werden, damit sich die Produktion lohnt? Man kann auch eine Fichtenplantage schön finden, schön übersichtlich. Wie sehr muss die Umwelt für das Wohlbefinden einer wachsenden Weltgemeinschaft in Ordnung gebracht, mit Infrastruktur versorgt, rechtwinklig parzelliert, aufgeräumt und geputzt werden, all dies im Sinne der Gesundheitsvorsorge, zur Kontrolle der Wasserqualität, zur Vermeidung von Plagen durch das massenhafte Erscheinen von Schadorganismen im Ackerland und Wald, von riesigen Heuschreckenschwärmen in Afrika und Tsetsefliegen, von Malaria übertragenden Mücken, von Eichenprozessionsspinnern und Borkenkäfern?

Wie bedeutsam ist die Eliminierung gebietsfremder Pflanzen- und Tierarten für die Erhaltung der heimischen Natur? Ist das bloßer Aktionismus, eine naturwissenschaftlich begründete Form der Xenophobie oder notwendige Maßnahme zur Erhaltung indigener Arten?

Wehret den Anfängen, heißt es. Der Flügelschlag eines Schmetterlings in Brasilien kann einen Tornado in Texas auslösen, weil alles mit allem zusammenhängt und kleine Ursachen große Wirkungen entfalten können. Man spricht insbesondere dann von Schmetterlingseffekten, wenn winzige Unterschiede in den Ausgangsbedingungen vollkommen unterschiedliche Wirkungen zur Folge haben. Entsprechende Effekte konnten experimentell nachgewiesen und auf der Basis von Modellierungen veranschaulicht werden. Die Unsicherheit von Wettervorhersagen und Klimaveränderungen zum Beispiel wird auch auf Schmetterlingseffekte zurückgeführt. Schmetterlingseffekte können zu unvorhersehbaren Veränderungen, zu Chaos führen.

Es gibt offensichtlich einerseits leicht überschaubare und andererseits nur schwer vorhersehbare, chaotische Entwicklungen. Die Analyse der Vergangenheit hat sich umgekehrt mit leicht verständlichen und mit nicht leicht nachvollziehbaren Entwicklungen auseinanderzusetzen.

Es wäre nun an der Zeit Bäume zu pflanzen, um Kohlendioxid aus der Atmosphäre zu eliminieren, um die Erderwärmung einzudämmen, damit der Meeresspiegel nicht noch stärker ansteigt und die Extremwetterereignisse nicht noch weiter zunehmen. Nur so könne die Überschreitung von Kipppunkten, die Menschheitskatastrophe und die Bedrohung der Biodiversität verhindert werden. Und weil das Pflanzen von Bäumen allein nicht genügen wird, müssten alle mit fossilen Brennstoffen arbeitenden Kraftwerke abgeschaltet werden, möglichst sofort, auch in China und den USA, und es müssen klimaneutrale Gesellschaften entstehen, generationengerecht und global. Der Ausbau der Windkraft, Biogasproduktion und Solartechnologie müsse flächendeckend gefördert werden. Das Ziel müsse die klimaneutrale Weltgemeinschaft sein. Das sei wissenschaftlich belegt alternativlos, und andere Ziele müssten sich dem unterordnen, wenn die *Erderhitzung* über einen kritischen Schwellenwert hinaus noch vermieden werden soll.

Derartige Argumentationsketten sind lang, und sie bieten allein aufgrund der vielen logischen Verknüpfungen die Möglichkeit, Nachfragen zu stellen oder bestimmte Abschnitte mit zusätzlichen Erkenntnissen zu vergleichen und infrage zu stellen. Und sie bestärken den Verdacht, dass es hier auch darum geht, sich vom Ballast ungeliebter Einwände entledigen zu wollen, zumal der Zeitdruck, den sie selbst immer wieder hervorheben und verstärken, auf ihrer Seite ist.

Diese oder vergleichbare Argumentationsketten sind grundsätzlich im Hinblick auf die Fakten, auf die verwendete Sprache und Argumentation hin zu analysieren und auch infrage zu stellen, besonders wenn sie derart lange Treppenfunktionen darstellen.

2.4

Erbrechte und Reichsdeputationshauptschluss

1803 wurde der Kirchenbesitz von Ländereien an die Landesherren übertragen und alle Enteignungen und Gebietsveränderungen ehemals kirchlicher Ländereien wurden detailliert erfasst – Reichsdeputationshauptschluss. Eine Deputation war eine weltliche Versammlung, eine Verwaltungseinheit des Staates oder ein Entscheidungsgremium wie der Reichstag. Als Hauptschluss wurde das letzte bedeutende Gesetz des Reichstages des Heiligen Römischen Reiches bezeichnet.

Seitdem wird den großen Kirchen, die damals ihre Ländereien haben abtreten müssen, als Ausgleich Geld überwiesen, inzwischen Hunderte von Millionen Euro jährlich, obwohl sowohl in der Weimarer Verfassung (Artikel 138) als auch im Grundgesetz (Artikel 140) – wörtlich übernommen – steht:

> »Die auf Gesetz, Vertrag oder besonderen Rechtstiteln beruhenden Staatsleistungen an die Religionsgemeinschaften werden durch die Landesgesetzgebung abgelöst.«

Nur wann dies zu geschehen habe, steht nicht im Gesetz. Erstaunlich ist, dass die Politiker mittlerweile kaum mehr daran denken, die Zahlungen der Verfassung entsprechend zu beenden. Sie halten offensichtlich umso stärker am Status quo fest, je mehr Menschen der Kirche und den christlichen Religionen den Rücken kehren. Wen wollen sie eigentlich schützen? Darüber hinaus wurde die Frage, mit welchen Methoden und Mitteln die Kirchen sich diese Ländereien in grauer Vorzeit angeeignet hatten, bisher nicht mit in die Waagschale geworfen. Schon die Frage wurde nicht gestellt.

Zusätzlich zu den genannten Staatsleistungen an die beiden großen Kirchen verzichtet der Staat auf Einnahmen durch die Absetzbarkeit beziehungsweise Befreiung von verschiedenen Steuern und er subventioniert die Kirchen auch dadurch, dass er Verwaltungsarbeiten wie den staatlichen Einzug der Kirchensteuern übernimmt, Denkmalpflege betreibt, die Militärseelsorge finanziert etc. Und obwohl alle Glaubensgemeinschaften vom Grundsatz her gleichbehandelt werden, gehen die Zahlungen an die beiden großen christlichen Kirchen immer weiter.

Es sind viele Dinge, an denen nicht gerüttelt wird, insbesondere wenn es um die Verteilung von Eigentum und Einfluss geht. Die Verteilung der Besitztümer und Einkommen in Deutschland ist noch immer ein recht gutes Abbild der verwandtschaftlichen Beziehungen von anno dazumal. »Das Eigentum und das Erbrecht werden gewährleistet«, heißt es in Artikel 14 des Grundgesetzes. »Alle Menschen sind frei und gleich an Rechten und Würde geboren«, heißt es in der Menschenrechtserklärung von 1948. Diese beide Ideen zusammenbringen zu wollen, dürfte allerdings der Quadratur des Kreises entsprechen. Es gibt derzeit jedenfalls kaum Hinweise auf ein ernsthaftes Bemühen, etwas an der Vererbung von immer größer sich auftürmenden Besitztümern einerseits und von prekären Verhältnissen auf der anderen Seite zu ändern. Diese Ungleichverteilung nimmt mit dem ewig gleichen Effekt zu, dass die reichsten zehn oder hundert Menschen global oder national mehr besitzen als die abgehängte untere Hälfte. Es gibt nur sehr wenige Ausnahmen und in aller Regel nimmt auch dort die Ungleichverteilung zu. Man darf annehmen, dass das nicht ewig gut gehen wird.

Möglich wäre es allerdings, das Eigentum dem Grundgesetz entsprechend wenigstens kleinschrittig mehr in die Pflicht zu nehmen (Artikel 14), zum Beispiel im Sinne des Natur- und Umweltschutzes (vgl. Artikel 20).

2.5 Naturschutz und Arterhaltung

Im praktischen Naturschutz geht und ging es vielfach um Unterlassung und Restriktionen. Vor 1800 wurden Wildtiere für die Jagd oder der Wald für die forstliche Nutzung geschützt. Einige Maßnahmen im Umgang mit einzelnen Tieren und Landschaftsbestandteilen in früheren Jahrhunderten kann man in der Retrospektive sicherlich als frühe Naturschutzmaßnahmen interpretieren.

Den Grundstein einer metaphorisch überhöhten Emotionalität zur Natur legten romantisch gestimmte Bürger in den Städten, Dichter und Künstler vor allem im 19. Jahrhundert. Die Natur wurde zum Sinnbild der Gefühle. Zu dieser Zeit war die wissenschaftliche Reflexion der natürlichen Zusammenhänge oder der Artenschutz noch nicht zentraler Gegenstand der Betrachtung. Auf den Bildern von Caspar David Friedrich (1774–1840) schauen die Betrachter auf grandiose Kulissen und drehen uns den Rücken zu. 1836 wurde ein Teil des Drachenfelsens von der Regierung erworben und geschützt, um den weiteren Abbau zu verhindern. In Tschechien und den USA wurden im 19. Jahrhundert Gebiete unter Schutz gestellt, um riesige Bäume beziehungsweise gewaltige Kulissen vor der Zerstörung zu schützen. Der Schutz von bedrohten Arten wurde erst viel später systematisiert.

Aspekte wie Natürlichkeit, Ursprünglichkeit, Unberührtheit, aber auch Naturalismus, Nudismus, Frischluft, Bewegung und die Hinwendung zur Natur wurden seit dem 19. Jahrhundert über eine soziale und ökologische Bewegung der Gelassenheit und Freiheit definiert; die Natur wurde explizit als unerotisch, unschuldig, frei von Technik und anderen zivilisatorischen Einflüssen verstanden. Man sollte an ihr teilhaben und sie genießen dürfen, aber keinesfalls rabiat beeinträchtigen. Der Naturalismus hat seine Wurzeln in der zweiten Hälfte des 19. Jahrhunderts, die Wandervogelbewegung entstand etwa um 1900. Es ging dabei um das Erleben reiner Natur und vielleicht auch ein wenig um das Ablegen einer Schuld, die den Menschen nach christlichem Glauben mit der Geburt aufgebürdet wird.

Die sozialpolitische Ausgestaltung mit ernst zu nehmenden Forderungen im Sinne eines bewahrenden Naturschutzes bekam Aufwind im Dritten Reich. Der Schutz der Natur war in den Jahren 1933 bis 1936 gesetzlich geregelt und ideologisch mit dem völkischen Heimatbegriff und der Blut-und-Boden-Ideologie verknüpft worden. Das allein hat nicht nur ein Geschmäckle. Es wird sicherlich Zeit, die braune Komponente in der Geschichte des Naturschutzes noch deutlicher herauszuarbeiten, um sichtbar zu machen, dass Naturschutz heutzutage ganz anders funktioniert, nicht mehr verstaubt und rückwärtsgewandt ist, sondern kreativ und zukunftsweisend sein kann.

Es lassen sich weitere Gründe dafür anführen, dass Naturschutz sich der Verklärtheit, Technikfeindlichkeit und des Puritanismus verdächtig macht. Häufig verkörpern die aktiven Naturschützer selbst den Archetypus, den wenig amüsanten Wanderer, Vogelgucker mit Fernglas oder den gebückten Pflanzensammler mit Lupe, Pflanzenpresse und leicht entrücktem Blick, der nicht vorankommt – so wenigstens das Klischee.

Und immer noch wird stark polarisiert: Wolf ja oder nein? Schwarz oder weiß? Dazwischen ist nicht viel Platz. Mit den Kormoranen ist es genauso. Und aufgepasst vor Tieren oder Pflanzen, die nicht zu den heimischen Arten gehören. Als Neobiota werden sie bezeichnet, wenn sie nicht schon vor 1500 da gewesen sind. Archäophyten und Archäozoen sind Pflanzen und Tiere, die bereits vor der Entdeckung Amerikas heimisch geworden sind – Alteinwanderer. Man steht ihnen auch von wissenschaftlicher Seite nicht so skeptisch gegenüber wie den Aliens der jüngeren Ausbreitungsgeschichte.

Vermutlich aufgrund der dem klassischen Naturschutz anhaftenden Muffigkeit waren auch die Grünen bislang nur wenig geneigt, sich ernsthaft mit diesem Themenkomplex auseinanderzusetzen. Immerhin kritisieren sie die vollkommen verfehlte Subventionspolitik der EU und deren fatale Landwirtschafts- und Umweltpolitik deutlicher als andere politische Gruppen. Nach dem eigenen Verständnis sind sie eher weltoffen und zukunftsorientiert. Darüber hinaus kommen sie üblicherweise nicht aus der rechten oder gar braunen Ecke, sondern bevorzugt aus der Anti-AKW-Bewegung, aus der Hausbesetzerszene, und sie waren teilweise auch mal bei linken studentischen Gruppierungen wie zum Beispiel den Marxisten-Reichisten aktiv gewesen, Studierende, die das Studium der Soziologie oder Politik nicht immer zu einem Abschluss gebracht haben. Grüne sind im deutschsprachigen Raum jedenfalls häufig keine engagierten Naturschützer, sondern gut situierte, aufgeklärte und urbane Mittelständler mit Abitur in einer baubiologisch einwandfreien Wohnung, durch die Ökostrom fließt. Auch wenn diese Kurzfassung ein wenig klischeemäßig sein mag, so scheint im Spektrum der Aktivitäten grüner Politiker in Bezug auf den Schutz der Ökosysteme noch viel Luft nach oben offen zu sein.

Die globale Arterhaltung wird als wichtiges Ziel von den allermeisten Menschen und fast allen Staaten getragen. Dieses Fundament ist ein Geschenk und man sollte es in der Umweltpolitik proaktiv zu nutzen wissen. Viele internationale Regularien wie das Washingtoner Artenschutzübereinkommen CITES oder die Biodiversitätskonvention CBD wurden von fast allen Staaten der Erde unterzeichnet. Einige der europäischen Richtlinien zum Schutz des Wassers, der Meere, Gewässer und Arten sind ausgesprochen ambitioniert.

Den Verlust einer Tier- oder Pflanzenart ist kaum jemand bereit, leichtfertig hinzunehmen. Das ist interessant, weil diese Überzeugung die meisten Menschen der Erde miteinander eint, obwohl kaum jemand davon direkt betroffen ist. Jeder einzelne Verlust einer Pflanzen- oder Tierart ist unwiderruflich und wird möglicherweise auch deshalb als besonders schmerzhaft empfunden.

Das Ziel der Erhaltung ist per definitionem ein konservatives: Schutz der Natur. Doch politisches Management zur Erhaltung der Biodiversität ist in jedem Fall auch eine kulturelle Leistung und vorausschauend. Planung ist nötig und aktiver Naturschutz ist viel mehr als eine angestaubte Vitrine im Museum. Inter- und transdisziplinär verstandenes, die Komplexität nicht ignorierendes Naturschutzmanagement wird unter anderem Antworten auf folgende Fragen suchen.

Wie kann ein möglichst großer Effekt im Management der biologischen Vielfalt unter Einsatz geringer finanzieller Mittel erzielt werden?

Wie kann erreicht werden, dass die Planung und Organisation von Naturschutzmaßnahmen nicht mehr nur als rückwärtsgewandt und konservativ, sondern als modernes und komplexes Unterfangen betrachtet wird?

Welches sind geeignete Indikatoren für Handlungsbedarf und Erfolge im Artenschutz?

Welche Bedeutung hat das Landschaftsbild für Flora, Fauna und Menschen und warum wird dieses als wichtiges Ziel des Naturschutzgesetzes in Deutschland traditionell stiefmütterlich behandelt?

Gibt es positive Effekte menschlichen Handelns auf Wildpopulationen?

Werden Korrekturmechanismen wie die Jagd im Naturschutz benötigt?

Welche Rolle spielen die moderne und die traditionelle Medizin bei der Nutzung und Ausrottung von wilden Tieren und Pflanzen?

Welche Bedeutung haben Prestigeobjekte wie Haifischflossensuppe oder Raupenpilze für die Populationen von Haien und Raupenpilzen?

Auf welche Weise und mithilfe welcher Investitionen ließe sich der Vaquita (*Phocoena sinus*) vielleicht doch noch retten? Gibt es die Art noch? Wann werden endlich Lösungen mit den Profiteuren des illegalen Handels gemeinsam gesucht?

Welche Auswirkungen hat der Geldfluss der reichen urbanen Zentren auf die letzten einigermaßen naturbelassenen oder nur wenig genutzten Landschaften?

Wie wirken sich Freiheitsideale und der Wirtschaftsliberalismus auf Flora und Fauna aus?

Welche Bedeutung hat der Verkauf exotischer Tiere für die Wildbestände dort, wo sie heimisch sind?

Wie kann man den besonders fragwürdigen legalen und illegalen Übeln der Tradition und Moderne möglichst effektiv und zielgerichtet begegnen?

Wie wirken sich die Digitalisierung und der Derivatehandel auf die Bedrohung oder Erhaltung der Biodiversität aus?

Das Bemühen um effektiven Naturschutz schließt den Aspekt der individuellen, lokalen und regionalen Verantwortung für die globale Arterhaltung ein, welcher die Frage nach dem positiven Einfluss kultureller und traditioneller Handlungen berücksichtigt. Rückwärtsgewandter Naturschutz wäre zum Scheitern verurteilt, weil die Zukunft anders aussehen wird als die Vergangenheit. Und es gibt durchaus menschliche Einflüsse, die im Sinne der Arterhaltung positiv zu werten sind. Es stellt sich dann die Frage, was passiert, wenn diese Einflüsse eingestellt würden. So gehören Heidelandschaften, viele Flachmoore und artenreiche Wiesen in Mitteleuropa zu den Ökosystemen, die ihre Existenz den wirtschaftenden Menschen verdanken. Wie sollte man mit diesen Systemen umgehen, wenn die traditionelle Nutzung sich nicht mehr lohnt?

Die Bedrohung der tropischen Regenwälder und Korallenriffe ist ein Thema, das auch medial gern und häufig aufgegriffen wird. Fast unbemerkt und gleichzeitig mit außergewöhnlicher Brutalität werden quasi nebenbei andere Ökosysteme, unter anderem Steppen, Savannen, Graslandökosysteme und halb offene Gebüschformationen radikal verändert oder gleich ganz vernichtet, natürlich auch bei uns. Aber auch in den noch großflächig vorhandenen Steppen und Savannen gibt es die typischen Tiergemeinschaften aus Weidegängern und Raubtieren nur noch in stark abgewandelten Kombinationen, beeinflusst vor allem durch die Jagd und weidende Haustiere. Hinzu kommen verwilderte Neozoen und Neophyten, Ratten auf Inseln, Dromedare in Australien, Nandus, Nutrias und Damwild in Deutschland. Welche von ihnen sind nur wenig problematisch, welche Populationen sollten reduziert werden?

Das Landschaftsbild verändert sich schleichend. Ehemals offene Feldwege verwandeln sich zwischen durchwachsenden Hecken und inmitten von Maisäckern in grüne Tunnel, die Menge und Artenvielfalt von Insekten und insektenfressenden Vogelarten nimmt ab. Man bemerkt das nicht sofort, aber irgendwann stellt man vielleicht fest, dass die eine oder andere Vogelart schon länger nicht mehr zu sehen oder zu hören gewesen ist.

Auch eine reiche Nation wie Deutschland schafft es kaum, diese oder ähnliche Probleme zu lösen. Wir schaffen es deshalb nicht, weil für den aufwendigeren Fall nicht genügend Ressourcen zur Verfügung gestellt werden und die Beantwortung der Frage nach kreativem, kostengünstigem und wirksamem Management für einen effektiven Schutz der Biodiversität noch gar nicht ernsthaft angegangen wurde.

Der Ausdruck »Triage« (Ersteinschätzung, Vorsortierung), der im Zusammenhang mit der Coronapandemie als Schreckensszenarion bekannt wurde, kommt aus der Militärgeschichte. *Trier*, französisch, heißt »sichten«, »sortieren«, »auswählen«. Wenn nach einer militärischen Auseinandersetzung oder während einer Coronapandemie viele Verletzte oder Schwerkranke auf dem Schlachtfeld oder in den Krankenhäusern liegen und viel zu wenig Ressourcen, Intensivbetten, Beatmungsgeräte, Ärzte und Helfer vorhanden sind, dann gibt es zwei Möglichkeiten: Entweder man fängt sofort irgendwo an zu helfen und versucht, sich um alle Überlebenden gleichermaßen zu kümmern, oder man überlegt, wie man die begrenzten Ressourcen und Kapazitäten möglichst effektiv einsetzen kann. Bei der ersten Möglichkeit wird man Kapazitäten vergeuden müssen und an den Rand des Leistbaren kommen. Aber man ist sofort und bis zum Äußersten aktiv. Bei der zweiten Möglichkeit muss man zunächst kostbare Zeit verplempern, um einen ersten Überblick gewinnen zu können. Und in dieser kurzen Zeit sterben Menschen. Und dennoch ist Triage häufig die effektivere Methode, wenn Ressourcen oder Möglichkeiten nur in begrenztem Umfang vorhanden sind. Triage ist eine Art Vorsortierung, bei der Mittel und Helfer so aufgeteilt werden, dass möglichst viele Menschen gerettet werden können. Die Menschen, die nur leicht verwundet sind, aber eventuell am lautesten schreien, werden zunächst außer Acht gelassen; man kann sich später noch um sie kümmern. Die Menschen, für die mutmaßlich keine Hoffnung besteht, lässt man sterben – unabhängig davon, ob sie leise wimmern oder wahnsinnig laut schreien. Das ist schrecklich, brutal. Und doch können auf diese Weise – so die Theorie – mehr Menschen gerettet werden, als wenn man einfach anfängt blinden Aktionismus zu betreiben.

Entsprechende Verfahren werden inzwischen auch bei anderen Katastrophenfällen angewandt. Im internationalen Naturschutz und bei den praktischen Bemühungen um den Schutz der globalen Artenvielfalt wird zunehmend diskutiert, ob man nicht in ähnlicher Weise verfahren sollte. Das damit verbundene Prozedere ist ausgesprochen diffizil, denn man entscheidet sich auf diese Weise nicht nur für die einen, sondern natürlich auch gegen das Überleben anderer Arten. Und doch ist es wichtig, die Frage zuzulassen, welche Arten und Ökosysteme nur mit großem und welche mit geringerem Aufwand erhalten werden können, wenn die Mittel nicht ausreichen, die biologische Vielfalt in toto zu schützen. Der Handlungsdruck nimmt jedenfalls zu.

Die ökonomisch motivierte Landnutzung und Nutzungsintensivierung ist der mit Abstand wichtigste Treiber der Schädigung von Ökosystemfunktionen und der Bedrohung der biologischen Vielfalt. Der Klimawandel kommt noch oben drauf und erschwert die Bemühungen zur Erhaltung der Ökosysteme und Arten zusätzlich.

Nach der Roten Liste der IUCN geht die stärkste Bedrohung für die stark gefährdeten Arten vom Ackerbau, von der Intensivierung der Weidewirtschaft, der Anlage und Nutzung von Holzplantagen und von Aquakulturen aus (1.). Es folgen die Holzgewinnung außerhalb der Plantagen, also in Wäldern mit einer plus/minus natürlichen Artenzusammensetzung, das Sammeln von Pflanzen, der Fischfang, die Jagd und das Sammeln von Tieren (2.), invasive nicht heimische Arten und eingeschleppte Krankheiten, problematische heimische Arten und Krankheiten, Virusinfektionen, Einbringung von genetischem Material (3.), Modifikation natürlicher Systeme durch Feuer und Feuerunterdrückung, Bau von Dämmen, Nutzung von Oberflächen- und Grundwasser (4.) und der Bau von Häusern, Siedlungen, Erschließung von Tourismuszentren und Erholungsgebieten, Einkaufszentren und Industrieanlagen (5.). Der Klimawandel, ungewöhnliche Trockenphasen, Stürme und Überflutungen sowie Temperaturextreme folgen an sechster Stelle (6.).

Die Ziele und Möglichkeiten der internationalen Naturschutzpolitik haben sich in den vergangenen 200 Jahren sehr stark gewandelt. Eine der wichtigsten Entwicklungen könnte darin bestehen, dass eine in die Zukunft gerichtete Politik der Erhaltung und des Managements der Biodiversität den ausschließlich in die Vergangenheit gerichteten Blick auf eine unberührte Natur, die es nicht mehr gibt, ersetzt. Es wäre sicherlich sinnvoll, das ewig gestrige Moment eines rückwärtsgewandten Naturschutzes durch eine bewusst veränderte Positionierung zur Erhaltung der Biodiversität zu ersetzen.

Die EU hat im Jahr 2020 eine ambitionierte Biodiversitätsstrategie vorgelegt, die man vorsichtig optimistisch durchaus als vielversprechend bezeichnen kann. Natürlich handelt es sich zunächst nur um eine Absichtserklärung wie die Agenda 21, die Agenda 2030 oder auch die nationale Biodiversitätsstrategie für Deutschland. Viele der in diesen Erklärungen enthaltenen Ziele wurden deutlich verfehlt. Und doch sind mit dieser neuen Absichtserklärung der EU konkrete Verfahrensschritte angedacht, deren Implementierung dann möglicherweise tatsächlich richtungsweisend sein könnte.

2.6 Lotosfüße und Blumenkriege

Die Blüten der Lotosblume (*Nelumbo*) werden vielfach als besonders schön oder faszinierend empfunden. Der letzte Kaiser der Tang-Dynastie hatte seiner Geliebten eine lotosblütenförmige Bühne errichten lassen. Die Tänzerin ließ sich die Füße bandagieren, um besondere Leistungen vollbringen zu können – soweit die Geschichte. Die soll etwa um 975 n. Chr. begonnen haben. Deren Ende wurde mit einem Verbot im Jahre 1911 und einem strikten Verbot später durch Mao eingeleitet. Etwa tausend Jahre lang haben sich während dieser Periode immer mehr Frauen die Füße immer enger zuschnüren lassen. Und das funktionierte etwa so: Zunächst wurden die Füße wohl nur locker bandagiert, ansonsten hätte die Geliebte anfangs ja auch nicht weiter tanzen können, dann zunehmend fester und vor allem immer früher, und im Laufe der Zeit begann die Prozedur bei jungen Mädchen im Alter von fünf bis acht Jahren. Bis auf den großen Zeh wurden alle Zehen gebrochen und unter den Fuß gebunden. Der Klumpfuß bekam dadurch eine spitze Form und er blieb klein, etwa zehn bis vierzehn Zentimeter lang. Frauen mit solcherart deformierten Stumpen konnten nur unter Schmerzen und trippelnd kurze Wege gehen, wenn überhaupt. Das soll dann angeblich auch zu einer erotischen Ausstrahlung geführt haben.

Auch die Opferrituale der Azteken sind aus heutiger Sicht nur schwer verdaulich. Die Berichte über Blumenkriege und Opferrituale der Azteken gehören auf jeden Fall zu den besonders widerwärtigen. Ich persönlich bin jedenfalls nicht mehr in der Lage, das Prädikat »Hochkultur« im Zusammenhang mit den entsprechenden Gebräuchen anzuerkennen. Der Begriff bedarf wie die Leitkultur einer weitergehenden Analyse und kritischen Würdigung. Wie dieser Gesellschaftstypus abzugrenzen wäre, ist sicherlich strittig. Aber es wäre auch möglich, auf die Benutzung beider Begriffe ganz einfach zu verzichten.

Mindestens dreizehn Gottheiten der Azteken sind bekannt geworden, denen Menschen geopfert wurden, um den Lauf der Sonne und das Fortbestehen der Welt zu sichern. Damit die Sonne jeden Tag von Neuem aufgehen konnte, mussten täglich Menschen geopfert werden, »Auserwählte«. Azteken waren davon überzeugt. An einer archäologischen Stätte wurde nachgewiesen, dass dort über einen Zeitraum von sieben Monaten 550 Menschen geopfert und mindestens teilweise verspeist worden sind. 1487 weihte der Herrscher der Azteken einen großen Tempel ein. Anlässlich dieser Festivität wurden noch viel mehr Menschen geopfert. Es sollen Tausende gewesen sein. Die Rituale müssen unbeschreiblich grausam gewesen sein. Zunächst wurden Feldzüge gegen andere Völker unternommen, »Blumenkriege«, um »Blumen« – ein

Euphemismus für die Gefangenen – zu sammeln, die später den Göttern geopfert werden sollten. Die Opfer wurden je nach Gottheit zum Teil mit Pfeilen durchbohrt, teilweise wurden sie lebendig im Feuer verbrannt, andere wurden gepfählt, einigen wurde die Haut abgezogen.

Bei der täglichen Opferung zu Ehren des Sonnen- und Kriegsgottes auf dem großen Tempel wurde der Brustkorb der Opfer aufgeschnitten und das noch schlagende Herz herausgenommen. Dann wurden die Adern durchtrennt und das Herz der Sonne entgegen gehalten. Anschließend wurden die Abbilder der Götter mit dem warmen Blut getränkt. Man nimmt an, dass die Körper dann den Tempel heruntergestoßen worden sind, um anschließend von anderen, weiter unten stehenden Menschen verzehrt zu werden.

Immerhin durften die Opfer Teil der Sonne werden. Vier Jahre danach wurden sie dann als Kolibris wiedergeboren und durften in den Garten des Paradieses eingehen.

Lotosfüße, Auserwählte, Blumen, Kolibris, Garten, Paradies – Menschen sind gelegentlich sehr kreativ, wenn es darum geht, eine passgenaue Lyrik zu entwickeln und sich Dinge schönzureden. Eine Geschichte muss nicht wahr sein, sie sollte gut sein. Beide Geschichten sind sicherlich hinreichend wissenschaftlich belegt und definitiv nicht gut. Ich würde mir sehr wünschen, dass sie tatsächlich auch nicht wahr wären. Gut wären sie dann immer noch nicht.

Diese Beispiele repräsentieren Rituale der Kultur, die eingestellt wurden beziehungsweise überwunden werden konnten.

Bei den Aborigines war es nicht nur Brauch gewesen, Beschneidungen bei jungen Männern durchzuführen, sondern einige Wochen danach auch noch den Penis aufzuschlitzen. Dies hatte dann manchmal eine vollständige oder partielle Spaltung der Harnröhre zur Folge. Heutzutage gehören Beschneidungsrituale und die weibliche Genitalverstümmelung im Rahmen der Religionsausübung und Tradition zu den verletzenden und belastenden Eingriffen, denen Heranwachsende hilflos ausgeliefert sind. Von der weiblichen Genitalverstümmelung sollen mehr als 200 Millionen Frauen mit Schwerpunkt in Afrika und von der Zirkumzision ein Viertel bis ein Drittel der männlichen Bevölkerung weltweit betroffen sein.

Muss man Begründungszusammenhänge nach Maßstäben der jeweiligen Epoche, Tradition und Kultur beurteilen? Wie weit muss man den eigenen Wertmaßstab bei der Beurteilung von zeitlich und räumlich entfernten Ritualen zurückstellen? Könnte es darüber hinaus einen Zusammenhang zwischen dem Umgang mit der Gesundheit und inneren Natur von Menschen und den Einflüssen auf die Umwelt geben?

2.7 Agent Orange

Der Botaniker Arthur Galston (1920–2008) verwendete den Begriff »Ökozid« *(ecocide)* erstmals im Zusammenhang mit den verheerenden Vernichtungen ganzer Landstriche in Vietnam durch den Einsatz von Agent Orange.

Mechanische Säuberungsaktionen zur Unkrautvernichtung und der Einsatz von Pestiziden und Medikamenten gehören in der industriellen Forst-, Fisch- und Landwirtschaft zum alltäglichen Geschäft. Um Unkräuter (unerwünschte Kräuter) oder Schadorganismen wie Pilze, Bakterien, Fadenwürmer, Milben und Insekten zu vernichten, werden weltweit Gifte versprüht. In einem Stellvertreterkrieg in Vietnam versprühten die USA Agent Orange allerdings, um die Welt vor einem sich ausbreitenden Kommunismus zu schützen.

Agent Orange ist der wohlig nach Zitrusfrüchten und aufregend nach James Bond klingende Name für ein Totalherbizid, das mit Tetrachlordibenzodioxinen angereichert war; die Chemiefässer waren seinerzeit mit orangefarbenen Streifen gekennzeichnet. James Bond und Agent Orange haben gemeinsam, dass es sich bei ihnen um Agenten – *agents* – handelt, Mittel um etwas durchzusetzen (vgl. den Ausdruck »Agenda«), zur Not mit Gewalt. Die Aktionen zur Entlaubung der Wälder und Gebüsche und zur Vernichtung der Ernte unter Einsatz chemischer Stoffe, die vom Flugzeug aus versprüht wurden, hatten Namen wie *Operation Ranch Hand* (Erntehelfer), *Operation Sherwood Forest* (Rückzugsort von Robin Hood) und *Operation Pinky Rose* (Liebe, Freundschaft). Das sind keine Euphemismen. Das sind Zynismen der abscheulichsten Sorte.

Wenn ein Totalherbizid zu gesundheitlichen Schäden bei Menschen führt, kann man das in aller Regel nicht leicht nachweisen, weil Menschen umtriebig, vielschichtig und nicht eindimensional sind. Deshalb sind meistens auch nicht alle Menschen in einer Gemeinschaft gleichermaßen krank oder geschädigt. Die großen Konzerne und Regierungen können sich zudem immer die bestbezahlten Anwälte leisten, die dann gern nach Formfehlern in der Anklage suchen.

In Vietnam werden bis heute Kinder mit Wucherungen und Deformationen geboren, weil Agent Orange fetotoxisch ist. Die Säuglinge kommen bereits als unschuldige Monster auf die Welt, hier fehlt ein Auge, dort gibt es eine Wucherung, Arme, Beine, Nasen sind verstümmelt, manchmal fehlt ein Mund, dann taugt der Ausdruck »Säugling« nichts, man muss erst operativ welche aus ihnen machen, oder es klaffen Löcher an anderen Stellen.

Auch die Soldaten aus den USA, die die Chemikalien seinerzeit in Vietnam versprüht hatten, um kommunistische Feinde aufspüren zu können, weil die sich auch unter Gebüschen und Bäumen versteckt hielten, waren teilweise krank geworden. In den USA haben sich die betroffenen Kriegsveteranen außergerichtlich mit den Herstellern der Gifte auf Entschädigungszahlungen geeinigt. Und wieso geht es in dieser außerordentlich geschmacklosen Angelegenheit eigentlich immer nur um Hersteller und nicht um die politisch Verantwortlichen? Man könnte diese beiden Gruppen auch unter der Überschrift »Verursacher« zusammenfassen.

Eine entsprechende Sammelklage der in Vietnam Betroffenen wurde in den USA erst 2005 (!), also mehr als 30 Jahre nach dem Ende des Vietnamkrieges, abgewiesen. Begründung (!!!): Der Einsatz von Agent Orange in Vietnam sei keine chemische Kriegsführung und deshalb kein Verstoß gegen internationales Recht gewesen. Noch einmal in ganz Ruhe: Die USA führten in Vietnam Krieg, kaum zu bestreiten. Sie versprühten dort Chemikalien, auch unbestritten – 45.677.937 Liter von 1963 bis 1971. Der Einsatz von Chemiewaffen ist international geächtet. Diese Gifte wurden aber nicht zum Töten von Menschen – als Chemiewaffen – eingesetzt, sondern *nur* zur Vernichtung der Ernte und zur Entlaubung von Landschaften, damit man von oben aus den Fliegern Menschen aufspüren konnte. Und deshalb war das nach Auffassung von Juristen in den USA, die den Gedanken der Analogie offensichtlich nicht zu bemühen geneigt waren, international rechtens? Irgendwelche Verbrechen gegen die Menschlichkeit waren mit Sicherheit auch nicht Gegenstand der Anklage gewesen oder nachrangig. Und außerdem ist der Zusammenhang ja nicht bewiesen.

Es folgen nun trotzdem Namen, die im Zusammenhang mit Agent Orange nicht häufig genannt werden: John Kennedy, Lyndon Johnson, Richard Nixon – Präsidenten der USA zur Tatzeit und damit hauptverantwortlich –, Dow Chemical, Monsanto, Bayer AG, Boehringer Ingelheim, Spolana – Hersteller.

Ein auf Liberalität getrimmter Machbarkeitswahns ist sicherlich mitschuldig. Und wieso bekommt man eigentlich immer wieder den Eindruck, dass Deutschland gern beteiligt ist, bei welcher der vielen ethisch fragwürdigen Angelegenheiten auch immer? Darüber hinaus ist anzunehmen, dass es uns wirtschaftlich auch deshalb so gut geht.

2.8 Coronapandemie und Zoonosen

Plausibilität ist eine der Überzeugung dienende wohltemperierte Spielform der Logik. Wenn sich eine tödliche Infektionskrankheit in rasender Geschwindigkeit ausbreitet und die Politik schnell handeln muss, obwohl noch nicht viel über die Krankheit und das Ausbreitungsgeschehen bekannt ist, lässt es sich kaum vermeiden, dass auch zuarbeitende Forschungseinrichtungen das Prinzip der Plausibilität bis zur Unkenntlichkeit empirischer Evidenz überdehnen und die eine oder andere Empfehlung später austauschen müssen.

Der folgende Abschnitt über die Coronapandemie ist das vorläufige Zwischenfazit und persönliche Statement eines überwiegend empirisch arbeitenden Nichtmediziners. Man wird vermutlich erst in der Retrospektive von Übermorgen feststellen können, was alles richtig und was mutmaßlich falsch gelaufen ist. Die aus der persönlichen Sicht der Dinge bislang schwerwiegendste Kritik betrifft insbesondere wissenschaftliche Studien und empirische Begleitforschung, die nicht durchgeführt wurden, obwohl sie in

Petitionen von etlichen Tausend Wissenschaftlern gefordert worden waren. Die damit verbundenen Zumutungen, Restriktionen und Zwänge gegenüber Kindern und Jugendlichen kann man als notwendiges Übel oder aber als kaum zu rechtfertigende, nicht kind- und jugendgerechte Entgleisung von Politik ansehen.

Die Phase einer Epidemie oder Pandemie ist eine Zeit der unbedingten Hygiene, der Desinfektionsmaßnahmen und der besonderen Vorkehrungen im Sinne der Gesundheit. Die Coronapandemie ab 2019/2020 war ein weltweit einschneidendes und andererseits auch in erkenntnistheoretischer Hinsicht bedeutsames Ereignis gewesen. Es entstanden bis dahin unbekannte, tiefe Gräben zwischen Entscheidern und Menschen, die die Entscheidungen nicht nachvollziehen und akzeptieren konnten. Politiker, viele Wissenschaftler und Journalisten begannen, die Kritik an den beschlossenen Maßnahmen reflexartig in das Reich der Fabeln von Querdenkern, Verschwörungstheoretikern und Rechtsradikalen zu verweisen. Bei den Gegnern der Maßnahmen entstanden wiederum Koalitionen, die es zuvor nicht gegeben hatte.

Nahezu kulturkreisunabhängig wurden ökonomische Vorgänge und das soziale Geschehen dem Schutz des Lebens untergeordnet und die Ideale der Demokratie, Toleranz und Aufklärung auf die Probe gestellt, weil unter anderem Entscheidungen getroffen werden mussten, von denen niemand wissen konnte, ob sie wirksam sein würden oder nicht.

In den meisten Ländern der Erde wurde die Wirtschaft heruntergefahren. Das hatte es in diesem Umfang niemals zuvor gegeben. Der Tourismus, Berufs- und Individualverkehr wurde stark eingeschränkt, viele Geschäfte, Restaurants, Hotels, Vergnügungseinrichtungen, Kirchen, Moscheen, Schulen, staatliche Einrichtungen und Grenzen wurden geschlossen, und es kam zu Hamsterkäufen. In Deutschland und offensichtlich auch vielen anderen Ländern wurden im Frühjahr 2020 während des ersten Lockdowns in bipolarer Logik Regale mit Würstchen in Dosen und solche mit Toilettenpapier leergekauft. Es gab Tumulte und Rangeleien und nach kurzer Zeit Höchstmengenbeschränkungen auf ein oder zwei Pakete pro Einkauf. Die Menschen sorgten sich um die mittelfristig garantierte Sauberkeit ihrer Allerwertesten. Zu diesem Phänomen gab es Erklärungsversuche, die von der

Sehnsucht nach Kontinuität und Bevorratung in Krisenzeiten bis zur Übersprunghandlung reichten.

Die Bedrohung der Gesundheit und des Lebens führte dazu, dass in kürzester Zeit Verordnungen und Maßnahmen in wechselnden Kompositionen beschlossen wurden. Die Politik berief sich dabei auf *die* Wissenschaft, die es so natürlich nie gab und nie geben wird. Grundlage der Restriktionen in vielen Ländern war das Dogma: Je härter die Einschränkungen, je weniger Kontakte, desto weniger Infektionen und Coronatote – die Welle brechen. In Deutschland setzten die Bundesregierung und 16 Länderregierungen von Anfang an unbeirrt auf eine restriktive und alle Personengruppen gleichermaßen betreffende Kahlschlagpolitik.

Einbußen in der Wirtschaft, psychische Belastungen, positive und negative Auswirkungen in der Umwelt, eine Ausweitung der digitalen Kommunikation und Onlinegeschäfte waren die Folge. Und es wurde wieder einmal deutlich, dass Menschen das Mittel der Denunziation in Deutschland wenigstens zum Teil noch recht ordentlich beherrschen. Ein älterer Herr, der allein auf einer Parkbank sein Brot aß, wurde angezeigt, weil »Picknick in der Öffentlichkeit nicht erlaubt« war. Die Notwendigkeit erheblicher Grundrechtsbeschränkungen wurde im Hinblick auf den Schutz der Gesundheit und die Würde der Menschen bis zum Schluss kontrovers diskutiert.

In kürzester Zeit wurden wir Fachleute und konnten Ausdrücke wie exponentielles Wachstum, Inzidenz, Aerosol, Brücken-Lockdown, Systemrelevanz, FFP2-Maske, Herdenimmunität, Homeschooling, Social Distancing, Zoom-Fatigue verstehen, kombinieren und anwenden und waren empört über Nacktnasen, Lockerungsdrängler oder Prinzipienreiter und Hardliner, je nachdem.

Kinder waren gesundheitlich viel weniger betroffen als Erwachsene, sie wurden bei den Maßnahmen als potenzielle Infektionsherde aber behandelt wie Erwachsene. Aufgrund von Schulschließungen, Kontaktverboten, der Zunahme sozialer Probleme und häuslicher Gewalt waren sie psychischen und physischen Belastungen in besonderer Weise ausgesetzt. Der Flickenteppich aus Ersatzmaßnahmen in der Pädagogik konterkarierte jede bis dahin vorhandene Digitalisierungseuphorie und brachte Lehrende an die Grenzen des Leistbaren. Während des ersten Lockdowns wurde selbst kleinsten Kindern verwehrt, andere Kinder auf dem Spielplatz oder in der Kita zu treffen. Viele von ihnen mussten wochenlang gleich ganz zu Hause bleiben. Die Kitas und Grundschulen blieben geschlossen. Nach dem ersten Lockdown im Frühjahr 2020 wurden sehr früh die Autohäuser wieder geöffnet und erst Wochen danach die Kitas und Grundschulen.

Repräsentative PCR- und Antikörpertests wurden im ersten Jahr nahezu ausschließlich bei Erwachsenen mit Krankheitssymptomen vorgenommen. Auch im Winter 2020/21 wurden Besuche wieder massiv eingeschränkt. Und auch die vorsichtigen Lockerungen im Frühjahr 2021 führten zunächst zur Öffnung von Friseursalons, Blumengeschäften und Buchläden – lange bevor die höheren Klassenstufen, Sportvereine und Hochschulen ihren Betrieb in abgespeckter Weise aufnehmen durften. Die Kirchen mussten in diesem Winter überhaupt nicht geschlossen werden.

Noch im März 2021 konnte man auf der Homepage des RKI die folgenden Sätze zur Infektiosität von Kindern lesen (hier ohne Hinweise auf Quellen):

> »Insgesamt scheinen Kinder weniger infektiös zu sein als Erwachsene. Eine Aussage, welche der Altersgruppen innerhalb der Kinder am infektiösesten ist, kann nicht verlässlich gemacht werden. Studien zur Viruslast bei Kindern zeigen keinen wesentlichen Unterschied zu Erwachsenen.«

Derartige Konglomerate sind sicherlich nicht geeignet, Vertrauen in Wissenschaft zu stärken. Die amtliche Vorgehensweise und Darstellung einiger Kennzahlen zur Pandemie waren aus Sicht der Datenerhebung und Statistik, vorsichtig ausgedrückt, mit Mängeln und Unschärfen in Zeit und Raum behaftet. Von Wissenschaftlern außerhalb der Virologie, aber auch Mitgliedern der Ethikräte wurde kritisiert, dass kaum Begleitforschung durchgeführt wurde, Erkenntnisse über die Infektiosität unter bestimmten Rahmenbedingungen und die Wirksamkeit der Einzelmaßnahmen innerhalb der verschiedenen Bevölkerungsgruppen nach über einem Jahr der Pandemie kaum vorhanden waren. Der Sicherheitsabstand von anderthalb Metern zwischen zwei Masken mit Personen dahinter, der im Winter und Sommer, drinnen und draußen, temperatur- und luftfeuchteunabhängig galt, war nie in irgendeiner Weise empirisch hergeleitet worden.

Der Vergleich mit Ländern, die bei der Bekämpfung der Pandemie erfolgreicher waren, wurde mit dem Hinweis auf irgendwelche Unterschiede zumeist schnell abgebügelt – kann man nicht vergleichen. Angesichts methodischer Probleme und der Unterlassung repräsentativer Erhebungen in der realen Welt stellte sich die Frage, in welcher Weise die Bewegung selbst ernannter Querdenker und Coronaskeptiker, der Rechtsradikalismus und okkulte Verschwörungstheorien von der strukturellen Selbstgenügsamkeit und Hybris exponierter Forschungseinrichtungen und deren nicht immer überzeugenden Repräsentanten profitierte. Und selbst wenn in wissenschaftlich einwandfreier Art und Weise argumentiert wurde, waren viele Menschen es irgendwann leid und konnten es nicht mehr hören.

Die mit der Pandemie in Zusammenhang stehenden Regularien, Einbußen der Wirtschaft und Verhaltensänderungen führten auch zu veränderten Bedingungen in der Umwelt. Die Belastungen der Luft, insbesondere mit Stickoxiden in den Städten, akustische Belastungen im Wasser und in der Luft, der Einsatz fossiler Brennstoffe sowie die CO_2-Produktion gingen im ersten Jahr deutlich zurück, während der Stromverbrauch in den Haushalten auch aufgrund der digitalen Kommunikation zunahm.

Der sprunghaft gestiegene Onlinehandel und die vermehrte Verwendung von Verpackungsmaterial führten zu einer Steigerung der Müllproduktion.

Die direkten Auswirkungen auf das Leben in der Natur waren sehr unterschiedlich. Der anfangs stark eingeschränkte Schiffsverkehr führte dazu, dass Meeressäuger gesichtet wurden, wo sie zum Teil noch nie oder schon lange nicht mehr gesehen worden waren: Delfine in Venedig.

Insgesamt kam es zu deutlich weniger Kollisionen mit Wildtieren im Straßenverkehr. Andererseits wurde ein erhöhter Handel mit Bushmeat in Afrika vermutet. In Brasilien zeigten Satellitenbilder eine überdurchschnittlich gesteigerte Entwaldungsaktivität im Amazonasbecken, die auch mit der Politik Brasiliens und einem coronabedingten Rückgang der Kontrolle illegaler Aktivitäten in Zusammenhang gestanden haben soll.

Wildhüter verloren in vielen Regionen der Erde ihre Jobs und Erhaltungsmaßnahmen in Schutzgebieten wurden zugunsten von Baumaßnahmen und der Gewinnung von Holz, Gold, anderen Mineralien und fossilen Brennstoffen zurückgefahren.

Im Zusammenhang mit dem Klima und der Erhaltung der Biodiversität und Ökosysteme wird immer gern von langfristiger Zukunft und Nachhaltigkeit gesprochen. Während der Pandemie gab es eine Schockstarre und Verordnungen jeweils nur für die kommenden Tage und Wochen, verständlich vielleicht, und alles im Dienst des Überlebens und niedriger Infektionsraten. Dennoch geriet die langfristige Sicht zum Teil völlig aus dem Blick, und Restriktionen, die keine positiven Effekte zeitigten, wurden verschärft. So hilflos hat sich Politik in vielen Ländern selten artikuliert. Die Empfehlungen der Wissenschaft wurden gleichermaßen hoch gelobt und verdammt.

Was unterscheidet die Analysen zum Klimawandel und zur Coronapandemie?

Der Klimawandel erstreckt sich über viele Jahrzehnte beziehungsweise Jahrhunderte, während sich die Coronapandemie in wenigen Monaten zu einem globalen Phänomen auswuchs.

Beide Probleme sind nicht auf bestimmte Regionen oder Kontinente beschränkt, auch wenn die Auswirkungen regional sehr unterschiedlich sind. Die Coronapandemie hat weltweit in kürzester Zeit zu bisher vier Millionen Todesopfern geführt. Der direkte Zusammenhang der Ursache-Wirkung-Komplexe und die persönliche Betroffenheit im Fall der globalen Erwärmung sind dagegen vielfältiger und auch weniger konkret. Extremwetterereignisse, lange Trockenphasen und Waldbrände werden ursächlich auf die Erderwärmung zurückgeführt. Dramatische Zustände werden für die Zeit nach der Überschreitung von Kipppunkten prognostiziert. In beiden Fällen gibt es Menschen, die das Problem generell bestreiten oder umgekehrt zur größten aktuellen Katastrophe der Menschheit erklären.

In der wissenschaftlichen Darstellung beider Probleme überwiegt die Logik als Grundprinzip. In beiden Fällen werden von der Politik und wichtigen Medien unter Berufung auf die jeweils zentralen Wissenschaftsdisziplinen wichtige empirische Befunde ignoriert oder angezweifelt. Auf der Basis von Tests und Impfungen könnte die Coronapandemie möglicherweise zeitnah erfolgreich zurückgedrängt werden, auch wenn momentan nicht ersichtlich ist, dass sie vollständig zu eliminieren wäre. In Bezug auf die globalen Emissionen von Treibhausgasen gibt es im Gegensatz dazu bislang nicht den geringsten empirischen Hinweis auf eine Trendwende. Die Kurve steigt weiter kontinuierlich an.

Diese Pandemie lässt mindestens drei allgemeine Schlussfolgerungen zu, nämlich erstens, dass es möglich ist, die Ökonomie in kurzer Zeit stark einzuschränken, den Schutz der Gesundheit und des Lebens höher zu bewerten und dadurch auch einigen Umweltproblemen eine Verschnaufpause zu gönnen. Zum Zweiten hat die Pandemie die soziale Ungleichheit erwartungsgemäß verschärft und auch die Positionierung des Wohlbefindens von Kindern und Jugendlichen zum Ausdruck gebracht – hinten anstellen. Zum Dritten hat die Coronapandemie einmal mehr gezeigt, wie sehr das Reinigungsbedürfnis und die Logik (Politik, Laborvirologie) auf der Basis kurzfristiger Prioritätensetzung eine nicht immer überzeugende Allianz eingehen können.

Was wird bleiben und welche Veränderungen sind reversibel? Viele der Umweltbelastungen nehmen nach der Überwindung der Krise wieder zu. Das haben bereits andere Krisen gezeigt. Die Ausweitung des Onlinehandels, der Verpackungsindustrie und der prekären Arbeitsverhältnisse von Zustellern sowie der Aufschwung der Digitalisierung dürften sich wenigstens mittelfristig fortsetzen.

Die Krise hat der Digitalisierung Grenzen von Möglichkeiten aufgezeigt und den emotionalen Wert von analogen Vorgängen in der dritten Dimension, von Spaziergängen in der Natur, von Besuchen, Treffs, von Knuffelkontakten und gemeinsamen Veranstaltungen verdeutlicht. Bleiben dürfte auch die Sorge vor weiteren Infektionskrankheiten und verheerenden Pandemien, von denen grundsätzlich nicht anzunehmen ist, dass sie weniger werden.

Zoonosen sind Infektionskrankheiten, die vom Tier auf Menschen oder umgekehrt übertragen werden. Die Coronapandemie wurde wahrscheinlich durch die Virenübertragung von Fledermäusen auf Menschen ausgelöst. Jedes Jahr werden viele Dutzend Zoonosen registriert, und mehr als zwei Drittel der Erreger, die Menschen krank machen können, stammen von Insekten und Wirbeltieren. Mehr als eine Million Virenarten werden in Säugetieren und Vögeln vermutet, von denen mehr als 500.000 das Potenzial haben, als Krankheitserreger auf Menschen übertragen zu werden.

Es gibt möglicherweise einen direkten Zusammenhang zwischen der Intensität der Nutzung von Ökosystemen, der Bejagung von Wildtieren, wie Fledermäusen, Nagetieren, Affen, Wasservögeln und anderen, und dem steigenden Risiko von Infektionskrankheiten. Haustiere fungieren bei der Übertragung häufig als Vermittler zwischen den Wildtieren auf der einen Seite und Menschen auf der anderen. Und wenn Schneisen für Acker- und Weideland in den Waldgebieten entstehen, erhöht sich das Übertragungsrisiko zwischen Wildtieren, Haustieren und Menschen. Proportional zum Wachstum der Weltbevölkerung steigt das Risiko von Pandemien rapide an. Jedes Jahr tauchen einige bislang unbekannte Infektionskrankheiten irgendwo auf, von denen jede das Potenzial hätte, sich zu einer Pandemie auszuweiten. Die Intensivierung der Landnutzung und die Abnahme der Biodiversität begünstigt die Ausbreitung.

Wenn Insekten, Amphibien oder auch andere Arten oder Artengruppen zurückgehen und vom Aussterben bedroht sind, werden im Gegenzug in aller Regel Arten häufiger, die eine größere ökologische Amplitude haben – Generalisten. Das können heimische oder gebietsfremde Arten sein. Nach einer bislang numerisch noch nicht gesicherten Theorie profitieren Infektionskrankheiten vom Rückgang der Biodiversität. Schlagzeilen dazu: »Biodiversität schützt vor Infektionen«, »Je gemischter die Tierwelt, desto gesünder«. Die Idee dahinter ist, dass die Menge der Pathogene, die von Tieren, zum Beispiel Zecken, übertragen werden, stärker ausgedünnt oder besser in Schach gehalten werden, wenn die Überträger mehrere Wirte nutzen. Zecken, Mücken und andere Überträger von Krankheiten treten in artenreichen Nahrungsnetzen nicht so zahlreich in Erscheinung wie in Monokulturen, Plantagen oder konventionellen Fischfarmen. Amerikanische Kröten (*Bufo americanus*), die mit Laubfröschen (*Hyla versicolor*) zusammen im selben Becken gehalten wurden, infizierten sich seltener mit parasitischen Würmern, als wenn sie allein waren. Das ist auch deshalb nicht ganz einfach zu erklären, weil die Laubfrösche gegen die Würmer immun sind.

Es ist jedenfalls auffällig, dass Amphibien, Menschen, Seehunde, Saiga-Antilopen, diverse Baumarten und andere Organismengruppen in den letzten Jahrzehnten zunehmend von schweren und zum Teil dramatischen Infektionskrankheiten betroffen waren. Bei derartigen Erkrankungen spielt die Artenvielfalt ebenso eine Rolle wie die Individuenvielfalt der Überträger und Wirte.

Die Zunahme der Zoonosen könnte mit der Abnahme der Artenvielfalt in der Umgebung von immer dichter werdenden Populationen von Menschen zu tun haben, die in zunehmend rücksichtsloser Weise in die Ökosysteme vordringen. Die Vielfalt der Tiere, die in Städten und Siedlungen eine zweite Heimat gefunden haben, ist häufig größer als in den umgebenden Landschaftseinheiten. Man mag dabei an Vogelarten wie Stadttauben, an Maulwürfe, Kaninchen, Füchse, Waschbären, Eichhörnchen, Mäuse, Ratten oder Kellerasseln denken. Große Metropolen bringen es auf über 10.000 Wildtierarten, wenn man die Insekten und andere Wirbellose mitrechnet. Und viele von ihnen haben Krankheitserreger im Gepäck.

Umgekehrt wird angenommen, dass das Infektionsgeschehen durch Viren, Bakterien, Pilze und andere Mikroorganismen die Diversifizierung der Arten im Laufe der Evolution gefördert hat und die Muster der Verbreitung von Arten maßgeblich mitbestimmt. In tropischen Wäldern stehen einzelne Bäume derselben Art zum Teil weit voneinander entfernt, sodass artspezifische Angriffe durch Schadorganismen allein durch den Abstand der Bäume zueinander unwahrscheinlicher werden. Vögel und viele andere Tiere wandern und bauen sich von Jahr zu Jahr neue Nester, auch um Infektionsrisiken zu minimieren.

Quellen und weiterführende Schriften

Alshammari, T. M.; Alenzi, K. A.; Alnofal, F. A.; Fradee, G. & Altebainawi, A. F. 2020. Are countries' precautionary actions against COVID-19 effective? An assessment study of 175 countries worldwide. medRxiv preprint (doi: https://doi.org/10.1101/2020.07.16.20155515).

Andersen, A. 1986. Heimatschutz. Naturschutzbewegung. In: Brüggemeier, F. J. & Rommelspacher, T. (Hrsg.). Besiegte Natur. Geschichte der Umwelt im 19. und 20. Jahrhundert. München.

Anonymus 1969. Smoking and Health Proposal. Minnesota Documents. Industry Documents Library, UCSF (https://www.industrydocuments.ucsf.edu/tobacco/-docs/#id=psdw0147; aufgerufen am 04. 03. 2021).

Daszak, P.; Cunningham, A. A. & Hyatt, A. D. 2000. Emerging Infectious Diseases of Wildlife – Threats to Biodiversity and Human Health. Science 287, S. 443–449.

Dirlmeier, U. 1996. Zu den Lebensbedingungen in der mittelalterlichen Stadt: Trinkwasserversorgung und Abfallbeseitigung. In: Herrmann, B. (Hrsg.). Mensch und Umwelt im Mittelalter. Wiesbaden, 150–159.

Döring, N. & Bortz, J. 2016. Forschungsmethoden und Evaluation in den Sozial- und Humanwissenschaften. Berlin, Heidelberg.

European Commission 2020. The EU Biodiversity Strategy to 2020 (https://ec.europa.eu/environment/nature/info/pubs/docs/brochures).

Franzen, J. 2020. Wann hören wir auf, uns etwas vorzumachen? Reinbek.

Frickel, S.; Gibbon, S.; Howard, J.; Kempner, J.; Ottinger, G. & Hess, D. J. 2010. Undone Science: charting social movement and civil society challenges to research agenda setting. Science, Technology & Human Values 35(4), S. 444–473.

Herrmann, B. 2016. Umweltgeschichte. 2. Aufl., Berlin, Heidelberg.

Hupke, K.-D. 2015. Naturschutz. Ein kritischer Ansatz. Heidelberg.

Janssen, J. A. M.; Rodwell, J. S.; Criado, G.; Gubbay, S.; Hynes, T.; Nieto, A.; Sanders, N.; Landucci, F.; Loidi, J.; Ssymank, A.; Thvanainen, T.; Valderrabano, M.; Acosta, A.; Arronsson, M.; Arts, G.; Attorre, F.; Bijlsma, R.-J.; Bioret, F.; Bita-Nicolae, C.; Biurrun, I.; Calix, M.; Capelo, J.; Carni, A.; Chytry, M.; Dengler, J.; Dimopoulos, P.; Essl, F.; Gardfjell, H.; Gigante, D.; Giusso del Galdo, G.; Hajek, M.; Jansen, F.; Jansen, J.; Kapfer, J.; Mickolajcak, A.; Molina, J. A.; Molnar, Z.; Paternoster, D.; Pierik, A.; Poulin, B.; Renaux, B.; Schaminée, J. H. J.; Sumberova, K.; Toivonen, H.; Tonteri, T.; Tsiripidis, I.; Tzonev, R.; Valachovic, M.; with contributions from Aarrestad, P. A.; Agrillo, E.; Alegro, E.; Alonso, I.; Argagnon, O.; Armiraglio, S.; Assini, S.; Aunina, L.; Averis, A. B. G.; Averis, A. M.; Bagella, S.; Barina, Z.; Barron, S.; Bell, S.; Bendiksen, E.; Bergmeier, E.; Bölöni, J.; Brandrud, T. E.; Brophy, J.; Buffa, G.; Campos, J. A.; Casella, L.; Christodoulou, C. H.; Corbett, P.; Couvreur, J.-M.; Crowle, A.; Dahlgreen, J.; Keersmaeker, D. E.; Delescaille, L.-M.; Denys, L.; Saeger, D. E.; Delarze, R.; Devany, F.; De Vries, S.; Diack, I.; Dimitrov, M.; Eide, W.; Espirito Santo, D.; Fagaras, M.; Fievet, V.; Finck, P.; Fitzpatrick, U.; Fotiadis, G.; Framstad, E.; Frankard, P. H.; Giancola, C.; Gussev, C. H.; Hall, R.; Hamill, B.; Heinze, S.; Hennekens, S.; Hobohm, C.; Ivanov, P.; Jacobson, A.; Janauer, G.; Janisová, M.; Jefferson, R. G.; Jones, P.; Juvan, N.; Kacki, Z.; Kallimanis, A.; Kazoglou, Y.; Keith, D.; Keulen, K.; Király, G.; Kirby, K.; Koci, M.; Kontula, T.; Leibak, E.; Leyssen, A.; Lotman, S.; Lyngstad, A.; Mäemets, H.; Mainstone, C.;

Mäkelä, K.; Marceno, M.; Martin, J. R.; Matevski, V.; Mesterhazy, A.; Milanovic, D.; Millaku, F.; Miller, R.; Millet, J.; Mjelde, M.; Moen, A.; Nygaard, B.; Öien, D.-I.; O'Neill, F.; Paal, J.; Packet, J.; Paelinck, D.; Panitsa, M.; Perrin, P.; Pezzi, G.; Provoost, S.; Rasomavicius, V.; Raths, U.; Rees, S.; Riecken, U.; Roosaluste, E.; Rove, I.; Rexmann, J.; Rodriguez, J. P.; Rusakova, V.; Rusina, S.; Schuiling, R.; Sciandrello, S.; Sell, I.; Sibik, J.; Simkin, J.; Skvorc, Z.; Soray, D.; Stesevik, D.; Strand, G. H.; Stupar, V.; Thomaes, A.; Trajanovska, S.; Van Braekel, A.; Van Landuyt, W.; Vanderkerkhove, K.; Vandevoorde, B.; Varga, A.; Velkovski, N.; Venanzoni, R.; Verté, P.; Viciani, D.; Vrahnakis, M.; von Wachenfeldt, E.; Weeda, E.; Wibail, L.; Willner, W. & Xystrakis, F. 2016. Red List of European Habitats. Part 2. Terrestrial and freshwater habitats. – European Commission, Publications Office of the European Union; Luxembourg.

Jessel, B. 2012. Zwischen Anspruch und Wirklichkeit. Das Übereinkommen über die biologische Vielfalt und sein Einfluss auf die Naturschutzpolitik. Ambitions and Reality. The Convention on Biological Diversity and its Influence on Nature Conservation Policy. In GAIA-Ecological Perspectives for Science and Society 21 (1), S. 22–27.

Kempf, W. 2006. Social constructivism and its implications for critical media studies. Conflict & communication online 5/1, S. 1–6, Berlin (http://www.cco.regener-online.de/2006_1/pdf_2006-1/kempf_2006.pdf; aufgerufen am 29. 03. 2019).

Lofrano, G. & Brown, J. 2010. Wastewater management through the ages: A history of mankind. Science of the Total Environment 408 (22), S. 5254–5264.

Mark, H.; Tschiesche, M. & Minh, H. T. B. 2015. »Agent Orange« – eine folgenschwere Altlast des Vietnamkriegs. Berlin.

Matthews, J. A.; Bartlein, P. J.; Briffa, K. R.; Dawson, A. G.; DeVernal, A.; Denham, T.; Fritz, S. C. & Oldfield, F. 2012. The SAGE Handbook of Environmental Change. London: Sage Publications.

Mauss, M. 1990. Die Gabe. Form und Funktion des Austauschs in archaischen Gesellschaften. Frankfurt a. M.

Michaels, D. 2008. Doubt is their product: How industry's assault on science threatens your health. Oxford.

Picht, G. 1989. Der Begriff der Natur und seine Geschichte. Stuttgart.

Pierotti, R. & Fogg, B. 2017. The First Domestication: How Wolves and Humans Coevolved. New Haven.

Poschlod, P. 2017. Geschichte der Kulturlandschaft. 2. Aufl., Stuttgart.

Radkau, J. 2002. Natur und Macht: Eine Weltgeschichte der Umwelt. München.

Roberts, A. 2012. Die Anfänge der Menschheit: Vom aufrechten Gang bis zu den frühen Hochkulturen. München.

Safransky, R. 1997. Das Böse oder Das Drama der Freiheit. München.

Sandom, C.; Faurby, S.; Sandel, B.; Svenning, J.-C. 2014. Global late Quaternary megafauna extinctions linked to humans; not climate change. Proc. R. Soc. B 281: 20133254 (http://dx.doi.org/10.1098/rspb.2013.3254).

Settele, J. 2020. Die Triple Krise: Artensterben, Klimawandel, Pandemien. Hamburg.

Simberloff, D. 2003. Confronting introduced species: a form of xenophobia? Biological Invasions 5 (3), S. 179–192.

Stellmann, J. M.; Stellmann, S. D.; Christian, R.; Weber, T. & Tomasello, C. 2003. The extent and patterns of usage of Agent Orange and other herbicides in Vietnam. Nature 422, S. 681–687.

Succow, M.; Knapp, H. D. & Jeschke, L. (Hrsg.) 2012. Naturschutz in Deutschland: Rückblicke – Einblicke – Ausblicke. Berlin.

Süß, R. (Hrsg.) 2020. Erbrecht in Europa. 4. Auflage; Würzburg.

Tallentyre, S. G. 1908. The Life of Volaire. London.

3

Natur und Natürlichkeit

3.1

Biodiversität

Zu den wichtigsten Grundnahrungsmitteln der Menschen gehören stärkereiche Produkte wie Weizen, Reis und Kartoffeln, zu den proteinreichen gehören Hülsenfrüchte, unter anderem Linsen, Bohnen, Fisch, Fleisch, Milch und Eier. Dazu kommen noch Obst und Gemüse, zum Beispiel Äpfel, Bananen, Tomaten und andere pflanzliche Produkte. Hühner (Gesamtbestand 26 Milliarden Tiere), Rinder (1,5 Milliarden), Schafe (1,2 Milliarden), Enten (1,2 Milliarden), Ziegen (1,1 Milliarden), Schweine (0,9 Milliarden) und Fisch zählen zu den für die menschliche Ernährung bedeutsamen Tieren. Die Diversität der natürlichen Produkte von Pflanzen und Tieren, welche Menschen regelmäßig nutzen, umfasst noch einige Arten mehr. Die Masse der zur Ernährung, Holzproduktion und zu anderen Zwecken genutzten Arten ist allerdings klein, und sie macht nur einen Bruchteil der Gesamtartenvielfalt aus, die sich im Laufe der Evolution entwickelt hat. Bisher wurden 1,7 Millionen Arten wissenschaftlich beschrieben. Es leben aber vermutlich drei bis fünfmal so viele Arten auf der Erde.

Warum sollte es wichtig sein, die biologische Vielfalt in toto zu schützen?

Die Biodiversität, von griechisch *bios* (Leben) und lateinisch *diversitas* (Vielfalt) wird oft in drei größere Bereiche unterteilt, in die Artenvielfalt, genetische Vielfalt und Vielfalt der Ökosysteme. Sie lässt sich aber natürlich auch zum Beispiel auf der Ebene der beteiligten anorganischen und organischen Stoffe, Gewebe, Organsysteme, Individuen, Verhaltensweisen oder Strukturen in den Lebensräumen nachweisen. Wo immer man Leben analysiert, wird man Vielfalt und Unterschiede ausmachen. Selbst eineiige Luchszwillinge haben unterschiedliche Fellzeichnungen.

Jahrzehntelang war »Biodiversität« einer der Modebegriffe im Zusammenhang mit Erörterungen zur Genetik, Evolutionskunde und Ökologie gewesen. Zu diesem überwiegend positiv besetzten Thema wurden mittlerweile unzählige Bücher und noch viel mehr wissenschaftliche Publikationen in fast allen Sprachen veröffentlicht. Auch in den Schulen und Medien wird der Begriff nunmehr verwendet. Der Ausdruck wurde in Gesetzestexten sowie nationalen und internationalen Strategien aufgenommen, sodass auch Politik das Thema im Zusammenhang mit der Arterhaltung bedient und jedenfalls nicht mehr leichtfertig ignorieren kann, zumal die Bedrohung der Artenvielfalt im Kontext mit dem Klimawandel und der Gesundheit immer häufiger genannt wird.

Gelegentlich müssen Zahlen zur Biodiversität auch für Begründungen im Naturschutzhandeln herhalten. Und dann wird es manchmal schwierig. Insbesondere quantitative Analysen zur Artenvielfalt, die zur Begründung von Normativität herangezogen werden, sind kritisch zu betrachten. Nur allzu leicht begibt man sich bei Vergleichen von Artenzahlen auf argumentativ schwieriges Terrain.

Verschiedentlich wurde zum Beispiel festgestellt, dass Wirtschaftswälder artenreicher sind als kaum beeinflusste Urwälder oder Naturwälder, die seit Jahren oder Jahrzehnten aus der Nutzung entlassen wurden. Fachleute für Waldbau haben damit teilweise zu begründen versucht, dass es ökologisch und ökonomisch von Vorteil sei, Wälder forstwirtschaftlich zu nutzen. Und sie haben auf der Grundlage dieser Argumentation auch die Ausweisung von Wildnisgebieten im bereits 2007 von der Bundesregierung beschlossenen Umfang mit deutlich unter einem Prozent der Fläche ins Leere laufen lassen.

Siedlungen sind artenreicher als Wirtschaftswälder. Mit demselben Argument könnte man also genauso gut den Ausbau von Siedlungen auf Kosten von Wäldern fordern. Große Städte sind auch artenreicher als kleine, und Friedhöfe gehören zu den artenreichsten Lebensräumen überhaupt. Jeder Friedhof ist viel reicher an Wildarten als ein gleichgroßes Stück Moor. Derartige Zahlenvergleiche sind problematisch. Artenreichtum ist nicht grundsätzlich besser oder schlechter als Artenarmut. Und bestimmte Bewohner von totholzreichen aber insgesamt nicht besonders artenreichen Naturwäldern kommen im Wirtschaftswald überhaupt nicht vor. Die quantifizierende Betrachtung von Biodiversität kann die Frage, welche Komposition von Vorgängen, Arten und Strukturen wir für erstrebenswert erachten, nicht beantworten. Aber natürlich muss auf der Basis der bereits international getroffenen Vereinbarungen auch hier die Arterhaltung oberste Priorität haben.

Im Folgenden soll nun lediglich auf die Frage eingegangen werden, wozu wir Biodiversität überhaupt benötigen und was Menschen davon haben, wenn der ferne Regenwald im Amazonasgebiet, die Wiese in Rumänien und das Korallenriff in der Karibik so unglaublich artenreich sind. Und wenn man im Vergleich zu den genannten Lebensräumen feststellen kann, dass Sumpfgebiete, das Wattenmeer und Äcker ziemlich artenarm sind, dann sollte zumindest geklärt werden, ob und für wen das ein Problem darstellt.

In Kalifornien, USA, lebte einst eine Feldheuschrecke mit dem Namen Central Valley Grasshopper (*Conozoa hyalina*). Die Art hatte von Natur aus ein recht kleines Verbreitungsareal, sie wurde seit 1953 nicht mehr gesehen und gilt global als ausgestorben. In welcher Weise sind Menschen von diesem oder ähnlichen Verlusten betroffen?

Arten, die ausgestorben sind, stellen einen unwiderruflichen Verlust dar. Man muss die Art selbst gar nicht gesehen haben oder kennen, um einen solchen Verlust dennoch bedauern zu können. Und wenn derartige Verluste zunehmen und Ökosysteme artenärmer werden, dann kann uns das Sorgen bereiten.

Bei der Beantwortung der Frage nach der Bedeutung vom Verlust einer Art spielen ganz unterschiedliche Aspekte eine Rolle, das kollektive Gewissen, die Ästhetik, der Verlust von substanziellen Werten. Es sind möglicherweise gar nicht in erster Linie Ökosystemdienstleistungen, die uns dann nicht mehr zur Verfügung stehen. Der Verlust von Nutzungspotenzial kommt aber noch hinzu.

Es gibt eine objektive Bedrohung der Lebensqualität von Menschen durch den zunehmenden Verlust von Arten und Individuen, auch wenn es sich um solche Lebewesen handelt, die zum Teil noch gar nicht wissenschaftlich beschrieben sind und aussterben, ohne dass wir davon Kenntnis nehmen. Viele der noch unbekannten Arten sind winzige Insekten in den tropischen Regionen, Bewohner der tiefen Meere und Kleinstlebewesen in den Böden.

Ökosysteme und die Biodiversität stellen einen funktionalen Zusammenhang dar. Jede Art und jedes Individuum stellt einen Knotenpunkt im Nahrungsnetz dar, das wiederum die Ökosystemfunktionen sichert. Mit jeder Art, die ausgestorben ist, wird das Nahrungsnetz löchriger und natürliche Prozesse werden reduziert. Das kann theoretisch dazu führen, dass das Ökosystem nicht mehr funktioniert und kollabiert. Die Biodiversität der Ökosysteme ist darüber hinaus bedeutsam für die menschliche Gesundheit.

Sie fungiert einerseits als natürliche Apotheke für Menschen, Haus- und Wildtiere, beliefert die moderne Medizin mit Wirkstoffen und reduziert das Risiko von Pandemien.

Es gibt aber auch interspezifische Wechselwirkungen, die unter anderem für den Ernteerfolg von vielen Nutzpflanzen wichtig sind. Viele Kulturpflanzen müssen von Insekten oder anderen Tiergruppen bestäubt werden. Unglaublich viele Insekten, aber auch Vogelarten und Fledermäuse gehören zu den Bestäubern. Der Fruchtansatz ist in vielen Fällen direkt abhängig von der Menge der Blütenbesucher. Schon jetzt ist die Bestäubung von konventionellen Mandelplantagen in den USA mit Honigbienen eine aufwendige und teure Angelegenheit, da die Bienenstöcke, die mit großen Fuhrwerken in die Plantagen gefahren werden, ihre Arbeit aufgrund der Spritzmittel immer nur für kurze Zeit verrichten können, um anschließend außerhalb der Plantagen zu regenerieren.

Inwiefern könnte die Artenarmut im Wattenmeer, in den Sümpfen und im Ackerland ein Problem darstellen? Jedes Ökosystem zeichnet sich durch spezifische Nahrungsnetze und eine charakteristische Artenvielfalt aus. Wenn Ökosysteme von Natur aus artenarm sind, dann sind die ökologischen Bedingungen offensichtlich genau die richtigen für jene Arten, die sich dort im Laufe der Evolution angepasst und eingenischt haben. Für die Pinguine der Antarktis sind die dortigen Verhältnisse vollkommen angemessen. Dass die ökologischen Bedingungen dort extrem seien, mögen Arktisreisende so empfinden, Pinguine würden dem aber sicherlich nicht zustimmen wollen. Sie würden umgekehrt die Verhältnisse im überaus artenreichen tropischen Regenwald als absolut lebensfeindlich beklagen.

Das Problem konventioneller Ackerlandschaften und der Ausweitung von intensiv genutzten Äckern und Baumplantagen ist andererseits, dass hier chemische, physikalische und biologische Verhältnisse geschaffen werden, die das Leben von Arten, die zuvor in den entsprechenden Landschaften gelebt haben, ausschließt, vor allem aber, dass auch benachbarte Ökosysteme über Nah- und Fernwirkungen beeinträchtigt werden.

Extreme Produktivität und Erntemengen auf Basis von genetisch sehr einheitlichen Monokulturen sind immer mit einem erheblichen Risiko von Missernten behaftet, zum Beispiel durch ungünstige Witterungsbedingungen oder Angriffe von Schadorganismen. Riesige Mengen von Heuschrecken in Afrika sind die Folge der veränderten ökologischen Verhältnisse und beschädigten Nahrungsnetze in den dortigen Landschaften. Mit Massen von Borkenkäfern und Eichenprozessionsspinnern bei uns ist es ganz ähnlich. Und wenn irgendwo plötzlich riesige Mengen von Marienkäfern, Maikäfern, Borkenkäfern oder anderen Arten in unseren Kulturlandschaften auftauchen, darf man sich fragen, was hier falsch gelaufen ist, und es ist auch nicht immer der Klimawandel dafür verantwortlich. Schädlingskalamitäten wie die im Ackerland oder in Fichtenplantagen sind in ähnlicher Form zum Teil auch in artenarmen natürlichen Ökosystemen zu beobachten. Vor allem aber ist es scheinheilig, Risiken von Missernten bewusst in Kauf zu nehmen und dann lauthals darüber zu klagen, wenn sie eintreten. Und wenn man dann noch in überzeugender Weise darlegen kann, dass der Klimawandel Schuld ist, muss die Allgemeinheit für den Schaden aufkommen. In Polykulturen wie artenreichem Grasland oder in extrem artenreichen Ökosystemen wie Regenwäldern oder Savannen kommen derartige Katastrophen nicht vor, jedenfalls nicht, wenn sie nicht bereits massiv vorgeschädigt sind.

Abnehmende Arten- und Individuenvielfalt in den Ökosystemen und eine immer weiter wachsende Weltbevölkerung sind jedenfalls eine eher ungünstige Kombination im Sinne der globalen Erhaltung der Biodiversität, Gesundheits- und Daseinsvorsorge.

3.2

Ressourcen, Überfluss und Verzicht

Prolog:
Eine Frau in der Steinzeit entdeckt einen Strauch mit reifen Haselnüssen.

Sie sagt zu ihrem Mann: »Du, da sind leckere Haselnüsse. Die könnten wir doch pflücken und damit unseren Wintervorrat aufstocken.«

Darauf entgegnet der Steinzeitmann: »Ist ja logisch.«

Ressourcen sind ein wichtiger Schlüssel zur Erklärung ökologischer Vorgänge und sozialen Verhaltens. Sie ermöglichen und begrenzen das Leben. Die Verteilung der Ressourcen entscheidet über die Muster der Verbreitung von Arten und Individuen, sie beeinflusst das Wachstum und Verhalten von Pflanzen und Tieren, ermöglicht Wohlstand und das Wachstum der Städte auf der Basis von Ökosystemdienstleistungen und von Ressourcen aus der Erdkruste. Es ist daher wichtig zu klären, was Ressourcen sind. Zu den Ressourcen im streng ökologischen Sinn gehören verfügbare Nährstoffe, die Pflanzenwachstum ermöglichen, die Nahrung der Tiere, Licht, Wärme, Wasser und Raum. In der Ökonomie werden Geld und Finanzierungsmöglichkeiten als Ressourcen bezeichnet.

Gibt es einen grundsätzlichen Unterschied zwischen den Ressourcen der Ökologie und Ökonomie?

Im Folgenden wird von einem sehr weiten, umfassenden Begriff ausgegangen, vor allem deshalb, weil all die unterschiedlichen Formen von Ressourcen nicht nur Einfluss auf das Verhalten von Menschen nehmen, sondern weil ökonomisch relevante Ressourcen natürlich auch eine ökologische Bedeutung haben. Und es gibt eigentlich keinen guten Grund, nicht auch das Verhältnis von Kompetenzen und Bildungschancen zu den Ressourcen zu rechnen. Denn auch diese nehmen Einfluss auf das soziale Leben und damit zumindest indirekt auf die Interaktionen mit der Natur.

Die Verfügbarkeit und Qualität all dieser Ressourcen ermöglicht und begrenzt das Leben der Populationen aller Arten, ihre Produktivität und unser Wohlbefinden, auch wenn Menschen meinen, ihre Fertigsuppe im Supermarkt beziehen und sich dadurch der Illusion hingeben zu dürfen, von den Ökosystemen viel weniger abhängig zu sein als die Rehe, die der Kälte im dunklen Winterwald trotzen müssen.

Ressourcen, Ressourcennutzung und die *Optimierung der Nutzung von Ressourcen* sind mutmaßlich die Schlüssel zum Verständnis evolutionärer, ökologischer und sozialer Zusammenhänge, der ökologischen Krise und damit auch der Frage, was nicht möglich ist. Diese Frage berührt ganz wesentlich die Natur und Möglichkeiten von Menschen. Ist der Ressourcenverschleiß nur eine moderne Fehlentwicklung oder sind Menschen grundsätzlich in der Lage, sparsam und rücksichtsvoll mit Ressourcen umzugehen?

Es gibt Veganer, Vegetarier, Menschen, die zu bestimmten Zeiten fasten, Hindus, die den Verzehr von Rindfleisch ablehnen, Muslime, die kein Schweinefleisch essen, Menschen, die es ablehnen zu fliegen oder größere Reisen zu unternehmen. In Deutschland wird auf den Verzehr von Hunde- oder Katzenfleisch verzichtet, in vielen Gegenden der Erde dürfen bestimmte Tabuzonen oder Nationalparks nicht betreten werden. Aus Sicht der christlichen Religionen ist Bescheidenheit eine Tugend. Im Islam wird der Fastenmonat Ramadan gefeiert.

Könnte es sein, dass Verzichtskulturen und Rituale der Mäßigung auch im Dienst des langfristigen Wachstums stehen? Die globalen Produktionszahlen sind noch immer angestiegen. Obwohl es global absolut und relativ immer mehr Vegetarier gibt, steigt der Fleischkonsum immer noch an. Von 2000 bis 2019 ist die Bevölkerung der Erde um 26 Prozent gewachsen. Während dieser Zeit ging die Produktion von Schweinen sogar leicht zurück und die der Rinder (+14,5 Prozent) und Schafe (+16,2 Prozent) konnte nicht ganz mithalten; im Gegenzug stieg aber die der Ziegen um 44 Prozent und die der Hühner sogar um 80 Prozent an. Die globale Fleischproduktion wuchs von 84 Millionen Tonnen im Jahr 1965 auf 330 Millionen im Jahr 2017. Die FAO rechnet mit einem weiteren Anstieg auf 455 Millionen Tonnen im Jahr 2050.

Obwohl immer mehr Windkraft- und Solaranlagen installiert werden, steigt der Verbrauch fossiler Energieträger an. Die getrennt zu betrachtenden Kurvenverläufe lassen bislang nicht erkennen, dass die Kraftanstrengungen auf der regenerativen Seite zu positiven Effekten auf der fossilen geführt hätten. Obwohl die CO_2-Produktion in Deutschland seit 1990 kontinuierlich sinkt, steigt sie global ebenso kontinuierlich an. Leicht lässt sich vermuten, dass es ansonsten einen noch stärkeren Anstieg gegeben hätte. Doch so einfach ist es nicht. Denn das zusätzliche Angebot erheblicher Mengen von Ökostrom führt zu einem erhöhten Angebot von Strom insgesamt, mit dem Effekt, dass der Energiepreis auf dem Strommarkt sinkt und zwar auch für Strom aus nicht regenerativen Energien. Viele Kraftwerke und Windräder müssen regelmäßig abgeschaltet werden und riesige Strommengen müssen kreuz und quer durch die Netze in Europa geschleust werden, damit das System nicht überlastet.

Natürlich ist ein Weitermachen wie bisher auch keine Lösung. Wenn die Energiepolitik die Erzeugung regenerativer Energien massiv fördert, die Entwicklung von technischem Gerät parallel dazu aber zu einem immer höheren Strombedarf führt, dann lohnt es sich eben auch, den Verbrauch fossiler Brennstoffe in einer globalen Welt weiter anzukurbeln. War es tatsächlich der Wunsch von Verbrauchern, alle Geräte mit Akkus zu versorgen? Die Politik will Elektroautos und Spritsparmodelle fördern, gleichzeitig sorgt ein SUV-Machismo dafür, dass Autos immer größer werden, der Spritverbrauch insgesamt zunimmt und die Parkplätze in den Städten vorn und hinten nicht mehr reichen. Schauen wir mal, dann sehen wir mal. Und auch die CO_2-Bilanz von Elektrofahrzeugen ist nicht gleich null. Jedes Elektroauto mit Akku belastet die Umwelt mit 5 bis 20 Tonnen CO_2 je Fahrzeug und Berechnung schon während der Herstellung. Und dabei sind die vielen Satelliten, die eine einzelne Person hobbymäßig bisher ins All geschickt hat, und Tausende, die noch folgen sollen, und der Energieaufwand, um die Autos irgendwann abzuwracken und zu recyceln, überhaupt noch nicht berücksichtigt.

Und obwohl es global immer mehr Naturschutzgebiete, private Stiftungen, Initiativen, Naturschutzregularien, Artenschutzprogramme und Pflegemaßnahmen im Naturschutz gibt, nimmt die Bedrohung der Biodiversität immer weiter zu. Die allermeisten Pflanzen, Tiere und Menschen nutzen mindestens so viele Ressourcen, wie sie zum Leben benötigen. Und sehr gern nehmen sie mehr als sie wirklich brauchen – *luxury consumption.* Es könnten ja wieder schlechtere Zeiten kommen; fast alle Organismen legen Vorräte an, im Körper, einige auch in der Landschaft.

Lässt sich die These aufrechterhalten, dass Ressourcen immer maximal ausgebeutet werden?

Raubtiere fressen immer nur einen Teil der potenziellen Beute und Pflanzenfresser lassen immer den Großteil der Pflanzen ungenutzt. Eichhörnchen vergraben Haselnüsse, die sie teilweise später nicht wiederfinden. In den Gesellschaftswissenschaften werden derartige Quervergleiche häufig als »biologistisch« kritisiert. In diesem Fall sind Parallelen zwischen ganz unterschiedlichen Tieren, Pflanzen und Menschen allerdings auffällig, und es stellt sich die Frage, ob verschwenderisches Verhalten nicht sogar sinnvoll im Sinne des Überlebens sein könnte?

Auch die vereinigten Fischer und Jäger der Erde werden die Tiere niemals quantitativ fangen oder schießen, da es ansonsten morgen oder im kommenden Jahr nichts mehr zu fangen oder zu schießen geben würde. Die Nutzung und Verschmutzung von Wasser, Fischfang und Jagd sind überall auf der Welt reglementiert, nirgendwo werden sie dem freien Markt überlassen, und es ist sicherlich mit Rücksicht auf die Bestände sinnvoll, Fangmengen zu vereinbaren. Fischer kritisieren häufig, dass die Fangquoten reduziert werden. Sie wissen aber auch, dass diese notwendig sind, um eine dauerhafte Versorgung mit Fisch und das Überleben der Fischer zu gewährleisten.

Jeder Haushalt besitzt irgendwo Vorräte. Vielleicht sind wir gar nicht in der Lage, die Ressourcen wirksam zu schonen. Falls diese These zutreffen sollte, kann es in Zukunft nur noch darum gehen, die Ressourcennutzung und Verteilung zu optimieren, Recycling zu betreiben.

Und das heißt zum Beispiel auch, Plastik, Nährstoffe und andere Materialien nicht sinnlos als Abfall in Deponien, in der Landschaft, in den Flüssen oder im Meer zu entsorgen. Denn das ist schlicht töricht. Auch bei diesen Materialien handelt es sich um wertvolle und energiereiche Ressourcen, die genutzt werden können. Soweit wir in der Lage sind, die Ressourcennutzung zu beeinflussen, bedürfen sie der Optimierung und damit der ständigen Anpassung an sich verändernde Umwelten. Die Verschmutzung der Meere, die Vernichtung von Ökosystemen und die Bedrohung der Artenvielfalt sind sicherlich ein recht verlässlicher Indikator für einen überaus ineffektiv organisierten Umgang mit Ressourcen.

Kurzfristig könnte man die Natur sicherlich mehr ausbeuten, langfristig aber kaum. Regional mag es nach Verzicht aussehen, aber natürlich wollen wir alles. Und deshalb verzichten wir jetzt auf einen Teil davon. Morgen wollen wir dann noch mehr. Mit der kulturellen Flexibilität im Umgang mit Ressourcen, mit Bescheidenheit oder Verzicht scheint es jedenfalls – global betrachtet – nicht weit her zu sein. Die Frage, ob es tatsächlich die Möglichkeit gibt, Ressourcen und Lagerstätten zu schonen, mit denen sich viel Geld verdienen lässt, muss daher zunächst offenbleiben. Viel wahrscheinlicher ist aber, dass die Ressourcen selbst es richten werden und die Exploration von Ressourcen inklusive Recycling noch effektiver gestaltet werden kann.

Die Perspektive einer ökonomisch gesteuerten Ressourcennutzung in Verbindung mit dem Wachstum der Weltbevölkerung ist sicherlich im Augenblick keine erfreuliche.

3.3 Mensch und Natur

»Psyche plus Physis gleich Mensch.« Diese Kurzformel oder ähnliche Statements kann man insbesondere im Zusammenhang mit der menschlichen Natur, Gesundheit und guten Ratschlägen zum Erlangen von Wohlbefinden lesen. Und doch ist es oft schwierig herauszubekommen, was mit diesen Ausdrücken genau gemeint ist und wie sie sich gegeneinander abgrenzen. Warum bedeutet das griechische Wort *Psyche* übersetzt »Schmetterling«?

Die Metamorphose der Schmetterlinge von der Raupe über die Puppe bis zum fliegenden adulten Tier (Psyche, Seele) wurde schon im alten Griechenland beobachtet, bestaunt und mit der Vorstellung der Seelenwanderung in Zusammenhang gebracht. Das altgriechische Wort *Psyche* (ψυχή) bedeutet »Schmetterling«, »Seele« und »Atem«. Die Imagines der Schmetterlinge wurden als Seelen der Toten angesehen. In der antiken und mittelalterlichen Mythologie wird die Seele häufig als Vogel mit Schmetterlingsflügeln dargestellt. In christlichen Darstellungen ist der Schmetterling oft Sinnbild der Auferstehung. Es ist die Verwandlung von einer langsamen, gefräßigen Raupe an der Futterpflanze über die unbewegliche Puppe, irgendwo zumeist kaum sichtbar aufgehängt oder fixiert, bis hin zum in der Luft tänzelnden und häufig umso auffälligeren Insekt, die seinerzeit als göttlicher Akt interpretiert wurde und der Naturwissenschaft bis heute Rätsel aufgibt. Als beobachtbarer und gleichzeitig wundersamer Naturvorgang bot sich die Verwandlung der Schmetterlinge für Interpretationen und Erklärungen der Entwicklungsschritte und Übergänge des Lebens geradezu an.

Menschen sind in der Lage, sich Vorstellungen von der Zukunft zu machen, zu projizieren und zu planen. Mit Blick auf die Zukunft ist die Vorstellung von einem kurzen Leben und einem daran anschließenden, unendlich lang andauernden Tod allerdings nicht unbedingt eine schöne. Es ist viel angenehmer, wenn man davon ausgehen kann, dass Dinge sich wandeln und in gewandelter Form fortbestehen.

Die Metamorphose dieser Tiere führt zu jeweils vollkommen neuen Zuständen, nahezu ohne Übergang, vergleichbar mit dem Tod, der das physische Leben nach einer kurzen Zeit des Sterbens ersetzt und die Seele auf Wanderschaft entlässt. Und doch sind es die Übergänge, die die Verknüpfung der Lebensabschnitte belegen, die kurze Zeit, in der sich die Raupe mit einem Kokon umhüllt und zur Puppe wird, und der Augenblick, in dem das adulte Tier aus dem Kokon klettert und die Flügel aufspannt. Diese Sequenzen verbinden die Stadien der Raupe, Puppe und den ausgewachsenen Schmetterling zu einer einzigen wesenhaften Entwicklungslinie. Inzwischen konnte sogar nachgewiesen werden, dass adulte Tiere die Eier gezielt an diejenigen Pflanzen anheften, an deren Geruch sie sich noch aus dem späten Raupenstadium erinnern, auch wenn sie sich zwischenzeitlich in einen mehr oder weniger amorphen Brei auflösen, der nur von der Hülle der Puppe zusammengehalten wird.

Der griechische Begriff *Physis* und auch der lateinische Begriff *Natura* gehen ursprünglich auf den Geburtsvorgang zurück; *nasci* = »geboren werden«. Das Primat vom Wachsen und Werden bezeichnet einen eigenständigen Entstehungsprozess, der auf Form und Gestalt abzielt. Da der Entstehungsprozess von innen gesteuert ist, dem Wachstum entspricht und nicht dem fremdbestimmten Modellieren, ist ein irgendwie geartetes Selbstsein Voraussetzung. Das Paradoxon von Sein und Werden wurde schon früh durch das atomistische Realitätsmodell von Demokrit gelöst. Demokrit dachte die Natur aus kleinen Teilchen zusammengesetzt und erklärte die Erscheinungswelt als fortwährende Mischung und Entmischung derselben. Auf diese Weise konnte er gleichzeitig Kontinuität und Veränderlichkeit in einem schaffen. Platon verband dieses Modell schließlich mit der Naturphilosophie des Empedokles und dem mathematischen Wirklichkeitsverständnis der Pythagoreer. Die vier Elemente Erde, Luft, Feuer und Wasser wurden im Unterschied zu Demokrits Atomen ausdrücklich als nicht unteilbar bezeichnet. Beim Wortverständnis von *Physis* ist davon auszugehen, dass der Begriff von Anfang an einen dynamisch-statischen Doppelaspekt umfasste, der zugleich ein Werden und ein Sein bezeichnete – Werden als Wachsen, Sein als Gewachsen- und Gewordensein. Es geht im antiken Denken durchweg um die Natur von etwas, die Natur einer Sache. Die Natur an sich erscheint erst später als Summe von Einzelnaturen. Die Physis als übergreifende Natur agiert zwar als eigenständige Macht, ordnet, bringt hervor und zeigt auf. Vernünftiges und zielbewusstes Wirken bleibt im kosmologischen Zusammenhang aber zunächst der Welt des Göttlichen vorbehalten. Bereits hier bestand also eine große Kluft zwischen den gewordenen und seienden Naturen, der *natura naturata* auf der einen Seite, und einem lenkenden Göttlichen, *natura naturans*, auf der anderen.

Bei Platon gehören die Triebe und Leidenschaften zur natürlichen Verfassung des Menschen. Als widernatürlich aus der Vernunftnatur exkommuniziert wurden diese dann in der Stoa: Physis und Logos, Natur und Vernunft wurden verbunden, die unvernünftigen Affekte und Leidenschaften galten als widernatürlich. Die Physis wurde damit auf Vernunftmerkmale reduziert. Die christliche Leibfeindlichkeit erscheint somit als Fernwirkung der Stoa.

Die organische Vorstellung des Naturbegriffes bei Aristoteles, die so häufig betont wird, das Primat vom Wachsen und Werden in der Natur, ist aber lediglich ein Teil der gesamten aristotelischen Vielschichtigkeit. Und selbst dieser Aspekt kann sich noch heute widerspruchsfrei in unser überwiegend mechanistisches Weltbild einfügen. Die anderen, bereits bei Aristoteles unverknüpft *(ferner)* beieinanderstehenden Definitionen – Grundstoff, der Veränderungen überdauert, Wesenheit, Ewigkeit und Unveränderlichkeit – entbehren einer lebendigen, organischen Komponente. Sie sind in ihrer Dynamik in etwa deckungsgleich mit unserer Vorstellung von Materie und knüpfen direkt an die Vorsokratiker an, die Natur als den materiellen Urstoff definieren.

Die Renaissance schließlich bringt eine Naturphilosophie hervor, die angesichts des kopernikanischen Universums den Enthusiasmus der Unerschöpflichkeit mit tiefster Mythologie und spekulativer Kraft verbindet. Zu dieser Zeit wurde Natur in unserem Kulturkreis als das gegebene, als das ewig unschuldige Moment außerhalb der Siedlungen, als Leben eines Organismus verstanden. Die Populationen der Wölfe und Bären waren dezimiert oder vernichtet, die Natur war längst ein zahnloser Tiger geworden.

Im 16. Jahrhundert beschrieb della Porta die Welt als lebendiges Geschöpf, das überall Mann und Weib zugleich sei und deren Teile sich untereinander paaren und lieben. Wenn ein Teil leide, leide alles Übrige mit ihm. Doch wie sah es draußen aus, im 16. Jahrhundert? Das gezeichnete Bild steht in augenfälligem Widerspruch zur rabiaten Nutzung der Landschaft. Hütten, Holzkohleproduktion und Schiffsbau hatten einen Großteil der Wälder in Europa verschlungen. In Mitteleuropa hatten Wüstungsperioden zu riesigen Binnendünen und Heideflächen geführt. Überlebenswichtiger Ackerbau, der das Brot lieferte, war dort kaum möglich. Die montanen Wälder, die noch vorhanden waren, wurden intensivst genutzt, wobei Rodung, Köhlerei, Ackerbau und Waldweide sich wechselseitig bedingten und räumlich ablösten. Nur die herrschaftlichen Wälder waren wenig degradiert und der Jagd vorbehalten – dort die devastierte Natur, hier die Prunkschlösser. Brachestadien waren notwendig, um im Ackerland überhaupt Erträge erzielen zu können. Die Wiesen wurden gewässert, nicht damit ihnen Wasser zugeführt wurde. Wässerwiesen waren dazu da, das Grasland mit den spärlichen Nährstoffen im Wasser zu versorgen. Die Heuerträge waren gering. Doch ohne Wässerung wäre es teilweise überhaupt nicht möglich gewesen, Heu für die Winterfütterung zu gewinnen. Eine langfristige Degradation der Böden aus dieser

Zeit lässt sich bis heute nachweisen. Die Landschaft muss in weiten Teilen einen trostlosen Anblick abgegeben haben; besonders im Flachland und in den Mittelgebirgen gab es vom Balkan bis nach Südschweden viel weniger Wald als heutzutage.

Vor diesem Bild liest sich die Beschreibung von della Porta vielleicht doch eher als eine präromantisch-verklärte, die aber bereits alle Anzeichen der Gigantomanie eines beginnenden Rationalismus in sich trägt – »die ganze Welt, alles Übrige«.

Auch in der mechanistischen Betrachtungsweise der Neuzeit blieb die Ambivalenz des Naturbegriffs bestehen. Karl Marx sah in den Produktionsleistungen des Menschen einen Bereich, in dem Natur und Geschichte durch den Menschen hindurch miteinander verknüpft sind. So sei die produktive Tätigkeit des Menschen als Gattungswesen die entscheidende Potenz, in der Natur und Geschichte immer schon verknüpft seien, denn in ihr sei sowohl die Naturhaftigkeit des Menschen und seine Eingebundenheit in die Gesamtnatur erfasst als auch die schöpferische Fähigkeit der Menschen und ihre gesellschaftliche Verwirklichung in der Geschichte.

Sofern Natur auf der einen Seite durch ewig gültige Naturgesetze bestimmt ist, die jederzeit überprüfbar sein müssen, sie auf der anderen Seite aber selbst Geschichte und jedes geschichtliche Ereignis in gewisser Weise einmalig, das heißt nicht wiederholbar ist, muss die Ambivalenz der Natur von einer Ambivalenz der Reflexion getragen werden. Nur insofern sich Natur wiederholt, ist sie auch kontrollierbar.

Kant bezeichnete den wissenschaftlich zugänglichen, gesetzmäßig ablaufenden Bereich der erfahrbaren Welt als Natur. Die Natur ist nach Kant das Dasein der Dinge, sofern es nach allgemeinen Gesetzen bestimmt ist.

Inhalt und Struktur der Ambivalenz des Naturbegriffes lassen sich über eine große Auswahl möglicher Gegensätze konkretisieren. Freiheit, Kultur, Technik, Bewusstheit, Gott, Schuld, Vernunft, Metaphysik werden je nach Zusammenhang der Natur gegenübergestellt. Dies hängt auch damit zusammen, dass eine imaginäre Grenze sich durch den Menschen hindurch vollzieht, zwischen Innen und Außen, zwischen Handlungsfreiheit und Naturgesetzen, zwischen Schuld und Unschuld, Sterblichkeit und Energieerhaltung, zwischen der Unmöglichkeit und der absoluten Notwendigkeit einer unendlichen Weltgeschichte.

Das allergrößte Naturproblem hat der Mensch offensichtlich immer noch mit sich selbst. Menschen betrachten sich, wie die Reihe *Pflanzen, Tiere, Mensch* oder auch der Dualismus *Mensch und Natur* zeigen, als kaum dazugehörig. Interessant ist auch, dass Menschen das Böse durchaus bei sich selbst zu finden bereit sind, während der Natur gern das Prädikat »harmonisch« verliehen wird. Natur gilt als amoralisch. Die Natur ist ein Ort, wie wir ihn uns wünschen, die Evolution entfaltet immer neue, ergreifende, lebendige Formen und Farben. Sie steht für Kontinuität, auch für kontinuierliche Veränderung. Sie ist auf angenehme Weise frei von Schuld. Vielleicht ist es das, was wir uns wünschen, die Natur als Maßstab und Richtschnur, auch wenn sie selbst es nicht herzugeben bereit ist. Wozu sollte der Ausdruck »Natur« ansonsten gut sein?

Was sind Menschen? Was zeichnet sie aus, warum verhalten sie sich häufig ignorant in Bezug auf die natürlichen Prozesse in der Umgebung, von denen sie abhängig sind und von denen sie eine Teil sind? *Sapiens* soll er sein, der Mensch: weise, verständig, einsichtig, klug, gescheit. Carl von Linné hat uns so betitelt: *Homo sapiens*. Der alte Schwede war vermutlich ein Philanthrop gewesen.

Was zeichnet die Menschen aus, im Gegensatz zu anderen Tierarten zum Beispiel? Das Gehirn, der aufrechte Gang, der Daumen in einer freien Greifhand, seine nahezu klimaunabhängige biogeographische Elastizität?

Der Mensch ist ein einzigartiges Wesen. Er ist zu Kannibalismus und zur Verstümmelung von Frauenfüßen fähig, und er hat kaum Probleme damit, zu foltern oder die Genitalien von Säuglingen oder Kindern beiderlei Geschlechts zu verstümmeln. Das unterscheidet ihn sicherlich von fast allen anderen Arten. Er hat sich global erfolgreich eingenischt und vernetzt und ist immer noch auf dem Vormarsch, hektisch, grimmig und gleichzeitig um die eigene Existenz besorgt. Alle anderen Arten sind auch einzigartig, sonst wären sie keine. Aber durch diese ganze Drängelei müssen viele der übrigen Mitbewohner klein beigeben und deshalb auf einer Roten Liste geparkt werden, bis sie ausgestorben oder wieder zahlreicher geworden sind.

Die schiere Masse der Menschen und Haustiere – gemessen in Tonnen – ist inzwischen um ein Vielfaches größer als die aller wild lebenden Säugetiere, Vögel, Reptilien und Amphibien zusammen inklusive der schwergewichtigen Wale, Nashörner und Elefanten. Nur die wild lebenden Fische bringen derzeit noch mehr Gewicht auf die Waage als die der Menschen mit ihren Haustieren.

Es gibt immer noch eine starke Neigung, Menschen aufgrund ihrer kulturellen Leistungen als Krone der Schöpfung oder als Besonderheit im Tierreich zu glorifizieren. Doch welche kulturellen Vorgänge würden diese These rechtfertigen? Viele Überlegungen setzen sich mit der Frage auseinander, was Kultur überhaupt ist, welche Betätigungsfelder dazugehören und welche nicht zentral sind. Gibt es entsprechende Verhaltensweisen auch bei Tieren? Kann man bei Tieren von kulturellen Handlungen sprechen? Wie sieht es mit den bereits mehrfach angedeuteten kulturellen Leistungen von Fischen, Vögeln und Säugetieren aus? Sollte es wirklich so sein, dass die aufwendigen Balzrituale, der Werkzeuggebrauch bei Affen und Vögeln und die Bauleistungen diverser Wirbeltierarten lediglich streng vorgegebenen Ablaufplänen folgen, die durch den Instinkt festgelegt sind? Von den stark vom Aussterben bedrohten Warzenhonigfressern (*Anthochaera phrygia*) gibt es in Südostaustralien noch 300 bis 400 adulte Tiere in der Natur. Die männlichen Jungvögel können den typischen Gesang ihrer Artgenossen kaum noch hören und imitieren deshalb teilweise andere Vogelarten, mit dem Effekt, deutlich geringere Chancen auf ein Weibchen und eigene Nachkommen zu haben.

Verhaltensbiologische und neurologische Untersuchungen deuten jedenfalls darauf hin, dass Kreativität und kulturelle Handlungen auch bei einigen hoch entwickelten Tierarten vorkommen und es einen prinzipiellen Unterschied zwischen Tier und Mensch nicht gibt. Hunde bekunden mit charakteristischem Verhalten ihr schlechtes Gewissen, Papageien können sehr eifersüchtig sein. Und auch die dunkle Seite der Freiheit, Suizid zum Beispiel, ist längst bei vielen Tierarten nachgewiesen worden, zum Beispiel bei Delfinen, die infolge von Eifersucht keine Nahrung mehr zu sich nehmen wollten und dann starben.

Auch ein weiter Begriff von »Kultur« ist mit einer zumeist positiven Konnotation verbunden. Der Ausdruck ist mit Dingen verknüpft, die das Leben lebenswert machen, mit dem Zelebrieren geselliger Nahrungsaufnahme, mit Musik, Theater, Architektur, mit Kunst und Kreativität. Schon der ursprüngliche Begriff *cultura* (lateinisch) beinhaltete die gestalterischen Leistungen in der Landwirtschaft, in der Technik und später dann auch in der Bildung und Wissenschaft.

Die Kehrseite der Medaille sind Hexenverbrennungen, Glaubenskriege, gewalttätige Formen der Missionierung, Kannibalismus, Folter, grausamste Opferrituale der Azteken, die einstige Versklavung von Schwarzafrikanern durch Tuareg, Europäer und Amerikaner, deformierte Lotosfüße bei Frauen in China, die Verstümmelung der Genitalien bei Mädchen sowie das Entfernen der Vorhaut bei männlichen Babys oder auch bei etwas älteren Jungen – alles sinnlos? Nicht aus der Binnenansicht der jeweiligen Kulturen. Diese Rituale haben jedenfalls kaum Rücksicht auf die Gesundheit und Unversehrtheit von Menschen, auf die physische Natur einzelner Menschen genommen. Handelt es sich bei diesen Gebräuchen um kulturelle Leistungen? Das kann man so sehen; es ist aber auch möglich, sie kulturübergreifend schärfstens zu verurteilen. Auch kulturelle Leistungen schützen kaum vor Mord, Totschlag und Sinnlosigkeit.

Die Natur ist Evolution, Umwelt, Neutralität, Unschuld, eine Welt voller Wunder und Quelle der Inspiration. Kreativität, die Leichtigkeit und Unendlichkeit der Kunst, Möglichkeiten der Technik, Verantwortung sowie die Freiheit des Denkens und Handelns werden eher mit den Begriffen »Kultur«, »Bildung« und »Zivilisation« assoziiert. Die gesamte Palette der Möglichkeiten lässt sich in der Kultur allerdings nur verwirklichen, wenn die Gesetzmäßigkeiten der Natur und die Bedeutung von Ökosystemen dabei beachtet werden. Kultur kann sich auch nicht von der Natur durch Technik emanzipieren, weil technische Prozesse stets auf Energie, Ressourcen und Ökosystemdienstleistungen angewiesen sind. Kultur ist die zweite Seite der menschlichen Natur.

3.4

Angst, Stress, Todesursachen

Ängste dienen dem Schutz des Lebens. Bei einer plötzlichen Bedrohung müssen sie schnell zur Verfügung stehen. Ängste vor Katastrophen und dem Tod können reale Gefahren deshalb generell nur ungenügend widerspiegeln.

Objektiv betrachtet und gemessen am durchschnittlichen Lebensalter, leben wir heute so sicher wie nie zuvor. Und gleichzeitig haben wir psychische Probleme, Stress, Existenzsorgen und schwere Angstzustände zu bewältigen.

Menschen wollen möglichst angstfrei leben können. Sie wollen sich frei bewegen und vor Terroristen, Einbrechern, Coronaviren, Verkehrsunfällen und den Auswirkungen des Klimawandels geschützt werden. Und doch bleibt zu fragen, ob der Schutz des Lebens, die Vermeidung von Ängsten und das Streben nach Freiheit unter einen Hut zu bringen sind. Zu den kulturellen Leistungen gehören die Stärkung subjektiver Sicherheit und der objektive Abbau von Zwängen durch Emanzipation, Liberalisierung und Sicherung individueller Rechte. Freiheit in Sicherheit wird dabei aber ebenso wenig herauskommen können, wie Sicherheit ohne Leitplanken. Freiheit und Sicherheit gehen in letzter Konsequenz nicht zusammen.

Der Begriff »Angst« kommt aus dem Indogermanischen und ist mit dem lateinischen Begriff *angustia* (Enge) beziehungsweise *angustus* (schmal) verwandt. Angst ist ein sehr unangenehmes Gefühl der Enge, Nähe, Bedrohung. Der Zustand der Angst, den alle höher entwickelten Wirbeltiere kennen, schärft die Sinne, setzt Stresshormone wie Adrenalin frei und soll eine Flucht oder einen Angriff schnell ermöglichen. Angst ist sinnvollerweise unspezifisch und augenblicklich da. Sie kann durch ganz unterschiedliche Dinge ausgelöst werden, unter anderem durch eine reale Bedrohung, durch unangenehme Gerüche, zum Beispiel den Geruch von Raubtieren, oder auch durch unsere Möglichkeiten der Fantasie. Wir sind in der Lage, uns zu fürchten, auch wenn eine Gefahr nicht existiert. Und es kann längere Zeit dauern, bis der emotionale Zustand der Angst wieder abgebaut oder abgeklungen ist.

Die Sorgen im Zusammenhang mit dem Klimawandel beziehen sich vor allem auf dramatische Effekte nach dem Überschreiten einer bestimmten

Durchschnittstemperatur, und sie sind insofern unspezifisch, als chaotische Zustände prognostiziert werden, die sich dadurch auszeichnen sollen, dass sie nicht genau vorhersehbar sind. Ideengeschichtlich sind sie damit in eine logische Reihe mit den insbesondere auf der Zeitachse verorteten Ängsten zu stellen, zu denen auch die Apokalypse, die Angst vor der Atomkatastrophe und dem Waldsterben im 20. Jahrhundert zu rechnen sind.

Im Gegensatz zu diesen Ängsten der Zeit gibt es solche mit einem klareren und konkreteren Raumbezug. Dazu gehören die Ängste während einer Pandemie oder auch die zunehmenden Sorgen vor dem Kollaps bestimmter Ökosysteme. Gemeinsam ist ihnen allen der Bezug zum Überleben und zur Gesundheit.

Die »lähmende Angst« gibt es eher nicht. Eine Bedrohung kann dazu führen, dass man sich mucksmäuschenstill verhält. Man ist dann gleichzeitig stark angespannt und zu einer plötzlichen Flucht oder zum Angriff bereit, mit Sicherheit aber nicht gelähmt. Das wäre nicht sinnvoll.

Schon Thukidides, Historiker und General vor 2.500 Jahren in Athen, hat die Angst neben dem Streben nach Ehre und Besitz als Hauptantrieb für die Politik angesehen. Die archaischen und lebensnotwendigen Eckpfeiler der Angst kann man sich politisch zunutze machen. Man kann Ängste erzeugen und kultivieren – wie Rosen. Daraus entwickelt sich dann eine Angstindustrie, in der sich die Waffenproduktion, Versicherungen, pharmazeutische Industrie und Sicherheitstechnik gegenseitig die Bälle zuwerfen.

Auch Parteien können von Ängsten profitieren. Aus dem Stand erreichen neu gegründete Parteien manchmal zweistellige Prozentwerte, indem sie Bedrohungsszenarien entwickeln und beschwören, latente Sorgen verstärken und vor Terror, Krieg, Klimawandel, Flüchtlingen oder anderen Gefahren warnen. Die Sorge ist im Vergleich zur Angst nicht ganz so besitzergreifend, sie ist schwächer, und man hat üblicherweise mehr Zeit zum Nachdenken. Mit einfachen Methoden jedoch kann man Sorgen zu Angst verdichten, indem zum Beispiel darauf hingewiesen wird, dass eine Bedrohung massiv sei und Zeit nicht zur Verfügung stehe.

Protestwähler können mobilisiert werden, wenn sie meinen, dass die etablierten Parteien das Problem nicht anerkennen oder lösen wollen und die neue Partei die einzige sei, die kein Blatt vor den Mund nimmt. Zu Zeiten der Coronapandemie waren viele Menschen extrem gestresst. Es entwickelten sich Sorgen und Ängste bei den Verfechtern der schärfsten Restriktionen und des totalen Lockdown ebenso wie bei Menschen, die eine reale Gefahr im Abbau der Demokratie, in einer Impfpflicht und in der Einschränkung von Grundrechten sahen. Angesichts der lang andauernden Restriktionen waren insbesondere Kinder zunehmend von Isolation und Vereinsamung betroffen und wurden auf diese Weise schweren psychischen Belastungen ausgesetzt.

Ängste, die sehr lange anhalten, können zu massiven physischen Problemen und Krankheiten führen. Normalerweise halten sie nicht dauerhaft und in großer Intensität an. Dauerhafte Angst bedeutet zugleich auch, einen dauerhaft angespannten Hormonhaushalt aufrecht halten zu müssen. Umgekehrt heißt das nicht, dass man seine Grundhaltung zwingend ändern müsste – auch wenn ein Problem objektiv nicht existiert. Eine Angst ist real, wenn sie da ist, ganz unabhängig von der Frage, ob die Gefahr real ist oder nicht.

Menschen mit Ängsten oder Sorgen erwarten Lösungen und Abhilfe zum Beispiel von der Politik. Wenn das Problem allerdings in überzeugender Weise gelöst ist oder deutlich wird, dass ein Problem real gar nicht existiert hat, dann wird es in der Regel schon bald keinen Grund mehr für entsprechende Sorgen und Nöte geben. Und deshalb sind viele Protestparteien – die Piratenpartei, die Partei Rechtsstaatlicher Offensive, die Liste Dr. Martin in Österreich oder die Auto-Partei in der Schweiz und viele andere mehr schon nach kurzer Zeit wieder von der Bildfläche verschwunden. Einstige Protestparteien wie die Grünen, die es länger durchgehalten haben, mutierten längerfristig auf geschickte Art und Weise zu einer willfährigen und sehr kompromissbereiten Organisation innerhalb des Establishments.

Sorgen und Ängste vor dem Klimawandel und der Menschheitskatastrophe nach dem Kipppunkt verursachen erheblichen Stress in großen Teilen der Bevölkerung. Der Begriff »Stress« kommt aus dem Englischen und wird mit »Druck« und »Anspannung« übersetzt. Auch wenn es keine genauen Zahlen gibt, so ist doch unstrittig, dass Stress, Depressionen, Burn-out, Panikattacken, *Tinnitus aurium* und andere psychische und einige der damit verbundenen physischen Probleme in der Zivilgesellschaft zugenommen haben. Mit dem Ausdruck »Stress« sind sehr unterschiedliche Phänomene überschrieben, die gemeinsam haben, dass eine unangenehme Situation anhält oder als unausweichlich betrachtet wird und der Körper zwecks Anpassung oder Vermeidung physiologisch durch die Bereitstellung von Stresshormonen reagiert. Er stellt Adrenalin bei Furcht zur Vorbereitung einer Flucht, Testosteron und Noradrenalin bei Ärger zum Zwecke des Angriffs und Cortisol bei Frustration, Kontrollverlust, Überlastung oder Depression bereit.

Psychische Belastungen haben massiv zugenommen. Zwei Bündel von Prozessen sind für die Zunahme von psychischen Problemen und Stress zumindest mitverantwortlich: Säkularisierung und Liberalisierung.

Die Säkularisierung hat uns den Glauben genommen, die Liberalisierung eröffnet Möglichkeiten. Ohne den Glauben geht das Leben nur bis zum Tod und wir dürfen keine Zeit oder Mittel mehr an den Gedanken nach dem Tod und das ewige Leben im Paradies verschwenden. Lebenszeit wurde zur Mangelware. Das Paradies kann es nur im Hier und Jetzt geben; wir müssen es selbst entwerfen. Wir sollten dazu möglichst zu jedem Zeitpunkt die für uns optimale Komposition aus Arbeitssegmenten und Freizeitgestaltung hintereinanderschalten, um aus den vielen kleinen Bausteinen letztlich ein Gesamtkunstwerk zu komponieren.

Wer ein erfülltes Leben haben möchte, muss in kürzerer Zeit viel organisieren und noch mehr erleben. Anspruch und Wirklichkeit – ein auf diese Weise dem Wettbewerb ausgeliefertes Leben kann fast nur unter großem Stress ablaufen.

Wer schafft es noch, ein Sachbuch von vorn bis hinten durchzulesen? Werde ich nicht über elektronische Medien besser und schneller informiert? Es gibt den Zirkus mit zwei oder drei Arenen, von denen aus die Zuschauer gleichzeitig bespaßt werden. Selbst bei Livekonzerten wird Musik in den Pausen eingespielt – bloß keine Langeweile aufkommen lassen. Pause – was ist das? Wozu? Pausen sind dazu da, das Smartphone zu nutzen.

»Die Todesursache ist für den Eintritt des Sterbevorganges und des Todes verantwortlich« – Wikipedia wörtlich. Tatsächlich ist es genau so: Erst stirbt man, danach ist man tot. Und irgendeinen Grund dafür gibt es immer, zur Not Altersschwäche und Organversagen.

Gibt es den schönen Tod? Vielleicht, aber meistens kommt er viel zu früh oder zu spät. Entweder er kommt plötzlich und unerwartet oder das Sterben dauert viel zu lange. Ist es schöner, eines *natürlichen* Todes zu sterben, zum Beispiel infolge des Genusses von Giftpilzen oder durch eine Lungenentzündung, oder möchte man lieber bei einem Autounfall sterben? Von einem Löwen zerrissen oder auf einer Baustelle zerquetscht zu werden – das ganze Thema ist eher nicht so appetitlich.

Nach der Weltgesundheitsorganisation gehören aber weder Löwen noch Baustellen zu den häufigsten Todesursachen. Die meisten Menschen sterben an Herzkrankheiten, Schlaganfall, Lungenerkrankungen und anderen Krankheiten oder Verletzungen, wobei ein nicht unerheblicher Anteil im Zusammenhang mit einer Mangelernährung (über die Hälfte), dem Genuss von Tabak und Alkohol (mehr als zehn Prozent) und Luftverschmutzung (mehr als zehn Prozent) verknüpft sein sollen.

Und obwohl die Extremwetterlagen und Naturkatastrophen zunehmen, spielen die damit verbundenen Todesopfer eine nur sehr untergeordnete und sogar kleiner werdende Rolle (deutlich unter ein Prozent). Bei den unnatürlichen Todesursachen überwiegen Stürze, Suizid und Verkehrsunfälle.

Acht Milliarden Menschen und mehr auf der Erde mit einer seit Langem ansteigenden Lebenserwartung – ist das nicht eine Erfolgsstory nach allen Regeln der Weltwirtschaft und des vernünftigen Umgangs mit Ressourcen, Lebenswelten und Haltungsbedingungen? Freiheiten wie nie zuvor. Wieso sollte uns das Angst machen?

Eine gute Milliarde Menschen fremdbestimmt und unterernährt, und die globale Migration weitet sich aus. Wie könnte uns das keine Sorgen bereiten? Welche Naturkatastrophen bedrohen uns und welche Gefahren lauern in der Natur – Wölfe, Haie, Zecken? Schätzen wir diese Gefahren realistisch ein?

Schauen wir einmal nach den fünf gefährlichsten Tierarten oder Tiergruppen auf dieser Erde und beginnen mit Nummer fünf.

Haustiere sind nicht ungefährlich. Jedes Jahr sterben 20.000 bis 30.000 Menschen an den Folgen von Verletzungen durch Hunde, Rinder, Pferde oder Elefanten. Wenn sich ein Elefant oder eine Kuh versehentlich auf einen Menschen legt, dann war's das – Nummer fünf.

Tsetsefliegen übertragen die Schlafkrankheit – 50.000 Tote jährlich, Nummer vier.

Nummer drei sind Schlangen. Durch Schlangenbisse sterben jedes Jahr zwischen 50.000 und 100.000 Menschen. Das sind doch recht viele, mehr als man vielleicht vermutet hätte. Man könnte sogar die Meinung vertreten, dass einige von denen viel zu viel Gift haben. Der Australische Inlandtaipan (*Oxyuranus microlepidotus*) könnte mit seiner Overkillkapazität pro Biss theoretisch über 200 erwachsene Menschen töten.

Nummer zwei sind Mücken beziehungsweise die durch Mücken übertragenen Krankheitserreger, die unter anderem zu Malaria führen können. Viren und Bakterien, die von Mücken übertragen werden, töten jedes Jahr circa 700.000 bis eine Million Menschen.

Das absolut und mit Abstand gefährlichste Lebewesen für den Menschen ist aber der Mensch selbst – *Homo sapiens*, der weise Mensch. 2016 sind über zwei Millionen Menschen allein durch Unfälle im Straßenverkehr (1,34 Millionen), durch Selbstmord (817.148), gewalttätige Konflikte (115.782) und Terrorismus (34.676) ums Leben gekommen. Da braucht es weder Giftdrüsen noch Bazillen. Hinzu kommen vermutlich neun Millionen (!) Menschen, die durch Umweltverschmutzung und Gifte im Wasser, in der Luft und in der Nahrung getötet wurden. Bezeichnend ist einmal mehr, dass es insbesondere die sowieso Unterprivilegierten, die mit Pestiziden besprühten Landarbeiter und unter anderem die Schwangeren und Kinder in besonderer Weise trifft.

Wie viele Menschen werden durch Löwen, Wölfe, Haie, Bären, Erdbeben, Tsunamis, Erderwärmung und brennende Wälder getötet? 2016 wurden 7059 Personen gezählt, die durch sogenannte Naturkatastrophen umgekommen sind. Eine der größten Naturkatastrophen der letzten zwei Jahrzehnte war der Tsunami 2004 gewesen, der 220.000 Menschen das Leben kostete. Eine Menschheitskatastrophe durch Klimawandel, Extremwetterereignisse oder andere von Menschen beeinflusste Naturkatastrophen ist den langjährigen Todesstatistiken jedenfalls auch nicht im Ansatz zu entnehmen. Aber natürlich sollte man die Augen offen halten.

Die Todesursachen der verschiedenen Länder und Regionen der Erde unterscheiden sich teilweise recht deutlich. Bei uns in Mitteleuropa sterben Menschen meist an Herz-Kreislauf-Problemen wie Herzinfarkt oder Schlaganfall, dann aber auch an Krebs, vor allem an Lungenkrebs, Darmkrebs, Prostatakrebs, Brustkrebs. An dritter Stelle stehen Atemwegserkrankungen, an vierter Erkrankungen der Verdauungsorgane und an fünfter Unfälle. Bei den Unfällen rangieren Ereignisse im Badezimmer ganz weit oben, nicht unbedingt Autounfälle, wie man vielleicht annehmen könnte.

Global sieht das etwas anders aus. Im Durchschnitt sterben die Erdenbürger vor allem an Herzerkrankungen, Schlaganfall und Lungenerkrankungen wie bei uns auch, dann aber an HIV/Aids und anderen Infektionskrankheiten, Luftröhren- und Lungenkrebs (Tendenz steigend), Diabetes (Tendenz steigend) und Verkehrsunfällen (Tendenz steigend).

Wie hätten wir es denn gern? Ich formuliere nun eine kreativ komponierte Hypothese, von der vielleicht anzunehmen ist, dass viele Menschen ihr zustimmen würden: schmerzfrei, im hohen Alter, körperlich und geistig fit bis zum Schluss, zu Hause oder unterwegs, auf jeden Fall nicht nach längerem Aufenthalt, isoliert und verkabelt im Krankenhaus.

Und nun kommen die wirklich bedeutenden Ursachen der Todesursachen ins Spiel: die Interessen der Ökonomie. Denn man kann direkt und indirekt am Sterben verdienen. Damit sind nicht die Leichenbestatter gemeint, denn die können die Zahl der Bestattungen nur erhöhen, indem sie den Kinderreichtum unterstützen. Man kann Menschen aber zum Beispiel erschrecken, denn aus der Gefahrenabwehr lässt sich wirtschaftlicher Nutzen ziehen. Man kann sie aber auch direkt in Gefahr bringen, indem man an Sicherheit spart.

Und auf diese Weise beeinflusst die Wirtschaft konsequent die Art und Weise, in der wir sterben. In den USA werden nahezu konstant jährlich drei Menschen pro 100.000 Einwohner erschossen, in Deutschland sind es weniger als 0,2. Dafür fahren die US-Amerikaner aber viel entspannter mit dem Auto, wie jeder weiß, der mal drüben gewesen ist, nicht so gestresst wie in Deutschland. Erstaunlicherweise gibt es in den USA dennoch etwa achtmal so viele Verkehrstote wie bei uns, obwohl die Bevölkerung nur viermal so groß ist. Ich schließe vorsichtig daraus, dass es dort mehr Autounfälle gibt, absolut und relativ. In Brasilien, Mexiko und Kolumbien liegt die Zahl der jährlich Erschossenen bei 10 bis 30 pro 100.000 Einwohner. Dagegen sind die USA ein friedlicher Literatengarten. Eine sehr hohe Rate wies Honduras mit 68,4 im Jahr 2010 auf. Dort wurden also 20-mal mehr Menschen erschossen als in den USA und über 300-mal so viele wie bei uns. Dieser unglaublich große Anteil soll 2018 von Venezuela noch überschritten worden sein, mit mehr als 80 Tötungsdelikten pro 100.000 Einwohner.

Kurzum, an Begräbnissen, Autos, Zigaretten, Alkohol, Schusswaffen, durch Pestizide in der Landwirtschaft, Versicherungspolicen und Medikamente, aber auch durch Unterlassung von Sicherheitsstandards am Arbeitsplatz kann man viel Geld verdienen oder sparen, und diese Dinge verkürzen das Lebensalter von Betroffenen und uns allen im Durchschnitt, während Präventionsmaßnahmen und Sicherheitsvorkehrungen das Leben verlängern können und sollen – hoffentlich auch im Durchschnitt.

Dabei besteht eine erhebliche Schieflage zwischen dem tatsächlichen Gefahrenpotenzial und unseren Ängsten – schon klar, die Gefahren der Steinzeit, unsere evolutionär begründete Emotionalität usw. In Europa wurde zu Beginn des Jahrtausends ein Feldzug gegen die Raucher und Zigarettenindustrie unternommen – gut so. Über 100.000 Todesfälle jährlich durch Rauchen allein in Deutschland waren eindeutig zu viele, zumal das Sterben vorher meistens schrecklich ist. Die Gefahren durch Alkoholkonsum, Straßenverkehr, Nahrungsmittel, Bewegungsarmut, Wundstarrkrampf und die Benutzung von Badezimmern wird dagegen immer noch nicht angemessen thematisiert. Denn es sind vermutlich noch deutlich mehr Menschen, die daran unnötig früh sterben.

Fazit: Die Zeitpunkte des Sterbens und die Komposition der Gründe für das Sterben sind eine komplexe Angelegenheit, die sich aber noch deutlich zugunsten einer höheren Lebensqualität beeinflussen ließe.

3.5 Sexuelle Orientierungen und Oligogamie

Der Ausdruck »Identität« weist – wie auch der der »Identifikation« – nach innen. Der Ausdruck »Orientierung« – *oriens*, lateinisch für »aufgehende Sonne«, *Orient* für »Osten« – weist dagegen nach außen. Diese beiden Begriffe sind keinesfalls deckungsgleich. Beginnen wir mit der üblichen unerfreulichen Bipolarisierung von Männern und Frauen, um dieselbe in einem zweiten Schritt der Schwarz-Weiß-Malerei zu überführen und nachhaltig zu verunglimpfen.

Es gibt Menschen, die gefühlt mit dem falschen Geschlecht geboren worden sind, physische Männer, die sich als Frauen fühlen, und physische Frauen, die sich als Männer fühlen. Das führt zusammen mit jenen, die mit ihrem Körper plus/minus einverstanden sind, zu vier unterscheidbaren Gruppen mit einem jeweils eigenen Selbstverständnis, von denen man eine problemlos mit dem Ausdruck »Männer« und eine andere mit dem Ausdruck »Frauen« überschreiben kann, ohne deren Mitglieder zu brüskieren.

Hinzu kommen noch die üblichen Orientierungen, zum Beispiel heterosexuelle und homosexuelle Neigungen. Wenn man nun noch davon ausgeht, dass all die bisher genannten Kombinationen von Identitäten und Orientierungen in der Natur auch vorkommen, dann sind wir bereits bei acht Lebenswirklichkeiten. Eine davon umfasst physisch männliche Frauen, die aus ihrer Sicht im falschen Körper geboren wurden, die ihren Penis ganz verkehrt finden, das Fehlen von Brüsten bedauern und zudem lesbisch sind. Die sind von heterosexuellen Männern weit entfernt, auch deshalb, weil es sich bei ihnen nicht um Männer handelt. Und natürlich gibt es noch viel mehr sexuell geprägte, kultivierte und gefühlte Lebenswirklichkeiten: Intersexuelle, denen das Geschlechtschromosom fehlt; Transgender, die sich nicht auf ein Geschlecht festlegen lassen wollen; Androgyne mit weiblichen und männlichen Merkmalen; Zwitter, genetisch, hormonell und/oder psychisch zwischen Mann und Frau stehend; Bisexuelle, Menschen mit bipolarer Neigung; Neutroises mit dem Wunsch nach Abwesenheit jeglicher Geschlechtlichkeit, um nur einige zu nennen. Hinzu kommen noch ziemlich viele, aber meist seltene genetische Varianten, die zum Teil als »Syndrome« bezeichnet werden. *Sýndromos* kommt aus dem Griechischen und heißt »begleitend«; es geht hierbei um Krankheiten oder Anomalien, die die Menschen begleiten, zum Beispiel um das Klinefelter-Syndrom, das Downsyndrom und andere. Man kann sich sicherlich darauf verständigen, was die Begriffspaare Frau/Mann und männlich/weiblich bedeuten sollen. Zu einer umfassenden Beschreibung der Realität reichen sie nicht.

Diese simplen Wahrheiten entlarven die allermeisten der derzeit angewandten Quotenregelungen der grob fahrlässigen Simplifizierung. Das Motiv der plakativen Oberfläche konterkariert das Bemühen einer in die Tiefe gehenden Differenzierung, ein Motiv, das letztlich Luther, Kant, Hitler und Heidegger darin einte, Juden als eine konstruierte Identität nach von ihnen bestimmten Merkmalen inhaltlich charakterisieren und diffamieren zu dürfen. Bipolare Quotenregelungen sind ohne Othering kaum möglich, und so setzen sie den jahrhundertelang beschrittenen Weg der Benachteiligung mit Blick auf Äußerlichkeiten fort, die eigentlich gerade keine Rolle spielen sollten.

Das Wort »Outing« ist interessant, und zwar auch deshalb, weil hier mit gutem Gewissen »gepetzt« wird und das »Petzen« ausdrücklich nicht angelegt ist, um jemanden zu diskreditieren. Angefangen hatte das Outing innerhalb der Schwulen- und Lesbengemeinde. Ganz bewusst wurde die homosexuelle Gesinnung von berühmten Schauspielerinnen und Sängern bekannt gegeben, mit dem Ziel, dass diese sich zu ihrer Natur auch öffentlich bekennen mögen. Das übergeordnete Ziel bestand darin, Normalität und Gleichberechtigung gegenüber Heterosexuellen zu erreichen.

Inzwischen wird mit »Outing« alles Mögliche umschrieben: das freiwillige Bekenntnis *(coming out)* und die Bloßstellung (*going public, outing* im engeren Sinne), die Bekanntmachung sexueller Vorlieben, des Drogenmissbrauchs und der Prostitution, und *othering.*

Othering – von *other* (anders) – bezieht sich auf das Herausstellen von Merkmalen der Fremdheit, Andersheit etc. Hier steht das Aufzeigen von Unterschieden im Gegensatz zur vermeintlichen Norm, die Marginalisierung und der Ausschluss von Gruppen im Vordergrund der Betrachtung.

Behilflich ist dabei auch die deutsche Leitkultur, die sich vom Leitgedanken her nur schwerlich von der nationalsozialistischen Idee von Kulturschöpfern, Kulturförderern, Kulturschmarotzern und Kulturzerstörern abgrenzen lässt, auch wenn die generelle Gleichberechtigung der Kulturen und Geschlechter immer wieder betont wird. Es ist in letzter Konsequenz allerdings unmöglich, das Leitprinzip mit dem Prinzip der Gleichheit oder Gleichberechtigung in Einklang zu bringen.

Es gibt immer noch eine starke Neigung, das Gewöhnliche und Normale als unbedenklich zu betrachten, während das Othering verwendet wird, um zu diskreditieren. Insbesondere in Krisenzeiten kann diese Art der Diffamierung sehr bedenkliche Züge annehmen.

Monogamie wird mit Einehe, Polygamie mit Vielehe übersetzt, Oligogamie gar nicht; das Wort gibt es bislang nicht; *mono* = »eins«, *poly* = »viele«, *oligo* = »einige« oder »wenige«. Entweder totale Treue oder Megaswingerparty – dazwischen scheint es nichts zu geben. Ein Beispiel für Polygamie: Der König von Swasiland, Sobhuza II., der 1982 starb, hatte etwa 70 Frauen und 210 Kinder.

Es gibt offensichtlich unterschiedliche Kulturen, Moralsysteme und juristische Grundlagen in Bezug auf Möglichkeiten des Zusammenlebens beziehungsweise auf Idealvorstellungen von Ehe und Familie. Zudem unterscheidet sich die Theorie von der Praxis.

Zunächst einmal heißt *-gamie* nicht »Ehe«. Dieser Wortbestandteil kommt aus dem Griechischen und bezieht sich auf die Befruchtung, Bestäubung, Begattung, Verschmelzung wie beim Amalgam, einem Mischprodukt unterschiedlicher Metalle. Männliche und weibliche Tiere und Pflanzen oder deren Organe, Samen und Eizellen können verschmelzen oder sich befruchten, damit Nachkommen heranreifen.

Der Rotkehl-Nachtaffe (*Aotus azarae*) und sehr wenige andere Tierarten scheinen tatsächlich monogam zu leben, das heißt einem einzigen Partner oder einer Partnerin hundertprozentig treu zu sein, von der Entdeckung der körperlichen Liebe bis zum Ende des Lebens. Das ist im Tierreich die ganz große Ausnahme. Weibliche Rotschnabelmöwen verhalten sich eine gewisse Zeit lang monogam, wenn sie während der Balz vom Männchen gut mit Nahrung versorgt werden, aber nur dann. Und viele Vogelarten, denen Monogamie nachgesagt oder angedichtet wurde, bringen Küken zur Welt, die recht häufig nicht vom treuherzigen Vater stammen.

Monogamie ist biologisch meistens gar nicht zweckmäßig. Im Sinne der genetischen Variabilität einer Population ist es grundsätzlich viel sinnvoller, möglichst oft den Partner zu wechseln und das genetische Material in unterschiedlichen Kompositionen zu rekombinieren. Im Sinne der intensiven und individuellen Aufzucht der Jungtiere oder Kinder kann es im Gegensatz dazu durchaus sinnvoll sein, dass beide Eltern sich möglichst lange um die Nachkommen kümmern. Man kann aber nicht alles gleichzeitig haben. Und deshalb ist es, wie es ist: gelegentlich unappetitlich, die unmoralische Handlung fast immer mit einem schlechten Gewissen behaftet und dem Kompromiss zwischen der natürlichen Gier und dem kultürlichen Verzicht geschuldet.

Bei Menschen überwiegt die Oligogamie. Jugendliche tendieren dazu, die Welt und andere Menschen zunächst kennenzulernen und verstehen zu wollen. Später heiraten viele Menschen oder sie gehen eine eheähnliche Beziehung ein, um sie später wieder zu lösen, wenn es gar nicht mehr geht oder der Partner nicht mehr da ist. Es gibt Seitensprünge, Erwachsene heiraten ein zweites Mal oder sie wechseln den Partner ein oder einige Male auch ohne Trauschein – raumzeitliches Patchwork. Das hat mit Polygamie, der Vielehe, nichts zu tun, auch wenn man sich fragen darf, wo denn genau die Grenze zwischen »wenige«, »einige« und »viele« verläuft.

Das ganze heillose Durcheinander inklusive der käuflichen Liebe ist der groß angelegte Versuch, unser biologisches Erbe kulturell und im Sinne der Individuen und Gemeinschaften in geordnete Bahnen zu lenken und den entsprechenden Antrieben gleichzeitig zu genügen. Der Ausdruck »Oligogamie« würde die tatsächlichen sexuellen Erfahrungen vieler Menschen sicherlich am treffendsten beschreiben.

3.6

Der Pawlow'sche Hund, Schrödingers Katze und Banalitäten

Die lebensweltliche Konditionierung und Bestimmung von Handlungen ist eine Funktion naturgegebener oder der von Menschen vorgegebenen Rahmenbedingungen. Dies soll im Folgenden anhand ausgewählter Beispiele aufgezeigt werden. Es geht dabei nicht nur um die Frage, wie eng der Zusammenhang zwischen Ursache und Wirkung, der Bedeutung von Elementarteilchen für die Freiheiten des Lebens sein kann, sondern zum Beispiel auch um die mehr oder weniger starke Abhängigkeit menschlicher Emotionen von den ökologischen Verhältnissen. Und auch die Übersetzung komplexer Erkenntnisse der Wissenschaft in verständliche Sprache auf dem Weg von den Elementarteilchen bis zur Konstitution von Katzen darf an dieser Stelle mit Rücksicht auf die Beschreibung der Natur einmal erwähnt werden.

In der Zeit zwischen 1905 und 1927 unternahm Iwan Petrowitsch Pawlow, der den Medizin-Nobelpreis 1904 für seine Arbeiten zu den Verdauungsdrüsen erhalten hatte, eine Reihe viel beachteter Versuche mit Hunden. Die Experimente hatten etwas mit Möglichkeiten der Erziehung, Konditionierung und Placeboeffekten zu tun. Man kann Hunde beispielsweise durch die Gabe von Hundefutter im Zusammenwirken mit einem bestimmten Geräusch – einem Glockenton oder dem Geräusch von Schritten – so konditionieren, dass sie auf diese akustischen Signale mit Speichelfluss reagieren, auch wenn es ausnahmsweise kein Futter geben sollte. Heute wissen wir das. Die Melodie von einer Speiseeis produzierenden Firma zusammen mit Bildern von tanzenden Leuten in einer Strandbar verursacht Lust auf Eis im Kino. Das ist nicht mehr besonders aufregend, war damals aber neu. Die spannende Frage ist natürlich, wie sehr sich der konditionierte Hund von Pawlow von den Kinobesuchern unterscheidet.

Bei Schrödingers Katze handelt es sich um ein im Jahr 1935 vorgetragenes Gedankenexperiment, bei dem die Katze im Ergebnis gleichzeitig lebendig und tot ist. Man kann das nicht verstehen, denkt deshalb auch gleich, man selbst sei schwer von Begriff und bewundert dann automatisch die Erklärungsversuche von Physikern, die einem bestätigen, dass die gleichzeitig tote und quicklebendige Katze genial sei, auch wenn sie selbst es sich nicht vorstellen können.

Das Experiment geht so: Eine Katze wird in einen geschlossenen Stahlbehälter eingesperrt und mit einer bestimmten Wahrscheinlichkeit mit Blausäure vergiftet. Das Prinzip der artgerechten Tierhaltung war 1935 offensichtlich noch ziemlich unwichtig und das Leben einer Katze nicht viel wert gewesen. Weil man aber nicht genau sagen kann, wie viel Blausäure freigesetzt wird – das ist bei diesem Experiment so vorgegeben –, soll die Katze gleichzeitig tot und lebendig sein.

Schrödinger wollte darauf hinweisen, dass die Unschärfe einer Vorhersage im Bereich der Quantenphysik nicht unbedingt einem prinzipiellen Indeterminismus, also einer grundsätzlichen Unbestimmtheit im Spektrum möglicher Ursache-Wirkung-Komplexe entsprechen muss. Unvollkommenheit der Theorie, Wahrscheinlichkeit von Vorhersagen, Kompartimentierung von Systemen: Es gibt jedenfalls überall Unschärfen, nicht nur in der Quantenmechanik. Ein System ist mehr als die Summe seiner Teile, und deshalb kann das System andere Eigenschaften haben als die Einzelteile selbst. Es ist durchaus möglich, dass bestimmte Effekte nicht genau vorhergesagt werden können, ohne dass man annehmen müsste, dass diese nicht vorherbestimmt wären. Man kann zum Beispiel einen Nagel in der Wand so positionieren, dass durch ein Loch auf den Nagel herabfallende Kugeln genau zu 50 Prozent nach links und 50 Prozent nach rechts abgelenkt werden. Und doch weiß man nie genau, zu welcher Seite die nächste Kugel fallen wird.

Und auch wenn die Elementarteilchen noch so heisenbergmäßig unscharf daherpoltern, fängt der aus Atomen, Quarks oder Leptonen zusammengesetzte Hund von Pawlow doch zuverlässig an zu sabbern.

Das Problem von Schrödingers Gedankenexperiment mit der Katze ist die Darstellung der Schlussfolgerung. In Abhängigkeit von der Konzentration und Toxizität einer chemischen Substanz bleibt ein Lebewesen gesund oder es wird krank und vielleicht später wieder gesund, oder es stirbt und wird dann nicht mehr gesund, weil man nur gesund werden kann, wenn man noch am Leben ist. Mehr Möglichkeiten gibt es nicht. Die Katze wird aber niemals gleichzeitig tot und lebendig sein – selbst wenn Physiker überall sehr merkwürdige Übergangs- oder Doppelzustände beschreiben und nachweisen können. Quantenteilchen haben gleichzeitig die Eigenschaften einer Welle und eines Korpuskels. Das ist heutzutage genauso anerkannt wie der Speichelfluss, der durch Bilder oder Geräusche ausgelöst werden kann.

Man darf also auch als Nichtphysiker feststellen, dass die Darstellung dieses Gedankenexperimentes wenig überzeugend oder, um es deutlicher auszudrücken, metaphorisch ungenügend ist. Da hilft auch der Nobelpreis nicht weiter. Und man muss auch gar nicht sämtliche Details und technischen Finessen des Experimentes kennen oder verstanden haben. Man muss Katzen ja nur beobachten und sollte – um selbst überleben zu können – eine Vorstellung von der Wirkung giftiger Chemikalien haben. Blausäure ist sehr giftig. Die physikalischen Studien und Erkenntnisse Schrödingers muss man keinesfalls bestreiten oder gering schätzen. Meines Erachtens bedarf es aber besserer Gedankenexperimente oder Metaphern, denn die kann man sich ganz einfach ausdenken oder zurechtlegen, wie man sie braucht. Und man sollte dann nicht den Satz schreiben:

> »Die Psi-Funktion des ganzen Systems würde das so zum Ausdruck bringen, daß in ihr die lebende und die tote Katze (s.v.v.) zu gleichen Teilen gemischt oder verschmiert sind.«
>
> Schrödinger 1935. *Die gegenwärtige Situation der Quantenmechanik.* – § 5.

Die lebende und tote Katze »gemischt« oder »verschmiert«! Man muss doch nicht alles verbalisieren. Es hindert einen doch niemand daran, so einen Satz nicht zu schreiben.

Konservative sind besser drauf, gewissenhafter und selbstdisziplinierter als Linke. Dafür sind Linke neuen Ideen gegenüber aufgeschlossen, kooperativer und haben mehr Sex. Auch Grüne und Linke werden durch den Genuss von Alkohol im Laufe der Zeit konservativer. Derartige Dinge sind statistisch hochsignifikant nachweisbar: »Conservatives are happier than liberals, but why?« Zwischen dem Befinden eines Menschen und seiner Gesinnung muss es einen Zusammenhang geben. Dabei nimmt die Umwelt sehr wohl

Einfluss selbst auf unsere inneren Überzeugungen und also auch auf unsere Gesinnung. Landwirte in kühlen Grenzbereichen des Ackerbaus fühlen sich durch die Erwärmung der Atmosphäre aufgrund höherer Erträge möglicherweise weniger stark bedroht als Menschen auf entlegenen Koralleninseln kurz vor dem Ertrinken.

Menschen, die auf Facebook ihre Sympathie zur Motorradmarke Harley Davidson bekunden, sind häufig nicht so schlau. Und Kinogänger mit Popcorn im Mund sind weniger anfällig gegen den Einfluss der Werbung als solche, die gerade nicht kauen, weil Kauen unser Gedächtnis vernebelt oder wenigstens von anderen wichtigen und unwichtigen Dingen ablenkt.

Wissenschaftler haben zudem eine sensationelle Entdeckung gemacht. Mit warmen Händen fühlen wir uns eher wohl als mit kalten. In einem Versuch gaben die Forscher 41 Probandinnen (Frauen) eine Tasse Kaffee in die Hände, zum Teil heiß, zum Teil kalt. Die Damen mit dem heißen Kaffee waren hinterher besser gelaunt als die mit dem kalten Kaffee. Wenn man die Hände also mit einer Tasse Tee oder Kaffee wärmt, lässt sich verallgemeinern, dann fühlt sich das eher gut an. Beziehungsweise: Schlechte Laune ist kalter Kaffee. Oder noch allgemeiner: Es gibt einen Zusammenhang zwischen dem körperlichen Befinden und der Gemütslage. Diese Erkenntnis ist so bahnbrechend wie das, was jeder Mensch Montag morgens vor der Arbeit in einem Selbstversuch herausbekommen kann. Wenn die Bedingungen stimmen, dann ist man meistens gut gelaunt. Wenn man aber zu früh aufsteht und friert, dann schlägt das aufs Gemüt und schon eine warme Tasse kann dann unter Umständen die Stimmung heben (vgl. *taz* vom 24. 10. 2008, 13. 03. 2013 und 19. 10. 2013).

Quellen und weiterführende Schriften

Adeola, F. O. 1998. Cross-national environmentalism differentials: Empirical evidence from core and noncore nations. Society & Natural Resources 11 (4), S. 339–364.

Bancroft, J. 1985. Grundlagen und Probleme menschlicher Sexualität. Stuttgart.

Calabresi, G. & Bobbit, P. 1978. Tragic Choices. The conflicts society confronts in the allocation of tragically scarce resources. New York.

Dixit, A. K. 1990. Optimization in Economic Theory. 2. Aufl., Oxford.

Eder, F. X. 2002. Kultur der Begierde. Eine Geschichte der Sexualität. München.

Europäische Kommission 2020. EU Biodiversitätsstrategie für 2030. Document 52020DC0380, Brüssel.

Grill, A. 2019. Schmetterlinge. 2. Aufl., Naturkunden 23, Berlin.

Haan, L. de & Ferreira, A. 2006. Extreme value theory: An introduction. Dordrecht.

Hobohm, C. 2000. Biodiversität. Wiebelsheim.

Hobohm, C. 2003. Characterizing and ranking of biodiversity hotspots, centres of species richness and endemism. Biodiversity and Conservation 12/2, S. 279–287.

Hobohm, C. 2021. Environmental history. In: Hobohm C. (Hrsg.). Perspectives for biodiversity and ecosystems. Environmental Challenges and Solutions, S. 3–15.

Hobohm, C. 2021. Environmental indicators and biodiversity conservation strategies. In: Hobohm, C. (Hrsg.). Perspectives for biodiversity and ecosystems. Environmental Challenges and Solutions, S. 159–180.

Hobohm, C.; Beierkuhnlein, C.; Börtitz, C.; Clark, V. R.; El Balti, N.; Fichtner, A.; Franklin, S.; Gaens, T.; Härdtle, W.; Hansen, A. S.; Janišová, M.; Jansen, J.; Lindner, M.; Moro-Richter, M.; Müller-Benedict, V.; Ott, K.; Reinmuth, K. C.; van Rooijen, N.; Sandberg, M.; Schamineé, J. H. J.; Tang, C. Q.; Vahle, H.-C. & Vanderplank, S. E. 2021. Land use change and the future of biodiversity. In: Hobohm, C. (Hrsg.). Perspectives for biodiversity and ecosystems. Environmental Challenges and Solutions, S. 451–483.

Hobohm, C. & Vanderplank, S. E. 2021. Change: risks and predictability. In: Hobohm, C. (Hrsg.). Perspectives for biodiversity and ecosystems. Environmental Challenges and Solutions, S. 181–193.

Hobohm, C. & Vanderplank, S. E. 2021. Resources for humans, plants and animals: who is the ruler of the driver? And: can resource use explain everything? In: Hobohm, C. (Hrsg.). Perspectives for biodiversity and ecosystems. Environmental Challenges and Solutions, S. 79–106.

Johnson, P. T. J. 2008. Diversity and disease: community structure drives parasite transmission and host fitness. Ecology Letters 10, S. 1017–1026.

Jones, C. G.; Lawton, J. H. & Shachak, M. 1994. Organisms as ecosystem engineers. – Oikos 69, S. 373–386.

Schlenker, B.; Chambers, J. R. & Le, B. M. 2012. Conservatives are happier than liberals, but why? Political ideology, personality, and life satisfaction. Journal of Research in Personality (doi:10.1016/j.jrp.2011.12.009).

Schrödinger, E. 1935. Die gegenwärtige Situation in der Quantenmechanik. Naturwissenschaften 23, S. 807–812.

Whitehead, A. N. 1920. The Concept of Nature. Dt. Löw, R. (Hrsg.) 1990. Der Begriff der Natur. Weinheim.

4

Großregionen der Erde, Landschaften und Ökosysteme

4.1

Hotspots der Biodiversität und Ökosysteme

Endemiten sind Arten, die es nur an einem bestimmten Ort gibt oder die auf eine bestimmte Region beschränkt sind. Großregionen der Erde mit einer ungewöhnlich großen Arten- und Endemitenvielfalt und gleichzeitig stark dezimierten Ökosystemen werden als *Biodiversity Hotspots* bezeichnet – Brennpunkte der Artenvielfalt. Das Konzept dieser besonders artenreichen und zugleich bereits stark beeinträchtigten Gebiete basiert auf einer von Norman Myers in der 1980er-Jahren vorgetragenen Idee, nach der es kaum möglich ist, alle Arten gleichermaßen wirksam zu schützen. Man sollte sich daher auf die besonders bedrohten artenreichen Naturräume der Erde konzentrieren.

Mittlerweile wurden weltweit etwa 50 marine und terrestrische Biodiversität-Hotspots nach Vorgabe bestimmter Kriterien identifiziert. Viele von ihnen liegen in den Tropen und Subtropen. Beispiele in Europa und Vorderasien sind der Mediterranraum-Hotspot, der Kaukasus-Hotspot und der Iran-Anatolien-Hotspot.

Die globalen Hotspots sind aus unterschiedlichen Landschaften und diese wiederum aus diversen Ökosystemen zusammengesetzt. In einigen Hotspots sind es nur wenige Ökosysteme, die einen Großteil der endemischen Arten, der bedrohten Arten und der Gesamtartenvielfalt beherbergen. Hochcharakteristisch zum Beispiel für die Mata Atlantica in Brasilien ist der feuchttropische und subtropische küstennahe Wald, im Cerrado ist es die Savanne, und in der Kapflora Südafrikas sind es Heiden und Gebüsche (Fynbos).

In anderen Hotspots, zum Beispiel im Mediterranraum oder auch im Kaukasus, verteilt sich der Artenreichtum auf sehr unterschiedliche Naturräume, Klimazonen und Ökosysteme.

Das Konzept wurde mittlerweile von der globalen Betrachtung auch auf kleinere Regionen übertragen. So wurden von der Europäischen Umweltagentur paneuropäische *Biodiversity Hot Spots* und unter Federführung des Bundesamtes für Naturschutz Biodiversität-Hotspots von nationaler Bedeutung für Deutschland beschrieben.

Eine derartige Kennzeichnung von Gebieten hat zunächst keine praktischen Konsequenzen über die bereits bestehenden Regularien und Schutzbemühungen hinaus. Sie dient vor allem dazu, auf die Bedeutung der Gebiete und Lebensgemeinschaften für den Artenschutz hinzuweisen.

Öko leitet sich von *oikos* ab; *oikos* ist das »Haus« (griechisch). Ökosysteme sind Wohngebiete charakteristischer Artenkombinationen. Komplexe Wechselwirkungen, charakteristische Stoff- und Energieflüsse, Nahrungsbeziehungen und Ökosystemfunktionen sind für jedes Ökosystem bezeichnend. Ökosystemfunktionen, die für Menschen bedeutsam sind, werden als Ökosystemdienstleistungen bezeichnet. Ein Hangwald nimmt zum Beispiel CO_2 aus der Atmosphäre auf, er dient somit als Kohlenstoffsenke und wirkt der Erwärmung entgegen, er dient der Holzproduktion und Jagd, das Wurzelgeflecht festigt den Boden und verhindert Hangrutschungen, der Waldboden filtert das Wasser, und vielleicht dient der Wald auch der Erholung und dem Sammeln von Pilzen.

Die verschiedenen Gruppen oder Kategorien von Ökosystemen werden mit Begriffen wie »Tiefsee«, »Flachmeer«, »Küsten«, »Grasland«, »Flussaue«, »See«, »Sumpf«, »Moor«, »Heide und Gebüsch«, »Savanne«, »Wald«, »Fels- und Schuttflur«, »Höhle«, »Wüste und Halbwüste«, »Ackerland«, »Garten und Park«, »urbanes und artifizielles Ökosystem« überschrieben.

Gibt es die Möglichkeit, Ökosystemdienstleistungen in Anspruch zu nehmen, ohne die Systeme zu schädigen oder existenziell zu gefährden? Was können Ökosysteme aushalten? Was sollte unbedingt vermieden werden?

Bei der Suche nach Antworten auf diesen Fragenkomplex ist es auch wichtig, die historische Entwicklung und die Entwicklung der Intensität menschlicher Einflüsse zu betrachten. Entsprechend könnte man zunächst fast unberührte Wildnisgebiete wie die Tiefsee, relativ natürliche Ökosysteme wie Quellerwatten oder Weichholzauen, halbnatürliche Ökosysteme wie die meisten Wiesen, Heiden und Kalkflachmoore, stark anthropogen überformte Ökosysteme wie Äcker, Gärten und Parks sowie künstliche Ökosysteme, zum Beispiel Keller und Dachkammern als Fledermausquartiere oder Mauern mit Aufwuchs von Moosen und Flechten, unterscheiden.

Wenn der Arterhaltung im Naturschutz die größte Bedeutung beigemessen wird, sollte der erste Schritt darin bestehen, herauszufinden, welche Arten endemisch beziehungsweise existenziell bedroht sind und in welchen Ökosystemen diese beheimatet sind. In der Vergangenheit wurde häufig angenommen, dass der wirksamste Schutz der Natur darin bestünde, die Einflüsse von Menschen radikal herunterzufahren, nach dem Motto: Die Natur hilft sich selbst am besten. Damit wären Wildnisgebiete die Lösung.

Wildnisgebiete beherbergen auch in Europa Arten, die nur dort vorkommen. Sie sind darüber hinaus für die ökologische Forschung und als Vorbild für ökologisch vernünftiges Wirtschaften unerlässlich. Gemessen an den nationalen und internationalen Zielen und Beschlüssen im Sinne des Naturschutzes ist ein Wildnisanteil von weniger als einem Prozent der Fläche viel zu wenig, unabhängig davon, um welche Region es sich handelt. Dabei wäre es ziemlich unkompliziert und kostengünstig, Flächen aufzukaufen und sich selbst zu überlassen. Fünf Prozent hätten es nach der nationalen Strategie bis 2020 in Deutschland sein sollen. Aber das war einem der reichsten Länder der Erde dann offensichtlich doch nicht möglich oder wichtig gewesen. Das Nichteinhalten alter Absichtserklärungen ist natürlich auch einfach, wenn es keine Konsequenzen hat.

Die allermeisten Arten in Europa und einigen anderen Gebieten der Erde sind heutzutage allerdings nicht in den Wildnisgebieten zu finden, sondern in den Kulturlandschaften. In Deutschland wäre es vollkommen unmöglich, die komplette Ausstattung der indigenen Flora und Fauna unter natürlichen Bedingungen in einem ungenutzten, nahezu geschlossenen Waldmeer zu bewahren. Deswegen muss die Suche nach Lösungen weitaus differenzierter ausfallen.

Allein in Europa gibt es weit über 6.000 endemische Pflanzenarten, darüber hinaus auch einige Wirbeltierarten und noch viel mehr Insektenarten. Viele von ihnen zeichnen sich durch eine besondere Vorliebe für Kulturlandschaften aus, darunter auch einige Reptilien und Vogelarten. In der Wildnis sind viele von ihnen noch nie gesichtet worden. Große Teile der offenen und halboffenen Kulturlandschaften in Europa gibt es nur, weil Menschen sie seit alters her nutzen und offen halten. Sie sind teilweise extrem artenreich, eine Tatsache, die nur unter Betrachtung der Evolution, Klima- und Wanderungs- und Kulturgeschichte der Arten und Landschaften unter Berücksichtigung der landschaftlichen Heterogenität zu erklären ist.

Durch Nutzung werden Ökosysteme in Wert gesetzt, es werden viele, auch einige stark gefährdete und endemische Arten gefördert und vor dem Aussterben bewahrt. Wenn moderate Nutzung das Überleben der Arten gewährleistet, nicht noch mehr Populationen verschwinden und das Überleben von endemischen und international gefährdeten Arten in adäquater Populationsstärke garantiert werden kann, muss die Nutzung von Ökosystemen außerhalb der Wildnisgebiete nicht infrage gestellt werden.

Klar ist allerdings auch, dass die konventionelle Land-, Forst- und Fischereiwirtschaft von derartigen Bedingungen noch weit entfernt ist. In Bezug auf die Landnutzung in Europa sind zwei gegensätzliche Tendenzen zu beobachten. Auf der einen Seite nimmt die Nutzungsintensivierung, zum Beispiel der Einsatz von Pestiziden oder riesigen Erntemaschinen, immer noch zu, die durchschnittliche Betriebsgröße und Zahl von Haustieren wächst, während die Zahl der landwirtschaftlichen Betriebe insgesamt immer noch kleiner wird. Auf der anderen Seite kann man überall auch Schutzbemühungen, zum Beispiel den Erhalt einzelner alter Bäume, feststellen. Es finden Renaturierungsmaßnahmen statt, die Waldfläche wird größer und tote Bäume werden nicht mehr nur als Schandflecken in der Landschaft empfunden.

Der Kompromiss, der dabei herauskommt, führt aktuell dazu, dass einzelne, ehemals stark bedrohte Arten wieder häufiger werden, viele andere dagegen immer stärker bedroht sind.

4.2
Landschaften

Die Landschaft ist der Ort, an dem Natur und Kultur miteinander verknüpft sind. Menschen bestimmen die Strukturen von Landschaften und deren ökologische Bedingungen. Sie überfrachten sie mit Stoffen und entreißen ihnen die Produkte. Die Kultur beherrscht die Natur. Und doch wird die Natur dieses unsägliche Spiel letztlich gewinnen. Wie die Natur und das Leben von Menschen dann aussehen wird und in welchem Mischungsverhältnis die abiotischen und biotischen Parameter dann zueinander stehen werden, ist allerdings nicht abzusehen, und ungünstige Prognosen sind die mutmaßlich realistischeren.

Die Sorge, dass die gegängelte Natur nach Überschreitung eines Toleranzbereichs massiv zurückschlagen und in den Verlust von Vergnüglichkeit, sozialem und kulturellem Leben münden könnte, ist einer von vielen guten Gründen für die Suche nach Möglichkeiten einer Befriedung der ungleichen Streithähne.

Landschaftsästhetik ist ein weithin vernachlässigtes Kulturgut der regionalen Identität – ignoriert von der Allgemeinheit und den Parteien, demokratisch und kurzsichtig. Damit fängt es bereits an. Und es ist ein wenig schade, dass es für den englischen Ausdruck *»place identity«* nur den vielfach veruntreuten und furchtbar gebeutelten Ausdruck »Heimat« in der deutschen Sprache gibt. Der Begriff der »Landschaft« ist jedenfalls in vielerlei Beziehung eng verknüpft mit einer ästhetischen Kulisse und emotionalem Raumbezug – *place identity*.

Heutzutage existieren Landschaften in mindestens zweierlei Hinsicht – als Objekte der Malerei, als Kulisse und Gegenstand der künstlerischen Reflexion, als Ort der Faszination, Erholung, Identifikation und Bewegungsfreiheit auf der einen Seite und als Strukturbegriff der Wissenschaft, der zur Einteilung und Beschreibung von Regionen herangezogen wird, auf der anderen. Beide Blickwinkel haben gemeinsam, dass höchst unterschiedliche Landschaftseinheiten wie Feld, Wald, Wiese, Dorf – Landschaftselemente – zu einer Ganzheit arrangiert und als Wesenheit verstanden werden: Auen,

Marschhufen, Heiden, Seenlandschaften. Beide Betrachtungen haben auch gemeinsam, dass sie sich von der ursprünglichen Bedeutung des Begriffes weit entfernt haben und damit eine Ausweitung bis hin zu den *Natur-*, *Stadt-* oder selbst *Unterwasserlandschaften* möglich wurde.

Ausgehend von der Idee, Einflüsse von Menschen, Tieren und Pflanzen auf die umgebenden Lebensräume verstehen zu können, entstand die Landschaftsökologie als wissenschaftliche Disziplin. Kirchhoff und Trepl unterscheiden Landschaften, Wildnis und Ökosysteme voneinander, die unterschiedlich beurteilt werden: ästhetisch, moralisch-praktisch beziehungsweise wissenschaftlich. Alle drei Begriffe können inzwischen übergreifend verwendet und das heißt auf dieselben Räume bezogen werden – auch wenn man den Begriff »Wildnis« sicherlich eher mit dem Kruger-Nationalpark assoziiert als mit dem Wildwuchs in den Pflasterfugen Berlins. Dass der Zugang zur Landschaft grundsätzlich ein ästhetischer sei, zur Wildnis ein moralisch-praktischer und der zum Ökosystem ein wissenschaftlicher, diesem Ansatz muss man nicht beipflichten. Beim Ausdruck »Wildnis« steht die Wildheit, Ursprünglichkeit, Eigenständigkeit der Natur im Vordergrund der Betrachtung, beim Ausdruck »Landschaft« sicherlich die charakteristische Vielgestaltigkeit beziehungsweise Komposition von Strukturelementen, während die ökosystemare Betrachtung Stoff- und Energieflüsse sowie die Nahrungsbeziehungen von Flora und Fauna in den Fokus rückt.

Für ökologische Betrachtungen und ökologisches Verständnis ist der Landschaftsbegriff zentral. Die Landschaftsökologie entwickelte sich als eigenständige Disziplin in der ersten Hälfte des 20. Jahrhunderts, um die Bedingungen des Lebens in der Natur, die Vorgänge und Nahrungsnetze besser verstehen zu können. Es gibt weitere Disziplinen wie die Geobotanik, physische Geographie oder Makroökologie mit jeweils eigenen Schwerpunkten und Methoden. Sie alle haben aber gemeinsam, dass sie sich auf raumzeitliche Wechselwirkungen zwischen der belebten und unbelebten Natur innerhalb von Landschaftselementen, Landschaften oder größeren Räumen der Erde beziehen.

Der Begriff der »Landschaft« setzt sich aus dem germanischen Begriff für Brache, Rodungsland oder Staatsgebiet (mittelhochdeutsch *lant*) und dem Suffix *»-schaft«* zusammen. Der zweite Teil des Wortes hat eine indogermanische Wurzel und bezieht sich auf menschliche Tätigkeiten – schaffen (vgl. Herrschaft, Ritterschaft, Mannschaft, Nachbarschaft, Grafschaft). Noch im Mittelalter bezog sich der Ausdruck »Landschaft« vor allem auf die Menschen in ländlichen Räumen, auf die *Landstände* (mittelhochdeutsch *lantschaft*, althochdeutsch *lantscaf* und *lantscaft*), auf ihre Arbeit und die Organisation des Landlebens. Die Gebiete wurden zu dieser Zeit noch als Regionen bezeichnet.

Im Laufe der Zeit verschob sich die Bedeutung des Begriffes dann analog zur künstlerischen Reflexion von den »Leuten einer ländlichen Region« über die »Region mit ihren Leuten« etwa seit der Wende vom Mittelalter zur Neuzeit – in dieser Bedeutung wird heutzutage der Ausdruck »Kulturlandschaft« verwendet – bis hin zur »Region«, in der Menschen nicht unbedingt vorhanden sein müssen.

Der Begriff »Landschaft« wird heutzutage auf Gebiete bezogen, die ökologisch und physiognomisch sehr heterogen sein können. Diese können Menschen und ihre Einflüsse, Deformationen, Konstruktionen und möglicherweise auch für das Leben anderer Lebewesen als bedeutsam zu beurteilende Maßnahmen oder indirekte Einflüsse beinhalten. Landschaften sind meist deutlich kleiner als durchschnittliche Nationen und größer als strukturell einheitliche Lebensräume. An seine inhaltliche Grenze stößt der Begriff an den Küsten, wo der weitschweifende Blick Wasser und Himmel bis zum Horizont erfassen kann, aber auch dort, wo die Bebauung dicht ist, in den urbanen Zentren, wo Boden versiegelt und verbaut ist und Ländliches, wenn überhaupt, in Form von Resten noch vorhanden ist.

Cees Noteboom schreibt in seinem *Umweg nach Santiago* (2007, S. 379):

»Ich wurde einmal gefragt, weshalb ich die Landschaft der Meseta so schön fände. Weil mir so schnell keine Antwort einfiel, sagte ich, ›weil ich glaube, dass es in mir ebenso aussieht‹, und das ist genau die Art von subjektivem Ästhetizismus, dessentwegen Goytisolo Unamuno angreift, aber auch Goytisolo wird hin und her gerissen, da er selbst sieht, dass Industrialisierung und Tourismus die Seele der Landschaft auffressen. Er findet keinen Ausweg aus diesem Dilemma. Einerseits sagt er, dass Unamuno und in geringerem Maße Azorin an die verlassene Landschaft die Kriterien der ästhetisch-religiösen Militärkaste Kastiliens anlegten (nicht umsonst träumt Ortega in seinen Tierras de Castilla davon, dass der Cid einst zu Pferd durch dieselben Landschaften gezogen ist, durch die er selbst mit seinem Esel dahinzuckelt), andererseits aber ist ihm deutlich, dass die Einöde des Landes, sobald man jener anderen, geistigen Einöde der verdorbenen Küste entflohen ist, ihre eigene Majestät besitzt. Einst gab es Wälder in Spanien, genügend Bilder und Geschichten beweisen dies. Doch das Land wurde geschlagen, kahlgerodet, eine zweite, negative Schöpfung: ohne Bäume kein Regen, ohne Regen keine Bäume. Ich müsste darüber trauern, aber kann es nicht. Im übervollen Europa ist dies der letzte Zufluchtsort. Und tot ist dieses Land nicht.«

Landschaften und Landschaftsbilder verändern sich, sie werden verändert, und kein Gesetz schreibt vor, dass alles so bleiben muss, wie es ist. Und dennoch gehören Landschaften, die Schönheit der Natur und das Landschaftsbild auf nationaler und europäischer Ebene sowie den Zielen der UNESCO im Zusammenhang mit den Weltnaturerbestätten entsprechend zu den prominenten Schutzgütern der Umwelt. Sie sind gesetzlich geschützt und müssen vor schädlichen Eingriffen bewahrt werden. Doch wie sollte dies angesichts der Schwierigkeit, ästhetische Erfahrungen zu normieren, möglich sein?

Es gibt zu dieser Frage hervorragend durchdachte und nachvollziehbare Bewertungssysteme, die in der Landschaftsplanung entwickelt wurden und bereits angewandt werden. Dabei geht es zum Beispiel um Sichtweiten, Vorschädigungen etc. Eine Windkraftanlage, die von der Küste aus nicht zu sehen ist, kann die Erholungsfunktion an der Küste nicht beeinträchtigen. Ein Windrad, das in eine bereits bestehende Windkraftanlage integriert wird, verändert das Bild in aller Regel nur wenig. Eine Windkraftanlage mitten in der Lüneburger Heide wäre ein Affront und gesetzeswidrig.

Der Effekt dieser Regelwerke ist allerdings keineswegs ausreichend. Denn die fortschreitende Urbanisierung im Bereich gesichtsloser Stadtränder, die

Vermaisung der Landschaft, die Zerschneidung von Kulturlandschaften und Wildnisgebieten durch Infrastruktur bezeugen eindrücklich akuten Handlungsbedarf. Wo sind die letzten großen unzerschnittenen Landschaften? Wann und wo ist die Grenze der Belastbarkeit von Landschaften durch immer neue Bauwerke, Infrastrukturmaßnahmen und den Einsatz von Chemikalien erreicht oder sogar überschritten?

Wenn Jugendliche sich mit Transparenten in selbstgezimmerten Baumhöhlen verschanzen und gegen Abholzungsmaßnahmen von kleinen, unbedeutenden Waldparzellen gegen Tagebaue oder den Bau von Autobahnen auflehnen, mag man dies als lächerlich, peinlich oder sinnlos abtun. Die Idee dahinter kann man aber auch als sinnstiftend anerkennen.

4.3 Wasser, Gewässer und Cocktaileffekte

»Sehnt sich der hehre Himmel nach der Erde Schoß
Fasst Sehnsucht auch die Erde, ihm vermählt zu sein.
Und Regen, der, umarmt er sie, vom Himmel strömt,
Schwängert die Erd, und sie gebiert dem Menschenvolk,
Der Herden Weide und Demeters Frucht fürs Brot.
Der Bäume Blüte wird durch solcher Brautnacht Tau
Gedeihnde Frucht. Bei alledem bin ich am Werk.«

Fragment einer Rede der Aphrodite, aus Aischylos' *Danaiden*

Schon Euripides hat in einem Chorlied das Gesetz, dass nichts wirklich untergeht, sondern sich alles in einem ewigen Kreislauf befindet, am Beispiel des Regens geschildert, der befruchtend vom Himmel auf die Erde fällt und von dort wieder aufsteigt.

Gern wird das Wasser und seine Bedeutung für das Leben in der Poesie und in der Wissenschaft thematisiert, wird Wasser in all seinen Erscheinungsformen – als Regen, Nebel, Quell- und Brunnenwasser, Eis und Schnee, als Mangelfaktor bei Trockenheit, als Lebenselixier, als Motor des Wachstums, als Urlaubsziel, als Trinkwasser, Badewasser, Toilettenspülung – mythologisch und romantisch intoniert, beschrieben, überhöht, verklärt, gereinigt, zugemüllt und mit Fäkalien belastet.

Im alten Orient war Wasser der Urstoff allen Seins. Nach sumerischer Vorstellung wurden Himmel und Erde aus dem Urmeer geboren. Die Göttin Nammu, Personifikation des Meeres, war die Mutter, die dem Himmel und der Erde das Leben gab. Im Epos *Enuma Elisch*, dem babylonischen Schöpfungsmythos, entstand der Kosmos ebenfalls aus dem Wasser, und zwar dadurch, dass die Göttin Tiamar, die das Meer verkörperte, von Marduk erschlagen wurde und er dann aus ihrem Körper Himmel und Erde bildete. Antike Kulturen des östlichen Mittelmeeres schreiben dem Meer neben der Schöpfung noch einen unheilvollen Charakter zu – alles wird überflutet, nur die Mitreisenden der Arche Noah überleben.

In vielen Religionen spielt das Wasser und der Umgang mit Wasser bei rituellen Handlungen eine wichtige oder herausragende Rolle – bei der Taufe, dem Bad der Hindus im Ganges, dem Waschen der Füße vor dem Betreten der Moschee.

Wasser ist global sehr ungleich verteilt und die jeweiligen Mengenanteile entsprechen nicht unbedingt der Bedeutung für das Leben und der Verbreitung von Tieren und Pflanzen. 97 Prozent des Wassers befindet sich in den Ozeanen und weniger als 0,001 Prozent in der Atmosphäre. Und doch bestimmt die Menge des gasförmigen Wassers in der Luft die Verteilung sämtlicher Klimazonen auf der Erde, die Verbreitung der Tier- und Pflanzenarten und natürlich auch alle vom Wetter abhängigen Tätigkeiten der Menschen. Ohne dieses Treibhausgas wäre es im Durchschnitt global mehr als 20 Grad kälter und der Meeresspiegel läge 200 Meter niedriger als heutzutage.

Etwa die Hälfte der Fischarten weltweit lebt in den Weltmeeren, die andere Hälfte sind Süßwasserfische, obwohl Oberflächengewässer nur etwas mehr als 0,02 Prozent der Gesamtmenge des Wassers der Erde beinhalten. Der größte Teil des Süßwassers ist in den großen Eismassen der Pole und Gletscher gebunden (zwei Prozent der Gesamtmenge des Wassers) und es füllt die Poren in den Böden und im Gestein als Grundwasser (circa ein Prozent).

Flüsse weisen etwa dreimal so viele Arten auf wie Seen, Sümpfe und Moore zusammen, obwohl Letztere eine viel größere Menge Wasser speichern. Nur zwei Prozent des Wassers von Oberflächengewässern versorgt die Flüsse, elf Prozent füllt Moore und Sümpfe und 87 Prozent befinden sich in Seen. Dass Fließgewässer dennoch artenreicher sind und auch mehr bedrohte Arten beherbergen als andere Süßwasserökosysteme, mag damit zusammenhängen, dass Flüsse im Durchschnitt viel älter sind als stehende Gewässer und sie auch landschaftsökologisch vielgestaltiger sind. Die Entstehung großer Artenvielfalt ist häufig nur dort möglich, wo landschaftliche Heterogenität für lange Zeiträume garantiert ist und keine großräumigen Katastrophen zu schlagartigen Rückgängen führen.

Die Ozeane sind alle miteinander verbunden und der genetische Austausch wird durch Meeresströmungen gefördert. Große Flusssysteme und Seen sind im Gegensatz dazu voneinander isoliert und geographische Abgeschiedenheit fördert die Artbildung, indem Möglichkeiten des genetischen Austauschs durch Isolation eingeschränkt werden.

Die Verbreitung der Arten in Bezug auf die drei großen Bereiche Meer, Land, Süßwasser ist das Ergebnis einer langen Evolutionsgeschichte, und sie hat sich in den verschiedenen Tier- und Pflanzengruppen sehr unterschiedlich entwickelt. Amphibien kommen aufgrund ihrer zumeist sehr empfindlichen Haut im Meer gar nicht vor. Die meisten Arten sind daher an Süßwasserlebensräume oder zumindest luftfeuchte und nasse Wälder gebunden, wo sie noch im stehenden Wasser kleinster Pfützen und Mulden ihr Larvenstadium durchleben können.

Bei den Reptilien haben es Krokodile, Meeresschildkröten, Iguanas und Seeschlangen geschafft, das Meer als Ort der Nahrungsaufnahme zu erobern. Im Süßwasser sind allerdings deutlich mehr Arten zu finden, und noch mehr Reptilienarten leben fernab der Gewässer in den übrigen Lebensräumen des Festlandes. Die meisten von ihnen benötigen kein offenes Gewässer und beziehen das zum Überleben notwendige Wasser aus der Nahrung.

Die größte Tiergruppe der Erde sind die Insekten. Sie kommen im Meer nicht vor und nur wenige Arten haben es geschafft, den Lebensraum der Spülsäume an der Küste zu besiedeln.

Auch bei den Samenpflanzen und Farnen sind die allermeisten Arten Bewohner des Festlandes, an zweiter Stelle folgen Wasserpflanzen im Süß- und Brackwasser, und nur wenige Arten sind in der Lage, den kompletten Lebenszyklus im Meer zu durchlaufen.

Auch Pilze kommen auf dem Festland, im Meer und im Süßwasser vor. Die meisten Arten leben aber in den Böden und in der toten und lebenden Biomasse auf dem Land.

Aus welchem Grund die verschiedenen Tier- und Pflanzengruppen so unterschiedlich verteilt sind, ist noch nicht bis ins Letzte geklärt.

Menschen dürfen sich glücklich schätzen, dass das Regenwasser praktisch überall auf der Erde sauber vom Himmel fällt und zum Trinken geeignet ist. Das hängt insbesondere damit zusammen, dass das gesamte Wasser in der Atmosphäre im Durchschnitt alle neun Tage ausgetauscht wird.

Kohlenstoff, Sauerstoff und Wasserstoff sind die mengenmäßig bedeutsamsten Bausteine des Lebens. Wasser ist neben dem Sauerstoff und Kohlendioxid in der Luft das existenziell bedeutendste Schutzgut der Umwelt. Im pointierten Gegensatz zu dieser einfachen Erkenntnis steht die Frage, warum wir ausgerechnet mit diesem wertvollen Gut so umgehen, wie wir dies fast überall tun – als würde es stets ausreichend und in hoher Qualität zur Verfügung stehen. Dass wir mit einem für das Leben so bedeutsamen Gut dennoch dermaßen sorglos bis ignorant umgehen, zeigt auch, dass eine Wirtschaftspolitik, die das Wort Nachhaltigkeit in seiner besten Bedeutung zum Leitbild erklärt, nur als wenig glaubwürdig bezeichnet werden kann. Mit guten Freunden geht man nicht so um wie wir mit dem Wasser. Und nachdem das Wasser wie selbstverständlich und kostengünstig genutzt wird, gelangt es nach unvollständiger Reinigung über die Kläranlagen in die Flüsse und ins Meer. Das Grundwasser in Deutschland wird durch land-, forst- und fischereiwirtschaftliche Düngemittel, Gülle, Mist, Pestizide, Lockstoffe und Arzneimittelrückstände aus der Tierhaltung und deren Abbauprodukte zunehmend beeinträchtigt, gerade so als gäbe es kein chemisches und ökologisches Verschlechterungsverbot durch die europäische Wasserrahmenrichtlinie.

Die Überwachung der Gewässer und Gewässergüte, die vorhandenen Regularien zur Organisation und die technischen Möglichkeiten sind vielfach ausgereift. Und dennoch werden mit Duldung der Behörden Gewässer, deren Organismen und die Gesundheit von Menschen in vollkommen inakzeptabler Weise aufs Spiel gesetzt, indem Augen zugedrückt werden und Kontrollen nicht stattfinden. Die personelle Unterbesetzung von Umweltbehörden ist mit Blick auf die nationale Wirtschaft und internationale Wettbewerbsfähigkeit sicherlich politisch gewollt oder wird zumindest billigend in Kauf genommen.

Wasser war und ist das Problemkind Nummer eins der Umwelt. Die Auswirkungen im Hinblick auf die Quantität und Qualität des Wassers, auf die regionale Abnahme oder Zunahme von Niederschlägen und Überflutungsereignisse sind mit all den dazugehörigen Einflussgrößen, Verästelungen und Verstrickungen kaum seriös in toto zu prognostizieren. Pestizide sollen Schädlinge in der Landwirtschaft vernichten, Medikamente sollen Krankheiten heilen, Stickstoffverbindungen und andere Nährstoffe sollen eine hohe Produktivität in der Landwirtschaft garantieren. Das sind in erster Linie keine fragwürdigen Ziele.

Leider führen die Prozesse, die mit diesen Stoffen im Wasser oder im Fall von Stickstoffverbindungen wie Ammonium und nitrosen Gasen mit der Auswaschung aus der Atmosphäre verbunden sind, zu Krankheiten und zum Tod von unzähligen Menschen und Tieren und zu einem erhöhten Aussterberisiko bei nicht wenigen Arten. Der UN-Umweltbericht kam 2019 zu dem Ergebnis, dass bis zu 25 Prozent der Toten global durch Umweltprobleme vorzeitig sterben. Ein Großteil davon sind Langzeitschädigungen auf der Basis von Chemikalien, die mit dem Wasser in der Umwelt und im Organismus transportiert werden.

Landwirte, die mit Pestiziden arbeiten, erkranken auffallend häufig an Parkinson. Parkinson ist inzwischen in einigen Ländern als Berufskrankheit bei Winzern und Landwirten anerkannt, so auch in Frankreich. Bei der überwiegenden Mehrzahl der Europäer lassen sich Pestizide im Blut beziehungsweise Urin nachweisen. Und nun kommt der ewig gleiche, ermüdende Satz der Produzenten und zum Teil auch der Gesundheitsbehörden, dass eine Gefahr für die Gesundheit zu keinem Zeitpunkt bestanden habe! Die EFSA, eine Behörde der EU, die die gesundheitliche Unbedenklichkeit unserer

Lebensmittel beaufsichtigen sollte, hat die Toleranzschwellen problematischer Inhaltsstoffe schon häufig an den tatsächlichen Werten in Lebensmitteln ausgerichtet. Mehr als die Hälfte der Mitarbeiter dieser Behörde waren oder sind wirtschaftlich mit den Unternehmen verbandelt, die sie eigentlich kontrollieren sollen. Gelegentlich wurden sogar Personen oder Texte von Gutachten in die eine oder andere Richtung ausgeliehen.

Ein Aspekt, der eng mit der Wasser- und Gewässerqualität zusammenhängt, kann als bereits aktuelles und besonders bedrohliches, aber derzeit noch wenig medienwirksames Problem benannt werden. Es geht dabei um *Cocktaileffekte* von chemischen Substanzen, zum Beispiel Lösungsmitteln, Pestiziden und Arzneimitteln wie Antibiotika oder hormonell wirksamen Substanzen im Niederdosisbereich.

Cocktail klingt eigentlich eher positiv. Leider weiß man über Cocktaileffekte kaum mehr, als dass es sie gibt und sie eher kritisch zu betrachten sind. Nur wenige Forschungseinrichtungen beschäftigen sich mit Kombinationswirkungen von chemischen Substanzen im Niederdosisbereich, also beispielsweise von Pestiziden mit Hormonen oder Hormonen mit Spülmittelresten, Lösungsmitteln aus Plastikflaschen oder Pestiziden mit Abbauprodukten von verschreibungspflichtigen Medikamenten, die in kleinsten Mengen im Wasser und auch im menschlichen Körper nachgewiesen werden. Die wenigen Effekte, die bisher nachgewiesen werden konnten, deuten auf Schwächungen der Immunabwehr, ein erhöhtes Krebsrisiko und hormonelle Wirkungen wie Geschlechtsumwandlungen, Intersex- und Imposex-Phänomene hin, auf das vermehrte Auftauchen von Merkmalen beider Geschlechter in einem Organismus und erhöhte Sterilität. Letzteres ist auch ein wachsendes Phänomen bei Menschen in zivilisierten Gesellschaften – »Europa in der Spermakrise?« Hormone wirken schon in extrem kleiner Konzentration. Und auch wenn die Menschen nicht gleich krank oder steril werden, so gehören Wirkungen auf das Gemütsleben oder Fettleibigkeit kaum zu den Effekten, die man bereit ist, freiwillig in Kauf zu nehmen. Sicher ist allerdings, dass Cocktaileffekte bei den Zulassungsverfahren durch die EFSA oder entsprechenden Behörden auf nationaler Ebene bislang überhaupt keine Rolle spielten. Generell werden nur einzelne Stoffe oder Stoffgruppen bewertet.

Die Geschichte ist noch nicht zu Ende erzählt. Schon jetzt wäre es allerdings ein Leichtes, die Qualität des Wassers und der Gewässer besser zu schützen, die Abwässer weniger zu belasten und intensiver zu reinigen. Die Gesetze, die da sind, müssten nur konsequent angewendet werden.

Gewässer werden aber nicht nur qualitativ verändert. Durch Bauwerke, durch Be- und Entwässerungsmaßnahmen sowie landschaftliche Veränderungen nehmen wir Einfluss auf das Abflussgeschehen, auf Grundwasserflurabstände und auch auf die Intensität von Flutkatastrophen.

Im Jahr 1342 zerstörte die Magdalenenflut infolge einer Vb-Wetterlage mit außergewöhnlich starken Niederschlägen Brücken, Häuser, Gärten und Menschenleben an der Donau, am Rhein, am Main und ihren Nebenflüssen – eine Jahrtausendflut. Bei einer Vb-Wetterlage bewegt sich ein Tiefdruckgebiet vom Mittelmeer nordostwärts, und unglaublich nasse Wolken führen zu erheblichen Niederschlagsmengen östlich und nördlich der Alpen. Manchmal treten auch ganze Serien von Mittelmeertiefs nacheinander auf und führen dann zu katastrophalen Überflutungen.

Die Schwierigkeit jeder Prognose besteht darin, dass sie eine mehr oder weniger, meistens weniger seriös modellierte Vermutung repräsentiert. Auch das Hochwasser an der Elbe im Jahre 2002 war ein extremes. Es wurde als »Jahrhundertflut«, von mutigen Journalisten ebenfalls als »Jahrtausendflut« bezeichnet. Man darf sich aber nicht wundern, wenn sich ein solches Ereignis bereits einige Jahre später wiederholt, der einstige Höchststand des Wassers noch deutlich überschritten wird – im Frühjahr 2006 an der Mittelelbe und der mittleren Donau, im Mai 2013 in Tschechien, Österreich und Teilen Süd- und Ostdeutschlands, im Juni 2013 in Magdeburg und an der Mittelelbe – oder der Begriff anderweitig verwendet wird, weil zum Beispiel ein Tsunami, wie im Dezember 2004 an den Küsten des Indischen Ozeans, noch viel größere Schäden verursacht und dieser dann entsprechend als »Jahrtausendflut« bezeichnet wird. Schaute man im Juli 2012 ins Internet, dann fand man unter dem Stichwort »Jahrtausendflut« immerhin bereits vier verschiedene Einträge – Elbe 2002, Süddeutschland 1342, Pakistan 2010, Sumatra 2004. Im Mai und Juni 2013 kam dann noch das Hochwasser in Mitteleuropa – unter anderem an der Donau und Elbe – hinzu. 2016 führte dann noch ein extremes Hochwasser in Bayern zu erheblichen Schäden – ein Jahrtausendereignis. Zwischen 1342 und 2016 konnten allein sechs Jahrtausendfluten gezählt werden. Die Zahl der Jahrhunderthochwässer ist so groß, dass man sie nicht seriös zählen kann, und es werden jedes Jahr mehr. Das Internet ist voll von entsprechenden Listen. Eine vernünftige Prognose geht dahin, dass die Flutkatastrophen noch zunehmen werden. Unabhängig davon müssen seriös arbeitende Journalisten derartige Ereignisse thematisieren und die allgemeine Sensationslust der Menschen ausnutzen. Es ist aber auch nicht völlig zu vermeiden, dass die Wassermassen, die zum Beispiel infolge einer erneuten Vb-Wetterlage über die Ufer treten werden, dann irgendwann so langweilig sind wie die Sektdusche nach dem Formel-1-Rennen.

Interessanterweise scheint längst entschieden zu sein, dass der Klimawandel auch die Überflutungsereignisse an unseren Flüssen potenziert. Nur selten wird dabei erwähnt, dass die veränderte Landnutzung, der Umbruch von Grasland, die Trockenlegung einstiger Moore und Sümpfe, Flussbegradigungen und Baumaßnahmen wie Siedlungen im Überflutungsbereich und Deichbauten einen erheblichen Einfluss auf das Abflussgeschehen und die Höhe der Scheitelpunkte von Hochwässern haben.

Länge mal Höhe mal Breite. Wenn man nicht möchte, dass Wasser sich auftürmt, dann sollte man dafür sorgen, dass sich Hochwasserspitzen gar nicht so weit auftürmen können – Abfluss verlangsamen (!), Moore, Sümpfe, Feuchtgrünland im Einzugsgebiet erhalten und möglichst regenerieren, Reibung durch Ufergehölze im Stromtal erhöhen und neue Retentionsräume schaffen.

Für das Kappen von Hochwasserspitzen gibt es so simple Lösungen, dass es sich kaum lohnt, sie hier weiter zu erörtern. Sie sind hinlänglich bekannt, und Deiche gehören jedenfalls nicht dazu, denn die können nur das Gegenteil bewirken. Wer der Meinung ist, dass ein beschleunigter Abfluss von Wassermassen eine Lösung darstellt, hat möglicherweise die mittlere Durchsatzrate im Straßenverkehr und die Abhängigkeit der Länge eines Autostaus von der zulässigen Höchstgeschwindigkeit verwechselt. Erstaunlich bleibt auch, dass es immer noch Menschen gibt, die ein Hochwasserereignis an einem Deich, in einem kanalisierten Fluss oder an einer Staumauer in einer

Stadt in eine Naturkatastrophe meinen ausdeuten zu dürfen, weil es aufgrund einer Vb-Wetterlage natürlicherweise stark geregnet hat.

Seen und Tümpel, Bäche und Flüsse, Sümpfe und Moore gehören zu den Lebensräumen, deren Bedeutung für Menschen und andere Lebewesen lange Zeit unterschätzt wurde, und die stiefmütterliche Behandlung ihrer Lebewesen und ökologischen Bedingungen ist noch immer evident. Im Kampf gegen die natürliche Dynamik wurden Flüsse begradigt, mit uferparallelen Bauwerken versehen und als Wasserstraßen ausgebaut. Ufer werden befestigt, zersiedelt und verbaut. Einerseits sind dies bevorzugte Wohnorte, andererseits darf offensichtlich erwartet werden, dass das private Wohnhaus in der Aue von der Allgemeinheit vor Überflutungen geschützt wird. Millionenschwere Deiche werden von Hochwasser zu Hochwasser immer höher gebaut und schleifenförmig selbst um kleine Gruppen von Häusern zum Beispiel im Elbtal herumgelegt. Umgekehrt ermöglichen höhere Deiche, dass ein Hochwasser höher ansteigen kann, nämlich bis zur Deichkrone. Könnte das Wasser sich in der Aue ausbreiten, würde es nicht so hoch ansteigen. Die vielen dramatischen Hochwasser in den Flussauen sind zu erheblichen Anteilen auf Landnutzungsänderungen und Baumaßnahmen zurückzuführen. Die Biodiversität ist davon glücklicherweise nicht bedroht. Der Wechsel unterschiedlich dynamischer Zustände in der Aue ist für die charakteristische Vielfalt der dort lebenden Arten konstitutiv. Viele Arten der Niederungen und Auen sind durch die hinlänglich bekannten anthropogenen Einflüsse existenziell bedroht, aber nicht durch Hochwasserereignisse.

Natürlich sind katastrophale Überflutungen immer beides, ein Zusammenspiel aus natürlichen Vorgängen und entsprechenden Vorkehrungen. Dabei nimmt die Zahl der Extremwetterereignisse und Schäden an Gebäuden global derzeit zu, die Zahl der Opfer durch Vorkehrungen, schnellen Informationsfluss und Soforthilfemaßnahmen aber ab.

Fließgewässer werden als Vorfluter für die Einleitung von Abwasser und Kühlwasser genutzt. Städte, Kraftwerke und große Industriebetriebe liegen bevorzugt an Küsten und Flussufern. Von landwirtschaftlichen Flächen werden Nährstoffe, Medikamente und Hormone aus den Fäkalien der Haustiere und Pestizide von den Äckern in die Flüsse gespült. Ein Teil davon gelangt auch ins Grundwasser und beeinträchtigt zunehmend die Qualität des Trinkwassers.

Wenigstens in der Europäischen Union dürften viele Maßnahmen und Prozesse in und an den Gewässern eigentlich nicht geschehen, denn EU-Richtlinien verbieten eine chemische und ökologische Verschlechterung sowohl im Schutzgebietssystem Natura 2000 als auch generell in den natürlichen und halbnatürlichen Gewässern.

Wollte man für den Schutz der Süßwasserökosysteme überregional proaktiv tätig werden, dann wäre dies sehr leicht möglich. Man müsste dazu die Position des Lebens dieser Systeme in den Fokus rücken, Randeffekte in viel stärkerem Maße berücksichtigen und die Gesetze konsequent anwenden, die schon da sind. Natürlich wäre es dann nicht mehr statthaft, den mit Spritzmitteln und Düngern belasteten Acker bis an den Gewässerrand zu pflügen. Und auch Abwässer dürften dann nicht mehr direkt eingeleitet werden, wenn der Grad der Belastung mit problematischen Stoffen wie Medikamentenrückständen oder Pestiziden zunimmt. Und natürlich wäre das nicht zum Nulltarif zu haben.

Nach der Roten Liste der IUCN beherbergen Süßwasserlebensräume weltweit den zweitgrößten Anteil der stark bedrohten Arten (circa 1.700) nach den Wäldern (circa 3.500). Die Gesamtfläche von Wäldern ist allerdings etwa zehnmal so groß wie die Fläche aller Süßwasserlebensräume zusammen.

Die Hauptbedrohung für stark gefährdete Arten der Süßwasserökosysteme und Feuchtgebiete geht global von drei Faktorenkomplexen aus, die teilweise auch miteinander zusammenhängen. An erster Stelle steht die Gewässerverschmutzung durch Einträge aus der Land-, Forst- und Fischereiwirtschaft sowie durch Abwässer aus Industriebetrieben und kommunalen Kläranlagen. An zweiter Stelle steht die Nutzung biologischer Ressourcen zum Beispiel aufgrund von Fischerei. In vielen Ländern werden aber nicht nur Fische gefangen, sondern auch viele weitere Tier- und Pflanzenarten der Gewässer genutzt, gefangen, geerntet. Invasive und andere problematische Arten sowie Pathogene stehen an dritter Stelle.

4.4

Meere, Küstenökosysteme und Marikultur

Vor ungefähr 9.000 Jahren wurde ein Süßwassersee innerhalb von einem bis zu wenigen Jahrzehnten mit Salzwasser geflutet und es entstand das Schwarze Meer. In sehr flachen Bereichen soll sich die Küstenlinie bis zu einem Kilometer pro Tag verlagert haben. Das Wasser stieg in diesem kurzen Zeitintervall um über 100 Meter an. Viele Mythen erzählen von der Sintflut als gottgesandte Bestrafung der Sünden. Möglicherweise beziehen sich diese auf die damaligen Ereignisse am Schwarzen Meer. Das, was die Bewohner am Ufer dieses Meeres zu der Zeit erlebt haben, muss ausgesprochen bedrohlich gewirkt haben, zumal niemand zu dieser Zeit wissen konnte, ob der Anstieg jemals enden würde.

Der Begriff Meeresspiegel trügt. Obwohl er immer da ist, kann man sich nur höchst selten darin spiegeln, weil die Oberfläche der Meere in aller Regel bewegt ist. Es gibt die aktuelle Meeresoberfläche, die sich mit den Wellen und der Tide auf- und abwärts bewegt, und es gibt den Meeresspiegel als Durchschnittswert, zum Beispiel für die Wasserstände an einem Ort wie Puan Klent auf Sylt in einem bestimmten Jahr. Und dann gibt es noch den globalen Meeresspiegelanstieg, der nicht leicht zu ermitteln ist, weil unglaublich viele Zeitreihen ausgewertet werden müssen, damit er sich uns zu erkennen gibt. Inzwischen kann der Meeresspiegelanstieg ziemlich genau über die Auswertung von Satellitendaten ermittelt werden. Meistens steigt das Meer derzeit etwa um drei bis vier Millimeter pro Jahr an. Zwischendurch fällt der Meeresspiegel aber auch immer mal wieder, zum Beispiel nach 1997, um 2010, 2013 oder auch 2016.

Viele Menschen verbinden mit dem Meeresspiegelanstieg die Vorstellung, dass das Meer überall ansteigt und die Küsten der Erde zunehmend im Meer versinken. Doch ganz so einfach ist es nicht. Diese Vorstellung bildet die Realität nicht adäquat ab. Der Meeresspiegel steigt global tendenziell an, jedenfalls absolut. Der absolute Meeresspiegelanstieg bezieht sich auf die Meeresoberfläche, der relative auf die Küstenlinie. Das macht deshalb einen Unterschied, weil geologische Krusten sich teilweise auch abwärts oder aufwärts bewegen. Aber was bedeutet das konkret? Es macht eben doch einen Unterschied, ob das Meer tatsächlich überall oder im Durchschnitt ansteigt.

Der globale Anstieg des Meeresspiegels ist ein Mittelwert und jeder Mittelwert ist bereits eine mathematische Abstraktion. Die Realität liegt meistens darüber oder darunter. Wenn man zum Beispiel fünf Gewichte mit einer Masse von ein, zwei, drei, vier und fünf Kilogramm auf eine Waage stellt, dann zeigt die Waage eine Gesamtmasse von 15 Kilogramm an. Der Durchschnitt beträgt drei Kilogramm. Und tatsächlich ist diese Masse in einem der fünf Fälle realisiert. Anders wäre es, wenn alle Gewichte drei Kilogramm wiegen würden.

Ist es möglich, dass der Meeresspiegel weltweit im Durchschnitt steigt und gleichzeitig an vielen Küsten trotzdem fällt? Sollte es sogar irgendwie möglich sein, dass der Meeresspiegel steigt und die Landoberfläche insgesamt wächst?

Es gibt diese Möglichkeiten. Wenn man Sand und Wasser in die Badewanne schüttet, steigt das Wasser an. Und wenn man mehr Sand als Wasser hinein gibt, kann man zusätzlich zum Anstieg des Wassers immer höher aus dem Wasser ragende Sandinseln wachsen lassen.

Das Meer steigt, global betrachtet, nicht gleichmäßig an. Das ist zwar kontraintuitiv, geomorphologisch aber leicht zu erklären. Man muss tatsächlich nur das Auf und Ab des Meerwassers an der Küste aufzeichnen, wie dies täglich über Pegelmessungen an allen Küsten der Erde geschieht. Dabei lässt sich feststellen, dass der Meeresspiegel regional und von Jahr zu Jahr in unterschiedlicher Weise ansteigt oder sogar gelegentlich wieder fällt. Der Meeresspiegel in der Karibik steigt meistens ungefähr so stark an wie der globale Durchschnitt. Es gibt allerdings auch in der Karibik Unterschiede. Nördlich von Australien bis zu den Philippinen steigt das Meer derzeit viel stärker an, und vor den Westküsten Nordamerikas oder auch in vielen Bereichen Skandinaviens und an einigen Küsten des Mediterranraumes fällt der Meeresspiegel. Die Hafenstraße von Ephesos, einer der im Altertum bedeutendsten Städte Kleinasiens, liegt heute einige Kilometer vom Meer entfernt im Landesinneren. Die dänische Insel Læsø, die erst vor 4.000 Jahren aus dem bereits damals ansteigenden Meer als Insel entstand, wächst und wächst.

Ganz Norwegen und Schweden werden durch Landhebung größer. Die Lage ehemaliger Küstenlinien kann man aufgrund von Brandungskehlen, fossilen Muschellagen etc. heutzutage sehr gut rekonstruieren. Viele von ihnen liegen unter Wasser, aber auch gar nicht wenige darüber.

Ursache dafür ist das Zusammenwirken von klimatischen Veränderungen und geologischen Vorgängen; dazu gehören nicht nur Auf- und Abwärtsbewegungen der geologischen Kruste, sondern zusätzlich Umverlagerungsprozesse von Lockermaterialien durch Erosion und Sedimentation. Und dann kommt auch noch der Mensch ins Spiel. In einigen Fällen sind auch Küstenschutzmaßnahmen und andere Aktivitäten zumindest für den Landgewinn mitverantwortlich. Und auch Tuvalu und Bangladesch werden fälschlicherweise immer wieder als besonders gefährdet hervorgehoben. Beide Staaten gehören zu den Landgewinnern, Bangladesch seit Urzeiten. Auch Deutschland und die Niederlande haben an ihren Küsten in den vergangenen Jahrhunderten viel Land hinzugewonnen. Anthropogene Maßnahmen waren daran beteiligt, aber auch natürliche Prozesse. Viel Sand und Schlick wurde den Rhein, die Elbe und andere Flüsse hinabgespült. Das Material verteilt sich zu erheblichen Anteilen in den Flachmeeren und an den Küsten. Die Ostseeküste ist eine junge Küste. An den Kliffs brechen regelmäßig ganze Schollen von Lockermaterial herunter und es wachsen Strände, Dünengebiete, Salzwiesen, Nehrungen und Moore. Die Beispiele zeigen zunächst nur, dass regional Land an der Küste hinzugewonnen werden kann, auch wenn der Meeresspiegel global im Durchschnitt steigt.

Könnte es sein, dass das Meer global ansteigt und das Festland in den vergangenen Jahrzehnten sogar größer geworden ist? Auch das ist kein Problem. Dieselben Vorgänge sind dafür verantwortlich. Die Land-Meer-Verteilung lässt sich nicht allein auf der Basis der Ausdehnung des Wassers durch höhere Temperaturen und abtauendes Eis erklären. Mindestens geologische, geomorphologische und anthropogene Aktivitäten gilt es zusätzlich zu berücksichtigen.

Die Meeresoberfläche muss man sich über große Entfernungen wie einen Pudding vorstellen, mit Mulden und Hügeln und Höhenunterschieden von über 100 Metern, und zwar dauerhaft – nicht Wellen sind gemeint. Wenn

Monsterwellen von 25 Metern Höhe noch darüber hinweg laufen, dann sind die Unterschiede noch erheblich größer. Für Orte an der Küste ist unabhängig vom globalen Durchschnitt interessant, was dort tatsächlich passiert und zu erwarten ist. Natürlich sollte man sich dann auf die wirklich problematischen Küstenabschnitte und mögliche Extremwetterereignisse vor Ort konzentrieren – wie dies in vielen Gegenden längst technischer Standard ist.

Orkangetriebene Extremwetterereignisse, die die See aufpeitschen, Bäume entwurzeln, Schäden an Leib und Leben anrichten, sind viel verheerender, aufdringlicher und konkreter als Durchschnittswerte. Extremwerte sind ökologisch immer bedeutsamer als Durchschnittswerte. Flutkatastrophen und andere witterungsbedingte Naturkatastrophen sind in den vergangenen Jahrzehnten zahlreicher geworden. Die damit verbundenen Gefahren sind allerdings seit Urzeiten bekannt.

Das Wetter an der Küste und auf Inseln kann rau sein, der »Blanke Hans« kann Deiche und Häuser zerstören. Menschen ertrinken im Meer. Durch Sturmfluten in den Jahren 1164, 1219, 1287, 1362, 1570, 1634 und 1717 starben an der Nordsee jeweils Tausende bis zu einige Zehntausend Menschen und noch viel mehr Haustiere im Meer. Warum werden Küsten und Inseln von Menschen nicht einfach gemieden? Warum wollen im Gegenteil so viele Menschen an der Küste arbeiten, wohnen oder ihren Urlaub verbringen? Offensichtlich, weil es gute Gründe dafür gibt.

In einem gewissen Widerspruch zu den allseits bekannten Gefahren an der Küste steht die Selbstverständlichkeit, mit der Menschen überall sehr nah am Meer siedeln, an Flussmündungen, auf Schwemmland, in den Dünen, am Rand von Klippen, immer möglichst mit allen Vorteilen, die man dort genießt. Fast die Hälfte der Weltbevölkerung lebt inzwischen in einem 100 Kilometer breiten Streifen an der Küste. Und wenn das aufgepeitschte Meer über die Ufer tritt, die Küste erodiert, die Gebäude wackeln und das Wohnen unter Umständen lebensbedrohlich wird, rufen Anwohner wie selbstverständlich nach Schutzmaßnahmen gegen die globale Erwärmung, und alle sind schuld daran. Und auch die Vorstellung, dass der Meeresspiegel dort zu bleiben habe, wo er ist oder war, auch wenn das langfristig bisher noch niemals geschehen ist, scheint allgemeiner Konsens zu sein.

Wie wäre es eigentlich, wenn Menschen die Höhe des Meeresspiegels nicht durch die Erwärmung der unteren Atmosphäre beeinflussen würden und er trotzdem steigen würde? Würden wir dann anders reagieren? Das war jedenfalls während der meisten Zeiträume in den vergangenen 10.000 Jahren der Fall gewesen.

Welche Regionen und Landschaftseinheiten sind von kurzfristigen Extremwetterereignissen und sich verändernden Meeresspiegelständen ökologisch fast gar nicht betroffen? Es sind die Flachmeere und Küstenökosysteme. Sie sind an die raue See und den Wechsel von hohen und niedrigen Wasserständen angepasst und können selbst mit windstillen Verhältnissen problemlos fertigwerden, wenn die Ruhephasen nicht allzu lang andauern. Ruhe ist langfristig Gift für dynamische Systeme. Das gilt für Küstenstreifen, Flussauen und Kliffs gleichermaßen. Ein Kliff kann man nur dadurch schützen, dass Erosion zugelassen wird, bis es dann eben irgendwann verschwunden sein wird. In den vergangenen 20.000 Jahren ist das Meer weltweit um mehr als 120 Meter angestiegen. Elbe, Rhein und Themse gehörten zum Ende der letzten Kaltzeit zu einem einzigen Einzugsgebiet und Fließgewässersystem, das geomorphologisch noch immer untermeerisch nachweisbar ist. Für die heutzutage existierenden Küstenökosysteme war das offensichtlich kein Problem gewesen. Sie sind mit dem Meeresspiegel zusammen aufwärtsgewandert, als es wärmer wurde. Zu Zeiten globaler Abkühlung ging es dann wieder abwärts.

Auch wenn Küstenstreifen und Schelfmeere einer immer größeren Zahl von Extremwetterereignissen ausgesetzt sind, hat die existenzielle Bedrohung vieler der dort lebenden Arten in aller Regel ganz andere Ursachen. Viele Populationen seltener Arten profitieren von der natürlichen Dynamik, vom Wechselspiel aus stürmischen und ruhigen Phasen. Sie sind insbesondere dann bedroht, wenn Menschen meinen, alles festlegen und zusätzlich bebauen zu müssen. Verschmutzung und Fischerei kommen noch hinzu. Es gibt nur sehr wenige Arten der Flachmeere und Küsten, die vom Klimawandel und den zunehmenden Extremwetterereignissen in irgendeiner Weise zusätzlich bedroht sind.

Das Pleistozän, das Eiszeitalter, ist die Epoche der vergangenen Kaltzeiten mit diversen Warmzeiten dazwischen, von circa zweieinhalb Millionen bis

12.000 Jahre vor heute. Der Begriff »Plastozän« in Anlehnung an das Pleistozän bezieht sich auf das Plastik-Zeitalter; etwa seit 2015 wird er im Internet verwendet. Der Beginn dieser Zeitepoche kann mit der Erfindung von PVC im Jahre 1838 exakt datiert werden. Wurde 1950 noch ein einziges Milliönchen Tonnen Plastik erzeugt, so wurden nach der Jahrtausendwende bereits 280 bis 300 und mehr Millionen Tonnen pro Jahr produziert. Schön ist das nicht, Plastik ist überall, das Zeug birgt gesundheitliche Gefahren, Küstenvögel und Schildkröten krepieren elendiglich im Plastikmaterial, in dem sie sich verheddern, Öl wird sinnlos verplempert, Plastikmüll wird verheizt und erwärmt die Atmosphäre.

Es gibt fünf riesige spiralförmige Strudel in den Weltmeeren, in denen sich eine gewaltige Menge von Müll, insbesondere Plastikmüll, angehäuft hat. Ungefähr die Hälfte des Plastiks, das an den Meeresoberflächen verdriftet wird, soll sich in diesen Strudeln – Müllkontinenten – angesammelt haben. Interessanterweise nimmt diese Menge nicht mehr zu, obwohl jedes Jahr immer noch weitere Massen an Plastikmüll in die Meere gelangen.

Ein Großteil des Plastikmülls sinkt auf den Grund ab. Die tiefsten und ruhigen Senken in den Meeren sind übersät mit Plastikmüll. Auch heute noch kann man Plastikflaschen dort identifizieren, die in den 1960er-Jahren produziert worden sind. Andererseits zersetzt sich Plastik je nach chemischer Zusammensetzung mehr oder weniger langsam in immer kleinere Teile, bevor auch diese sehr kleinen Teile ähnlich dem Öl mithilfe von Mikroorganismen aufgelöst werden. Das Meer, das Eis der Arktis, das edle Salz aus Frankreich – *Sel de Mer* – und auch die Gedärme von Fischen, Muscheln, Garnelen und allen Tieren, die in der Nahrungskette daran anschließen, sind voll von winzigen, bunt gefärbten Plastikteilchen. Wenn man also Krabben, Muscheln, Sprotten oder andere kleine Fische, die üblicherweise ganz verzehrt werden, in Öl gebraten oder frittiert essen möchte, dann wird man beim Verzehr derselben unweigerlich gebratenes oder frittiertes Plastik als Beilage mitverzehren müssen.

Ein großes Problem in Bezug auf Plastik ist seine Vielseitigkeit, sowohl in der chemischen Zusammensetzung als auch in der Produktpalette. Es gibt daher kaum Möglichkeiten, an der Stellschraube der Produktion effektiv drehen zu können. Die Plastiklobby ist groß und stark. Man wird sich kurz- und mittelfristig vor allem auf die Müllvermeidung konzentrieren müssen, um diesem Dilemma langfristig begegnen zu können.

Fischerei und Aquakultur sind zwei wichtige Wirtschaftszweige zur Ernährung der Bevölkerung. Die Gesamtmenge des vermarkteten Fischs nimmt weltweit zu, seitdem verlässliche Produktionszahlen zur Verfügung stehen. Seit den 1990er-Jahren lässt sich die Steigerung allerdings fast ausschließlich aufgrund der Produktionssteigerung in Aquakulturen zurückführen, während die Menge der Wildfänge auf hohem Niveau stagniert.

Die Aquakultur boomt nunmehr seit einigen Jahrzehnten. Die jährliche Steigerungsrate liegt seit 30 Jahren zumeist im höheren einstelligen Bereich, und der Trend scheint sich fortzusetzen.

Wie auch in der Landwirtschaft gibt es vorbildliche Betriebe und sehr unangenehme Produktionsstätten, die zum Beispiel sehr viel Fischmehl als Futter und reichlich Medikamente für die Gesundheit der Tiere einsetzen. Viel zu hohe Besatzdichten führen zu erheblichem Stress bei Fischen, ähnlich wie in der Tierproduktion der industriellen Landwirtschaft.

Im Gegensatz zur Land- und Forstwirtschaft stehen potenzielle Flächen noch einigermaßen großräumig auch außerhalb besonders sensibler Bereiche zur Verfügung. Bislang werden die meisten Kulturen in geschützten Meeresarmen oder Buchten betrieben. Wie auch bei der Windkraft sind technisch aufwendige Lösungen gefordert, wenn Anlagen in tieferen und offeneren Bereichen der Schelfmeere installiert und Umweltauswirkungen minimiert werden sollen.

Der lang anhaltende Aufwärtstrend der Branche macht es erforderlich und gleichzeitig möglich, über technisch ausgefeilte und ökologisch möglichst unbedenkliche Lösungen nachzudenken.

In der marinen Aquakultur oder Marikultur werden mittlerweile Fische, Muscheln, Krebstiere und Algen produziert, meistens in Form von Monokulturen, und die Produktpalette der Tier- und Pflanzenarten wird sukzessive größer. In Schottland und Dänemark werden Lachse und Forellen in Kombination mit Algen gezüchtet. Projekte zur integrierten multitrophischen Aquakultur (IMTA) in der Ostsee haben gezeigt, dass Kombinationen aus

Algen-, Muschel- und Fischzucht sowohl zu einer Reduktion der Freisetzung von Schadstoffen beziehungsweise Nährstoffen an die Umgebung als auch zur Gesundheit der Fische beitragen können. Der Ausdruck »multitrophisch« bezieht sich auf die unterschiedlichen Etagen von Nahrungssystemen. Der pflanzenfressende Fisch frisst die Alge, der große Fisch den kleinen oder auch Krebse, am Ende der Nahrungskette steht der Mensch, der seine Hinterlassenschaften dann wieder über die zumeist geklärten Abwässer in die See entlässt, von denen Algen wiederum die anorganischen Nährstoffe aufnehmen. Produktionsstätten mit mehreren Organismen versuchen die Vorteile zu nutzen und die Einflüsse auf die Umwelt gering zu halten.

Küsten, seichte Buchten und Sandstrände gehören zu den beliebtesten Urlaubsorten weltweit. Küstenlandschaften haben eine enorme Bedeutung für die Erholung – obwohl oder weil die Art der Aktivitäten am und im Wasser sehr stark eingeschränkt ist? Was zieht uns dorthin? Welche Rolle spielt dabei die archaische Komponente unserer evolutionären Vergangenheit, die Ästhetik, der weite Blick und Möglichkeiten zur Flucht, die Versorgung mit Fisch? Und auch wenn Urlauber an der Bar sitzen und neben einem Mixgetränk im Smartphone versinken – warum sitzen sie gern dort? Was ist am Meer so besonders?

Zu den beliebtesten Reisezielen weltweit gehören Inseln und Küsten in den Tropen und im mediterranen Raum. Dänemark und Mallorca werden regelmäßig von den deutschen Urlaubern in Beschlag genommen. Reisende innerhalb Deutschlands machen am liebsten an der Nord- und Ostseeküste Urlaub. Mittelgebirge, Seenlandschaften und die Alpen folgen erst an zweiter Stelle. Aber natürlich hat das Wasser auch dort eine herausragende Bedeutung.

Schon wenn man sich der See nähert, die Luft des Meeres einatmet, die typische Geräuschkulisse der Brandung und die Rufe der Küstenvögel vernehmen kann, verändert sich die Stimmung und der Alltagsstress wird in den Hintergrund gedrängt. Diese Sicht der Dinge lässt sich natürlich kaum seriös verallgemeinern. Und doch darf die Vermutung geäußert werden, dass die besondere Anmutung, der Reiz, das Reizklima und der Blick auf das Wasser gute Gründe für die Anziehungskraft der Küste sein dürften. Ob eine archaische Komponente der Evolution des Menschen dabei mitspielt, mag dahingestellt bleiben.

An den Küsten und in den flachen Schelfmeeren gibt es viele Ökosysteme, die es nur dort gibt, Algenwälder, Korallenriffe, Mangroven, Salzwiesen, Strände und Dünen zum Beispiel. Sie sind das Hauptreiseziel des weltweiten Tourismus und gehören zu den wenigen Lebensräumen, die nicht an erster Stelle durch Vorgänge in der Land-, Forst- und Fischwirtschaft bedroht sind. Wachsende Städte, Hotelburgen und Siedlungen, Straßenbau, Verschmutzung und Überfischung sind prominente Bedrohungsfaktoren von Küstenökosystemen.

Zu den Forderungen im Sinne des Naturschutzes gehören an erster Stelle Einschränkungen der Nutzung, vor allem aber das Zulassen der natürlichen Dynamik, wo immer dies möglich ist. Es ist bezeichnend, dass wir dafür keinen griffigen Ausdruck haben, »Dynamisierung« (?), »Entfesselung« (?), »Rückbau von Befestigungen« (?), für das Gegenteil dagegen sehr viele: »Küstenschutz«, »Erosionsschutz«, »Deckwerke«, »Barrieren«, »Lahnungsfelder«, »Deichbauten«, »Grüppenbeete«, »Strandhaferpflanzungen« oder »Dünenschutzpflanzungen«. Der Ausdruck »Dünenschutzpflanzung« ist aus ökologischer Sicht ein Widerspruch in sich. Denn eine bepflanzte Düne, die bleiben soll, wo sie ist und nicht mehr wandern darf, ist schon bald eine Dünenleiche. Lebendige Dünenökosysteme kann man durch Fixierung ihrer Oberflächen nicht schützen. Der Slogan, dass Dünenschutz Küstenschutz sei, ist in dieser allgemeinen Form häufig unzutreffend. Viele der Küstenschutzmaßnahmen in Dünenbereichen halten bei Sturmfluten auch nicht, was sie versprechen. Sie müssen nach einer Flutkatastrophe wieder repariert oder vollkommen erneuert werden.

Natürliche Dünenlandschaften und Strände profitieren vom Wechselspiel aus Erosion und Sedimentation. Die allermeisten Dünengebiete der Erde sind Orte positiver Sedimentbilanz. Sie wachsen, obwohl das Meer ansteigt. Wenn eine Düne während einer Sturmflut im Meer verschwindet, ist der Landverlust augenscheinlich. Dass das Dünengebiet in ruhigeren Zeiten Sandkorn für Sandkorn wieder auflandet, ist dagegen kaum zu beobachten. Viele Küstenschutzmaßnahmen, befestigte Wege oder Bepflanzungen in Bereichen von

Dünen und Stränden sind jedenfalls häufig widernatürlich und vollkommen unnötig.

Das Wachstum von Städten, Siedlungen und fest installierten Bauwerken an den Küsten und die damit verbundene Unterdrückung der natürlichen Dynamik sind allemal problematischer für die Erhaltung der Artenvielfalt als zum Beispiel harsche Witterungsbedingungen.

Im Zusammenhang mit dem Klimawandel und der Bedrohung von Ökosystemen werden immer wieder sterbende Korallenriffe genannt. Korallen verlieren ihre charakteristische Farbe, sie bleichen aus (Korallenbleiche) und ganze Korallenriffe sterben ab, wenn sich das Meer in den tropischen Gebieten auf über 29 bis 30 Grad Celsius erwärmt. Diese Erscheinung ist immer häufiger und großflächiger zu beobachten. Das größte Riff der Erde, das Great Barrier Reef vor der Küste Australiens, war zwischen den Jahren 2014 und 2020 in immer größeren Bereichen von der Korallenbleiche betroffen. Mit dem Absterben der riffbildenden Korallen bricht auch die Artenvielfalt insgesamt zusammen. Das Riff ist dann grau-weiß gebleicht, es macht einen unglaublich traurigen Eindruck und nur noch wenige Fische oder andere Tiere sind zu beobachten. Zusätzlich zur Erwärmung des Wassers beeinträchtigen Düngemittel, Pestizide, Medikamentenrückstände aus der Landwirtschaft sowie Taucher diese Ökosysteme erheblich. Der Tauchtourismus hat aber wenigstens den positiven Effekt, dass Korallenriffe unter Beobachtung stehen und offensichtliche Veränderungen der Öffentlichkeit sofort mitgeteilt werden.

Zur Wahrheit gehört aber auch, dass die Zahl der global stark vom Aussterben bedrohten Arten in den Korallenriffen relativ klein – aber natürlich trotzdem zu hoch – ist. Zum Vergleich: Die Zahl der stark bedrohten Arten – *Critically Endangered species (CR)* nach der IUCN *Red List* – in den tropischen und subtropischen Wäldern ist etwa 80-mal so groß. Darüber hinaus sind einige der stark bedrohten Arten in den Korallenriffen nicht auf das Leben in den Riffen beschränkt. Glücklicherweise entstehen Korallenriffe an vielen Stellen auch zu Zeiten der Korallenbleiche immer wieder von Neuem. Das ist auch deswegen wichtig, weil Flachwasserkorallen nur bis zur Wasseroberfläche wachsen; weiter geht es nicht. Die Entstehung junger

Korallenriffe ist ein langsamer und kontinuierlicher Vorgang, den man fast überall in den tropischen Flachmeeren beobachten kann, der aber natürlich nicht sehr pressewirksam ist.

Korallenriffe mussten schon in vergangenen geologischen Epochen gewaltige Temperatur- und Meeresspiegelschwankungen bewältigen. Wenn die Oberfläche um 10 oder 100 Meter absinkt, ist das auf jeden Fall das Ende vieler Korallenriffe in den lichtdurchfluteten flachen Meeresbereichen. Sie müssen dann in tiefere Bereiche ausweichen und neu aufwachsen. Das Great Barrier Reef ist mit 6.000 bis 9.000 Jahren ein recht junges Riff und es könnte die nächste Kaltzeit mit fallendem Meeresspiegel nicht überleben.

Viele Bergketten auf dem Festland sind aus Gesteinsschichten aufgebaut, die vor vielen Millionen von Jahren Korallenriffe im Meer gewesen waren. Die Menge von Kalkgestein, die dort verbaut wurde, ist um ein Vielfaches größer als alle von Menschenhand jemals errichteten Gebäude zusammen. Die kontinuierliche Erosion dieser Kalkgesteine sorgt auch dafür, dass gelöster Kalk über die Flüsse in die Meere zurücktransportiert wird, der Versauerung durch Eintrag von Säuren zumindest ein wenig entgegenwirkt und natürlich auch als Baumaterial für das Wachstum neuer Korallenriffe zur Verfügung steht.

Es ist zwischendurch vielleicht wichtig, einmal klarzustellen und zu betonen, dass es hier nicht darum gehen kann, Dinge schönzureden – im Gegenteil. Die Umweltprobleme in den Flachmeeren und an den Küsten sind massiv. Umso wichtiger ist es aber, alle Umwelt- und Naturschutzprobleme im Blick zu behalten und die Verursacher zu benennen. Einige Dinge wie die Reduktion von Schadstoffeinträgen und Nährstoffen über den Wasserpfad könnten leicht gelöst werden, andere – CO_2 in der Atmosphäre – offensichtlich nicht. Und nicht immer sind die unlösbaren Probleme gravierender als die lösbaren oder die globalen größer als die internationalen. Das kann dann einerseits zu größerer Gelassenheit führen, andererseits zu alarmierenden Erkenntnissen, die bislang fast nicht zur Kenntnis genommen wurden. Das Steigen oder Fallen der Meeresspiegelstände kann man als bedrohlich für die Menschheit oder als weniger problematisch betrachten. Das muss jede Person dem eigenen Wertmaßstab entsprechend mit sich selbst ausmachen.

Die Fakten liegen in hinreichender Auflösung auf dem Tisch. Auf jeden Fall aber muss man sich rechtzeitig überlegen und darauf verständigen, wie mit diesem und den anderen Problemen umgegangen werden soll.

4.5 Forst, Wald und Wildnis

Ursprünglich bezeichneten die Ausdrücke »Forst« und »Wald« unterschiedliche Dinge. Heutzutage werden sie fast synonym verwendet, auch wenn Forst mehr nach Aufforstung und etwas kultivierter klingt als der wilde Wald. In der logischen Reihe Wald-Forst-Baumplantage (Stangenacker) hat der Wald immer noch den angenehmsten Klang und der Begriff wird auch in der Forstwirtschaft gern verwendet.

Das *ius forestis* war das Recht der Herrscher im Mittelalter, die Natur nutzen zu dürfen. Nur sie hatten das absolute Recht zu jagen, Eicheln, Laub und Zweige sammeln zu lassen oder Holz zu schlagen. Jede autorisierte Person benötigte ausdrücklich eine Genehmigung. Zur großflächigen Organisation und Kontrolle der Nutzung wurden *forestarii* (Förster, englisch *foresters*) eingesetzt. Der *vorst* (althochdeutsch) beziehungsweise *forst* (mittelhochdeutsch) bedeutete »das Gehegte«, »Umhegte« oder auch »Zauntor«. Damit waren Forsten wahrscheinlich von Anfang an Ausdruck für den Rechtsanspruch auf umzäunte Wälder oder Wildnisgebiete, also nahezu alles, was nicht Getreideacker oder besiedelter Raum war. Und sie waren offensichtlich vielfach umzäunt gewesen, nicht damit die einfachen Leute den Wald nicht betreten durften – das vielleicht auch –, sondern damit die Hirsche, Rehe und Wildschweine, die geschossen werden sollten, das Gebiet nicht verlassen konnten. Auch aus diesem Grunde müssen wir uns von der Vorstellung lösen, dass es sich bei diesem Forst um einen dunklen, schattigen Urwald gehandelt haben könnte.

Die Begriffe *woud, wold, weld, wald, walt* und *weald* in alten Manuskripten von England bis Mitteleuropa waren vermutlich häufig Plätze mit Bäumen beziehungsweise Wald gewesen. Gleichzeitig wurden aber auch Moorgebiete mit diesen Namen bezeichnet, Gebiete also, die weithin offen und für Baumwachstum eher ungeeignet waren. Die Ausgangsbedeutung ist wohl Büschel, meist von Laubwerk und Zweigen. Der Haarschopf und die Haferrispe sollen etymologisch verwandt sein. Und büschelartige Gestalten beziehungsweise Gebüsche gibt es sowohl in lichten Wäldern als auch in halb offenen und offenen Landschaften wie Sümpfen und Mooren. Der Ausdruck »Wald« betont im Unterschied zum »Forst« weniger den juristischen, dafür aber den physiognomischen Aspekt der Landschaft, eine halb offene Kulisse mit büschelähnlichen Gestalten wie Zwergsträuchern oder Gebüschen und häufig auch mit Bäumen.

Die Verwandtschaft des deutschen Begriffs »Wildnis« mit der englischen *Wilderness* ist unstrittig. Und dann kann man in Wörterbüchern der englischen Sprache lesen, dass *Wilderness* ursprünglich von *Wildeorness* oder *Wilddeorness* kommt. Dieser Begriff soll sich wiederum auf *the place of wild deer* beziehen. Und ein *deer* ist im Englischen ein Reh oder auch Hirsch, etymologisch mit den niederländischen *dieren* oder den deutschen *Tieren* verwandt. Es ist davon auszugehen, dass es eine Bedeutungsverengung beim Sprung vom Festland auf die Insel gegeben hat. Noch zu Beginn des 20. Jahrhunderts soll in deutschen Wörterbüchern der Ausdruck »Wildtiernis« zu finden gewesen sein. Wie so oft zerfasert sich der etymologische Strang in Richtung Vergangenheit, und alles, was als Ursprung bezeichnet wird, ist dann doch nur eine gar nicht weit entfernte Zwischenstation. Auf jeden Fall beziehen sich Kombinationen im Englischen wie *deer park, deer season* oder *deer accident* auch heutzutage auf Wildgehege, Jagdsaison und Unfälle mit Tieren im Allgemeinen und nicht nur auf Hirsche und Rehe.

Aber es stellt sich auch die Frage der begrifflichen Nähe von »Wald« und »Wild«. Beide Ausdrücke werden mindestens phonetisch durch das altenglische *weald* für »Wald« verbunden. Waldwachstum war in alter Zeit nur dort möglich, wo der Boden nicht gepflügt wurde, wo nicht gesiedelt wurde, wo es noch recht wild war. Und vielleicht hat sich auch das Wild überwiegend im Wald versteckt, wenn es hier nicht ohnehin für die Jagd eingesperrt wurde. Auch das lateinische *silvestris* = »bewaldet« bezieht sich auf Wald, *silva*. Interessant dabei ist auch, dass das spanische *silvestre* mit »wild« übersetzt werden muss. Kurzum, es sei die Vermutung gestattet, dass sich der »Wald« und das

»Wild« etymologisch nahe stehen, auch wenn darüber bislang nur wenig zu finden ist. Beide Begriffe betonen den unkultivierten Zustand.

In Asien, Afrika und Südamerika wird Wald vernichtet. In Europa wächst die Waldfläche seit vielen Jahrzehnten bis Jahrhunderten an. Global scheint auch die von Bäumen überdeckte Fläche größer zu werden, weil in Städten und Siedlungen die Zahl der Baumpflanzungen zunimmt. Das ist derzeit allerdings noch ein wenig unsicher. Und solange sich die Fachleute in den Topjournals *Nature* und *Science* in Bezug auf diese Frage gegenseitig beharken, darf man sich gern vornehm zurückhalten. Der größte Anteil der weltweit bedrohten Tier- und Pflanzenarten sind Bewohner des Waldes, die nur teilweise auch in anderen Ökosystemen wie Heiden, Gebüschen oder im Grasland vorkommen. Die Qualität von Wäldern ist vor allem dadurch bedroht, dass die Forstwirtschaft und der illegale Raubbau die großen und alten Bäume immer wieder gezielt entnehmen und vermarkten. In Europa wird immer mehr mit schweren Fahrzeugen gearbeitet, Altersklassen sind in aller Regel räumlich getrennt und immer noch wird mit Monokulturen oder wenigen Baumarten auf der Fläche gewirtschaftet. Die Brotbäume in Deutschland sind die Fichte (*Picea abies*) und die Wald-Kiefer (*Pinus sylvestris*).

Wenn man im Wald sehr konsequent die zweite Hälfte vom Lebenszyklus eines Baumes ausradiert, dann darf man sich nicht wundern, wenn die Nahrungsnetze löchrig werden und Waldarten existenziell bedroht sind. Zum Schutz bedrohter Waldarten benötigen wir eine höhere Baumartendiversität wenigstens in den forstlich genutzten Wäldern, einen deutlich höheren Anteil alter Bäume, stehendes und liegendes Totholz und in den Plantagen und industriell genutzten Forsten mehr Licht. Im Kernbereich des Nationalparks Bayerischer Wald wird der Wald seit den 1970er-Jahren nicht mehr genutzt; sämtliches Totholz verbleibt vor Ort und wird dem natürlichen Kreislaufgeschehen überantwortet. 113 Jahre lang galt der Urwaldreliktkäfer *Peltis grossa* als verschollen, bis er 2019 wiederentdeckt wurde.

Im Amazonas-Einzugsgebiet müsste die Waldvernichtung zugunsten von Ackerland gestoppt werden, auf Madagaskar der illegale Holzeinschlag von Edelhölzern und in Europa die immer noch zunehmende Aufforstung auf Kosten von anderen wichtigen Ökosystemen.

Die Waldfläche ist global und auch in Deutschland kaum durch die Erwärmung der unteren Atmosphäre bedroht. Das schafft der Mensch auch ganz allein. In den warmen Phasen der Zwischeneiszeiten breitet sich der Waldgürtel natürlicherweise aus, in den Kaltzeiten steigt der Anteil des Graslandes. Das ist eine allgemeine klimaabhängige Gesetzmäßigkeit.

Die Gesamtfläche von Wüsten ist von der Durchschnittstemperatur überhaupt nicht abhängig, denn es gibt kalte, winterkalte, sommerwarme und heiße Wüsten. Die Trockenheit bestimmt deren Gesamtareal. Waldwachstum ist nur auf der Basis einer Mindestmenge an Niederschlägen möglich. Die globale Niederschlagsmenge ist aber nicht geringer geworden, und die Zu- und Abnahme von Niederschlägen in den Regionen der Erde halten sich die Waage.

Wenn Forstwirte den Tod ihrer Bäume durch zunehmende Trockenphasen und Krankheiten beklagen, dann ist daran zunächst nichts verkehrt. Klagen gehört zum Geschäft. Der langjährige Mittelwert der Produktivität des Waldes und damit der Holzernte hat sich in Deutschland von 1961 bis 2019 allerdings mehr als verdoppelt. Und selbst im extrem heißen Trockenjahr 2018, an das sich viele Menschen in Deutschland noch gut erinnern können, war der Schadholzeinschlag der durch Insekten (Borkenkäfer etc.) befallenen Bäume mit elf Millionen Kubikmetern deutlich kleiner als die Menge der im selben Jahr von Orkan Friederike umgeworfenen Bäume (18 Millionen). Erinnert sich noch jemand an Friederike? Der gesamte Holzeinschlag lag in diesem Jahr im mittleren Bereich des langjährigen Trends (64 Millionen). Kurzum, die Horrormeldungen häufen sich und viele Menschen befürchten wie schon in den 1980ern, dass der Wald sterbenskrank und klimabedingt dem Untergang geweiht ist. Überall sieht man tote Fichten und nun sterben auch noch die Eschen durch einen aus Ostasien eingeschleppten Pilz (*Hymenoscyphus pseudoalbidus*), während die objektiven Wirtschaftsdaten einen langfristigen Rückgang der Holzproduktion und damit ein Waldsterben insgesamt nicht belegen, auch wenn entsprechende Mythen gern von Forstwirten über die Medien transportiert werden. Das darf man auch als unlauter bezeichnen. Allein die Fichte und Kiefer machen immer noch mehr als die Hälfte der Waldfläche in Deutschland aus und sie wachsen hauptsächlich in Monokulturen. Wie auch bei den Laub- und Laubmischwäldern sieht man häufig gleichaltrige Bäume, die zur selben Zeit gepflanzt worden sind und auch gleichzeitig geschlagen werden sollen.

Es gibt in Deutschland so viel Wald wie seit Jahrhunderten nicht mehr, und der ist nach wie vor extrem wüchsig. Wenn man genau hinschaut, sind viele Bäume allerdings krank oder geschädigt. Fachleute können viele Schäden und Krankheiten von Bäumen zeigen, Laien erkennen tote Bäume natürlich auch. Zu den besonders geschädigten Bäumen gehören seit längerer Zeit Fichten. Die Fichte ist allerdings ein schnell beleidigtes Sensibelchen. Sie stirbt nicht nur aufgrund von Trockenphasen, sondern auch aus vielen anderen Gründen, zumal sie überwiegend dort gepflanzt wird, wo sie von Natur aus gar nicht vorkäme. Und die Dynamik der Pathogene, die das Sterben großer Mengen von Ulmen, Eichen, nun auch Eschen oder Baumkrankheiten auslösen können, sollte genauestens beobachtet werden. Es ist nicht ganz klar, warum sich Pathogene häufen, die dann zum Absterben ganzer Populationen bestimmter Baumarten führen können. Eine These geht davon aus, dass die Zunahme von Infektionskrankheiten auf die Abnahme der Biodiversität und Erosion der Nahrungsnetze zurückzuführen sein könnte. Sicher ist nur, dass nicht alles auf den Klimawandel zurückgeführt werden darf. Die Diversifizierung der Baumartenzusammensetzung und Wiederherstellung typischer Nahrungsnetze im Wald wäre sicherlich ein vernünftiger Schritt in die richtige Richtung. Der gezielte Einsatz von Nährstoffen, Kalk, Pestiziden und Pheromonen im Sinne der Holzproduktion, aber auch die Fütterung und veterinärmedizinische Versorgung der Wildtiere ist im Gegensatz dazu ökologisch höchst bedenklich.

Die Art und Weise, mit der sich einige orthodoxe Forstwirte beharrlich gegen ökologische Einsichten der Diversifizierung von Baumarten und Altersklassen sperren, den Klimawandel für Waldschäden verantwortlich machen, gleichzeitig Holz in Mengen produzieren, wie das vor 1960 nie möglich gewesen wäre, darf mindestens als überaus problematisch erachtet werden. Die Religion der schwarzen Null sieht sich in der Lage, den Aspekt der Arterhaltung mit dem Argument der nachhaltigen Bewirtschaftung und des Klimaschutzes unberücksichtigt zu lassen. Viele Waldgebiete sind Natura-

2000-Schutzgebiete. Wie ist es möglich, dass diese sich im Hinblick auf die Bewirtschaftung und Maßnahmen zur Arterhaltung kaum vom Wirtschaftswald unterscheiden? Und wieso wurde das Ziel der nationalen Biodiversitätsstrategie, bis 2020 fünf Prozent der Fläche als Wildnis in die Freiheit zu entlassen, auch nicht ansatzweise erreicht?

4.6 Waldbrände und Klimawandel

Vor den großflächigen Aufforstungen im 19. Jahrhundert wurde der Wald in Mitteleuropa von Schweinen, Rindern, Schafen, Ziegen und Pferden durchkämmt und beweidet, und es wurde Holz aufgelesen. Das Holzsammeln war vielerorts reglementiert und es wurden Sammelscheine ausgegeben. Efeu (*Hedera helix*), der versuchte, die Bäume hinaufzuklettern, wurde minutiös zurückgekappt. Wenn Efeu heutzutage bis weit in die Bäume hinaufwachsen darf, ist dies kein Indiz für den Klima-, sondern für den Nutzungswandel. Die Waldfläche vergrößerte sich in vielen Gegenden Europas insbesondere aufgrund ökonomischer und ökologischer Erkenntnisse, die dann zu veränderten Nutzungssystemen geführt haben. Im Sinne der CO_2-Bilanz ist das nicht verkehrt. Es hat aber auch dazu geführt, dass wertvolle Offenland-Ökosysteme durch Baumplantagen ersetzt wurden.

Die Waldbrandgefahr steigt vielerorts mit der Länge einer Trockenphase und die Waldbrände nehmen in vielen Gegenden der Erde immer gewaltigere Ausmaße an. Die Wahrscheinlichkeit für einen Flächenbrand hängt aber auch von der lebenden und toten Biomasse ab, die sich auf einer Fläche angesammelt hat.

Verheerende Waldbrände in Kalifornien haben im Jahr 2018 die kleine Stadt Paradise und die Villa von Thomas Gottschalk in Malibu in Schutt und Asche gelegt. Dabei gab es auch viele Tote. Der umgebende Wald, die Häuser, Gärten und Freiflächen waren in recht sorgloser Weise mit gut brennbarem Material, mit Holz, Streu, Gebüschen, leicht entflammbaren Bäumen, mit Eukalyptusarten und Kiefern, die da von Natur aus gar nicht vorkämen und vergleichsweise gut brennen, und so weiter versehen – ein Versehen?

Was könnte man in einem solchen Fall besser machen, in Zukunft, global und gerechter? Viel Freiheit, es wird schon nichts passieren, und ein wenig Hoffen oder Beten ist manchmal nicht genug. So ist es häufig mit den Naturkatastrophen, mit den Bränden in Kalifornien und den Hurrikans im Süden und Südosten der USA. Es gibt eine Verantwortungsdiffusion und das Freiheitsideal unterstützt die Idee, dass man es wagen könne, nicht in Sicherheit investieren zu müssen. Dasselbe Freiheitsideal unterbindet die Möglichkeit, Vorsorgemaßnahmen von staatlicher Seite verordnen zu können. In anderen Ländern fehlt es schlicht an der Umsetzung, da die Finanzierung nicht gesichert ist.

Der Klimawandel ist die Ursache für die Zunahme von Extremwetterereignissen und Waldbränden, und eine sinnvolle Maßnahme sei die Begrenzung der CO_2-Emissionen. So wird es häufig dargestellt. Der erste Einwand gegen den auf diese Weise komponierten funktionalen Zusammenhang geht dahin, dass es in Wirklichkeit umgekehrt ist. Jede noch so geringe Erwärmung oder Abkühlung der Oberfläche eines Buchenblattes und die Witterungsbedingungen insgesamt nehmen Einfluss auf das globale Klimageschehen.

Klima ist der über Jahre und Jahrzehnte ermittelte Zustand dynamischer Prozesse in der Atmosphäre einschließlich all ihrer Schwankungen und Extreme an einem Ort oder in einer Region. Das Wetter, die Lufttemperatur, die Luftfeuchte und den Wind kann man fühlen und direkt messen, das Klima nicht. Dem Wetter kann man begegnen, es ist konkret und man kann es vorhersagen, Klima dagegen kann man ermitteln, aufzeigen und modellieren. Klima lässt sich nur aus der konkreten Abfolge von Witterungsverläufen und Reihen von Messdaten ausgewählter Klimaparameter herleiten und kategorisieren. Jeder Waldbrand erhöht die Durchschnittstemperatur an einem Ort und beeinflusst auf diese Weise auch das Weltklima, wenigstens ein kleines bisschen.

Der Klimawandel ist mitnichten die Ursache für die Zunahme von Waldbränden, weil Klima ein Abstraktum, das Ergebnis einer Typisierung, ein Konzentrat ist. Um den globalen Klimawandel feststellen zu können, werden unendlich viele Messdaten aus allen Regionen der Erde in die Klimamodelle eingespeist. Und wenn es Wald- und Buschbrände gibt und Menschen zusätzlich überall Feuer entfachen, Brandrodung betreiben, Böschungen und Stoppelfelder flämmen, wenn zu jedem Zeitpunkt weltweit Tausende von Buschfeuern und Waldbränden gleichzeitig lodern, wenn Städte wachsen, Autos, Schiffe und Flugzeuge bewegt werden, wenn immer mehr Heizungen und Kühlsysteme Strom oder fossile Brennstoffe in Wärme umsetzen, wird die untere Atmosphäre auch deshalb erwärmt.

Auch dort, wo die Wahrscheinlichkeit für einen Waldbrand höher ist als anderswo, brennen die Bäume unterschiedlich gut. Viele Nadelgehölze und Eukalyptusplantagen und nicht wenige Pflanzen im Mediterranraum, insbesondere Zwergsträucher, produzieren Harze, ätherische Öle und anderes brennbares Material. Baumharze werden bei Wärme flüssig, bei Hitze entstehen flüchtige organische Verbindungen, die gut brennen.

Bei Feuer werden vor allem Stoffe wie die ätherischen Öle über die Blätter, Nadeln und Zweige abgegeben. Hinzu kommt das Material, das als Streu und Holz im Wald auf dem Boden liegt. Dieses Material wird heutzutage in vielen Gegenden nicht mehr genutzt und es kann sich auf dem Waldboden anreichern. Mischungen aus Baumharzen und ätherischen Ölen sind eine geniale Erfindung der Natur. Ätherische Öle werden von vielen Pflanzenarten bei sommerlichen Lufttemperaturen abgegeben, viele von ihnen entzünden sich schon bei 60 Grad Celsius, und wenn der Wald oder die Macchie brennt, wird das Feuer mithilfe leicht brennbarer Materialen weitergereicht. Baumharze sorgen im Inneren der Stämme aber auch dafür, dass diese nicht so schnell verbrennen und äußerliche Verwundungen verschlossen werden. Unter normalen Umständen ist das Feuer dann schnell wieder vorbei. Und viele der vollkommen verrußten Stämme, die nach einem Feuer so traurig und tot aussehen, treiben schon nach kurzer Zeit wieder aus, wenn das Feuer nicht allzu verheerend war. Zu diesem Zeitpunkt sind die Journalisten mit ihren Kameras aber schon längst wieder weg. Für das Ausmaß eines Megaevents, bei dem die Temperaturen weit über 100 Grad ansteigen und auch die Baumkronen erfasst werden, dürfte es dabei ziemlich unerheblich sein, ob die Luft vorher 30 oder 35 Grad warm gewesen ist.

Viele Pflanzen in den mediterranoiden Gebieten, in Steppen und Savannen, sind Pyrophyten – von griechisch *pyros* für »Feuer« und *phyt* für »Pflanze« –

und haben direkte oder indirekte Vorteile von Feuer. Bei den einen können sich die Zapfen erst nach einem Feuer öffnen, andere haben eine schützende Korkschicht entwickelt (Korkeichen, *Quercus suber*), wieder andere keimen erst nach Hitzeeinwirkung oder starkem Rauch als Signalgeber. Es gibt Pflanzenarten, die nach einer genau festgelegten Anzahl von Tagen nach einem Feuer zu blühen beginnen. Viele Arten treiben sofort nach dem Feuer aus dem Boden aus und nutzen die günstigen Nährstoff- und Lichtverhältnisse. Pflanzen, die besonders gut brennen, sind in Gegenden, in denen Feuer von Natur aus regelmäßig vorkommen, ein weit verbreitetes natürliches Phänomen. Das Vorhandensein vieler Pyrophyten ist geradezu ein Indikator für die besonderen ökologischen Bedingungen in Landschaften, in denen es häufig brennt. Und auch die Tiergemeinschaften sind entsprechend adaptiert.

Viele Arten von Pyrophyten sind mittlerweile vom Aussterben bedroht, und zwar auch deshalb, weil kleine Feuer in vielen Landschaften zum Schutz der Wälder und Plantagen effektiv unterdrückt werden.

Feuer sind im Mediterranraum, in anderen mediterranoiden Klimaten, in Steppen oder Savannenlandschaften keinesfalls auf Trockenphasen beschränkt, wie häufig vermutet wird. Die Feuer werden gar nicht selten durch Blitzschläge während eines Gewitters entfacht. Aber natürlich werden Brände überall auf der Erde auch durch Pyromanen gelegt.

Diese ökologischen Zusammenhänge sind hinlänglich bekannt. Aber der Wald ist überall auch ein Kostenfaktor, es geht um Gewinne in der Forstwirtschaft und man kann mit dichten Monokulturen und riesigen Harvestern im Allgemeinen mehr Geld verdienen als mit lichten Polykulturen und dem Einsatz von Pferden. Und darum wundert bei der alljährlichen Meldung über Feuerkatastrophen im Mediterranraum, in Kalifornien, Australien oder sonst wo nur, dass immer wieder, und obwohl man es natürlich besser weiß, auf den Klimawandel als Ursache hingewiesen wird und fast nie auf den Zustand des Waldes, auf die viel zu große brennbare Menge an organischen Stoffen, die vielen gepflanzten Nadelbäume und Eukalyptusplantagen und die akribische Unterdrückung von kleinen Feuern, die dann dazu führt, dass das Risiko extrem heißer Megaevents mit brennenden Kronenräumen proportional zur Menge von brennbarem Material und der Dichte des Waldes ansteigt.

»Mega-Feuer – eine wachsende Bedrohung«, »Inferno in Kalifornien«, »Das grausame Leid der Tiere«, lauten dann die Schlagzeilen. Die Menschen in Gegenden mit mediterranem Klima und in den Savannen haben es in der Hand, ob sie häufiger kleine Grundfeuer, die nicht so heiß werden, fördern wollen oder das Risiko seltener, großer und verheerender Flächenbrände eingehen möchten. Andere Möglichkeiten gibt es nicht. Feuer sind in diesen Gegenden nicht zu verhindern und es bringt auch nichts, dies zu versuchen. Aus ökologischer Sicht ist es für die Erhaltung der Biodiversität sogar absolut notwendig und wünschenswert, Feuer regelmäßig zuzulassen.

Wenn eine Bibliothek wie die Anna-Amalia-Bibliothek in Weimar abbrennt, wie 2004 geschehen, und dadurch über 30.000 historische Werke unwiderruflich vernichtet sind, ist das ein Verlust kulturellen Erbes. Wenn tropische Regenwälder abgeholzt und vernichtet werden, ist das ein Verlust des natürlichen Erbes. Wenn ein Wald in einem Winterregengebiet oder einer Savanne brennt, wo Feuer von Natur aus regelmäßig vorkommen, nimmt das kulturelle und natürliche Erbe dadurch keinen Schaden.

Die biologische Vielfalt der allermeisten Landschaften mit natürlichen Bränden ist allerdings eher an das unregelmäßige Erscheinen vieler kleiner Feuer adaptiert. Aus diesem Grund flüchten Koalabären und einige andere Tierarten vorzugsweise in die Kronenräume, wenn es brennt. Dort wären sie normalerweise sicher. Extrem heiße Waldbrände, die auch die Kronenräume nicht verschonen, können ihnen dann zum Verhängnis werden.

4.7 Hain, Heide und Allmende

Ein Hain war spätestens seit dem 14. Jahrhundert ein mehr oder weniger dichtes Feldgehölz oder ein Wäldchen. Der Begriff ist verwandt mit *hagen* für »Hege« und »Hainbuche« (*Carpinus betulus*). Der deutsche Begriff »hanebüchen« kommt wiederum von dieser Baumart. Die Hainbuche ist extrem stockausschlagfähig und hat gegenüber anderen Baumarten einen Konkurrenzvorteil, wenn der Mensch die Bäume auf den Stock setzt und sie anschließend wieder mehrstämmig austreiben können. Wo viele Hainbuchen vorkommen, war der Mensch also höchstwahrscheinlich in irgendeiner Weise tätig gewesen – Hainbucheneffekt. Man kann davon ausgehen, dass der anthropogene Eingriff darin bestand, Holz zu ernten; Gehölzpflanzungen waren noch vor wenigen Jahrhunderten im Wald vollkommen unüblich gewesen. Aus den genannten Gründen ist davon auszugehen, dass ein Hain ein der Holznutzung dienender und daher lichter und vermutlich häufig ziemlich zerrupfter Restwald oder ein Gebüsch gewesen sein mag.

Der Begriff der »Heide«, germanisch *haithio*, englisch *heath* und *heathland*, hat parallel zur Veränderung der Landnutzung und des Landschaftsbildes einen interessanten Bedeutungswandel erfahren. Einst wurde der Ausdruck »Heide« als Rechtsbegriff verwendet, der sich auf alles unbebaute Land bezog. Die Landbevölkerung durfte dieses Land nutzen. Das bedeutet auf der anderen Seite nicht automatisch, dass diese Nutzung ungeregelt war. Es wird vermutlich Absprachen oder sogar weitergehende Regularien zum Beispiel in Bezug auf die Viehhaltung gegeben haben. Bei Graebner (1925) in seinem Buch über die Heide Norddeutschlands wurden neben den echten Heiden noch die Grasheiden und Waldheiden unterschieden.

Bei ihm bezog sich der Ausdruck bereits auf bestimmte Landschaftseinheiten. Im süddeutschen Raum gibt es eine Reihe von Gebieten, in denen Zwergsträucher wie zum Beispiel die Besenheide (*Calluna vulgaris*) kaum jemals eine Rolle gespielt haben und dennoch den Ausdruck »Heide« im Namen führen (Garchinger Heide etc.). Heutzutage bezieht sich der Begriff meistens auf von niedrigwüchsigen Gebüschen und Zwergsträuchern dominierte und produktionsschwache Lebensräume im humiden, ozeanisch getönten Klimabereich. Es hat also eine Bedeutungsverschiebung und -verengung von einem einst auf große und physiognomisch ganz unterschiedliche Räume bezogenen Rechtsbegriff zu einem landschaftsökologisch und biogeographisch zu verwendenden Ausdruck, der sich nur noch auf kleinere, meist isolierte Vegetationseinheiten bezieht, stattgefunden. Diese sind durch einen bestimmten Strukturtyp, nämlich den der Zwergsträucher, verbunden.

Der mutmaßlich sehr alte Begriff »Allmende« (althochdeutsch *almende*, *gimeinida*, niederländisch *gemeynte*, *marke*, *Gemarkung* oder englisch *common*) bezieht sich auf regionales Gemeinschaftseigentum und steht dem Begriff

»Heide« inhaltlich sehr nahe. Der Ausdruck »Heide« betont den Aspekt der unbebauten und deshalb weniger wertvollen Landschaft, der Ausdruck »Allmende« den der Gemeinde und gemeinschaftlichen Nutzung. Beide Begriffe schließen eine Nutzung als Acker aus.

Nach germanischem Recht gehörte die Wildnis niemandem und jeder hatte das Recht sie zu nutzen. Der Rechtsbegriff »Allmende« bezog sich auf Gemeindeland außerhalb der parzellierten Felder, die von verschiedenen Höfen aus bebaut und genutzt wurden. Entsprechend intensiv wurden die Gebiete genutzt, entsprechend verwüstet waren sie. Zur Allmende gehörten zum Beispiel Wälder, Zwergstrauchheiden, Dünen, Grasland, Gewässer, aber auch die Wege und der Dorfteich zum Feuerlöschen. Man darf es sich so vorstellen, dass der Grad der Nutzung beziehungsweise Verwüstung der Allmenden mit dem Abstand von den Siedlungen und viel genutzten Wegen kleiner wurde, Wälder im heutigen Sinne also entweder nur privat als Forsten oder siedlungsfern existieren konnten. Der Acker war der arbeitsintensivste Ort. Er musste möglichst nah beim Hof oder Dorf liegen, denn die täglich zu Fuß zurückzulegenden Wege waren ohnehin im Durchschnitt viele Kilometer lang gewesen.

Die ganz überwiegende Zahl der europaweit geschützten Natura-2000-Gebiete ist aus ehemaligen Heiden und Allmenden hervorgegangen. Die einst intensiv genutzten Landschaften sind die wertvollen Naturräume von heute. Und insbesondere die vielen fließenden Übergänge von einst, vom Acker zum Grünland, von der Wiese über die halb offene Landschaft zum Wald, von nassen über feuchte bis hin zu trockenen Habitaten sind die Sorgenkinder des Naturschutzes von heute. Sie sind ökonomisch ziemlich unbedeutend geworden und müssen daher umso intensiver gepflegt werden, wenn sie erhalten bleiben sollen. Viele dieser Ökoklinen verdanken ihre Existenz der ehemaligen Landnutzung und man darf sich fragen, warum so viele bedrohte Arten gerade dort vorkommen.

Ein Großteil der Weltpopulation von Rotmilanen (*Milvus milvus*) lebt in Deutschland. Wo lebten die Tiere, für die wir eine besondere Verantwortung tragen, in der vermeintlichen Urlandschaft? Aber natürlich wäre es auch möglich, dass es die Urlandschaft mit einem geschlossenen, schattigen

Waldmeer so nicht gegeben hat und der natürliche Klima- und Landschaftswandel sich parallel zur Koevolution aller beteiligten Arten und auch unter dem Nutzungsdruck von ehemals weit verbreiteten Megaherbivoren wie Wildpferden, wilden Schafen oder Ziegen vollzogen haben könnte. Vielleicht waren viele der Landschaften in Europa auch ohne menschlichen Eingriff offene oder halb offene Landschaften gewesen.

4.8 Landwirtschaft

Ein Versammlungsplatz heißt griechisch *agora*. Etymologisch verwandt sind mittelhochdeutsch *acker*, althochdeutsch *ackar*, germanisch *akraz*, altnordisch *akr* sowie *acre*, ein neuenglisches Flächenmaß. Etymologisch verwandt sind auch *acorn*, die Eichel, und *oak*, die Eiche, im Englischen. Es gibt die Deutung, dass all diese Begriffe auf die Tätigkeit des Treibens und Lenkens zurückgeführt werden können. Der Pflug wurde durch den Oberboden getrieben, die vor den Pflug gespannten Tiere wurden gelenkt. Und selbstverständlich hat man sich auf dem Acker versammelt. Dort waren ehemals viele Leute beteiligt, und es pflügte oder erntete nicht nur ein einsamer Landwirt auf einem riesigen Traktor, auf Schlägen, die bis zum Horizont reichen, und umgeben von schlechter Landluft.

Das Vieh musste vom Getreidefeld ferngehalten werden; das galt sowohl für die Haustiere als auch für die wilden Pflanzenfresser. Daher waren die Getreideäcker besonders geschützt, und sie lagen stets nah bei den dörflichen Siedlungen, während Waldwachstum durchaus auch fern der Dörfer zugelassen wurde.

Was aber hat das Ganze mit Eicheln zu tun? Eine mögliche, aber durchaus etwas gewagte Verbindung könnte die Eichelmast gewesen sein. Schweine wurden in den Wald getrieben; sie haben hier unter anderem nach Eicheln und Bucheckern gewühlt.

Schweine sind wichtige Haustiere. Sie wurden bereits vor 10.000 Jahren im Gebiet der heutigen Türkei domestiziert. Spätestens seit dem Mittelalter wurden sie auch in unserem Kulturkreis gehalten. Natürlich wurden diese

Herden »gehütet« und der Wald war ein »Hudewald«, von mittelhochdeutsch *huote*, nicht schattig, sondern licht und offen wie eine Parklandschaft. Die Wölfe sind ja wieder da, und sie haben schon wieder eine Menge Schafe und andere Tiere gerissen. Jedenfalls muss der Halter von Weidetieren inzwischen wieder sehr auf der Hut sein.

Lichtungen sind auch die Voraussetzung für das Aufkommen von Eichen. In einem schattigen Wald gibt es Eichenbäume, Stieleichen (*Quercus robur*) und Traubeneichen (*Quercus petraea*) nur ganz ausnahmsweise. Sie benötigen lichte Verhältnisse, um wachsen und gedeihen zu können. In schattigen Wäldern unterliegen sie der Konkurrenz und werden von anderen Baumarten verdrängt.

Die allermeisten Wälder Europas, die nicht vernichtet worden und zwischendurch als Ackerland genutzt worden waren, sind über lange Zeiträume mutmaßlich sehr lichte Weidewälder gewesen. Natürlich wurden auch Rinder, Pferde, Schafe und Ziegen durch den Wald getrieben. Urwälder gab und gibt es daher in Europa nur an sehr entlegenen Steilhängen der Gebirge. Und auch die waren schon immer von wild lebenden Paarhufern beweidet worden. Es gibt sicherlich fast keine noch so steile Flanke, die vor kletternden Bergziegen geschützt wäre.

Ackerbau gibt es seit einigen Tausend Jahren. Die entsprechenden Flächen werden als »Äcker« oder »Felder« bezeichnet, griechisch *agros*, lateinisch *campus* oder *ager* beziehungsweise *agricultura* für »Ackerbau«. Warum es aber sowohl im Lateinischen wie auch in anderen Sprachen zwei vollkommen unterschiedliche Begriffe – »Feld« und »Acker«, *campus* und *ager* – gibt, ist ja nicht unbedingt offensichtlich. Man kann zunächst davon ausgehen, dass der Begriff »Feld« allgemeiner ist und sich nicht nur auf ackerbaulich genutzte Flächen bezog, sondern allgemein auf definierte Flächen, auch auf Wiesen und Weiden zum Beispiel. Mit diesem Wort ist insbesondere die Aufteilung der Flächen verbunden. Wahrscheinlich wurde der Ausdruck »Felder« vor allem auf die Gesamtkomposition der Flächen mit ihren Abgrenzungen bezogen, während der Acker klar durch die Aktivität des Pflügens bestimmt war.

Und warum kann man an vielen der jungsteinzeitlichen Steinbeile und Streitäxte, die in unseren Landschaften gefunden werden, an der Seite parallele Schleifspuren erkennen? Weil es sich vermutlich gar nicht um Mordwerkzeuge, sondern um ackerbauliches Gerät gehandelt hat. Sie waren als Pflug durch den Boden gezogen worden. Auffällig ist auch, dass sie alle auf die Zeit nach der neolithischen Revolution datiert werden.

Allgemein können folgende vier Typen der Landwirtschaft unterschieden werden: Weidewirtschaft, *Shifting cultivation* mit Phasen der Auflichtung von Waldparzellen und anschließender mehrjähriger Brache, Subsistenzwirtschaft (Kleinbetriebe von Selbstversorgern) und industrielle Landwirtschaft.

Landwirtschaftliche Flächen beinhalten insbesondere Weideland und Wiesen sowie Äcker und Dauerkulturen wie Obstbau, Weinbau, Hopfenanbau. Das Wirtschaftsgrünland (Wiesen und Weiden) umfasst 26 Prozent der globalen Landoberfläche, Äcker nehmen elf Prozent und Dauerkulturen ein Prozent ein.

In Deutschland wird etwa die Hälfte der Fläche landwirtschaftlich genutzt. Dabei konnte die Produktivität nach dem Zweiten Weltkrieg erheblich gesteigert werden, sodass das Land heutzutage zu den Spitzenexporteuren landwirtschaftlicher Produkte gehört. Nach eigenen Berechnungen hat sich beispielsweise die Getreideproduktion pro Hektar und Jahr zwischen 1961 und 2020 fast verdreifacht. Und auch der kaufkraftbereinigte Nettoertrag ist in diesem Zeitraum gestiegen. Gleichzeitig ging die Zahl der landwirtschaftlichen Betriebe von 1,2 Millionen runter auf 270.000 – Höfesterben. Rein finanziell geht es den landwirtschaftlichen Betrieben, die überlebt haben, daher deutlich besser als den Betrieben vor einem halben Jahrhundert.

Das Weltbruttoinlandsprodukt lag 2017 bei ungefähr 80 bis 120 Billionen US-Dollar. Davon erwirtschaftete der Dienstleistungssektor 63 Prozent, die Industrie 30 Prozent und die Landwirtschaft zusammen mit der Forstwirtschaft und Fischerei 6,4 Prozent. Und obwohl die Landwirtschaft den kleinsten der drei Beiträge im Verhältnis zum Gesamtvolumen leistet, sind landwirtschaftliche Prozesse der mit Abstand größte Bedrohungsfaktor für die globale Biodiversität. Für fast die Hälfte der 8.200 weltweit stark bedrohten Arten der Erde im Jahr 2021 war die Landwirtschaft Hauptverursacher.

Die meisten der für Europa endemischen und bedrohten Arten kommen im Offenland vor. Hier sind in erster Linie Felshabitate, Schuttfluren an steilen Berghängen, Wiesen und Weiden, Heiden und Gebüsche, aber auch Küstenökosysteme zu nennen. Wälder beherbergen einen deutlich geringeren Teil der Artenvielfalt insgesamt, aber auch der Endemiten und bedrohten Arten. Diese Tendenz lässt sich für ganz Europa, große Teile Westasiens und Nordafrikas aufzeigen. Im Sinne des Schutzes der Natur ist es deshalb auch nicht zweckmäßig, die Waldfläche in Europa immer mehr auf Kosten des Offenlandes auszuweiten.

All diese Zahlen und Trends sind aus Sicht des Natur- und Umweltschutzes so alarmierend, dass es schon erstaunt, mit welcher Kaltschnäuzigkeit, aber auch Effektivität und mit wie wenig Gegenwind die Politik immer noch und sogar noch immer schneller ihre Lobbys bedient und dabei über Leichen geht.

Allein in der EU sterben über eine halbe Million Menschen jährlich infolge der Umweltverschmutzung. Weder die Berliner noch die gute Landluft sind heutzutage das, was sie einmal waren.

4.9 Grasland und Savannen

Zum Grasland gehören die alpinen Matten in den Hochgebirgen der Erde, die weiten Steppen in Asien, nordamerikanische Prärien, Pampas und Paramos in Südamerika, offene Savannen, aber eben auch das Wirtschaftsgrünland in Europa.

Tropische Regenwälder und Korallenriffe sind einmalig, artenreich, stark bedroht und schwer beeindruckend. Auch Auen und Mangroven werden im Zusammenhang mit bedrohten Ökosystemen immer wieder genannt, aber Grasland oder halb offene Weidelandschaften?

Die Gesamtfläche dieses einst größten Bioms auf dem Festland wird immer kleiner. Durch intensive Nutzung auf der einen Seite und Nutzungsaufgabe auf der anderen verändert sich auch das Artengefüge. Sehr viele Graslandökosysteme sind inzwischen in Felder aufgeteilt und werden als Weideland genutzt. Jäger und Haustiere haben die großen Herden von grasenden Weidegängern sukzessive verdrängt oder bis auf letzte Reste zusammenschrumpfen lassen. In den Steppengebieten Kasachstans wurde der letzte Tiger Ende der 1940er-Jahre gesichtet, und von den charismatischen Saiga-Antilopen, die noch in der Nacheiszeit mit vielen Millionen Tieren bis nach Großbritannien verbreitet waren, gibt es aktuell und nach von Rückschlägen gedämpften langsamen Phasen der Erholung wieder 100.000 Tiere (mit Schwankungen zwischen 20.000 und 200.000), die meisten davon in Kasachstan.

Für die Erhaltung von Grasland ist der regelmäßige Verlust oberirdischer Biomasse ausschlaggebend. Feuer, Beweidung oder Mahd sind getrennt oder in Kombination in der Lage, eine oberirdische Akkumulation von lebender und toter Biomasse zu unterbinden.

Die mit der einst charakteristischen Biodiversität ausgestatteten Nahrungskreisläufe von den krautigen Pflanzen über die Pflanzenfresser und Fleischfresser bis hin zu den Gipfelräubern und zurück über Schredderorganismen, die das tote Material zerkleinern, Bakterien und Pilze, die für die Mineralisierung der letzten Krümel sorgen, bis zu den Pflanzennährstoffen, sind nicht mehr die, die sie einmal gewesen waren – nirgends.

Wozu benötigen wir das Grasland überhaupt? Die direkte und indirekte Bedeutung dieser Ökosysteme nicht nur für Tiere und Pflanzen, sondern auch für Menschen wird noch immer häufig ignoriert.

Böden im Grasland, in Mooren, Sümpfen und Heiden sind beispielsweise eine hervorragende Kohlenstoffsenke, und sie können viel mehr Kohlenstoff einlagern als alle Wälder der Erde in ihrer lebenden Biomasse jemals speichern könnten. Grasland reinigt die Luft, filtert das Wasser und liefert diverse Materialien wie Nahrungsmittel oder Faserprodukte. Die vielfältige Vegetation im Weideland ist eine der besten Apotheken für Haustiere wie Pferde, Rinder, Schafe oder Ziegen. Hinzu kommt, dass diese Habitate zu den artenreichsten Lebensräumen der Erde überhaupt gehören. Das sieht man allerdings nicht unbedingt auf den ersten Blick. Gräser dominieren zwar, allerdings beherbergen diese Lebensräume weit mehr Kräuter als Grasarten und noch viel mehr Insekten. Sämtliche Weltrekorde der Pflanzenartenvielfalt auf engem Raum – auf Flächen unter 100 Quadratmeter – wurden im Grasland gefunden, unter anderem in Trockenrasen der Karpaten. Warum diese Lebensräume so unglaublich artenreich sind, ist noch nicht bis ins Letzte geklärt. Die landschaftliche Vielgestaltigkeit drumherum und nahe Überdauerungsorte (Reliktstandorte) während der Kaltzeiten sind sicherlich ein wichtiger Aspekt. Darüber hinaus sind aber auch die Möglichkeiten der Ausbreitung von Früchten und Samen der beteiligten Arten zu beachten. Gar nicht wenige von ihnen werden im Magen-Darm-Trakt oder im Fell von Tieren verschleppt, und damit kommt die besondere Bedeutung der Transhumanz ins Spiel. Die Kultur der Transhumanz, zu übersetzen etwa mit »Wanderweidewirtschaft« (von spanisch *transhumar* = »auf die Weide bringen«, englisch *transhumance*), reicht bis in die Antike zurück. Schon vorher dürften wilde Weidegänger die Landschaften offen gehalten haben.

Transhumanz bezieht sich auf Wanderungen von Schäfern, Schafen, Rindern, Ziegen, Pferden oder anderen Weidegängern und Hütehunden von der Winterweide auf die Sommerweide und zurück. Das waren früher Strecken von wenigen bis zu mehreren Hundert Kilometern, vom Oberrheingebiet bis auf die Baar hinauf, von den Tälern der Alpen bis in die Mattenstufe, von den wintergrünen Auen, Gariguen und Dehesas in Portugal und Spanien bis zu den sommergrünen Heiden und Grasländern in den höheren Gebirgsregionen der Iberischen Halbinsel.

Die mit dem Führen von Haustieren verbundenen hochkomplexen Vorgänge und Regularien sind seit dem Beginn des 19. Jahrhunderts fast überall auf der Welt stark rückläufig und heutzutage in der modernen Welt kaum noch existent.

Die meisten Tier- und Pflanzenarten, die es in Europa, West- und Zentralasien gibt, leben jedenfalls nicht im Wald, in den Auen oder Gewässern, sondern im Offenland, und hier bevorzugt in den Felsformationen, in den halb offenen Weidelandschaften, Heiden, Trockenrasen und Feuchtwiesen.

Die Kulissen des Graslandes spielen im Verbund mit anderen Landschaftseinheiten, zum Beispiel Gewässern und Gehölzgruppen, darüber hinaus eine wichtige Rolle in der Landschaftsästhetik. Derartige Kompositionen sind sehr bedeutsam für die Naherholung und den Tourismus. Es wäre an der Zeit, diesem Aspekt größere Bedeutung beizumessen, bevor die Landschaften in Deutschland vollkommen fragmentiert, mit rechten Winkeln und geraden

Linien zerteilt, mit Bauwerken zugepflastert und komplett wie Schachbretter durchgestylt sind.

Fast alle Graslandökosysteme in Europa sind Lebensräume auf den zweiten Blick. Aber dieser zweite Blick lohnt sich. Die allermeisten Wiesen und Weiden sind halbnatürliche Landschaften und würden sich ohne menschliche Einflüsse zu Wäldern auswachsen. Wo aber sollen dann die vielen Pflanzen, Vögel und Insekten hin ausweichen, die weltweit nur im europäischen Grasland vorkommen? Und auch der Rotmilan, für den Deutschland eine besondere Verantwortung übernimmt, weil der überwiegende Teil der Gesamtpopulation in Deutschland lebt, gerät durch Maisäcker, Wälder und Windkraftanlagen immer mehr in Bedrängnis.

Afrika, flirrende Hitze, Herden von Antilopen, Nashörner, Elefanten, Löwen, einige Schirmakazien, dazwischen Gras – das ist das Klischee der Savanne, dem auch die Wissenschaft im Wesentlichen zustimmen mag. Zumindest die gehölzarmen Bereiche der Savannen können auch zum Grasland gerechnet werden.

Der Ausdruck ist allerdings nicht afrikanischen Ursprungs. Er stammt von den Ureinwohnern der Karibik, genau genommen von der Insel Kuba, vielleicht auch zusätzlich mit einem etymologischen Abzweiger von den Ureinwohnern Floridas. Auf Kuba gibt es zum einen die Inselhauptstadt Havanna (spanisch *Havana*), deren Name möglicherweise auf den Begriff der »Savanne« zurückzuführen ist. Der Ausdruck »Savanne« geht auf das spanische Wort *la sabana* zurück, das direkt aus der Sprache der Ureinwohner Kubas übernommen worden war, bevor er sich dann aufmachte, die grasreichen Offenlandschaften in anderen Teilen der Tropen und Subtropen, vor allem in Afrika, zu betiteln. Es gibt auf Kuba auch noch einen kleinen Ort mit dem Namen Sabana ziemlich weit im Osten der Insel.

Kuba war ursprünglich – mit Ausnahme von Küsten, Sumpfgebieten und Berggipfeln – nahezu komplett bewaldet, und savannenähnliche Offenlandschaften mit Bäumen oder Baumgruppen kamen kaum vor. Zum einen aber hatten die Ureinwohner auf Kuba die Landschaften schon in präkolumbianischer Zeit mithilfe des Feuers aufgelichtet. Und zum anderen gibt es sehr kleine Gebiete im Südosten und Osten der Insel, wo es mit Niederschlägen von weniger als 600 Millimetern pro Jahr ziemlich trocken ist. Niederschlagsarmut und Sommerregen in den Subtropen und Tropen sind häufig die ideale Voraussetzung für die Entstehung von Savannen. Der Ort Sabana liegt genau in solch einer Zone. Die Vegetation ist schütter, Kakteen und Zwergpalmen prägen dort das Bild. Und auch die Hauptstadt Kubas liegt in einer Gegend mit Böden, die Wasser kaum gegen die Schwerkraft halten können, die also edaphisch trocken sind, auch wenn die Niederschlagsmengen eigentlich Waldwachstum zulassen würden. Auch hier gibt es noch sehr ursprünglich anmutende, ziemlich lückige, savannenähnliche Landschaftseinheiten.

Typisch für Savannen ist die Beweidung, typisch sind in vielen Savannenlandschaften auch natürliche Feuer. Es gibt weltweit keine unbeweideten Savannen und nur selten welche ohne natürliche Feuerereignisse. Wenn die Savanne erst durch Abholzungsmaßnahmen, künstliche Brände oder durch den Einfluss domestizierter Schafe, Rinder oder Pferde entstanden ist, spricht man von »sekundärer Savanne«. Kuba ist voll von sekundären Savannen. Aber auch diese können überaus wertvoll sein, wenn zum Beispiel auf die Gabe von Futter, Dünge- und Spritzmitteln verzichtet wird.

4.10 Wüsten

Die Atacama und Namib sind alte und deshalb auch relativ arten- und endemitenreiche Wüsten, die Sahara ist vergleichsweise jung und artenarm. Viele Wüsten, die so heißen und einen steppenartigen Bewuchs, Kakteen oder Sträucher aufweisen, sind biogeographisch keine echten Wüsten, sondern Halbwüsten, Steppen oder Strauchformationen. Dazu gehören viele der Trockengebiete mit regelmäßigen Niederschlägen von deutlich über 100 Millimetern pro Jahr, zum Beispiel in der Sonora in den USA und Mexiko oder auch in der Kalahari im Südwesten Afrikas. Es gibt umgekehrt extrem trockene Gebiete in der Arktis und Antarktis, die zu den Wüsten der Erde gehören, aber nicht so heißen.

Deserts (englisch) sind Wüsten und echte Deserteure zeichnen sich dadurch aus, dass sie flüchten oder sich verstecken. In den trockensten Gegenden der

Erde kann man viel vom geologischen Untergrund, Eis und Schnee sehen, Tiere und Pflanzen aber nur höchst selten. Sie repräsentieren räumlich oder zeitlich besondere Umweltbedingungen der Wüste und verstecken sich im Boden, tagsüber oder während der Trockenheit. Einige Wüstenbewohner bekommt man nur kurz, nachdem es geregnet hat, zu Gesicht. Und einige der wüstenbewohnenden Gehölze, die an Sonderstandorten wie Felsspalten leben, haben extrem tief reichende Wurzeln bis zum Grundwasser und transpirieren in Bezug auf vergleichbare Biomassen oder Oberflächen zum Teil mehr als die Gehölze in unseren Wäldern.

Nehmen die Wüsten der Erde zu? In einigen Gegenden der Erde wachsen die Wüsten, in anderen bleiben sie so groß, wie sie sind. Wachsen die Wüsten aufgrund des Klimawandels und der zunehmenden Trockenheit? Echte Wüsten entstehen dort, wo es klimatisch oder edaphisch trocken ist, wo die Niederschlagsraten extrem gering sind oder die Böden aus physikalischen oder chemischen Gründen keine Vegetationsdecke zulassen, zum Beispiel im Bereich von Salzwüsten. Global ist es aber nicht trockener geworden. Es gibt Gegenden, die in den letzten Jahrzehnten tendenziell trockener geworden sind, in anderen regnet es dafür umso mehr. Alle Wüstengebiete, die in den vergangenen Jahrzehnten gewachsen sind, sind immer auch im Zusammenhang mit einem erhöhten Nutzungsdruck größer geworden, zum Beispiel durch weidende Kamele, Pferde oder Rinder, denen zusätzliches Futter und Wasser aus Tiefbrunnen zur Verfügung gestellt wurde.

Gibt es Tiere und Pflanzen in Wüstengebieten der Erde, die durch Menschen bedroht sind? Natürlich, Pflanzen werden gesammelt, Tiere werden geschossen, Sonderstandorte der Wüste wie Quellen oder feuchte Senken werden übernutzt, Gehölze werden verheizt. Seltene Kakteen werden gesammelt, Antilopen geschossen, Schlangen getötet. Wüsten unterscheiden sich in Bezug auf den zunehmenden Nutzungsdruck und auf die Zunahme von Plastikmüll nicht von anderen Landschaften.

4.11

Urbane und artifizielle Ökosysteme

Die durch Städte, Siedlungen, Industriekomplexe und Straßen versiegelte Fläche hat sich seit 1975 hauptsächlich auf Kosten von Ackerland, Wäldern und Gebüschen mehr als verdoppelt. Seit 2007 lebt mehr als die Hälfte der Weltbevölkerung in Städten. Eine Trendänderung ist derzeit nicht in Sicht, auch nicht in Ländern wie Rumänien, Bulgarien, Lettland, Litauen, einigen Balkanstaaten oder Japan, die in den vergangenen Jahren einen leichten Bevölkerungsrückgang zu verzeichnen hatten. Der Flächenverbrauch in Deutschland schreitet ungebremst voran, und der Ausgleich durch Kompensationsmaßnahmen im Sinne des Naturschutzgesetzes ist ökologisch kaum bedeutsamer als bedeutungslos.

Aus diesem Grund ist es nicht nur sinnvoll, sondern wichtig, detailliert zu planen, in welcher Weise die Natur in den Städten und Siedlungen aufgewertet werden kann.

Städte, Siedlungen und Dörfer sind voll von künstlichen Ökosystemen, die natürlich erst zu Ökosystemen geworden sind, nachdem Lebewesen wie Balkenbock, Bettwanze, Bücherskorpion, Hausschwamm, Heimchen, Kellerassel, Kleidermotte, Küchenschabe, Mauersegler, Museumskäfer, Pelzmotte, Reismehlkäfer, Stubenfliege, Turmfalke oder Wolllaus Einzug hielten.

In der Wohnung möchte man die meisten dieser Kulturbegleiter eigentlich nicht unbedingt haben. Das der Natur zugewandte kreative Potenzial kann sich allerdings entfalten, wenn man bereit ist darüber nachzudenken, Flächen und Räume für die durch Baumaßnahmen verdrängte Natur in veränderter Form zurückzugeben. Welches Dach, welcher Fahrradschuppen und welche Mauer ließen sich in irgendeiner Weise begrünen oder anderweitig beleben. Die Gestaltungsfreiheit ist maximal, wenn man die lebendige Natur nicht beeinträchtigen kann, weil sie nicht mehr und noch nicht da ist. Die Möglichkeiten der Planung werden allerdings eingeschränkt, sobald die Natur Schritt für Schritt Einzug erhält. Das sollte man sich vorher gut überlegen. Spätestens wenn die unter dem Dach nistenden Schwalben, die im Dach wohnenden Hornissen oder Fledermäuse eingezogen sind, ist man auch für sie verantwortlich. Ein Umbau zum Zweck der Modernisierung oder Instandhaltung ist dann nicht mehr überall und zu jedem Zeitpunkt zulässig. Das auch nach dem erfolgreichen Brüten entfernte Schwalbennest unter dem Trauf kann noch eine empfindliche Strafzahlung nach sich ziehen.

Sollte man zur Förderung indigener Arten auf dem Balkon oder im Garten ein Vogelhäuschen, ein Insektenhotel oder ein Kräuterbeet anlegen? Grundsätzlich ist davon auszugehen, dass durch derartige Zugeständnisse an das eigene Erleben und die Natur fast ausschließlich die eher häufigen Arten der Umgebung gefördert werden. In den Gärten und Parkanlagen der Siedlungen werden derartige proaktive Anlagen zum Glück aber auch kaum jemals zu einer weiteren Verdrängung seltener Arten durch Konkurrenz führen, auch deshalb nicht, weil Konkurrenz in der Ökologie eine viel geringere Rolle als zum Beispiel in der Ökonomie spielt. Wer als Gartenbesitzer darüber hinaus etwas für die heimische Natur tun möchte, könnte zum Beispiel versuchen, auf Spritzmittel zu verzichten, und, wenn der Obstbaum dann gestorben ist, denselben als stehendes Totholz dem Verfall zu überantworten und zur Förderung xylobionter, totholzliebender Bewohner einfach stehenzulassen, bis das nur scheinbar tote Material sich wieder zurück in lebendigen Boden verwandelt hat.

Eigentlich sind der Fantasie in Bezug auf artifizielle Angebote an die Natur im besiedelten Bereich kaum Grenzen gesetzt. Die Frage, in welcher Weise man etwas für die Wildnis tun kann, muss ja nur noch mit den künstlerischen, architektonischen und finanziellen Möglichkeiten abgeglichen werden. Und wenn man nicht total erfolglos sein möchte, kann man sich inzwischen überall fachlichen Rat suchen und anfangen, zielgerichtet zu planen. Zu den besonders leicht zu verwirklichenden Maßnahmen, die auch für Schulprojekte geeignet sind, gehören Pflanzungen von Zier-, Nutz- oder Wildpflanzen, die käuflich zu erwerben sind, die Förderung von Insekten, die Begrünung von Hauswänden oder auch Brutkästen für Vögel.

Zu den etwas anspruchsvolleren Projekten gehören dann zum Beispiel Angebote für bodenbrütende (auf Dächern?) oder in Steilwänden brütende Vögel oder auch Angebote für inzwischen selten gewordene Amphibien, für Fledermäuse oder auch seltene Insektenarten. Und falls der Erfolg sich nicht einstellen will, kann man beobachten, wie der Misserfolg wirkt und ob er gut zu ertragen ist. Auch Verlieren will geübt sein.

Es gibt viele Fragen, die nicht ansatzweise geklärt sind. Es wird vermutet, dass allein in Deutschland zwischen 10 und 100 Millionen Vögel jährlich gegen Fensterscheiben fliegen und sterben. Wie könnte man den Vogelschlag vermeiden, ohne den freien Blick durch das Fenster aufgeben zu müssen? Sämtliche Möglichkeiten, das Sterben der Vögel effektiv zu minimieren, haben eine erhebliche Einschränkung der Sicht nach draußen, den viele Menschen nicht bereit sind, in Kauf zu nehmen, zur Folge – etwa durch Bepflanzungen, senkrechte Bänder vor den Fenstern oder Klebepunkte. Als Kompromiss kann empfohlen werden, Fenster so selten wie möglich zu putzen und die Vorhänge tagsüber zu schließen, wenn man ohnehin nicht da ist.

Das ist nur ein Beispiel von vielen. Es zeigt aber, dass in Zukunft auch im besiedelten Bereich mit Blick auf die Natur noch viele praktische Maßnahmen ersonnen und umgesetzt werden können. Es wird häufig gesagt, dass jeder Einzelne seinen Beitrag leisten könne. Man darf aber natürlich gern darauf verweisen, dass auch Umweltpolitik nicht nur aus der Kombination freiwilliger Einzelleistungen bestehen kann.

Auch Politik muss sich bewegen. Die im Rahmen von Flächenversiegelung und Bauplanung zu berücksichtigenden Regularien sind mittlerweile umfangreich und es sind dabei auch solche des Natur- und Umweltschutzes zu berücksichtigen. Das bedeutendste Instrument zur Durchsetzung von Naturschutzbelangen, die Eingriffsregelung, ist allerdings ein zahnloser Tiger, solange die Idee des Verschlechterungsverbots für Natur und Landschaft über Ausnahmen und Kompromisse ausgehebelt werden kann, wie das bislang überall auf der unteren Verwaltungsebene geschieht. Die praktizierten Ausgleichs- und Ersatzmaßnahmen für Eingriffe spiegeln nur allzu oft die beklagenswerten Möglichkeiten einer kaputtgesparten und vollkommen überlasteten öffentlichen Verwaltung wider. Es werden dann zum Beispiel junge Bäume zum Sonderangebot in der nächsten Baumschule gekauft und an irgendeinen Straßenrand verpflanzt.

Streng genommen dürfte es überhaupt keinen Flächenverbrauch mehr geben, wenn die Eingriffsregelung konsequent angewendet würde. Nach der

Eingriffsregelung sind Eingriffe nicht oder nur ausnahmsweise zulässig. Wenn sie dennoch stattfinden, müssen sie ausgeglichen werden. Für jede neu versiegelte Fläche müsste also eine andere entsiegelt werden. Für jeden neuen Parkplatz müsste in der Nähe ein anderer verschwinden. Wenn auch das nicht möglich ist, muss ausgeglichen werden, das heißt, die Natur muss dem Schaden des Eingriffs entsprechend an anderer Stelle aufgewertet werden. Eine neu gepflanzte Baumreihe ist aber mitnichten ein adäquater Ausgleich für ein neues Einkaufszentrum am Stadtrand auf ehemaligem Ackerland. Fast nie werden bei Ausgleichs- und Ersatzmaßnahmen im Sinne der Eingriffsregelung sämtliche Schutzgüter umfassend berücksichtigt, obwohl der Gesetzestext vom Wortlaut her ausgesprochen ambitioniert und klar ist. Die Bedeutung wird aber bereits über das Baugesetzbuch, welches auf das Naturschutzgesetz Bezug nimmt, und über das Verwaltungshandeln relativiert – Theorie und Praxis.

Quellen und weiterführende Schriften

Aksu, A. E.; Hiscott, N. R. & Yaltırak, C. 2016. Early Holocene age and provenance of a mid-shelf delta lobe south of the Strait of Bosporus, Turkey, and its link to vigorous Black Sea outflow. – Marine Geology 380, S. 113–137.

Brooks, T. M.; Mittermeier, R. A.; Gerlach, J.; Hoffmann, M.; Lamoreux, J. F.; Mittermeier, C. G.; Pilgrim, J. D. & Rodrigues, A. S. L. 2006. Global Biodiversity Conservation Priorities. Science. 313 (5783), S. 58.

Cabin, R. J.; Weller, S. G.; Lawrence, D. H.; Flynn, T. W.; Sakai, A. K.; Sandquist, D.; Hadway, L. J. 2000. Effects of long term ungulate exclusion and recent alien species control on the preservation and restoration of a Hawaiian tropical dry forest. Conserv. Biol. 2nd. ser. 14, S. 439–453.

Clausen, R. & York, R. 2008. Global biodiversity decline of marine and freshwater fish: a cross-national analysis of economic; demographic; and ecological influences. Social Sci. Res. (doi:10.1016/j.ssresearch.2007.10.002).

Cooper, G. S.; Willcock, S. & Dearing, J. A. 2020. Regime shifts occur disproportionally faster in larger ecosystems. Nature Communications 1:1175 (https://doi.org/10.1038/s41467-020-15029-).

Daly, G.; Johnson, P.; Malolakis, G.; Hyatt, A. & Pietsch, R. 2008. Reintroduction of Green and Golden Bell Frog Litoria aurea to Pambula on the south coast of New South Wales. Australian Zoologist 34, S. 261–370.

El Balti, N. 2021. Heathland; scrub and savanna. Overview; recent trends and outlook. In: Hobohm, C. (Hrsg.). Perspectives for Biodiversity and Ecosystems. In: Hobohm, C. (Hrsg.). Perspectives for biodiversity and ecosystems. Environmental Challenges and Solutions, S. 361–381.

European Union (Hrsg.) 2018. Agriculture; forestry and fishery statistics; 2018 edition. (https://ec.europa.eu/eurostat/documents/3217494/9455154; accessed 3/1/2020).

FAO (Hrsg.) 2016. State of the world's forests 2016. Forests and agriculture: land-use challenges and opportunities. Rome.

FAO (Hrsg.) 2020. Global production and trade of forest products in 2018 (http://www.fao.org/forestry/statistics/80938; accessed 5/1/2020).

Graebner, P. 1925. Die Heide Norddeutschlands und die sich anschließenden Formationen in biologischer Betrachtung. Leipzig.

Fichtner, A. & Härdtle, W. 2021. Forest ecosystems: a functional and biodiversity perspective. In: Hobohm, C. (Hrsg.). Perspectives for Biodiversity and Ecosystems. Environmental Challenges and Solutions, S. 383–405.

Hague, C. & Jenkins, P. (Hrsg.) 2005. Place identity; planning and participation. London, New York.

Hellpach, W. 1939. Geopsyche: Die Menschenseele unterm Einfluß von Wetter und Klima; Boden und Landschaft. 5. Aufl., Leipzig.

Hobohm, C. (Hrsg.) 2021. Perspectives for Biodiversity and Ecosystems. Environmental Challenges and Solutions. Heidelberg et al.

Hobohm, C.; Janišová, M. & Vahle, H.-C. 2021. Development and future of grassland ecosystems – do we need a paradigm shift? In: Hobohm, C. (Hrsg.). Perspectives for biodiversity and ecosystems. Environmental Challenges and Solutions, S. 329–359.

Hobohm, C.; Moro-Richter, M. & Beierkuhnlein, C. 2021. Distribution and habitat affinity of endemic and threatened species – global assessment. In: Hobohm, C. (Hrsg.). Perspectives for biodiversity and ecosystems. Environmental Challenges and Solutions, S. 233–277.

Hobohm, C.; Schaminée, J. H. J. & van Rooijen, N. 2021. Coastal habitats; shallow seas and inland saline steppes – ecology; distribution; threats and challenges. In: Hobohm, C. (Hrsg.). Perspectives for biodiversity and ecosystems. Environmental Challenges and Solutions, S. 279–310.

Jansen, J. & Hobohm, C. 2021. Urban Habitats: Cities and Their Potential for Nature Protection. Environmental Challenges and Solutions, S. 425–447.

Knapp, H. D.; Klaus, S. & Fähser, L. (Hrsg.) 2021. Der Holzweg. Wald im Widerstreit der Interessen. München.

Lindner, M. & Hobohm, C. 2021. Wetlands – challenges and possibilities. In: Hobohm, C. (Hrsg.). Perspectives for biodiversity and ecosystems. Environmental Challenges and Solutions, S. 311–327.

Noteboom, C. 2007. Umweg nach Santiago. Berlin.

Ott, K.; Schulz, C. & Schulz, R. (Hrsg.) 2020. Nachhaltige Aquakultur. Marburg.

Schaminée, J. H. J. & van Rooijen, N. M. 2021. The future of agricultural land. In: Hobohm, C. (Hrsg.). Perspectives for Biodiversity and Ecosystems. Environmental Challenges and Solutions, S. 407–424.

Schoof, N.; Luick, R.; Beaufoy, G.; Jones, G.; Einarsson, P.; Ruiz, J.; Stefanova, V.; Fuchs, D.; Windmaißer, T.; Hötker, H.; Jeromin, H.; Nickel, H.; Schumacher, J.; Ukhanova, M. 2019. Grünlandschutz in Deutschland: Treiber der Biodiversität; Einfluss von Agrarumwelt- und Klimamaßnahmen; Ordnungsrecht; Molkereiwirtschaft und Auswirkungen der Klima- und Energiepolitik. BfN-Skripten 539, 257 S.

Yanchilina, A. G.; Ryan, W. B. F.; McManus, J. F.; Dimitrov, P.; Slavova, K. & Filipova-Marinova, M. 2017. Compilation of geophysical; geochronological; and geochemical evidence indicates a rapid Mediterranean-derived submergence of the Black Sea'sshelf and subsequent substantial salinification in the early Holocene. Marine Geology 383, S. 14–34.

5

Anmerkungen zu ausgewählten Arten und Artengruppen

5.1

»Aliens«

Einige der Tiere und Pflanzen aus fernen Ländern sind in der Lage, sich explosionsartig auszubreiten. Zu diesen Arten gehören in Mitteleuropa beziehungsweise Deutschland unter anderem das Schmalblättrige Greiskraut (*Senecio inaequidens*), Mink (*Neovison vison*), Nutria (*Myocastor coypus*), Marderhund (*Nyctereutes procyonoides*), Bisamratte (*Ondatra zibethicus*), Waschbär (*Procyon lotor*), Kanadagans (*Branta canadensis*), Nilgans (*Alopochen aegyptiaca*), Schnappschildkröte (*Chelydra serpentina*) sowie einige Fischarten. Besonders Städte, Gärten, Parks, aber auch Industriebrachen sind Tummelplätze für Mischungen aus einheimischen und eingeschleppten Arten.

Fremde Arten werden besonders dann als Plage empfunden, wenn sie sich invasionsartig in Naturschutzgebieten ausbreiten. Die Späte Traubenkirsche (*Prunus serotina*) im Wald, die Kartoffel-Rose (*Rosa rugosa*) an der Küste oder der Staudenknöterich (*Rheynoutria japonica*) am Flussufer werden regional zum Teil rigoros im Namen des Naturschutzes innerhalb und außerhalb von Schutzgebieten ausgemerzt. Das Ergebnis ist häufig eine von Brennnesseln oder anderen Ruderalarten versehene Stauden- oder Schlagflur. Manchmal werden gar Pestizide eingesetzt oder die Flächen mit Plastikplanen überzogen, damit die »Aliens« nicht nach der Maßnahme sofort wieder auflaufen können.

Gebietsfremde Arten können aber auch zu gesundheitlichen Problemen führen. Bei Sonnenschein und Berührung mit dem Riesenbärenklau (*Hera-*

cleum mantegazzianum) kommt es aufgrund phototoxischer Inhaltsstoffe unter Einwirkung von Sonnenlicht zu üblen Hautschäden. Eine ähnliche Wirkung kennt man auch von einigen heimischen Wildpflanzen und käuflich zu erwerbenden Zierpflanzen in Gärten.

Neophyten und Neozoen werden häufig als Bedrohung für die heimische Natur angesehen. Dafür, dass die aus fernen Ländern eingeschleppten Arten die heimische Natur Mitteleuropas existenziell bedrohen würden, gibt es allerdings nur wenige Hinweise. Mit derartigen Verallgemeinerungen muss man natürlich äußerst behutsam umgehen, um nicht sofort Widerspruch auch von fachlich versierter Seite zu provozieren. Denn es gibt ja viele Beispiele von invasiven Neophyten und Neozoen, zum Beispiel das Grauhörnchen (*Sciurus carolinensis*) aus Nordamerika, das sich stark ausgebreitet hat, während Europäische Eichhörnchen (*Sciurus vulgaris*) zurückgingen. Zu den invasiven Arten gehören auch die Schmalblättrige Wasserpest (*Elodea nutallii*), das Indische Springkraut (*Impatiens glandulifera*) an feuchten Bachrändern, die Pazifische Auster (*Crassostrea pacifica*) aus dem Nordpazifik im Wattenmeer oder die chinesische Wollhandkrabbe (*Eriocheir sinensis*) in den Flüssen. Es gibt etwa 12.000 nicht heimische Arten in den Landschaften Europas. Die allermeisten von ihnen wären auch durch noch so intensive Bekämpfungsmaßnahmen nicht mehr zu eliminieren.

Und diese vielen neuen Arten sollen alle kein Problem für die indigenen darstellen? Man muss natürlich differenzieren. Das amerikanische Grauhörnchen ist ökologisch anders eingenischt als das europäische Eichhörnchen und könnte die heimische Art schon von daher nicht komplett verdrängen. Das Tier hatte allerdings sehr bedenkliche Pathogene im Gepäck gehabt, die zu einem Rückgang der einheimischen Hörnchen geführt haben. Dennoch hatte die Einbürgerung bislang nur zur Folge, dass in den Gebieten, wo das Grauhörnchen in Europa verwildert ist, jetzt zwei wild lebende Hörnchenarten vorkommen, eine einheimische und eine fremde.

Manchmal sieht es auch nur so aus, als ob eine neue Art eine heimische verdrängt. Sie breitet sich aus und eine heimische Art derselben Organismengruppe geht zurück, und dennoch hat das eine mit dem anderen nichts zu tun. Das ist nicht immer ganz leicht herauszubekommen.

Die für Europa endemischen und stark gefährdeten Pflanzen und Tiere haben jedenfalls in aller Regel ganz andere Probleme als Konkurrenz durch Neubürger, zum Beispiel den Wandel oder die Intensivierung einer Nutzungsform, welche dann in einem zweiten Schritt die Ausbreitung einer gebietsfremden Art begünstigt.

Etwas anders stellt sich die Situation auf Inseln und innerhalb inselartiger Lebensräume dar. Dazu gehören auch Still- und Fließgewässer. Und das Problem, das sich hier durch invasive Neubürger auftut, ist in aller Regel ebenfalls kein Konkurrenzproblem. Besonders bedrohlich kann es werden, wenn Neubürger eine völlig neue ökologische Nische besetzen oder Krankheitserreger mitbringen. Auf der Insel Guam im Westpazifik hat eine einzige Schlangenart – Schlagzeile: »Die Terrorschlange von Guam« – dazu geführt, dass diverse endemische Vogelarten ausgestorben sind. Die Vögel sind vor der im westpazifischen Raum beheimateten Nachtbaumnatter (*Boiga irregularis*) einfach nicht geflüchtet, weil sie diese Art der Bedrohung bislang nicht kennengelernt hatten. Gar nicht wenige der für Inseln endemischen Arten, die inzwischen ausgestorben sind, waren verwilderten Ratten, Katzen, Schweinen, Mungos, Menschen und anderen Neozoen zum Opfer gefallen. Dodos sind mutmaßlich deswegen im 17. Jahrhundert auf Mauritius ausgestorben, weil die Gelege von eingeschleppten Ratten, Schweinen und Affen gefressen wurden und weil Seefahrer die Tiere als Frischfleisch mit auf die Seefahrt nahmen. Es ist aber auch verbürgt, dass die Vögel, die kein Flucht- oder Verteidigungsverhalten aufwiesen, einfach zum Spaß totgeschlagen worden sind. Die ökologische Nische derartiger Raubtiere, bodenwühlender Wildschweine und menschlicher Totschläger war vor der Seefahrt auf Mauritius nicht besetzt gewesen.

Bedrohungsszenarien durch invasive Fremdlinge sind auf Inseln oder in Habitatisolaten oft anders gelagert als auf dem ausgedehnten Festland, und Konkurrenz ist nur selten das Problem für die dort vorkommenden endemischen und bedrohten Arten. Das Ziel jeder Bekämpfungsmaßnahme von eingeschleppten oder einheimischen invasiven Arten – Letztere gibt es nämlich auch – sollte der Schutz endemischer, bedrohter oder seltener Arten und Lebensräume oder die Gesundheit von Menschen und ihren Haustieren sein.

Natürlich muss man die Entwicklung und das Potenzial invasiver Arten genau beobachten. Welche Rolle die veränderten ökologischen Bedingungen zum Beispiel durch überregional immer noch zunehmende Stickstoffeinträge zusammen mit dem Klimawandel und einer möglichen Ausbreitung von Krankheitsüberträgern durch eingeschleppte Arten spielen, ist bislang kaum einzuschätzen. Sicher ist nur, dass Infektionskrankheiten bei Tieren und Pflanzen und auch innerhalb der Menschheit auf dem Vormarsch sind.

Die bloße Auslöschung aller als problematisch empfundenen, gebietsfremden Arten wäre als Selbstzweck weder zu leisten noch zu finanzieren. Einige der einst exotischen Arten sind darüber hinaus hervorragend und gewinnbringend zu nutzen. Nutriafleisch steht inzwischen in einigen Gebieten Deutschlands auf der Speisekarte und soll sehr wohlschmeckend sein. Und wenn Forstleute die Späte Traubenkirsche einstämmig durchwachsen lassen würden, könnten sie diese Baumart genau wie in Nordamerika wunderbar zur Holzgewinnung nutzen. Die sehr aufwendigen Eliminierungsbemühungen auch in artenarmen Forsten sind jedenfalls teuer und nicht immer gut begründet.

Es ist daher grundsätzlich zu klären, mit welcher Maßnahme was genau erreicht werden soll. Es bringt jedenfalls überhaupt nichts, die lokale Population einer Zielart subfinal zu eliminieren und sich erst danach zu überlegen, wie es weitergehen soll.

Auf vielen Inseln und Archipelen wird mittlerweile versucht, ausgewählte Neozoen wie die häufig verwilderten Ziegen, Ratten oder Schweine mit Rücksicht auf die dort in größerer Zahl vorkommenden Endemiten wieder auszulöschen. Derartige Eliminierungsaktionen sind im Sinne des Naturschutzes teilweise sehr erfolgreich. Aber auch hier heißt es, mögliche Effekte zu bedenken und gut zu planen.

Bei den Hasen auf Pianosa, einer italienischen Insel in der Toskana, war man zunächst davon ausgegangen, dass diese von Jägern im 19. Jahrhundert ausgewildert worden waren und es war überlegt worden, die gesamte Hasenpopulation zu eliminieren. Doch dann wurde mit genetischen Methoden festgestellt, dass diese zu der sehr seltenen und bedrohten Unterart *Lepus europaeus meridiei* gehören. Es gab dafür nur eine Erklärung: Die Tiere waren bereits Teil der Landschaft gewesen und von selbst eingewandert, als der Meeresspiegel nach der Eiszeit noch deutlich niedriger lag und Pianosa mit dem Festland verbunden war. Auch Fossilfunde der Knochen von Bären, Hirschen und Wildpferden belegen, dass die Insel einst mit dem Festland verbunden war. Die Ausrottung ist in diesem Fall deshalb glücklicherweise nicht länger Thema der Naturschutzdebatte.

Bei dieser zum Teil ideologisch geführten Diskussion sollte auch bedacht werden, dass zum Beispiel Höckerschwäne (*Cygnus olor*) bei uns zu den Neozoen gehören, die als Wildtiere vor 1500 in Mitteleuropa nicht vorkamen. Sie wurden zur Zierde von Prunkbauten gern auf Wassergräben und Teichen ausgesetzt, und sämtliche beringten Tiere im Vereinigten Königreich gehören auch heute noch dem Königshaus.

Und es gibt Vogelarten wie die Mandarinente (*Aix galericulata*), die bei uns verwildert ist und eine neue Heimat gefunden hat, während sie in ihrer ursprünglichen Heimat stark rückläufig und bedroht ist.

Summa summarum lohnt es sich, im Fall der »Aliens« sehr genau abzuwägen, welche Ziele verfolgt werden, welche Methoden angewandt werden sollen, wie nachhaltig das Ergebnis sein könnte und wie viel es kostet. Das plötzliche Erscheinen fremder Arten und eine explosionsartige Ausbreitung sind mitunter besorgniserregend, müssen aber insbesondere auf dem Festland nicht unbedingt in heftigen Aktionismus ausarten.

5.2 Vaquita, Nashörner und Raupenpilze

Suppe von Haifischflossen (Finnen) ist in China und Taiwan extrem teuer, ein Luxusliner. Haifischflossen sollen allerdings eher nicht so toll schmecken. Die übrigen Zutaten sind daher für den Geschmack entscheidend. Und die Kollagenfasern, die man mit großem Aufwand aus den Flossen gewinnen kann, schmecken jedenfalls gar nicht, auch nicht schlecht, einfach überhaupt nicht. Es geht beim Verzehr dieser Suppe auch nicht unbedingt um den Geschmack, sondern um andere Aspekte, zum Beispiel um die gelartige Konsistenz, um angebliche Potenzsteigerung, und vor allem geht es darum,

Geschäftspartner, Hochzeitsgäste oder die Freundin zu beeindrucken. Die Flossen, die zu dieser Suppe verarbeitet werden, sind so teuer, dass es sich lohnt, von den gerade gefangenen Flossen den Rest des Hais abzuschneiden und den verblutenden Körper wieder ins Meer zu entsorgen. Das hat dann auch den Vorteil, dass man das qualvolle Leid der verendenden Tiere nicht mit ansehen muss. »Shark-Finning« nennt man diesen makabren Vorgang und Finning ist in Europa und auf Schiffen der EU inzwischen weltweit verboten. Haifischflossensuppe ist in erster Linie ein Prestigeobjekt. Wenn die Flossen zusammen mit Fisch gekocht werden, schmeckt die Suppe nach Fisch, werden sie mit Huhn gekocht, schmeckt sie nach Huhn. Das wäre vermutlich die Lösung des Problems. Man könnte jede Suppe legal und mit voller Berechtigung als Haifischflossensuppe deklarieren, wenn sie originalgetreu nach Haifischflossen schmeckt – also immer, egal was drin ist. Kollagen ist ein Muskeleiweiß, das ist sowieso im Huhn oder Fisch vorhanden. Und andicken könnte man die Suppe auch mit Stärke oder Guarkernmehl, damit sie den noblen und für die mediterrane oder nordische Zunge eher gewöhnungsbedürftigen Glibbereffekt erhält.

Die Schwimmblasen von Fischen (*Totoaba macdonaldi*) im Golf von Kalifornien bestehen auch aus Kollagenen. Und was haben diese Schwimmblasen im Golf von Kalifornien mit Suppe in China zu tun? Die Schwimmblasen sind ebenfalls Gold wert, auch sie geben Suppe als Prestigeobjekt in China, weil Chinesen auch im Golf von Kalifornien Fische fangen beziehungsweise mittlerweile illegal fangen lassen und zwar seit 1915 im großen Stil. Die Fischer waren nur an den Schwimmblasen interessiert, der Rest vom Fisch, also fast alles, wurde dann am Ufer liegen gelassen. Es muss stellenweise, wie Reisende berichtet haben, erbärmlich gestunken haben. Nebenbei ist die kleinste Walart, der Kalifornische Schweinswal oder Vaquita (*Phocoena sinus*) als Beifang in den Fischernetzen sinnlos dezimiert worden, und es gab 2006 nur noch etwa 400 Tiere. 2015 war die Population dann auf unter 100 noch lebende Tiere geschrumpft. Nach 2016 gab es nur noch 60 Individuen. Seitdem repräsentierte diese Art die bedrohteste Walart der Welt; der Chinesische Flussdelfin war bereits vorher ausgestorben. Menschen sind in ihrer gewinnorientierten Kreativität durchaus zu Perversionen in der Lage, und besonders

Mexikaner und US-Amerikaner wildern auch heute noch gern am Golf von Kalifornien. Der Fang von Totoabas ist zwar seit 1975 verboten, aber Shrimps dürfen noch gefangen werden. Leider sind die jungen Totoabas millionenfacher Beifang in den Shrimpsnetzen. Auf diese Art und Weise wurden die Schwimmblasen noch viel teurer. 2017 wurde die Gesamtpopulation der Kalifornischen Schweinswale dann auf 30 Tiere geschätzt, 2018 auf 12, Tendenz weiter schrumpfend. 2020 sollen nur noch wenige Tiere gesichtet worden sein und dies, obwohl viele Millionen Euro von privater Seite und von Naturschutzorganisationen in die Hand genommen wurden, um die Art in letzter Sekunde doch noch retten zu können. Versuche, die Tiere in Gefangenschaft zu vermehren, schlugen fehl. Dabei starben zwei weitere Tiere. Im Juni 2021 wurden immer noch einige wenige Tiere in freier Wildbahn gesichtet.

Bei den Suppen in Südostasien ist der Aspekt der Potenzförderung nicht so wichtig; er steht nicht im Vordergrund, beim Handel mit Hörnern von Nashörnern schon. Auch den gewilderten Nashörnern in Südafrika werden sofort nach dem Erschießen die Hörner abgesägt. Allein 2012 wurden zur Steigerung der Potenz von Männern in Ostasien 668 Nashörner im Süden Afrikas umgebracht. In Vietnam gilt das Pulver von Nashörnern auch als Heilmittel gegen Krebs.

Raupenpilze (*Cordiceps sinensis*) wachsen in der alpinen Stufe des Himalaja in Höhen zwischen 3.500 und 5.500 Metern über dem Meer. Auch sie gelten als Potenzmittel, in diesem Fall interessanterweise sogar bei beiden Geschlechtern, aber auch als Mittel gegen Krebs, gegen alles mögliche andere und inzwischen auch als schicke Ingredienz von Cocktails, mit denen sich Wohlbetuchte zuprosten. Die Pilze selbst sind Parasiten, die im Boden lebende Raupen infizieren, töten und leerlutschen. Am Ende formieren sich die Pilzfäden zu einer Hülle, die ungefähr die Form der einstigen Raupe einnimmt. Ein Pilz, der so etwas tut, kann nur potent sein.

Ein großer Nachteil der Zunahme von reichen Leuten in Ostasien oder sonst wo ist, dass die Nachfrage nach Haiflossen, Totoabaschwimmblasen, Nashornpulver, Raupenpilzen und die Menge der getrockneten Naturprodukte immer größer wird, während die Wildbestände schrumpfen. Bereits zehn Jahre nach der Jahrtausendwende hatten diese Naturprodukte Preise in

Höhe des halben bis doppelten Wertes der gleichen Menge an Gold erzielen können.

Man kann sich leicht ausmalen, wie schwierig es wird, die durch legalen und illegalen Handel bedrohten Amphibien, Reptilien, Säugetiere, Fische, Pflanzen und Pilze, die alle eine zwar kulturelle, aber aus der Sicht von westlich geprägten Ignoranten und asiatischen Naturschützern doch vollkommen irrwitzige Bedeutung haben, auf Dauer vor dem Aussterben zu bewahren.

Darf man Kulturen in anderen Teilen der Erde, für die man kein Verständnis aufbringen möchte, eigentlich kritisieren? Oder sollte man sich damit vornehm zurückhalten, weil eine fremde Kultur von außen nicht immer leicht zu verstehen ist? Aus wissenschaftlicher Sicht gibt es für eine kategorische Zurückhaltung in der internationalen Kulturkritik eigentlich kein hinreichendes Argument. Die Biodiversitätskonvention (CBD) wurde von fast allen Nationen der Erde unterzeichnet und auch viele Menschen innerhalb der Länder lehnen die Bedrohung von Arten durch ihre Landsleute ab, unabhängig von der Frage, ob die Produkte von heimischen oder gebietsfremden Arten stammen.

5.3 Gibt es ein Insektensterben?

Eigentlich müssten wir schon längst immun sein; es gab das Waldsterben und das Ulmensterben, das Seehundsterben und die Vogelgrippe, das Fichtensterben und das Eschensterben, und jedes Mal hätte es ausgesprochen dramatisch enden müssen, wenn wir den Prognosen immer Glauben geschenkt hätten.

Aber man sieht grüne Bäume im Wald, hört Vögel, die fröhlich zwitschern, und auf der Sandbank am Nordseestrand dösen große Herden von Seehunden vor sich hin. Und nun soll es das Insektensterben geben, obwohl in jedem Garten Bienen, Hummeln, Käfer, Wespen, Schmetterlinge und Fliegen umherschwirren. Lästige Tigermücken, der Asiatische Laubholzbock und andere unangenehme Migranten kommen noch dazu. Wie sieht die Bilanz nun wirklich aus. *To bee or not to bee?*

Insekten sind die mit Abstand artenreichste Gruppe der Erde. Mehr als 60 Prozent aller beschriebenen Arten sind Insekten. Darüber hinaus ist anzunehmen, dass zusätzlich noch die eine oder andere Million hinzukäme, wenn man alle noch nicht beschriebenen Arten hinzurechnen würde.

Beim Autofahren geht der Trend zur anwenderfreundlichen, sauberen Frontscheibe. Positive Nachricht: Es sterben weniger Insekten im Straßenverkehr! Das ist ein schönes und dennoch wenig überzeugendes Bild, da die Zahl der Leichen auf der Scheibe kein geeigneter Maßstab ist, um einschätzen zu können, wie groß die Insektenpopulationen tatsächlich sind.

Man wird auch nur noch selten von Insekten gestochen, wenn man nicht gerade durchs Moor stapft oder sich vor das Ausflugloch von Hornissen stellt. Da muss man lange suchen – die Moore und Hornissen. Auch das kann man positiv sehen, denn die mit dem Stich zusätzlich verabreichten Pestizidrückstände möchte man sicherlich nicht regelmäßig unter die Haut gepflanzt kriegen.

Weltweit gehen die Insekten vor allem aufgrund der landwirtschaftlichen Nutzung, der Abholzung von Wäldern, der Urbanisierung und der Schädigung von Ökosystemen durch die chemische Keule zurück. Rückgang bedeutet in diesem Fall in erster Linie Masse in Kilogramm und in zweiter Diversität, Zahl der Arten. Globale Indikatoren weisen auf einen 40-prozentigen Rückgang über einen Zeitraum von 40 Jahren hin.

In Europa gibt es keine artenreichen tropischen Wälder und die Waldfläche wird hier auch nicht kleiner. Der wichtigste Grund für den Rückgang der Insekten in Europa sind die Pestizide und der Verlust an natürlichen und halbnatürlichen Ökosystemen.

Die weltweit eingesetzte Menge an Pestiziden stieg von 2,3 Millionen Tonnen im Jahr 1990 auf 4,1 Millionen Tonnen im Jahr 2017. Im selben Zeitraum steigerte sich der Verbrauch in Deutschland nicht um 80 Prozent wie der weltweite Durchschnitt, sondern nur um 54 Prozent, von 31.000 auf 48.000 Tonnen.

In Nordrhein-Westfalen, Rheinland-Pfalz und Brandenburg sind die Insekten in Naturschutzgebieten zwischen 1989 und 2016 mengenmäßig um 76 Prozent zurückgegangen. Im selben Zeitraum boomte die Produktion und der Einsatz von Neonicotinoiden. Das ist eine Gruppe hochwirksamer Insektenvertilgungsmittel, die es vorher nicht gab.

Besonders interessant ist aber die Tatsache, dass es, abgesehen von wenigen empirischen Daten, tatsächlich nur sehr wenige belastbare Analysen zu dieser Frage gibt. Die Agrarlobby hat auch gleich vermeldet, dass ein Zusammenhang zwischen dem Rückgang der Insekten, Vögel, Amphibien und Fledermäuse und dem Ausbringen von Pestiziden wissenschaftlich nicht belegt sei, zumal auch einige Populationen angewachsen sind. Man müsse davon ausgehen, dass es sich beim Rückgang all dieser Arten und Artengruppen um einen Komplex von vielen Ursachen handele, um einen Ursachenkomplex; das ist dann immer der Ausdruck der Wahl. Das müsse noch genauer untersucht werden, die Erhebungen in Deutschland wurden ausschließlich in Naturschutzgebieten vorgenommen, wo nicht gespritzt würde, und nicht im Ackerland, wo gespritzt wird, von Hobbyinsektenkundlern aus Krefeld zudem.

Die meisten Insekten können fliegen und bei dieser Analyse wurden nur Fänge von fliegenden Insekten berücksichtigt. Manchmal fliegen sie vom Naturschutzgebiet zum Acker oder auch vom Acker ins Naturschutzgebiet, obwohl das schwer werden könnte nach dem Giftcocktail. Genau deswegen werden es ja immer weniger Insekten, auch in den Naturschutzgebieten wohlgemerkt. Und außerdem waren einige Naturschutzgebiete keine Naturschutzgebiete im engeren Sinne, sondern Landschaftsschutzgebiete. Und dort gibt es durchaus Ackerland und konventionelle Landwirtschaft. Die Ergebnisse dieses Entomologischen Vereins in Krefeld wurden auf höchstem Niveau wissenschaftlich analysiert; es gibt da nichts zu deuteln.

Tatsächlich sind wir von Rachel Carsons stummem Frühling – *Silent Spring* – noch weit entfernt. Die Masse der Insekten ist für den akustischen Background der Natur in aller Regel auch nicht so bedeutsam wie das Singen von Vögeln, das Trompeten der Kraniche oder das Quaken von Fröschen. Insekten zirpen, klopfen, pochen, summen, geben knabbernde oder überhaupt keine Geräusche von sich und brüllen nicht lauthals wie am Spieß, wenn es ihnen schlecht geht. Nur wenige Zikaden können richtig laut werden. Das Insektensterben vollzieht sich schleichend, und natürlich sind auch nicht alle Arten betroffen. Es gibt immer weit verbreitete Profiteure der zerstörerischen Maßnahmen von Menschen, auch unter den Insekten. So ist das mit fast allen Veränderungen in der Landschaft. Irgendwelche Arten nehmen dann zu, zum Beispiel Borkenkäfer, wenn Bäume sterben.

Roundup (Glyphosat) ist eigentlich ein Totalherbizid, das Gift für grüne Pflanzenteile. *Eigentlich* heißt, dass es gentechnisch veränderte Pflanzen wie Mais, Soja oder Baumwolle, aber inzwischen auch einige Wildkräuter gibt, die gegen Roundup resistent sind. Das Spritzmittel verursacht Kollateralschäden und ist für Regenwürmer, Amphibien und anderes Getier immer noch ziemlich giftig. Insekten sind direkt weniger betroffen und sie fallen meistens auch nicht gleich tot zu Boden. Aber sie torkeln dann doch gelegentlich verwirrt durch die Landschaft wie der Alkoholiker am Schuppen, der sich übergeben muss und zum Fahrradfahren nicht mehr in der Lage ist. Man kann dieses Pestizid allerdings auch nicht überall nachweisen, zum Beispiel dort nicht, wo es nicht gezielt gesucht oder untersucht wird.

Eine direkte Folge des Insektensterbens ist die rückläufige Bestäubung von Blütenpflanzen und ein Rückgang des Fruchtansatzes – auch bei den Nutzpflanzen. Imker hatten sich schon lautstark und in für die pestizidproduzierenden Global Player geschäftsschädigender Weise zu Wort gemeldet und den Zusammenhang von Massen toter Bienen mit der Ausbringung von Pestiziden gerichtlich bestätigen lassen. Sie sind dann nach Entschädigungszahlungen wieder verstummt – *Silent Summer Time of Beekeeping.* Natürlich mussten sie sich gegen gehörige Zahlungen verpflichten, den Mund zu halten.

Ein verringerter Fruchtansatz durch das Fehlen von Bestäubern betrifft aber auch viele Wildpflanzen, und es wird sich zeigen, ob uns diese noch erhalten bleiben, wenn sie weniger Nachkommen erzeugen können. Und auch Vogelarten, die sich hautsächlich von Insekten ernähren, gehen inzwischen stark zurück. Am stärksten sind dabei Arten der extensiv genutzten Äcker, Trockenrasen, Wiesen, Weiden und halboffenen Landschaftseinheiten betroffen.

Am 25. Oktober 2017 war einer der vielen Tage der Wahrheit in Brüssel gewesen. Die EU musste sich entscheiden, ob sie Glyphosat weiterhin zulässt oder ob sie zu einer Selbstreinigung im Sinne der Umwelt und Gesundheit in der Lage sein würde. Der Termin wurde dann zunächst verschoben.

Wenn die Menschen in Europa immer weniger Verständnis für die Machenschaften in Brüssel aufbringen, dann liegt das auch an den unendlich vielen undurchschaubaren Gesprächen, die in weiter Ferne und in irgendwelchen Besprechungszimmern stattfinden. Zum Schluss war dann die eine Stimme aus Deutschland entscheidend, und der Bundeslandwirtschaftsminister hat in einer Nacht-und-Nebel-Aktion für die Verlängerung und gegen die Absprachen innerhalb der eigenen Regierung gestimmt. Das war dann undemokratisch und unwiderruflich rechtswirksam für weitere fünf Jahre. Inzwischen hat sich eine Glyphosate Renewal Group formiert, die 2019 eine Verlängerung der Anwendung über 2022 hinaus formal beantragt hat.

Vielen großen Konzernen ist es möglich, wissenschaftlich aufwendige und hochkarätige Forschung zu initiieren. Und plötzlich geht es auch in der Wissenschaft nicht mehr nur um das Problem der Insektizide, insbesondere Neonicotinoide, oder um andere Pestizide, die das Insektensterben verursachen, sondern es werden zusätzliche Faktoren ins Spiel gebracht, die Varoa-Milbe, Neozoen, nicht sachgerechter Einsatz der Pestizide, Strukturmaßnahmen in der Landwirtschaft, der Transport von Bienen, zu milde Winter etc. Schaut man zum Beispiel unter »Bienensterben« oder »Insektensterben« bei Wikipedia im Internet nach, dann kann man sich des Eindrucks nicht erwehren, dass die Industrie mit ihrer Politik der systematischen Produktion von Ablenkung und Verwässerung hier ganze Arbeit geleistet hat.

Die Lobby der Agrarindustrie streitet überhaupt nicht ab, dass Neonicotinoide extrem effektiv sind. Genau dafür werden sie ja eingesetzt. Aber man kann geradezu beobachten, wie die weit über den Acker hinausgreifende Wirkung der Insektizide heruntergespielt wird, indem eine Veröffentlichung nach der anderen zu möglichen anderen Ursachen dazukommt.

2020 wurde eine viel diskutierte Metastudie veröffentlicht, die wenigstens für die USA Entwarnung gab. Der Titel lautet übersetzt: *Kein Nettorückgang der Masse und Diversität von Insekten in Langzeit-Monitoringflächen der USA*. Diese vom Landwirtschaftsministerium und der Agrarlobby in den Vereinigten Staaten geförderte Studie ist fachlich so sehr mit Mängeln behaftet, dass es nahegelegen hätte, sie schlicht nicht zu erwähnen. Die Fachzeitschrift ist allerdings eine angesehene, und die Studie wird in der Wissenschaft gut zitiert. Es bleibt die alte Frage, ob man sich derartigen Argumenten stellen soll oder besser nicht darauf eingeht, weil allein die Diskussion zur Aufwertung der bewusst irreleitenden Lobbyarbeit im Wissenschaftsbetrieb führen würde. Die Studie soll nun aber doch wenigstens kurz angesprochen werden, um an einem Beispiel zu zeigen, wie Ökonomie mittlerweile Einfluss auf Wissenschaft im Umweltbereich nimmt.

Die Autoren der besagten Studie arbeiten an Hochschulen, in Behörden, an Empfehlungen zum Schutz der Bienen und als Berater für die Industrie – zum Teil parallel. Eine Autorin gab zu ihrem Profil das Arbeitsgebiet »Plant protection and animal health« an, ein Euphemismus für die Erforschung von Agrochemikalien. Alle haben in der üblichen Ethikdeklaration angegeben, keine konkurrierenden Interessen zu vertreten; natürlich nicht, denn ohne Zweifel arbeiten sie im eigenen Interesse, welches Auftragsforschung nicht ausschließt und mit dem Interesse der Arbeitgeber übereinstimmen dürfte.

Wenn mithilfe einer Untersuchung gezeigt werden soll, dass sich in der Summe nichts geändert hat, dann muss man den Verlust auf der einen Seite nur mit der entsprechenden Zunahme auf einer anderen in Beziehung setzen, zum Beispiel den Rückgang von Schmetterlingen mit der Zunahme von Borkenkäfern oder den Rückgang heimischer Arten mit der Zunahme invasiver Neozoen. Die Autoren haben im Methodenteil der Veröffentlichung unverblümt darauf hingewiesen, dass sie heimische und nicht heimische Arten bei ihren Vergleichen und Zählungen nicht unterschieden haben.

Mehr als die Hälfte der analysierten Zeitreihen in dieser Veröffentlichung beziehen sich auf Bodenarthropoden in Städten Arizonas und Blattläuse im Farmland im mittleren Westen. Das sind Gruppen, von denen schon bislang nicht angenommen wurde, dass sie zu den Risikogruppen gehören würden. Städte wachsen und damit auch die Insektenpopulationen, die in urbanen Räumen zu leben in der Lage sind. Fliegende Insekten, die meisten also, wurden in dieser Studie kaum berücksichtigt. Und dort, wo sie berücksichtigt wurden, konnte in aller Regel ein klarer Rückgang wie in Europa festgestellt werden, zum Beispiel bei Schmetterlingen, Motten und Heuschrecken. Im

Gegenzug würden sich dann allerdings zum Beispiel Winkerkrabben, Flusskrebse, Muscheln und auch Zecken mit ihren acht Beinen dagegen verwahren, zu den Insekten zu gehören. Und auch diese wurden in die Berechnungen einbezogen. Es wurden also viele Insektengruppen gar nicht in die Untersuchungen einbezogen und zum Ausgleich wurden Gruppen, die nicht zu den Insekten gehören, hinzugenommen – alles unter der Überschrift *Kein Insektensterben in den USA*. In dieser Studie wurden einfach unglaublich viele Zeitreihen miteinander kombiniert, um ein Nullsummenspiel belegen zu können. Und wenn Zeitreihen zum Beispiel nur vier Jahre abdecken, kann man daraus statistisch sauber ohnehin keinen Trend ableiten. Aber auch das hat dieses Expertengremium nicht gestört. Sie haben die Zahlen in einen größeren Zusammenhang gestellt und einfach aufsummiert.

Die Studie hat im Sinne moderner Agnotologie alles richtig gemacht. Sie verwässert, setzt die Zu- und Abnahme ausgewählter Gruppen miteinander in Beziehung und stellt auf diese Weise das Insektensterben infrage. Und wenn es in den USA kein Insektensterben gibt, wie hier angeblich nachgewiesen werden konnte, dann wird damit natürlich auch der weltweite Trend infrage gestellt, alles halb so schlimm. Eine neuere Metastudie aus dem Jahr 2020 unter Federführung des Deutschen Zentrums für integrative Biodiversitätsforschung in Leipzig konnte dann zeigen, dass es durchaus auch in den USA ein ernst zu nehmendes Insektensterben gibt.

Das Insektensterben darf in den USA, Europa und weltweit also weitergehen, mit ein, zwei oder drei Prozent Insekten weniger pro Jahr? Die Ursachen und Zusammenhänge sind hinlänglich bekannt und doch geht es einfach immer weiter.

5.4 Amphibiensterben und Match4Romeo

Was könnte rechtfertigen, Urin von Frauen in lebendige Frösche zu injizieren? Amphibien gehören global zu den am stärksten bedrohten Organismengruppen, vermutlich auch *infolge* eines sehr speziellen Vorgangs, bei dem genau dies geschehen ist.

Die Geschichte beginnt damit, dass der Brite Lancelot Hogben in der 1930er-Jahren einen recht zuverlässigen Schwangerschaftstest entwickelt hatte. Bis in die 1960er-Jahre wurden die entsprechenden Froschtests mithilfe von Apothekerfröschen (*Xenopus laevis*) zur Schwangerschaftsfrüherkennung verwendet. Weiblichen Tieren dieser in Afrika heimischen Art wurde Urin von Frauen unter die Haut gespritzt; im Fall einer Schwangerschaft gaben die Froschweibchen dann 12 bis 18 Stunden später Laich ab. Doch mit der weltweiten Ausbreitung der Methode, der entsprechenden Exporte dieser Tierart in viele Regionen der Erde, mit von der Partie Chytridpilz-Erkrankungen (durch *Batrachochytrium dendrobatides* beziehungsweise *B. salamandrivorans*), von denen die Tiere oft heimgesucht wurden, ist gleichzeitig auch eine der größten und schlimmsten Pandemien für Amphibien ausgelöst worden, denn Chytridpilze befallen die empfindliche Haut vieler Amphibienarten oft mit tödlichem Ausgang.

Die Folge davon war, dass nicht nur ganze Populationen, sondern eine Reihe von Arten ausstarben. Über 600 weitere Arten sind vom Aussterben bedroht, etwa zehn Prozent der Amphibien insgesamt. Die Bedeutung des Pilzbefalls wurde immer wieder kontrovers diskutiert. Dass Chytridpilze Amphibienpopulationen dezimiert haben, Amphibienarten ausgestorben sind und viele weitere Arten massiv vom Aussterben bedroht sind, ist mittlerweile allerdings unstrittig.

In einigen Gebieten der Tropen werden vom Pilz befallene Kröten und Frösche zum Zweck der Arterhaltung nunmehr klinisch behandelt. Dabei stellt sich immer wieder die Frage, ob beziehungsweise wann man in Quarantäne gehaltene Frösche nach einer Behandlung mit Antibiotika wieder aussetzen kann. Eine Parallele zur Coronapandemie ist offensichtlich.

Romeo hieß der bis 2019 einsamste Frosch der Erde. Er lebte zehn Jahre lang allein und als der mutmaßlich letzte Genosse seiner Art (*Telmatobius yuracare*) in einem Naturmuseum in Bolivien.

Doch dann wurde im Internet eine spektakuläre Sammelaktion gestartet, um eine Froschdame namens Julietta für Romeo finden zu können – *Match4Romeo*. Diese weltweit beachtete Kampagne brachte genügend Geld (etwa 25.000 Dollar) zusammen, dass eine internationale Expedition gestartet werden konnte, um nach Artgenossen Ausschau zu halten. Die Froschart lebt nur in einem einzigen Flusstal der bolivianischen Anden. Immerhin fünf weitere Exemplare der Art konnten bei der anschließenden wissenschaftlichen Expedition entdeckt und gesammelt werden. Dadurch wurde es ermöglicht, dem einsamen Männchen ein Weibchen zur Seite zu stellen. Man wusste auf der anderen Seite nun aber auch, dass die Art in der Wildnis noch vorhanden ist.

Es ist bislang nicht genau bekannt, welche Bedeutung der Chytridpilz als Bedrohungsfaktor neben weiteren Faktoren – Verlust an Lebensraum, ausgesetzte Forellen, Gewässerverschmutzung – für diese Amphibienart haben könnte. Alle gesammelten Tiere wurden deshalb vorsorglich veterinärmedizinisch gegen die Pandemie (Chytridiomykose) behandelt.

5.5 Verantwortungsarten

Etwa seit der Jahrtausendwende wird das Augenmerk vermehrt auf Arten gelegt, für die Deutschland eine besondere Verantwortung zu tragen bereit ist, zum Beispiel weil sie nur in Deutschland vorkommen oder weil Bestandsrückgänge innerhalb Deutschlands auch Auswirkungen auf den Weltbestand haben könnten. Anfangs umfasste die Liste 25 Tiere und 15 Pflanzenarten, mittlerweile sind fast 500 Taxa als Verantwortungsarten gelistet. Federführend ist das Bundesamt für Naturschutz.

Das Etikett »Verantwortungsart« stellt eine Ergänzung zum Label »Rote-Liste-Art« dar. Viele Arten werden in beiden Kategorien geführt. So ist der Tide-Wasserfenchel (*Oenanthe conioides*) zum Beispiel in den Roten Listen für Gefäßpflanzen in Niedersachsen, Hamburg, Schleswig-Holstein und Deutschland aufgeführt, gehört darüber hinaus aber auch zu den Verantwortungsarten. Die Art gibt es weltweit nur an der Tideelbe bei Hamburg, die Gesamtpopulation ist extrem klein und durch Baumaßnahmen und Elbvertiefungen nach wie vor existenziell bedroht – der »Panda« von Hamburg.

Auch relativ häufige Arten wie der Rotmilan (*Milvus milvus*), der in Norddeutschland zu den häufigsten Greifvogelarten gehört, werden dazugerechnet. Rotmilane haben einen eindeutigen Verbreitungsschwerpunkt in Deutschland und ihr Gesamtbestand schrumpft derzeit global und national.

Es sind aber auch überregional verbreitete Arten aufgeführt, die immer seltener werden, auch wenn das Verbreitungszentrum nicht unbedingt in Deutschland oder Mitteleuropa liegt. Dazu gehört zum Beispiel die Flussperlmuschel (*Margaritifera margaritifera*). In Schweden gibt es Flussperlmuscheln, die 280 Jahre alt sind. Im Westerwald sind alle Tiere 60 Jahre oder älter. Hier hat also seit 60 Jahren keine Verjüngung mehr stattgefunden. Die besondere Biologie dieser Tierart bringt es mit sich, dass ganz besondere ökologische Bedingungen zum Leben erfüllt sein müssen. Winzige Jugendformen leben zunächst parasitisch für zehn Monate in den Kiemen von Forellen, Huchen oder Lachsen. Danach leben sie für etwa sieben Jahre verborgen im Flussbett zwischen den Kieseln. Für den Rest des Lebens kommen sie an die Oberfläche des Gewässeruntergrunds und leben dort stationär. Von Anfang an stellen sie einen hohen Anspruch an die Wasserqualität und Gewässerstruktur.

Auch der Feuersalamander (*Salamandra salamandra*) steht auf der Liste der Verantwortungsarten. Bei den nachtaktiven Feuersalamandern sind Friedhöfe am Rande von großen Altwäldern wegen der nächtlichen Ruhe, der Luftfeuchte, des Strukturreichtums und aufgrund sicherer Wasserstellen ein besonders beliebter Lebensraum. Man kann sich leicht vorstellen, dass es derartige topographisch und ökologisch bedeutsame Friedhöfe nicht häufig gibt. Zum Glück gibt es Feuersalamander aber nicht nur dort.

Noch nicht enthalten sind beispielsweise Arten, die früher in Deutschland vorkamen, inzwischen aber verschollen sind. Das ist vor allem bedauerlich, wenn die Art in benachbarten Regionen noch vorkommt, es ihnen aber auch dort zunehmend schlechter geht. Es wäre sicherlich an der Zeit, auch für diese vertriebenen und einst heimischen Arten Verantwortung zu übernehmen oder sie zumindest als Verantwortungsarten zu listen. In einigen Fällen gibt es bereits Maßnahmen zur Wiederansiedlung, auch wenn eine Art noch nicht in der Liste der Verantwortungsarten aufgeführt ist. Zu den in Deutschland nicht mehr vorkommenden Arten gehören zum Beispiel der Flutende Wasserfenchel (*Oenanthe fluviatilis*), die Langflügelfledermaus

(*Miniopterus schreibersii*), die Blauracke (*Coracias garrulus*) und der Europäische Stör (*Acipenser sturio*).

80 Prozent der Störarten sind vom Aussterben bedroht. Sie gehören damit zu einer der am stärksten gefährdeten Tiergruppen weltweit. Die Gesamtpopulation adulter Wildtiere vom Europäischen Stör wird auf 20 bis 750 Individuen geschätzt. Die Art war bereits vor einigen Jahrhunderten, möglicherweise aufgrund klimatischer Abkühlung während der kleinen Eiszeit, auf dem Rückzug, während der Atlantische Stör in der Ostsee zunahm. Die Tiere, die im 19. Jahrhundert noch in Ostdeutschland und in der Ostsee vorkamen, waren keine Europäischen, sondern Atlantische Störe (*Acipenser oxyrinchus*) gewesen, wie mit gentechnischen Methoden erst nach 2000 nachgewiesen werden konnte. Vom Europäischen Stör befindet sich das vermutlich letzte Laichgebiet in der Gironde in Frankreich. Zu den Problemen für diese Art gehören Flussbegradigungen und Vertiefungen, der Kiesabbau im Flussbett, Staustufen, Deiche in und an Flüssen, die Verschmutzung und der Fischfang. Eine zunehmende Erwärmung dürfte für diese Art kein Problem darstellen, denn das Temperaturoptimum liegt mit 20 Grad Celsius deutlich über dem des Atlantischen Stör (13 bis 18 Grad). Mittlerweile werden erhebliche Anstrengungen unternommen, um die ökologischen Bedingungen aus acipensologischer Sicht zu verbessern. Dazu gehören die Aufzucht und Auswilderung von Jungtieren sowie die Wiederherstellung ökologisch günstiger Bedingungen in potenziellen Laichgebieten, unter anderem in der Elbe. Mit ersten Rückkehrern aus dem Nordostatlantik ist nicht vor 2023 zu rechnen, denn die Geschlechtsreife wird erst mit circa 12 bis 18 Jahren erreicht. Während dieser Zeit ist es leider nicht unwahrscheinlich, dass die erwachsenen Tiere als Beifang im Netz landen. Geschlechtsreife Störe sind etwa so groß wie erwachsene Menschen (anderthalb bis zwei Meter lang), und sie sind ebenfalls nicht besonders flink.

5.6

Kulturpflanzen schreiben Weltgeschichte – Kartoffeln, Hartweizen, Kaffee

Das Beispiel von drei Kulturpflanzen mag veranschaulichen, wie sehr unser Leben und Wohlbefinden, die Nahrungsaufnahme, Kommunikation und kulturelle Handlungen von den Ökosystemdienstleistungen und einzelnen Arten abhängig sein können. Und auch wenn die folgenden Ausführungen deutlich über die einfache Sachanalyse der Ökologie dieser Pflanzen hinausgehen, so wäre dennoch kein einziger der dargestellten kulturellen Aspekte inklusive der Ausführung selbst ohne die ökologischen Rahmenbedingungen und Prozesse im Wuchsgebiet dieser drei Pflanzen möglich. Diese Kulturarten haben Weltgeschichte geschrieben. Zwei von ihnen sind Grundnahrungsmittel, die dritte ist ein Luxusartikel. Kaffee ist wie viele andere Getränke mit einer frohmütig stimmenden Attitüde zur Aufrechterhaltung von Körperfunktionen nicht notwendig.

Im Jahr 1537 hatten Spanier Kartoffeln (*Solanum tuberosum*) in einem Dorf in den kolumbianischen Anden kennengelernt. Wegen der Ähnlichkeit mit Süßkartoffeln wurden sie zunächst als *patatas* bezeichnet, aus dem das englische Wort *potatos* hervorging. Heutzutage gibt es in Spanien *batatas* (Süßkartoffeln) und *patatas*. Auf den Kanarischen Inseln wird vermutlich auch wegen der damaligen Schiffsverbindung nach Südamerika wie in Lateinamerika und der Karibik immer noch das ursprüngliche Wort *papa* (quechua) verwendet. In Italien wurde die Knolle wegen der Ähnlichkeit zu Trüffeln als *tartufulo* bezeichnet, von dem sich das deutsche Wort *Kartoffel* ableitet.

Weil der Genuss der oberirdischen Früchte erhebliche Bauchschmerzen verursachte, entwickelten sich Vorurteile, und die Kartoffel galt in Deutschland sehr schnell als Giftpflanze. Vermutlich auch aus diesem Grund begann der Anbau auf größeren Flächen hierzulande erst im 18. Jahrhundert. Bis zur Mitte des 20. Jahrhunderts wurde die Kartoffel dann neben dem Brot als stärkereiches Grundnahrungsmittel genutzt, und eine Missernte im Kartoffelanbau konnte sehr schnell Hunger im Winter nach sich ziehen.

Die Bevölkerung auf der Insel Irland wuchs zwischen 1760 und 1840 von anderthalb auf neun Millionen Menschen an, also auf das Sechsfache. Etwa im selben Zeitraum zwischen 1760 und 1850 gab es mehr als 25 Missernten im Kartoffelanbau und Hungerkatastrophen. Allein im Jahr 1821 starben vermutlich 250.000 Menschen in Irland infolge des Hungers. Sowohl das Bevölkerungswachstum als auch die Hungersnöte in diesem Zeitraum werden auf die Ernteerfolge beziehungsweise Missernten bei den Kartoffeln zurückgeführt.

Kartoffeln können in fast allen Jahreszeitenklimaten außerhalb der Arktis und Tropen angebaut werden, Bodenfrost vertragen sie allerdings nicht. Aus diesem Grund werden sie bei uns immer erst im Frühjahr gesetzt oder in Gewächshäusern vorgezogen. *Jersey Royals* und andere Kartoffelsorten von den Kanalinseln zum Beispiel, wo die Winter mild und frostfrei sind, kommen schon im März in den Handel.

Inzwischen gibt es eine ganze Reihe von Fertigprodukten wie Pommes frites, Kartoffelspalten, Schupfnudeln – die im Süden der Republik auch als Bubenspitzle bezeichnet werden – oder Kroketten mit höheren Anteilen von Kartoffeln oder Kartoffelstärke. Der Verzehr von gekochten Kartoffeln ist in Deutschland inzwischen stark zurückgegangen, während andere energiereiche Beilagen wie Pasta deutlich zugelegt haben. Mit Blick auf die Gesundheit ist das ein wenig bedauerlich, denn Kartoffeln sind allemal reicher an wichtigen Inhaltsstoffen als zum Beispiel Reis, Nudeln, Hirse, Yams oder Maniok.

Die Komposition der Inhaltsstoffe entspricht ganz grob einer Mischung aus stärkereichen Grundnahrungsmitteln und vitaminreichem Gemüse. Servierfertige Pommes haben etwa so viel Vitamin C wie rohe Mandarinen. Das liegt auch daran, dass sie weniger Wasser als rohe Kartoffeln haben. Vitamin C ist darüber hinaus hitzebeständiger und Mandarinen haben weniger Vitamin C als häufig angenommen wird.

Bis in die 1990er-Jahre wurden Kartoffeln hauptsächlich in Europa, Nordamerika und Ländern der ehemaligen Sowjetunion angebaut und verzehrt. Seitdem haben sich die Relationen verschoben. Die Produktion und der Konsum in Asien, Südamerika und Afrika haben stark zugelegt. Mehr als die

Hälfte der Kartoffeln werden inzwischen in Asien – globaler Spitzenreiter ist China – und Ozeanien produziert.

Der Pro-Kopf-Verbrauch ist in Europa immer noch größer als in anderen Teilen der Erde, er ist aber beispielsweise in Deutschland jahrzehntelang immer weiter zurückgegangen. 1950 lag er bei über 180 Kilogramm pro Kopf und Jahr, heutzutage liegt er bei unter 60 Kilogramm. Die Briten verzehren fast doppelt so viele Kartoffeln und Belarussen das Dreifache. Mehr als die Hälfte des Konsums in Deutschland bezieht sich inzwischen auf verarbeitete Erzeugnisse wie Kartoffelchips oder Pommes, während Kartoffeln in alter Zeit überwiegend gekocht und als Salzkartoffeln verzehrt wurden.

Durch den Trend hin zu regionalen Bioprodukten und Sortenvielfalt scheint die Liebe zur Kartoffel derzeit wieder ein wenig zuzunehmen.

Wenn es Dinge häufig gibt und sie kostengünstig zu erwerben sind, wird ihre Bedeutung oft nicht hinreichend gewürdigt. Die Kartoffel wird von Jugendlichen mit Vorfahren aus anderen Ländern angeblich als Schimpfwort für die Eingeborenen in Deutschland verwendet. Als Bewohner des norddeutschen Tieflandes empfindet man die Schimpfworte »Sauschwob« oder »Saupreiß« vielleicht nicht so schlimm wie andere der Beleidigung dienende Zuschreibungen, zum Beispiel »Vollpfosten« oder »Dösbaddel«, während die Kartoffel als Schimpfwort eher gar nicht funktioniert und höchstens ein ungläubiges Achselzucken verursacht. Bei der *Goldenen Kartoffel* sieht es allerdings ein wenig anders aus.

Die *Goldene Kartoffel* ist ein Negativpreis der Medien für besonders einseitige oder missratene Berichterstattung über Aspekte der Einwanderungsgesellschaft. Vielleicht leitet sich dieser Preis in irgendeiner Weise von dem Spruch mit den dümmsten Bauern und den dicksten Kartoffeln ab, nach Aussage der Geschäftsführung der Neuen deutschen Medienmacher*innen auf jeden Fall aber auch von der Tatsache, dass die Kartoffel selbst eine Einwanderungsgeschichte habe. Es war ihnen also klar gewesen, dass der Lebensraum der Kartoffel im Lauf der Kulturgeschichte ausgeweitet wurde. Die Begründung widerspricht dem Leitbild der Jury allerdings in eklatanter Weise, denn die kulturhistorische Bedeutung der Kartoffel mit Migrationshintergrund in fast allen Teilen der Erde wird trotz der enormen kulinarischen Vielfalt durch diesen Medienpreis in vollkommen inakzeptabler Weise herabgewürdigt. Wie ist es möglich, dass Menschen, die vehement für die Gleichbehandlung von Ethnien und gesellschaftlichen Gruppen eintreten, sich mit Blick auf die Natur, Gesundheit, Ernährung und andere Lebewesen so offen otheringaffin und ignorant geben? Ein wenig mehr Zurückhaltung und Respekt vor Diverskulturellen in der Natur von medialer Seite wäre ab und zu sicherlich angebracht.

Makkaroni, Spaghetti und andere Pasta werden heutzutage fast ausschließlich aus Hartweizen (*Triticum durum*) hergestellt, einer Art, die in sommerwarmen und gleichzeitig niederschlagsarmen Gebieten vor allem im Mediterranraum und in Vorderasien angebaut wird und nur als Kulturpflanze bekannt ist. Diese Pflanze liefert weltweit etwa zehn Prozent aller Weizenerzeugnisse. Damit ist sie die nach dem Saatweizen (*Triticum aestivum*), der vor allem Brotgetreide liefert, bedeutendste Weizenart.

Die Produktbezeichnungen »Makkaroni« und »Spaghetti« stehen beispielhaft für Begriffe, die sich auf ihrer weiten Reise von den Orten ihrer Entstehung und ihrem regionalen Bezug emanzipiert haben und inzwischen weltweit vermarktet werden.

Makkaroni sind relativ breite, hohle Teigwaren – Röhrennudeln. Der Begriff kommt ursprünglich aber nicht aus dem Italienischen, wie man vermuten könnte, sondern aus dem Griechischen. Er leitet sich von einem grützeartigen Gericht aus Gerste (*Hordeum sativum*) ab, *makara*, das bei Beerdigungen verspeist wurde. *Makaroneia* war in der griechischen Antike der »Totengesang«. Und auch wenn man beim Anblick von Makkaroni möglicherweise an die blassen Extremitäten aufgebahrter Leichen denken könnte, so ist der Bezug wenig wahrscheinlich und die Assoziation greift deutlich über den Tellerrand hinaus, weil die Nudeln erst im Italien des 18. Jahrhunderts ihre Liaison mit dem Begriff antraten. Im alten Griechenland müssen es daher andere Zutaten gewesen sein. Auch Sizilien war einst griechischsprachig gewesen. Dort gab es bereits im 12. Jahrhundert *Maccaruni* am Hof des Königs.

Die vorerst letzte Überleitung erfuhr der Begriff, indem er von den gebogenen Röhrennudeln in Italien auf die geraden in Deutschland übertragen wurde. Die geraden waren ursprünglich *Bucatini* und nur die krummen hießen Makkaroni. In Italien ist das noch immer so.

Der Name »Spaghetti« leitet sich von *spacus* ab, lateinisch für »Bindfaden«, dann auch von italienisch *spago* (Schnur), *spaghetto* (Schnürchen) beziehungsweise *spaghetti*, mehreren davon. Italiener essen die Spaghetti nur mit einer Gabel und selbstverständlich gekonnt ohne Messer oder Esslöffel. Die Gabel wird dabei einhändig, flink und pirouettengleich am Tellerrand gezwirbelt. Das ist in Italien Standard, und Zugereiste – zum Beispiel aus dem Norden Europas –, die sich nach einem zusätzlichen Esslöffel erkundigen, sind zumeist Touristen und werden bedauert oder freundlich angelächelt oder beides.

Blümchenkaffee wird auch als »Bodenseekaffee« bezeichnet. Kaffee, Hühnereier und Butter sind im Laufe der Zeit nur unwesentlich teurer und gemessen am Durchschnittseinkommen immer kostengünstiger geworden. Früher haben Frauen – es waren meistens Frauen gewesen – nicht ohne Stolz erwähnt, wie viele Eier im Kuchen verbacken worden sind. Heutzutage kann uns aufgrund dieser Information, verbunden mit der Assoziation von eng zusammengepferchten Legehennen mit aggressiv verunstalteten Pavianpopos, ein wenig mulmig werden. Starker Kaffee aus echten Bohnen war in der zweiten Hälfte des letzten Jahrhunderts ein Symbol des Wohlstands – neben dem Silberbesteck. Wurde er zu dünn aufbereitet, sodass das im Porzellan eingebrannte Blümchen auf dem Grund der Tasse zu sehen war, verkehrte sich die Demonstration von Wohlstand und Weltgewandtheit in ihr Gegenteil, und Gäste erhielten die Gelegenheit, die Nase zu rümpfen und hinterher wonnig zu lästern. 1976 und 1977 gab es in der DDR eine Kaffeekrise; wegen einer Missernte in Brasilien konnte nicht genügend Kaffee importiert werden. Die mit Ersatzkaffee gestreckte Mischung erhielt daraufhin den Spottnamen »Erichs Krönung«.

Es gibt weit über hundert Arten von Kaffee (*Coffea* div. spec.). Arabica (*Coffea arabica*) und Robusta (*Coffea canephora*) sind die ökonomisch bedeutendsten. Fast alle Arten von Kaffeepflanzen stammen aus den Tropen Afrikas sowie von Madagaskar oder den Maskarenen. Das Kaffeetrinken wurde von Arabern und Türken im 17. Jahrhundert verbreitet. Wenn ein Kaffee durch einen Siebträger mit viel Druck gepresst wird, handelt es sich um einen »Espresso«. Diese Zubereitungsart stammt aus Mailand.

Manche trinken den Espresso, um wach zu werden, andere, um fröhlich süßlich bitter in der Mundhöhle gezwickt zu werden. Auf jeden Fall aber befindet man sich nach dem ersten Schluck mitten im sonnigen Italien – umgeben von Paparazzi, »Madre mio«, Trappatoni, »Ciao bella« und dem Caffè della Piazza. Je nachdem, wo man ihn trinkt, gibt es aber doch gewisse Unterschiede; diese betreffen auch den Espresso im engeren Sinne, die Kaffeebohne, die natürlich eine wichtige Rolle spielt, dann aber insbesondere das Glas Wasser, welches frei Haus mitgeliefert wird. Während einfaches Leitungswasser in der Hitze des Mediterranraumes gar köstlich mundet, unabdingbar und im Wechsel mit dem Espresso das Leben insgesamt konstituiert, der Geschmack des Heißgetränks, die Gerüche der Landschaft und das kultivierte Treiben dabei assoziativ in Beziehung gesetzt und lyrisch überhöht werden, gerät Selbiges zu einem faden Nass, wenn man strandnah auf einer herbstlich-unterkühlten Terrasse mit einer Decke über den Knien vor dem ostfriesischen Café Venezia sitzt, die Füße langsam aber sicher klamm werden und sich auftürmende Wellen der grauen Nordsee unweigerlich die Assoziation einer bevorstehenden Flutkatastrophe hervorrufen – zum Beispiel. Dann bekommt man Wasser nicht mehr gut runter; der Espresso schmeckt bleiern, und er wird auch viel zu schnell kalt dabei.

Die Frage nach dem Zusammenhang von Caffè Alberto und der Synthese von Natur und Kultur ist so offensichtlich, dass er in diesem Fall nicht gesondert durchdekliniert werden muss. Man stelle sich vor, man nippt an einem Espresso und verspürt im selben Augenblick: Der ist es! Eine Offenbarung! Dann lässt man sich von der Bedienung auch noch die Kaffeetüte zeigen und man schreibt alles auf: »Caffè Alberto – vero gusto italiano«. Der freundliche Wirt aus dem Ristorante Roma gibt sogar bereitwillig einige Bohnen mit, die zu Hause genauso gut schmecken. Es liegt also auch an der Kaffeesorte und nicht nur an der Art und Weise der Zubereitung. Gut gelaunt macht man sich dann im Internet auf die Suche. Dabei stellt man allerdings bald fest, dass dieser Kaffee das Schloss von Kafka ist. Immer wieder wird man fehlgeleitet und auf andere Kaffeesorten zum Beispiel von Darboven verwiesen, die es aber definitiv nicht sind. Wenigstens findet man Leidensgenossen:

> »... habe schon das gesamte Netz und Ebay durchsucht ... suche dringend Espresso-Bohnen für meinen Vollautomaten, Marke »Caffè Alberto«. (und zwar nicht die Marke alberto mit dem netten Typen im Logo). Die Packung ist dunkelbraun mit goldener Schrift, quer verläuft die italienische Fahne und unten ist eine kleine Tasse mit ein paar Bohnen. In der Produktbeschreibung steht ›spezieller Bohnenkaffee für Espresso-Maschinen, italienischer Geschmack‹.«

Inzwischen habe ich eine Internetseite einer Firma in Turin entdeckt. Die verkaufen Caffè Alberto. Ich habe mir davon eine Portion gekauft. Der war es aber auch nicht. Bis heute bin ich nicht fündig geworden. Vielleicht gibt es diesen Kaffee gar nicht mehr oder unter anderem Namen? Bestimmt hat irgendwer den Namen verbieten lassen, um sein eigenes Kaffeeprodukt schützen zu lassen.

In einigen Instituten, Arztpraxen, Banken und Versicherungen steht mittlerweile irgendwo eine Kaffeemaschine zur Selbstbedienung herum, und alle Bediensteten und Kunden können jederzeit so viel Kaffee in sich hineinschütten wie sie möchten oder der Blutdruck es zulässt.

Der Pro-Kopf-Verbrauch von Kaffee – von Genuss kann in diesem Zusammenhang wohl nur selten die Rede sein – liegt in Deutschland bei sieben Kilogramm pro Jahr. Weltrekordhalter sind aber die Skandinavier mit 7,5 bis 8,5 Kilogramm (Finnland) pro Kopf oder drei bis vier Tassen pro Tag. Morgendliche Bahnfahrende vertrauen sich gern einem Coffee to go an, egal wie er schmeckt. Hauptsache es ist Kaffee, und die Hände werden aufgewärmt. Dabei ist der durchschnittlich und das heißt auch ohne Gnade aufgebrühte Kaffee meistens viel zu stark – der bloße Verdacht auf Blümchenkaffee wäre immer noch keine gute Werbung – und trotzdem taub, weil er viel zu lange auf der Wärmeplatte vor sich hin dampfen musste.

Landschaft, Land und Leute, kulinarische Gewohnheiten, kulturelle Hybridität und Globalisierung ändern nichts daran, dass der Kaffee nicht in

Italien, sondern in den Tropen angebaut wird. Und wenn die Nachfrage steigt, werden Plantagen auf Kosten tropischer Wälder ausgeweitet werden müssen. Oder Kaffeebäume werden einfach in den Urwald, der dann keiner mehr ist, gepflanzt und dort geerntet. Das ist kaum anders möglich. Aber insbesondere in Deutschland könnte man diesem Trend leicht entgegenwirken, indem man den persönlichen Kaffeekonsum deutlich reduziert und dabei umso mehr auf Qualität achtet. Geschmäcker sind verschieden. Aber natürlich darf sich auch die Relativitätstheorie in den Grenzbereichen des gerade noch Tolerierbaren immer wieder der wissenschaftlichen Überprüfbarkeit rückversichern. Die Plörre, die da in einigen Besprechungszimmern, Bahnhofcafés und in den Fluren öffentlicher Einrichtungen vor sich hin köchelt, ist ja kaum zu ertragen. Und dann sind auch noch die Kapseln oder Pads auf den Markt geworfen worden, Spielzeug für Erwachsene zur Erzeugung von zusätzlichem Müll – schade um den Kaffee.

5.7 *Parvoraphidia aphaphlyxte*

In der wissenschaftlichen Benennung von Tier- oder Pflanzennamen gilt die Regel, dass die Namensbestandteile der griechischen oder lateinischen Sprache entstammen oder die Namen zumindest so klingen müssen. Die Bedeutung der Namen weist auf eine große Vielfalt kultureller Bezüge hin, gelegentlich auch auf historische Aspekte, Anekdoten oder das Gemüt und die Schlitzohrigkeit der Leute, die sich diese Namen ausgedacht haben. Die folgende Analyse soll einmal nicht in erster Linie auf die prekäre Situation in der Natur aufmerksam machen, sondern an Beispielen der Nomenklatur zeigen, dass es auch noch andere Bezüge gibt, in diesem Fall solche der Wissenschaftskultur und Einblicke in zum Teil fragwürdige Geschichten.

Eine 1975 neu beschriebene Kamelhalsfliege mit dem Namen *Parvoraphidia aphaphlyxte* war für die österreichischen Forscher offensichtlich nur verflixt schwer zu bestimmen gewesen. Eine Stabschreckenart war schon 1912 mit dem Namen *Denhama aussa* versehen worden – den haben wir bestimmen können, etwas frei übersetzt. *Mantispa aphavexelte* heißt eine Fanghafte, die 1994 wissenschaftlich beschrieben wurde. In der Originalbeschreibung (Aspöck & Aspöck 1994, S. 110) ist zu lesen:

> »Aphavexelte = griechische Göttin der Konfusion! – Es erscheint eigentlich paradox, diese zumindest seit 1980 abgegrenzte und wiederholt beschriebene Art als nova species zu beschreiben. Sie hat indes tatsächlich noch keinen Namen! Alle bisher verwendeten beruhten auf Fehldeterminationen.«

Die genannte griechische Göttin trat im Jahr 1994 vermutlich erstmals in dem zitierten Satz in Erscheinung, und danach mindestens noch ein zweites Mal: hier.

Von der österreichischen Autorin wurden 1982 auch noch drei Unterarten der Kamelhalsfliege *Agulla modesta* beschrieben, nachdem die ersten zwei Unterarten bereits beschrieben waren. Die neuen nannte sie *adryte, aphyrte* und *aphynphte*, phonetisch ostalpin für »eine dritte«, »vierte« und »fünfte«.

Es gibt gar nicht wenige Namen, die auf einen gewissen Humor jener Menschen mit Affinität zur wissenschaftlichen Taxonomie hinweisen, die sich die neuen Namen haben einfallen lassen. Die müssen teilweise ziemlich gut gelaunt gewesen sein. Ein Löffler heißt *Ajaia ajaja*, eine Orchidee *Ada aa*, und eine Grabwespe *Aha ha*. Auch der Gattungsname *Zyzzyx* wurde für Grabwespen vergeben. Dabei soll *Zyzzyx* ziemlich konträre Merkmale zu *Aha ha* aufweisen. Die meisten Orchideen der Gattung *Aa* finden sich in den Hochlagen der Anden und in Costa Rica. Es gibt die Vermutung, dass die Benennung vorgenommen wurde, damit die Namen dieser Gattung bei alphabetischen Auflistungen immer an erster Stelle stehen müssen. Die Allererste in den Listen wird vermutlich noch für lange Zeit *Aa achalensis* aus Argentinien sein.

In einer Gesteinsschicht, die auch als *Zigzac-Zone* bezeichnet wird, kann man mit viel Glück einen Ammoniten mit dem Namen *Ziczagiceras ziczac* finden. *Orizabus subaziro* ist ein Blatthornkäfer. Man kann den Namen rückwärts lesen und kommt dabei auf dasselbe Ergebnis. Weitere Palindrome sind zum Beispiel *Afgoiogfa* (eine Blattwespe), *Aidemideia* (eine ausgestorbene Gattung von Kleidervögeln) und *Xela alex* (Schwebfliege). Ein Salamander wurde auf den Namen *Oedipus complex* getauft. Der Name wurde aber inzwischen entschärft; die Art heißt jetzt *Oedipina complex*.

Zu den Kleinschmetterlingen der Gattung *La* gehören unter anderem die Arten *La cerveza* (spanisch für »Bier«) und *La paloma*, zu den Grasschnecken gehören die Arten und Unterarten *Vallonia hoppla*, *Vallonia patens tralala* und *Vallonia eiapopeia*. Es ist sicherlich nicht unbedingt ersichtlich, dass die Namen *La cerveza* oder *tralala* in irgendeiner Weise griechisch oder lateinisch klingen. Im Persischen Golf lebt eine Pfeffermuschel namens *Abra cadabra*. *Rabimilis mirabilis* gehört zu den Ruderfußkrebsen; *mirabilis* heißt so viel wie »wundersam«, das Anagramm *Rabimilis* bedeutet im Gegensatz dazu höchstwahrscheinlich gar nichts.

Einige Namen beziehen sich auf Figuren aus Sagen, Märchen, Romanen oder Filmen. Dazu gehören zum Beispiel *Gollumjapyx smeagol*, ein 2006 entdeckter Arthropode, der in Höhlen lebt, *Macrostyphlus gandalf*, ein Rüsselkäfer, *Macrostyphlus frodo*, noch einer, *Osteoborus orc*, ein Hund aus dem Pliozän, oder auch *Syconycteris hobbit*, eine Fledermausart. Tolkien würde mit all diesen Namen noch unsterblicher werden, wenn das denn ginge, aber »unsterblich« ist nicht steigerungsfähig. *Stichoplastoris asterix* und *Stichoplastoris obelix* sind zwei Vogelspinnenarten in Costa Rica. Man darf hoffen, dass die beiden mindestens so friedlich sind wie ihre gallischen Vorbilder.

Nicht auf eine Sagen- oder Comicfigur, sondern auf einen Schwerverbrecher des 20. Jahrhunderts bezieht sich der Name *Anophthalmus hitleri* – und auf einen braunen Käfer, der in Höhlen Sloweniens wohnt. Der Sammlerwert aufgrund des Namens ist hoch und so ist die Art nicht nur in der Höhle durch entsprechende Gesinnungsgenossen bedroht, es wurden auch schon viele Käfer von kriminellen Rechtsradikalen aus Museumssammlungen entwendet. In den USA wurde ein schleimpilzfressender Schwammkugelkäfer auf den Namen *Agathidium bushi* getauft – nach einem weiteren, zumindest sehr umstrittenen Scharfmacher der Weltgeschichte. Da mag die Art und Weise der Ernährung durch Überziehen mit schleimiger Masse im Nachhinein versöhnlich, wenn nicht sogar vergnüglich stimmen.

Die Bewegung der Hinterbeine einer Langbeinfliege erinnerten deren Beschreiber an den typischen Watschelgang von Charlie Chaplin: *Campsic-*

nemius charliechaplini. *Baeturia laureli* und *Baeturia hardyi* sind zwei Zikadenarten, mit denen Dick und Doof verewigt wurden. Und dann sind auch Leute wie Bill Gates (*Eristalis gatesi*), Sir Arthur Conan Doyle (*Arthurdactylus conan-doylei*)), Terry Pratchett (*Psephophorus terrypratchetti*), Bram Stoker und seine Romanfigur Dracula (*Draculoides bramstokeri*), Milli Vanilli (*Villa manillae*) und Elvis Presley (*Elvisaurus* spec.) in wissenschaftliche Namen eingepflegt worden. Lady Gaga gelangte über eine Farngattung (*Gaga*) zu Ehren. Aber auch ihre Fans, die sie immer als kleine Monster bezeichnete, wurden bedacht (*Gaga monstraparva*); der Artname bedeutet »Kleines Monster«. Man kann natürlich auch den ganzen Namen auf die Sängerin beziehen. Ein ausgestorbener Paarhufer wurde aufgrund seiner wulstigen Lippen nach Mick Jagger benannt (*Jaggermeryx naida*). Und die Kopfschuppen einer Palpmottenart erinnerten den Namensgeber an das orangefarbene Topping von Präsident 45 (*Neopalpa donaldtrumpi*). *Agra schwarzeneggeri* ist eine Laufkäferart mit ziemlich beeindruckenden Gliedmaßen.

Und dann haben die Altvorderen primäre und sekundäre Geschlechtsorgane in der Natur entdeckt. *Chenopodium vulvaria* ist der Stinkende Gänsefuß. Stinkmorcheln gehören zur Gattung *Phallus*. Die haben sich damals offensichtlich nicht häufig genug gewaschen. Zwei weitere Pilzgattungen heißen Scheidlinge (*Volvaria*) und Trichterlinge (*Clitocybe*). *Clitoria* ist eine Gattung der Schmetterlingsbohnen. Beim Anblick der Blüten benötigt man allerdings auch nicht viel Fantasie. *Mammillaria* ist eine Gattung von Kakteen, bei der man Brustwarzen sehen kann. Der Name *Mammillaria theresae* soll die Entdeckerin dieser Art ehren, die Theresa mit Vornamen hieß. *Ophrys mammosa* ist die Busen-Ragwurz, eine Orchideenart, und *Hymenophyllum* eine Farngattung. *Phyllum* ist das Blatt, *Hymen* das Jungfernhäutchen. Die ganze Gruppe dieser zarten Pflanzen wird als Hautfarne bezeichnet. *Vaginatus, -a, -um* ist ein vielfach verwendeter Artname: scheidig. *Labia minor* ist ein kleiner Ohrwurm, der nach den inneren Schamlippen der Frau benannt wurde. Die Namen der Muscheln *Penicillius vaginiferous* und *Penicillius penis* müssen nicht weiter erklärt werden. *Eroticoscincus* heißt frei übersetzt »Sexy Skink«, der Name eines Reptils in Australien. Die Welt ist voll von schlüpfrigen Bezügen, sowohl außerhalb als auch innerhalb der Wissenschaft.

Der Legende nach soll Carl von Linné einen Bekannten gehabt haben, der unangenehm gerochen haben oder ihm unsympathisch gewesen sein soll und Robert hieß. Von Linné gab dem Stinkenden Storchschnabel den wissenschaftlichen Namen *Geranium robertianum*. Außerdem gab er einer Amöbe den Namen *Chaos chaos*. Auch bei dieser Amöbe ist nicht ganz sicher, ob es ein direktes Vorbild im Umfeld des ehrwürdigen Schweden gegeben haben könnte. Der Zeitgenosse Georges-Louis Leclerc de Buffon vertrat im Gegensatz zu Linné die Auffassung, dass man die reiche Natur nicht mit einer einzigen binären Taxonomie beschreiben könne. Das wiederum konnte von Linné nicht auf sich sitzen lassen. Als logische Konsequenz soll Buffon von Linné mit dem Namen für die Krötenbinse, *Juncus bufonius*, die ziemlich klein und unscheinbar ist, verewigt worden sein. Der lateinische Name für die Kröte, *bufo*, ist natürlich viel älter. Auf der anderen Seite gibt es, abgesehen vom natürlichen Standort, nicht viel, was die Binse ansonsten mit der Kröte verbinden würde. Vielleicht ist diese schöne Geschichte auch gar nicht wahr.

Und jetzt wird es kompliziert. Eine parasitisch lebende Wespe erhielt den Namen *Heerz lukenatcha*. Das soll sich auf den berühmten, aber trotzdem total beknackten Satz von Humphrey Bogart beziehen, den er im Film *Casablanca* in Richtung Ingrid Bergmann absonderte, die mit feuchten Augen dahinschmolz, das Ganze unterlegt von klebriger Musik: »Here's looking at you (Kid).« Ich schau dir in die Augen, Kleines. Es muss uns Sorgen bereiten, wenn ein derart sinnloser Satz geeignet ist, Weltgeschichte zu schreiben.

Namen wurden der griechischen Mythologie entlehnt (*Cassiopeia andromeda*), es wurde Bezug genommen auf Götter der Azteken (*Alabagrus coatlicue*), nordische Gottheiten (*Clossiana thore*) oder auch auf Erzählungen von der Sintflut und der Arche Noah (*Arca noae*).

Geographische Bezüge werden sehr häufig über den Artnamen zum Ausdruck gebracht (*italiana, gallica, canadensis*). Aber nur selten werden beide Namen, der Gattungs- und Artname, dazu verwendet, wie zum Beispiel bei *Panama canalia*. Zwei Löwenzahnarten erhielten die Namen *Taraxacum schlobarum* und *Taraxacum flugum*. Der geographische Bezug ist in diesen Fällen vielleicht nicht ganz so offensichtlich. Die eine Art wurde bei den Schlossbaracken von Neustrelitz gefunden, die andere beim Flugplatz.

Eine peruanische Echsenart erhielt den Namen *Ameiva nodam*. Der Artname sollte auf die Bedrohung durch einen Staudamm aufmerksam machen. Ein bereits ausgestorbener Papagei erhielt den Namen *Vini vidivici.* »Veni, vidi, vici« ist lateinisch und heißt: »Ich kam, sah und siegte.« (Cäsar) Das kann dieser Vogel nun leider wirklich nicht von sich behaupten.

Eine Schneckenart heißt *Ba humbugi.* Und ein Einzeller wurde auf den Namen *Kamera lens* getauft.

In der Botanik dürfen Tautonyme – mit demselben Art- und Gattungsnamen – im Gegensatz zur Zoologie nicht verwendet werden. Die Chinesische Dattel heißt daher *Ziziphus zizyphus.*

Einem Schmetterlingskundler in Mexiko ging in Anbetracht der dortigen Vielfalt offensichtlich die Puste aus. Er versah die Arten unterschiedlicher Gattungen mit Namen wie *amatana* (geliebt), *baracana, biscana, bobana, bomonana, candana, cocana, concubitana* (zusammenliegend), *delicatana* (delikat), *deludana* (falsch), *discana, dodana, dulciana* (süß), *fofana, foxcana, gandana, handana, hohana, kokana, landana, lolana, mandana, momana, nandana, nomonana, pandana, ponana, randana, riscana, romonana, rorana, sosana, tandana, totana, toxcana, vandana, viscana, voxcana, wandana, waracana, wiscana, xandana, zandana, zaracana, ziscana, zoxcana* und *zozana.*

Und dann gibt es auch englische oder deutsche Namen für Tiere und Pflanzen, die wissenschaftlich plus/minus akzeptiert sind. Ein *Lesser Spotted Eagle* ist ein Adler, der offensichtlich weniger gepunktet ist als eine andere Adlerart. Das ist ungefähr so, als wenn man Menschen als *Weniger Behaarte Affen* bezeichnen würde.

Die Nomenklatur zeichnet sich auch in der deutschen Sprache nicht generell durch Zurückhaltung, Ehrfurcht vor der Schöpfung oder Political Correctness aus. Viele der Namen bringen im Gegensatz dazu Missgunst gegenüber der Kreatur zum Ausdruck, manchmal sind sie schlicht beleidigend oder vollkommen unpassend, vgl. unter anderem Gespenstaffe (*Tarsius spectrum*), Killerwal (*Orcinus orca*), Kleiner Mörder (*Pseudorca crassidens*), Pestwurz (*Petasites*), Schmutzgeier (*Neophron percnopterus*), Spötter (*Hippolais*), Stinkwanze (*Palomena prasina*), Stummelfuß (*Atelopus*), Teufelsfratze, Hexe und Kothammel (zu den *Tipulidae* gehörend), Tölpel (*Sulidae*), Totengräber

(*Nicrophorus*), Trottellumme (*Uria aalge*), Wasserpest (*Elodea*), Ziegenmelker (*Caprimulgus europaeus*). Letzterer verweist darauf, dass der Vogel den Ziegen nachts angeblich die Milch stehlen würde. Oder der Name macht deutlich, wozu die Tiere verwendet wurden, wie zum Beispiel im Fall der Suppenschildkröte (*Chelidonia mydas*).

Quellen und weiterführende Schriften

Aspöck, U. & Aspöck, H. 1994. Zur Nomenklatur der Mantispiden Europas. Ann. Naturhistor. Museums Wien 96B, S. 99–114.

Campbell, K. &, Donlan, C. J. 2005. Feral Goat Eradications on Islands. Conservation Biology 19 (5), S. 1362–1374.

Carion, V.; Donian, C. J.; Campbell, K. J.; Lavoie, C. & Cruz, F. 2011. Archipelago-Wide Island restoration in the Galapagos Islands: Reducing costs of invasive mammal eradication programs and reinvasion risk. PLoS One 6(5):e18835.

Carson, R. 1962. Silent Spring. New York.

Crossley, M. S.; Meier, A. R.; Baldwin, E. M.; Berry, L. L.; Crenshaw, L. C.; Hartman, G. L.; Lagos-Kutz, D.; Nichols, D. H.; Patel, K.; Varriano, S.; Snyder, W. E. & Moran, M. D. 2020. No net insect abundance and diversity declines across US Long Term Ecological Research sites. Nature Ecology & Evolution 4. 10.1038/s41559-020-1269-4.

Ennöckl, D.; Raschauer, N. & Wessely, W. (Hrsg.) 2019. Handbuch Umweltrecht: Eine systematische Darstellung. 3. Aufl., Wien.

Gaertner, M.; Fisher, J. L.; Sharma, G. P. & Esler, K. J. 2012. Insights into invasion and restoration ecology: time to collaborate towards a holistic approach to tackle biological invasions. NeoBiota 12, S. 57–76.

Habermehl G. & Ziemer P. 1999. Mitteleuropäische Giftpflanzen und ihre Wirkstoffe. 2. Aufl., Heidelberg.

Hallmann, C. A.; Sorg, M.; Jongejans, E.; Siepel, H.; Hofland, N.; Schwan, H.; Stenmans, W.; Müller, A.; Sumser, H.; Hörren, T.; Goulsen, D. & de Kroon, H. 2017. More than 75 percent decline over 27 years in total flying insect biomass in protected areas. Plos One 12 (10): e0185809.

Hobhouse, H. 1985. Seeds of Change. Five plants that transformed mankind. London.

Hobohm, C. (Hrsg.) 2014. Endemism in Vascular Plants. Dordrecht.

Jactel, H.; Imler, J.-L.; Lambrechts, L.; Failloux, A.-B.; Lebreton, J. D.; LeMaho, Y.; Duplessy, J.-C.; Cossart, P. & Grandcolas, P. 2021. Insect decline: immediate action is needed. C. R. Biologies, S. 1–21.

Johnson, M. L. & Speare, R. 2005. Possible modes of dissemination of the amphibian chytrid Batrachochytrium dendrobatidis in the environment. Diseases of Aquatic Organisms 65, S. 181–186.

Kirchhoff, T. & Trepl, L. (Hrsg.) 2009. Vieldeutige Natur: Landschaft, Wildnis und Ökosystem als kulturgeschichtliche Phänomene. Bielefeld.

Kirchhoff, T. 2019. Abandoning the concept of cultural ecosystem services, or Against natural-scientific imperialism. BioScience 69 (3), S. 220–227.

Klink, R. van; Bowler, D. E.; Comay, O.; Driessen, M. M.; Ernest, S. K. M.; Gentile, A.; Gilbert, F.; Gongalsky, K. B.; Owen, J.; Peér, G.; Peér, I.; Resh, V. H.; Rochlin, I.; Schuch, S.; Swengel, A. B.; Swengel, S. R.; Valone, T. J.; Verrmeulen, R.; Wepprich, T.; Wiedmann, J. L. & Chase, J. M. 2021. InsectChange: a global database of temporal changes in insect and arachnid assemblages. Ecology (doi: 10.1002/ECY.3354).

Kowarik, I. 2010. Biologische Invasionen; Neophyten und Neozoen in Mitteleuropa. 2. Aufl., Stuttgart.

Leather, S. 2017. Ecological Armageddon: more evicence for the drastic decline in insect numbers. Annals of Applied Biology 172, S. 1–3 (doi:10.1111/aab.12410).

Miedaner, T. 2014. Kulturpflanzen. Botanik – Geschichte – Perspektiven. Berlin u. a.

Sánchez-Bayo, F. & Wyckhuys, K. A. G. 2019. Worldwide decline of the entomofauna: A review of its drivers. Biological Conservation 232, S. 8–27.

Tang, C. Q.; Matsui, T.; Ohashi, H.; Dong, Y.-F.; Momohara, A.; Herrando-Moraira, S.; Qian, S.; Yang, Y.; Ohsawa, M.; Luu, H. T.; Grote, P. J.; Krestov, P. V.; LePage, B.; Werger, M.; Robertson, K.; Hobohm, C.; Wang, C.-Y.; Peng, M.-C.; Chen, X.; Wang, H.-C.; Su, W.-H.; Zhou, R.; Li, S.; He, L.-Y.; Yan, K.; Zhu, M.-Y.; Hu, J.; Yang, R.-H.; Li, W.-J.; Tomita, M.; Wu, Z.-L.; Yan, H.-Z.; Zhang, G.-F.; He, H.; Yi, S.-R.; Gong, H.; Song, K.; Song, D.; Li, X.-S.; Zhang, Z.-Y.; Han, P.-B.; Shen, L.-Q.; Huang, D.-S.; Luo, K. & López-Pujol, J. 2018. Identifying long-term stable refugia for relict plant species in East Asia. – Nature Communications 9, 4488 (DOI, 10.1038/s41467-018-06837-3).

Thomas, G. 2008. International year of the potato. (www.fao.org/potato-2008/en/world).

Whittaker, K.; Koo, M. S.; Wake, D. B. & Vredenburg, V. T. 2013. Global Declines of Amphibians. In: Levin, S. A. (Hrsg.) Encyclopedia of Biodiversity. Volume 3, 2. Aufl., S. 691–699. Waltham.

Zohary, D. & Hopf, M. 2000. Domestication of plants in the old world. The origin and spread of cultivated plants in West Asia, Europe, and the Nile Valley. 3. Aufl., Oxford.

6

Wirtschaft, Politik, Umweltvorsorge

6.1

Bevölkerungswachstum, Welthunger, Unterernährung

Welches der folgenden Themen ist Ihrer Meinung nach das größte Problem auf der ganzen Welt? Auf diese Frage antworteten 32 Prozent der Befragten in Europa 2017, dass Armut, Mangel an Nahrung und Trinkwasser das größte Problem sei. 21 Prozent der Befragten sahen den internationalen Terrorismus, 14 Prozent den Klimawandel, zwölf Prozent bewaffnete Konflikte, neun Prozent das Anwachsen der Weltbevölkerung und sechs Prozent die Verbreitung von Nuklearwaffen als größtes Problem an.

Welches sind Ihrer Meinung nach die beiden wichtigsten Probleme, denen die Europäische Union derzeit gegenübersteht? Etwa 31 Prozent der Befragten in Deutschland antworteten im Winter 2020/21 auf diese Frage, dass die Umwelt und der Klimawandel eines der wichtigsten Probleme in der Europäischen Union sei. An zweiter Stelle wurde die wirtschaftliche Lage genannt (30 Prozent).

Zu den seit Langem kaum lösbaren Problemen gehört das Wachstum der Weltbevölkerung mit den zugehörigen Problemen in der Grundversorgung.

Es gibt Themen, deren Erörterung sehr unangenehm ist, weil sämtliche guten Ideen und Ansätze ins Leere laufen. Die Weltbevölkerung wächst immer weiter, die humanitäre Katastrophe in den Hotspots verbleibt auf extrem hohem Niveau und der Raubbau an den Ökosystemen schreitet voran.

Die folgende Erörterung spiegelt letztlich nur die eigene Hilflosigkeit der Fantasie angesichts einer voll gegen die Wand rasenden Entwicklung wider. Alle guten Ideen sind in diesem Fall leider ziemlich unrealistisch.

Um 1800 lebte eine Milliarde Menschen auf der Erde, im Jahr 2000 waren es bereits sechs Milliarden, 2011 sieben, und in Kürze werden es acht Milliarden Menschen sein. Die heutzutage lebenden Menschen repräsentieren etwa sechs Prozent aller Erdenbürger, die jemals geboren worden sind. Die Weltbevölkerung wächst und wächst, und mit ihr wächst der Bedarf an Ressourcen. Seit nahezu einem halben Jahrhundert nimmt die Zahl der Erdenbürger zwischen 73 und 85 Millionen Menschen pro Jahr zu. Es wird erwartet, dass der Zuwachs ab 2020 dann langsam kleiner und der Zeitraum bis zum Erreichen der nächsten Milliarde von Mal zu Mal wieder größer werden wird.

Ein Blick auf Bevölkerungsrückgänge, wie es sie bereits regional und auch nahezu global im Zweiten Weltkrieg gegeben hat, könnten einen Hinweis darauf geben, wie ein Rückgang der Weltbevölkerung nach dem Überschreiten eines globalen Maximalwertes aussehen könnte. Die Weltgemeinschaft kann nicht ewig wachsen; wann aber das Maximum erreicht wird, ist nicht absehbar und auch nicht, ob es danach besser wird.

Lokal und regional schrumpfende Bevölkerungsgruppen waren historisch betrachtet fast immer das Ergebnis von Kriegen, Vertreibung, Naturkatastrophen, Nahrungsmangel oder Seuchen gewesen. In aller Regel gingen diese mit verstärkten Wanderungsbewegungen beziehungsweise Flucht einher. Es darf vermutet werden, dass sich meistens nicht die Ärmsten der Armen, die Bedürftigsten oder Alten auf den Weg gemacht haben. In vielen Fällen wurden kräftige, männliche Jugendliche und erfahrene Menschen im mittleren Alter losgeschickt. Es musste gewährleistet sein, dass sie ein Minimum an Aussicht auf Überleben und Rückkehr haben würden. Viele Migranten und Flüchtlinge aus Afrika und Asien repräsentieren diese Gruppe.

Die Geschichte des Römischen Reiches mag eine interessante Ausnahmeerscheinung gewesen sein. Hier gab es einen Bevölkerungsrückgang der Einwohner mit römischem Bürgerrecht – also möglicherweise gar nicht der Gesamtbevölkerung des Römischen Reiches –, offensichtlich ohne eine äußere oder innere Misere. Dieser Bevölkerungsrückgang hatte Augustus dazu verleitet, Ehegesetze zu erlassen, nach denen Männer über 25 und Frauen über 20 Bußgelder zu entrichten hatten, wenn sie bis dahin noch nicht verheiratet waren.

In jüngerer Vergangenheit – um die Jahrtausendwende und in den Nullerjahren – gab es nennenswerte Bevölkerungsrückgänge in Osteuropa, Russland, der Ukraine, in Ungarn, Bulgarien, Botswana, Simbabwe, Südafrika und auf Kuba. Diese waren hauptsächlich das Ergebnis von Abwanderung und teilweise auch eine Folge der Aidsepidemie gewesen. Warum die Bevölkerung in Russland rückläufig war und welche Rolle dabei der Genuss von Alkohol, anderen Drogen oder Aids gespielt haben mag, ist nicht sicher zu belegen, weil es dazu kaum verlässliche Zahlen gibt. Männer sterben dort aufgrund des Alkoholkonsums im Durchschnitt deutlich früher als Frauen. Die niedrigen Geburtenraten, die es auch in vielen anderen Industrienationen gibt, werden fast überall durch Zuwanderung mehr als ausgeglichen.

Hierbei stellt sich die Frage, ob Beobachtungen, die sich auf regionale Bevölkerungszuwächse und Rückgänge beziehen, auf die globale Entwicklung übertragen werden können. Wenigstens ein Aspekt lässt sich nicht auf die Weltbevölkerung übertragen: Wenn es global kritisch wird, können Menschen nicht mehr in andere Regionen ausweichen, um dort ihr Glück zu versuchen und den Fortbestand der Gruppe oder Ethnie zu sichern. Und darum wird erst die Generalprobe, die gleichzeitig die Uraufführung sein wird, zeigen, ob der Mensch es schaffen kann, kultiviert oder sogar gut gelaunt mit dem Populationsrückgang umzugehen oder ob es Mord und Totschlag geben wird. Die aktuellen Kriege, Konflikte, Wanderungsbewegungen und der große Anteil von Menschen, die derzeit nur ungenügend mit Nahrung oder Wasser versorgt sind, verheißen derweil nichts Gutes.

Dennoch, eine Stagnation und der Rückgang der Weltbevölkerung wird irgendwann kommen, je früher, desto besser für alle, vor allem für die Generationengerechtigkeit, Umwelt und Artenvielfalt. Es wäre sicherlich sinnvoll, sich darauf vorzubereiten, und das heißt insbesondere, Vorsorge zu treffen. Eine Weltwirtschaft, die auf permanentem Wachstum beruht, ist ohnehin nur eine absurde Idee. Wir leben nicht auf Kosten der Zukunft, sondern auf Kosten der Vergangenheit, in der sich in vielen Millionen Jahren Kohle, Öl,

Gas, Torflager und andere Ressourcen in den Gesteinen und Böden angereichert haben. Man kann ein Brot, das noch nicht gebacken ist, nicht essen.

Wie könnte die Welt makroökonomisch funktionieren, wenn es kein Wirtschaftswachstum mehr gäbe? Wie ist es möglich, dass Ökonomen das Wirtschaftswachstum noch immer als vernünftige und beruhigende Angelegenheit betrachten? »Der Rat der Wirtschaftsweisen prognostiziert für das nächste Jahr wieder ein Wachstum von …« Was ist daran weise, was wäre der Rat für die Umwelt und wer möchte das noch hören?

Wenn die Bevölkerung schrumpft, werden Ressourcen anders verteilt werden können. Mit sinkender Nachfrage werden auch die Preise fallen. Besonders in Bezug auf die Raum- und Ressourcenverteilung werden Engpässe abgebaut werden können – wenn man es rechtzeitig und sozial verträglich organisiert. Vielleicht wird es dann möglich sein, den Hunger und die Armut zu reduzieren? Etwas nicht dem liberalen Globalisierungssog der Wirtschaft zu überantworten, bedeutet heutzutage nicht mehr, dem Kommunismus zu frönen. Wenn man sich ökonomisch nicht den herrschenden Regeln des freien Marktes unterwerfen möchte, bedeutet dies lediglich, sich nicht den Blick durch die monetäre Brille von Dagobert Duck diktieren zu lassen. Auch in London, New York, Dresden, München und Hamburg müssten die Miet- und Immobilienpreise nicht immer weiter in bislang ungeahnte Gefilde abdriften.

Bevölkerungsrückgänge müssen ökonomisch organisiert werden. Die Ressourcenprobleme müssten dann rein rechnerisch kleiner werden. Man darf das Schreckgespenst des Niedergangs der Menschheit also gern eintauschen gegen die freundschaftliche Verteilung von Nachlassvermögen. Und bis die Art *Homo sapiens* auf der Roten Liste der IUCN erscheint, wird es vermutlich noch ein wenig dauern, auch wenn die kommenden Pandemien beste Voraussetzungen für eine Dezimierung der Gesamtpopulation in diesem Gedränge vorfinden werden.

Mit einem Bevölkerungsrückgang könnte eventuell auch das Armutsproblem leichter zu bekämpfen sein, jedenfalls wenn das Problem mit größerer Verteilungsgerechtigkeit einhergehen würde. Bislang steckt die Menschheit diesbezüglich allerdings offensichtlich in der Sackgasse. Die Themen Hunger,

Kinderarmut und Unterernährung, die im Folgenden ein wenig näher betrachtet werden sollen, sind derzeit leider kaum anders als satirisch zu behandeln. Das sei schon einmal vorausgeschickt.

Mit den Ressourcen, die bei uns verschwendet werden und den Lebensmitteln, die bei uns auf dem Müll landen, könnte die Kindersterblichkeit drastisch gesenkt werden, mit wenig Geld und ein wenig gutem Willen könnten Mangelernährung und Hunger beseitigt werden – alles nur eine Frage der Organisation und Verteilung. Diese und ähnliche Thesen werden immer wieder offenherzig und gebetsmühlenartig vertreten und vollkommen logisch dargelegt. Man sammelt Geld für Impfungen, Kindernahrung und andere humanitäre Hilfe in Krisengebieten, um diese für alle Menschen peinliche Situation beenden zu können. Und doch stellt sich die Frage, warum es nur so schleppend vorangeht.

Menschen mit humanistischen Idealen oder einer christlichen Grundüberzeugung äußern bisweilen die Ansicht, dass die Erde 10 bis 15 Milliarden Menschen und mehr tragen könne – problemlos: die philanthropische Sicht der Dinge. Das mag gut gemeint sein, im Sinne der Erhaltung von Ökosystemfunktionen und biologischer Vielfalt ist diese Ansicht kaum zu verantworten, denn die von der Weltgemeinschaft ausgehenden Nah- und Fernwirkungen, der Umbau und die Zerstörung ganzer Landschaftseinheiten sowie die Luft- und Gewässerbelastungen betreffen längst alle Ökosysteme und bedrohen einen nicht unerheblichen Teil der natürlichen Lebensgemeinschaften existenziell – von der Antarktis über die Tiefsee bis zu den höchsten Gipfeln des Himalaja. Der Philanthrop ist kein Naturfreund. Aber ganz unabhängig von diesen Erwägungen wird die Menschheit weiter wachsen und sie wird die Ressourcen nutzen, die sie meint zu benötigen – mindestens.

Tatsächlich sind die Impfkosten zur Vermeidung von Krankheiten, an denen Kinder in ärmeren Gegenden immer noch sterben, lächerlich gering. Und mit sehr kleinen Rationen von Nahrungsmitteln könnte der Hunger und die Mangelernährung eines kleinen Kindes in Afrika oder Südostasien tatsächlich schnell abgestellt werden. Warum also schaffen wir die Misere nicht einfach ab?

Der *Welthungerindex* wird seit den 1990er-Jahren diskontinuierlich kleiner. Der Anteil an sterbenden Kindern, die jünger als fünf Jahre alt sind, und der Anteil der Unterernährten gehen langfristig tendenziell zurück. Das Bevölkerungswachstum geht inzwischen auch zurück. Und trotzdem steigt die Gesamtbevölkerung der Erde unbarmherzig weiter an. Und so ist es eben auch mit dem Hunger und der Kindersterblichkeit. Sie verbleiben auf viel zu hohem Niveau, auch wenn die Zahl der hungernden Menschen von fast einer Milliarde im Jahr 1990 auf circa 800 Millionen im Jahr 2015 zurückgegangen ist – ein Lichtblick am Ende des Tunnels? Dieser Rückgang ist auch dadurch zustande gekommen – und spätestens hier beginnt die Realsatire –, dass die FAO den Berechnungsmodus geändert hat: Erhebungen zum Hunger auf der Erde werden zumeist von der FAO vorgenommen. Nach dem alten Verfahren sind die Zahlen bis etwa 2009 angestiegen. Die Frage, ob es 2015 über eine Milliarde Menschen waren, die gehungert haben, oder weniger als 800 Millionen, hängt auch von der Annahme ab, ob dieselben sich wenig – wie Büromenschen etwa – oder viel bewegt haben. Es geht bei dieser Berechnung ja nur um Hunger und die Energiebilanz und das heißt um die Aufnahme von Energie mit der Nahrung und Abgabe von Energie zum Beispiel durch Bewegung. Im Jahr 2017 ist der Wert dann wieder gestiegen, vor allem wegen der kriegerischen Auseinandersetzungen und Migration in Afrika und ohne die Zahlen für Syrien, weltweit auf insgesamt 815 Millionen. Wer migriert oder kriegerisch ist, bewegt sich sehr viel. Sonst würde die Nahrung ausreichen. Etwas weniger Bewegung würde also nicht schaden? Dann würde die Nahrung doch reichen!

Die ökologische Antwort ist grausam aber eindeutig. Die Erde ist überbevölkert. Indikatoren dafür sind der Raubbau an erneuerbaren und nicht erneuerbaren Ressourcen, Migration und Krisenherde, die Überlastung und Vernichtung von Ökosystemen, die Vielfalt der Umweltbelastungen, die Bedrohung der Artenvielfalt, aber eben auch der Hunger, die Kindersterblichkeit und eine völlig unausgeglichene Verteilung von Bildungschancen und Einflussmöglichkeiten. Die Fruchtbarkeit der Eltern von morgen, deren Überleben wir im Kindesalter mit großem humanitärem Aufwand und im Einzelfall mit geringen Mitteln sichern können, ist die Ursache des Wachstums und damit der Überbevölkerung. Und die Überbevölkerung ist die Ursache der humanitären und ökologischen Katastrophe. Wir sind nicht schnell genug und drehen uns in der Spirale schlicht abwärts. Mit humanitären Mitteln wird versucht, das gegenwärtige Leid zu beenden. Der Effekt bleibt absolut betrachtet aber gering, und das Leid steigt mit der Gesamtbevölkerung der Erde.

War die vollkommen inhumane Ein-Kind-Politik Chinas vielleicht langfristig doch auch eine humanitäre? Auf jeden Fall ist es einfach, die strikte staatliche Kontrolle der Geburtenrate in China zu kritisieren. Dann soll man auch einen hinreichend guten Alternativvorschlag machen. Denn auch China ist viel zu dicht bevölkert. Immerhin hat es in diesem Land nach der vermutlich größten Hungersnot der Weltgeschichte mit mehr als 15 Millionen Toten in den Jahren 1959 bis 1961 keine vergleichbaren Katastrophen mehr gegeben. Die Bevölkerung dieses Landes war zur Zeit der Ein-Kind-Politik zwar nicht rückläufig, sie wuchs aber längst nicht so stark wie zum Beispiel in Indien oder Afrika. Die Politiker sind im Reich der Mitte 2013 zu der Überzeugung gelangt, dass es an der Zeit sei, die Ein-Kind-Politik zu lockern. 2015 wurde sie dann abgeschafft und durch eine Zwei-Kinder-Politik ersetzt, die an der Wachstumskurve allerdings praktisch nichts geändert hat. Etwa seit der Jahrtausendwende steigt die Gesamtbevölkerung in China mit einem Zuwachs von fast sieben Millionen Menschen pro Jahr an.

Wenn 2050 neun oder zehn Milliarden Menschen adäquat ernährt werden sollen, dann muss die Rolle der Frau gestärkt werden. Die Infrastruktur muss ausgebaut, in Bildung investiert werden, Kleinbauern müssen besser unterstützt werden, die Nahrungsmittelproduktion gilt es entlang ethisch sauberer Lieferketten auszubauen und vor allem den Fleischkonsum einzudämmen. So wird häufig und ohne einen einzigen Hinweis auf die Grenzen der Belastbarkeit von Ökosystemen argumentiert. Die Menschen wollen dann aber nicht nur überleben und mit dem Allernotwendigsten versorgt werden, sie wollen auch menschenwürdig und gesund leben können, und zwar möglichst selbstbestimmt. Wäre das schon zu viel verlangt?

Die potenziellen Flächen für Ackerbau sind begrenzt. In letzter Konsequenz muss dann die Erntemenge auf der Fläche gesteigert werden. Das ist großräumig nur durch konventionelle landwirtschaftliche Produktion im Verein mit den Errungenschaften der Gentechnik möglich – wird beteuert. Die biologische Landwirtschaft benötige zu viel Platz. Man kann es drehen oder wenden wie man will, an einer Produktionssteigerung in der Landwirtschaft und der industriellen Aquakultur kommen wir auf der Basis dieser Prämissen nicht vorbei, Umweltsünden, Pestizide, Bedrohung der Biodiversität inklusive.

Man könnte im Sinne des selbstbestimmten Lebens aber auch noch einen Schritt weitergehen. Mit Blick auf Gerechtigkeitsverhältnisse kann es nur darum gehen, den Menschen dieser Erde all das zuzugestehen, was bei uns längst Standard und selbstverständlich ist: sauberes Wasser, Brot und Butter, Obst und Gemüse, Tee und Kaffee – nicht peu à peu und auch nicht nur in homöopathischen Dosen sondern in ausreichender Menge. Nur so ist eine radikal-humanistische Position der Solidarität zu vertreten. Wenn man sich zu viel Zeit lässt und erst das Überleben der Menschen sichert, sie dann medizinisch mit dem Notwendigsten versorgt und dann wieder wartet, bis sie ein einigermaßen zufriedenes und selbstbestimmtes Leben mit Kranken- und Altersversicherung haben können, dann werden viele längst vorher gestorben sein, immer noch fremdbestimmt und total abhängig von den Almosen der westlichen Welt im globalen Norden, verbittert und mit Depressionen.

In Deutschland benötigen wir jährlich ungefähr sieben Kilogramm Kaffee pro Kopf oder 2.500 Tassen pro Sekunde. Auf neun bis zehn Milliarden Menschen übertragen wären das 50 bis 70 Milliarden Kilogramm pro Jahr oder ungefähr 300.000 Tassen pro Sekunde. Manchmal essen Menschen in Deutschland auch gebratene Scampi. Kaffee und Scampi sind Luxusgüter. Wir benötigen diese Lebensmittel zum Leben oder Überleben nicht. Wieso aber sollten wir diese Genussmittel nicht auch unseren Mitmenschen, gerade wenn und weil sie so arm sind, zugestehen? Damit es ihnen wirklich besser geht und sie nicht das Gefühl haben müssen, perspektivlos hin und her geschubst zu werden? Die Kaffeebohne wird in den Tropen geerntet. Die benachteiligten Menschen dort können sich Kaffee selbst häufig nicht leisten. Veredelt und geröstet wird der Kaffee später zum Beispiel in Hamburg und Bremen. Die Pfeffersäcke von heute sind auch Kaffeesäcke, Sojasäcke, Kakaosäcke, Tropenholzsäcke, Reis- und Teesäcke, gern in Bioqualität, fair trade. Das ist die Realsatire. Es geht also gar nicht mehr um die Frage Ölpalmen oder Regenwald, sondern um die Frage Ölpalmen, Kaffee oder Soja.

Wie sollte man den Regenwald unter derartigen Bedingungen noch schützen können? Wenn wir allen Menschen auf der Erde gesunde Nahrung und auch einige Luxusgüter, wenn wir ihnen Brot für die Welt, Käse, Eier, Wurst, Fisch, Sushi, Kaffee und gesunde Smoothies im Jahre 2050 zugestehen wollen und von einer Weltbevölkerung von 10 bis 15 Milliarden Menschen ausgehen, wenn alle diese Menschen gesund ernährt werden und sie natürlich auch Karotten, Lauch, Zwiebeln, Hühnerfleisch, wenigstens mal am Wochenende, in angemessener Menge erhalten würden, je nach Kultur, dann benötigen wir viel mehr Ackerland und bedeutend mehr Aquakulturen als bereits vorhanden. Tropenwälder? Und da die Erde schlicht so groß bleibt, wie sie jetzt schon ist, wird sie immer kleiner. Eigentlich ist sie es schon lange, wir merken es nur nicht überall so deutlich, weil wir gerade alles verheizen.

Den Luxus von Naturschutzgebieten können wir uns derzeit noch leisten. Sie werden in vielen Regionen sogar noch ausgeweitet. Wäre es nicht sinnvoll, die Nationalparke, Biosphärenreservate und Naturschutzgebiete möglicherweise irgendwann in die Nutzungskonzepte einzubinden? Und all die guten und theoretisch landwirtschaftlich wertvollen Böden der Wüsten, Steppen, Wälder und Gebirge, in Gegenden also, in denen derzeit noch recht viel Sand, Felsen, Torf, Eis, Schnee, Beton und Plastiktüten herumliegen, könnten diesem Zweck untergeordnet werden, wenn der Nutzungsdruck wächst, und wo nötig unter Plastikplanen oder in Gewächshäusern und natürlich mehrgeschossig auch in den Städten unter den Pflug genommen werden. Wir schaffen es sonst nicht. Moore, Heiden und Bergwiesen müssten vermutlich für diesen vorrangigen Zweck zur Disposition gestellt werden, natürlich nur dort, wo es nötig ist, im Jahre 2050 also eher großflächig. Weideland ist schon längst megaout wegen der Zahl der Kalorien pro Kilogramm Nutztierfleisch, die man besser in Form von Kulturpflanzen ernten sollte, weil man damit mehr Menschen satt bekommen kann. Die Welt ohne Haustiere, Fleisch und Weideland? Man mag das gern so sehen. Bislang ist der Fleischkonsum allerdings global noch permanent angestiegen, absolut und auch prozentual.

Fleisch gilt vielfach als Luxusgut, das man insbesondere den Armen nicht vorenthalten sollte, selbst wenn man Vegetarier ist. Überall auf der Erde feiern die Ärmsten der Armen zu bestimmten Zeiten rauschende Feste, für die lange gearbeitet wurde und viel Geld investiert wird. Fleisch und Fisch spielen dabei eine prominente Rolle.

Auch Auen und Küstenlebensräume müssten letztlich intensiver genutzt werden, wenigstens zur Fischzucht. Anders wird es nicht gehen. Der weltweite Tourismus an den Küsten muss sich dem unterordnen. Das muss man nur organisieren. Geld ist genug da; ein bisschen Umverteilung von oben nach unten und von Nord nach Süd würde schon reichen. Menschen, denen es gut geht, bekommen auch nicht so viele Kinder. Wir müssen aus diesem Teufelskreis ausbrechen.

Gegen den Hunger kann man mit der Aufwendung geringer Ressourcen viel unternehmen. »Es reicht! Für alle.« So sah das jedenfalls die Welthungerhilfe auf ihrer Homepage. Wenn man Hunger hat, sollte man nicht nur Brot, Pillen und Wasser bekommen, und schon gar nicht: *wenigstens erst mal.*

6.2 Banken, Affen, Wirtschaftsethik

Die Wirtschaftsgeschichte als Grundlage einer ökonomischen Ethik hat sich etwas stark verallgemeinert wie folgt abgespielt: Zuerst lebten Menschen von der Hand in den Mund, es wurden Waren getauscht, das Geld erfunden, danach die Zinsen, das Kreditsystem und die Börsen, dann blubberten Finanzblasen aus der Büchse der Pandora, und die Globalisierung und das Wirtschaftswachstum führten schließlich zu einem exorbitanten Ressourcenverbrauch, der uns in die ökologische Krise geführt hat.

Ein direkter Warentausch von Schweinen, Getreide und Wäscheklammern wurde allerdings vermutlich noch auf keinem Markt der Erde beobachtet. Und es ist auch nicht sehr wahrscheinlich, dass es das jemals gegeben hat, weil es viel zu aufwendig wäre. Dagegen kann man auch heute noch erleben, dass sich jemand etwas borgt, zum Beispiel Zwiebeln oder Eier beim Nachbarn, oder etwas geschenkt bekommt, zum Geburtstag. Eine derartige, zunächst nur in eine Richtung gehende Verlagerung von materiellen Gütern hat immer auch einen sozialen Aspekt und Vorteile für beide Seiten. Der Steinzeitmensch, der sich und die Nachbarn mit Steinwerkzeug versorgt hat, erhöhte gleichzeitig die Wehrhaftigkeit der Kleingruppe und den Schutz für alle Beteiligten. Und es kann schon sein, dass die Nachbarn es ihm in irgendeiner Weise gedankt haben, zum Beispiel durch ein gemeinsames Abendessen mit Fisch und Haselnüssen. Ein Tausch von Waren ist das allerdings nicht, sondern eher die Pflege sozialer Netzwerke durch die unausgesprochene multibilaterale Vergabe von Mikrokrediten. Ich schenke dir den Fisch; vielleicht kannst du mir später noch beim Bau meiner Hütte helfen. Jetzt müssen wir aber erst einmal die Familie von nebenan unterstützen. Die Frau bekommt gerade ein Kind. Das kann man auch als Arbeitsteilung interpretieren. Märkte ohne Arbeitsteilung wären sinnlos und Arbeitsteilung zwischen Männern und Frauen, Alten und Jungen kann man überall beobachten.

Die ersten Münzen im Mittelmeerraum und in China bestanden aus Bronze, später dann aus Gold und Silber beziehungsweise einer Mischung beider Edelmetalle (Elektrum). Kaiser Qin Shi Huangdi führte im dritten Jahrhundert v. Chr. Kupfermünzen mit Löchern ein – *Käsch* (wirklich wahr).

Der Vorteil gegenüber dem direkten Warentausch liegt auf der Hand. Man kann Münzen viel leichter transportieren als Schweine und muss die Schweine auch nicht erst mit Wäscheklammern tauschen, wenn man Getreide benötigt. Außerdem können empirisch arbeitende Wissenschaftler den Handel mit Geld tatsächlich beobachten, und er ist nicht nur eine Idee. Geld hat aber nicht nur Vorteile. Mit Geld kann man zum Beispiel kein Brot backen. Solange das Geld nicht ausgegeben wird, ist es praktisch wertlos. Ja, es besteht sogar die Gefahr, dass es gestohlen wird. Geld ist in gewisser Hinsicht das Gegenteil von Leben; es hat keinen Wert, aber einen Sinn. Ein Wert ist gegenwärtig, während Sinnhaftigkeit auf Zukunft abzielt und sich beim Übergang von der Gegenwart in die Zukunft in Werte verwandelt oder verpufft. Aber das weiß man immer erst hinterher.

Die Bedeutung jeder Währung besteht in dem Vertrauen darauf, dass man etwas dafür bekommen *kann*. Dieser Gegenwert ist eine rein psychologische Größe. Aus diesem Grund sind wirtschaftspsychologische Ansätze ebenso wichtig zum ökonomischen Verständnis wie Bilanzierungen. Die ersten Münzen waren Prägungen aus Metallen, die man im Zweifelsfall immer noch einschmelzen und zu Waffen, Arbeitsgerät beziehungsweise Schmuck verarbeiten konnte. Zigaretten, die Währung in Deutschland nach dem Zweiten Weltkrieg, konnte man im Zweifelsfall immer noch rauchen. Insofern konnte man darauf vertrauen, dass sie nicht völlig wertlos werden würden. Was aber kann ich mit einer einzelnen Euromünze unternehmen, wenn die Läden, Tankstellen und Spielhallen geschlossen sind? Sie ist nicht einmal als Schraubenzieher zu gebrauchen. Lediglich der Metallwert der Centmünzen ist angeblich höher als der Nennwert. Es lohnt sich dennoch kaum, sie einzuschmelzen, weil es viel zu aufwendig wäre sie einzusammeln, zu transportieren und zu schmelzen.

Händler im Mittelalter mussten wertvolle Waren hin- und schwere Kisten mit Geld zurücktransportieren, und sie wurden nicht selten ausgeraubt. Das war lebensgefährlich. Die Nachkommen der Raubritter aus dieser Zeit sind vielfach die Superreichen von heute.

Aufgrund der mit dem Handel verbundenen Gefahren wurde vermutlich im 12. Jahrhundert in Norditalien der Wechselbrief erfunden, eine Urkunde, die einem berechtigten Inhaber garantierte, dass an einem anderen Ort eine bestimmte Geldsumme an ihn selbst oder eine bestimmte andere Person ausgezahlt wurde. Mit diesem Dokument, für das bei einer Bank Geld hinterlegt werden musste, konnte der italienische Händler zum Beispiel in London, also auch in einer anderen Währung, Geld erhalten um Waren zu kaufen – eine Win-win-win-win-Situation: für den reisenden italienischen Händler in London, für den britischen Händler in Italien und die Banken jeweils da und dort. Die Banken mussten nach Abschluss aller Geschäfte dann nur noch die Wechselbriefe miteinander tauschen oder verrechnen. Über den Wechselkurs war es von nun an möglich, das Zins- und Wucherverbot der Kirche in wundersamer Weise zu umgehen. Der Wertpapierhandel und die Finanzblase waren geboren.

Allerdings konnten sich die damals allesamt gläubigen Händler nie sicher sein, dass sie durch ihre Geschäfte nicht erheblich gesündigt hatten. Insofern war es richtig und wichtig, regelmäßig mit den Kirchenoberhäuptern zu kommunizieren, zur Beichte zu gehen, Abbitte zu leisten, die Kirche materiell zu unterstützen und gleichzeitig davon zu überzeugen, dass dieses Finanzgebaren mit Verzinsung und Wucher nichts zu tun habe. Die aufblühende Vetternwirtschaft hatte sich von der Nachbarschaftshilfe emanzipiert und der eingeschlagene Weg führte über die Klüngelklubs direkt zur Cosa Nostra, den Triaden und freundschaftlichen Gesprächen von Oligarchen oder Staatsoberhäuptern auf dem Golfplatz oder in der Schwitzhütte.

Um 1560 wurden erstmals Tulpen (*Tulipa* spec.) und Hyazinthenzwiebeln (*Hyacinthus* cf. *orientalis*), Flieder (*Syringa* cf. *vulgaris*) und Rosskastanien (*Aesculus hippocastanum*), die dem Gesandten Wiens in Konstantinopel vom Sultan geschenkt worden waren, nach Wien gebracht.

Tulpen und Tulpenzwiebeln entwickelten sich dann bald nach ihrer Einführung auf den Märkten Hollands zu Liebhaberobjekten. In den 1630er-Jahren stiegen die Preise bis in schwindelerregende Höhen. Eine einzelne Tulpenzwiebel wurde mit bis zu 5.200 Gulden, ein paar Dutzend Zwiebeln mit bis zu 6.650 Gulden gehandelt. Zum Vergleich: Rembrandt erhielt für sein bedeutendstes Werk *Die Nachtwache* 1.600 Gulden und ein erfahrener Handwerker verdiente zu dieser Zeit 250 Gulden pro Jahr!

Als gesichert gilt heutzutage, dass der Markt 1637 zusammenbrach und viele Händler ruiniert waren. Dieses Ereignis wird als erste, relativ gut dokumentierte Spekulationsblase der Wirtschaftsgeschichte angesehen.

In den vergangenen Jahrhunderten waren Menschen in Europa in erster Näherung als Bauern, Handwerker, Händler und Hausfrauen tätig gewesen. Deutschland war bis in das 19. Jahrhundert eine Agrargesellschaft, bis in die 1970er-Jahre eine Industriegesellschaft, während die überwiegende Zahl der Beschäftigten heutzutage im Dienstleistungssektor beschäftig ist – Dienstleistungsgesellschaft.

Nach der Umwelt-Kuznets-Hypothese sind die Umweltbelastungen in der agrarisch geprägten Phase noch relativ gering, sie steigern sich bis zu einem Höhepunkt während der Industrialisierung, um dann in der Dienstleistungsgesellschaft wieder geringer zu werden. Wenn man an die entsprechenden Luft- und Wasserbelastungen in Städten wie London und Industriezentren wie dem Ruhrgebiet denkt, kann man diese Reihung gut nachempfinden.

Es gibt viele Theorien und Konzepte in unterschiedlichen Wissenschaftsbereichen, die in Form einer Dreiteilung, auf der Grundlage von drei Säulen, als Dreieck oder Trilogie dargestellt werden. Dazu gehört auch das Drei-Säulen-Modell der Nachhaltigkeit. Auf der Metaebene kann man durchaus eine gewisse Affinität von Wissenschaftlern zu derartigen dreiteiligen Deutungsmustern annehmen, auch wenn diese These nur schwerlich zu beweisen ist. Im konkreten Fall kann die Entwicklung von der Agrar- über die Industrie- bis hin zur Dienstleistungsgesellschaft nicht überall auf der Erde nachgewiesen werden, auch lässt sich eine abklingende Bedrohung der Biodiversität während der dritten Phase, in den Dienstleistungsgesellschaften, nicht nachweisen.

Auf den industriellen Frühkapitalismus folgten im 20. Jahrhundert Muskelspiele und Stellvertreterkriege zwischen Kapitalismus und Kommunismus, dann wurden die an der Menschlichkeit scheiternden kommunistischen Systeme abgetakelt und der Kapitalismus offenbarte von nun an seine wahre, ungeschminkte Fratze – mit dem ewig gleichen Effekt, dass es vielen Menschen schlecht ging, im Gegenzug dann aber einige wenige so viel Geld scheffelten, wie kein Mensch auf dieser Welt benötigt. Die Anreicherung von Geld und Macht in den oberen Etagen erinnert an Salzstöcke, in denen das in großer Menge vorhandene Salz unter hohem Druck zähplastisch aufwärts strebt.

Besonders schön hat es DBC Pierre in *Das Buch Gabriel* (2010/2011, S. 32) ausgedrückt:

> »Die freie Marktwirtschaft ist ein veralteter, schmuddeliger und ungepflegter Zauberkasten, dessen Hauptmanko schon jedem Kind klar ist. Sehen Sie nur, wie viele Erwachsene immer noch atemlos vor Lust seinen Versprechungen erliegen – obwohl sie ihre gesamte Intelligenz aufbieten müssen, um ausreichend Staub um diese eine glasklare Wahrheit aufzuwirbeln: dass ohne Tricks und Werteverfall, ohne Erpressung, Manipulation, Betrug und unverhohlenem Diebstahl der Profit einfach nicht kontinuierlich wachsen will.«

Im Jahr 1973 verabschiedete sich das Finanzwesen vom Goldstandard und switchte stattdessen zunächst auf sich selbst kontrollierende Wechselkurse und später dann auf Suchmaschinenalgorithmen und Meinungen mit zunehmend unwichtiger werdender Grundlegung durch Objektivität und Wissenschaft um.

Und schon sind wir in der Jetztzeit des späten 20. und frühen 21. Jahrhunderts angelangt. Nachdem der Kommunismus nur noch in Nordkorea und auf Kuba rudimentär glamourös isoliert vor sich hin erodieren durfte, baute der Wirtschaftsliberalismus zusammen mit den Geheimdiensten in Windeseile die Visionen und Sozialsysteme zurück und hackte Che Guevara postmortal die Hände ab. Der Himmel, der vorher noch von Marx, Mao und ihren Versprechungen rot glühte – Buddha, Lao Tse und selbst Idealisten der Konservativen waren bis dahin als philosophischer Background immer wieder strapaziert worden –, war nun schlagartig leer und trist geworden.

Schamlos und in aller Stille haben die dominierenden Ökonomien es geschafft, das Paradigma des gerechten Tauschhandels, des sich selbst regulierenden freien Marktes und des immerwährenden Aufschwungs in dieses Vakuum hinein zu verstetigen. Doch wer ist, abgesehen von einigen Wirtschaftswissenschaftlern und der Majorität der Profiteure, mit dem Ergebnis der globalen Ökonomie eigentlich noch einverstanden? Wirtschaftstheoretische Ansätze sind vielfach neoklassisch prädeterminiert und der verlängerte Arm der marktbeherrschenden Global Players. Das ist in gewisser Weise verständlich, denn Konkursunternehmen taugen nicht recht als Vorbild.

Je mehr die letzten kommunistischen Systeme zum Beispiel in China, Russland oder Kuba marktwirtschaftliche Prinzipien einführten, umso offener konnte der Kapitalismus sein wahres Antlitz offenbaren. Der Konkurrenzkampf war gewonnen. Und doch kann auch dieser Weg nicht dauerhaft funktionieren.

Ökonomen, die alles dem Markt überlassen wollen, verlangen einerseits nach Unterstützung durch die Politik, wenn der Bankrott droht oder die Pandemie vorüber ist, und wundern sich andererseits, dass es Menschen gibt, die den liebevollen Griff der Vermögenden in die sinnentleerten Taschen prekärer Verhältnisse nicht mehr tatenlos hinnehmen wollen.

Die ideologisch veränderte Welt zeigte sich in vollendeter Kontrastharmonie im Sommer des Jahres 2011, als (i) das kommunistische (?) China begann, die kapitalistischen USA auszuschimpfen und zu ermahnen, dass sie gefälligst wieder anständig wirtschaften sollten; China hatte ordentlich in US-Devisen investiert, und diese drohten nun angesichts der Finanzkrise an Wert zu verlieren. Noch skurriler (ii) erscheint die Meldung, dass immer mehr Multimillionäre und Milliardäre in immer mehr Ländern höhere Steuern und Abgaben für die Reichen und deren Vermögen fordern, anstatt zusehen zu müssen, wie die Staaten sich zugunsten der Privatwirtschaft kaputtsparen.

»The ECB is ready to do whatever it takes to preserve the Euro. And believe me, it will be enough.« Das sind keine Zauberformeln, die Mario Draghi am 26. Juli 2012 ausgesprochen hatte, aber die Wirkungen dieser wenigen Worte waren gewaltig gewesen. Bis zu diesem Zeitpunkt herrschte große Nervosität an den Finanzmärkten und die Zinsen für Kredite an südliche Länder der Eurozone beziehungsweise deren Staatsanleihen – von Italien, Spanien, Griechenland – waren immer höher geklettert. Das Vertrauen war futsch, bis der gute Mann diese Worte absonderte. Die zwei Sätze schlugen an den Börsen ein wie eine Bombe. Alle möglichen ökonomischen Kenngrößen veränderten sich danach schlagartig und der Euro stabilisierte sich. Und dabei hatte der EZB-Chef noch nicht einmal verraten, was er überhaupt vorhatte. Aber so ist das mit der Ökonomie, viel Hokuspokus und Aberglaube, aber ohne geht es definitiv nicht.

Die Summe aller Bruttoinlandsprodukte umfasste 2017 80 Billionen (real exchange) beziehungsweise 128 Billionen US-Dollar (kaufkraftbereinigt).

Das globale und nationale Inlandsprodukt wird häufig in drei Sektoren eingeteilt. Der erste bezieht sich auf die Landwirtschaft, Forstwirtschaft, Fischerei und Ähnliches, also auf die Erzeugung von unveredelten Rohprodukten, von Holz, Getreide, Fisch usw. (Urproduktion, Agrarsektor).

Aus diesen werden in der Industrie, im Gewerbe und im Handwerk Produkte hergestellt, Pizza zum Beispiel. Auch die Erzeugung von Düngemitteln und die Bereitstellung von Energie wird dem zweiten Sektor zugerechnet (Industriesektor).

Und dann gibt es noch die Dienstleistungen, die zum Beispiel von Friseuren, Banken und öffentlichen Einrichtungen erbracht werden und physisch nicht greifbar sind, sieht man einmal von dem frisch frisierten Haupthaar ab (Dienstleistungssektor).

Das globale Inlandsprodukt wurde 2017 zu sechs bis sieben Prozent im ersten Sektor erarbeitet, zu 30 Prozent in der Industrie und zu 63 bis 64 Prozent im Dienstleistungsbereich (2017).

Länder mit einem Dienstleistungssektor, der über 90 Prozent des Inlandsproduktes ausmacht, sind fast alle Steueroasen, Inseln und Enklaven wie Gibraltar, Jersey, Bermuda, Macau, die Kaimaninseln, Montserrat oder auch die Bahamas. Länder, die ihr Geld hauptsächlich in der Land- und Forstwirtschaft sowie Fischerei erzeugen, liegen vielfach in Afrika südlich der Sahara und sind bettelarm.

Der illegale Handel von Waren und Leistungen hatte ein Volumen von etwa 500 Milliarden US-Dollar (0,5 Billionen oder 500 billions). Dabei wird dieser Posten nur zum Teil vom Inlandsprodukt mit abgebildet, und zwar diejenigen Anteile, die nach der Geldwäsche mit versteuert werden. Schwarzarbeit jedenfalls geht in das Inlandsprodukt nicht ein.

Der Drogenhandel entsprach einem Umsatz von 320 Milliarden. Er besetzte damit die Position eins der illegalen Geschäfte. Der Waffenhandel mit 100 Milliarden US-Dollar stand an zweiter Stelle. Es folgte der Menschenhandel inklusive der unfreiwilligen Migrationsprostitution mit 32 Milliarden US-Dollar an dritter Position und der Handel mit Tieren und Tierprodukten – dazu gehören die abgehackten Hörner der Nasen von Nashörnern, Elfenbein und Tigerknochen – an vierter Stelle; das Volumen wird auf 8 bis 19 Milliarden US-Dollar geschätzt.

Die Auswirkungen legalen und illegalen Handels von exotischen Tieren, Tierprodukten, aber auch seltenen Pflanzenarten in den Landschaften, aus denen die Organismen entnommen werden, aber auch in den Wohnzimmern und Badewannen, in denen die Tiere und Pflanzen gehalten werden, sind so lukrativ, dass es fast nichts gibt, was man sich nicht vorstellen mag. Allein über das Washingtoner Artenschutzabkommen (CITES) wird versucht, den Handel von 35.800 Tier- und Pflanzenarten zu regulieren; das ist eine Mammutaufgabe, der die vereinigten Naturschutz- und Zollbehörden der Erde selbstverständlich nicht gerecht werden können.

In den Wohnungen mit ihren Aquarien, Terrarien, Paludarien und anderen Vivarien sind alle Ökozonen von der Subarktis über den Sukkulentenbusch und die Savanne bis zum feuchttropischen Regenwald vereinigt. Es werden Affen, Gift- und Würgeschlangen, Geckos, Schmetterlinge, Spinnen, Pfeilgiftfrösche, Krokodile, Land- und Wasserschildkröten gehalten, und wenn die Tiere größer und vielleicht auch bissig geworden sind, dann werden sie bisweilen einfach in das Feuchtgebiet nebenan entlassen. Politik muss sich irgendwann fragen, in welcher Weise sie diesem Irrsinn, aber auch dem damit verbundenen Geschäft Einhalt gebieten möchte.

Ein gutes Barometer für die Wirtschaftskraft und das Funktionieren der Ökonomie seien Aktienkurse. In den Jahren nach 2013 verzeichneten der DAX und Dow Jones Index mehrfach ein Allzeithoch. Gleichzeitig waren die Arbeitslosigkeit in Europa, die Staatsschulden von Griechenland, Zypern, Italien, Spanien und auch Deutschland stark angestiegen. 2017 hatte Präsident 45 Steuererleichterungen für Besserverdienende durchgesetzt. Und obwohl die USA längst einen der größten Schuldenberge der Welt angehäuft hatten, sprang der Dow Jones sofort nach diesem Geschenk an die Vermögenden auf ein neues Rekordhoch. Es geht noch weiter. Nachdem die Wirtschaftsdaten sich in den USA tatsächlich in kurzer Zeit durch die trumpen Steuergeschenke an die Topunternehmen und trotz enormer Zusatzschulden des Staates positiv entwickelten, gab es im Februar 2018 massive Kurseinbrüche in den USA und Asien, weil es sich bei steigenden Zinsen lohne, von Aktien auf Anleihen umzuschwenken, weil die Renditen bei Anleihen sicherer seien und rekordverdächtige Börsenindizes nervös machen würden und so weiter. Man nennt das dann Furcht vor Inflation oder auch Gewinnwarnung. Logisch, wenn der Staat Geld verschenkt, das er nicht hat, muss er Geld drucken. Und das führt dann zur Inflation.

Die World Bank for Reconstruction and Development (IBRD), mit Sitz in Washington, D.C. (USA), ist das Zentrum der Weltbankgruppe. Mitglied in der Weltbank kann eine Nation nur werden, wenn sie auch im Internationalen Währungsfonds (IWF), der 1945 gleichzeitig mit der Weltbank gegründet worden war und den Sitz ganz in der Nähe der Weltbank hat, vertreten ist. Das Ziel der Weltbank ist es, die zu entwickelnden Länder zu entwickeln, die Privatwirtschaftsentwicklung in diesen Ländern voranzutreiben und auf diese Weise Geld zu verdienen. Der IWF hat dagegen einen etwas anderen Fokus. Er vergibt Darlehen an alle Staaten, die gerade knapp bei Kasse sind. Er soll dabei die Stabilität der Währungen gewährleisten. Aus diesem Grunde und weil er viel mehr Geld zur Verfügung hat als die Weltbank, ist der IWF bedeutsamer für die Industrieländer und die Weltwirtschaft. Trotz dieser unterschiedlichen Hauptziele sind die Weltbank und der Internationale Währungsfonds eng miteinander verbunden. Alljährlich finden gemeinsame Sitzungen statt.

Und natürlich fahren beide Organisationen ordentlich Gewinne aus dem Kreditgeschäft ein. Und natürlich ist die Geschichte beider Organisationen mit den dazugehörigen unrechtmäßigen, unsozialen und für die Umwelt katastrophalen Auswirkungen vielfach in die Schlagzeilen geraten.

Ein Wertpapier ist eine Urkunde in Papierform oder eine elektronische Buchung, die dem Besitzer derselben irgendetwas rechtlich zugesteht. Man kann über ein Wertpapier zum Beispiel Anteilseigner von einem Unternehmen werden. Unter Umständen darf man dann sogar über alle möglichen Betriebsabläufe mitentscheiden. Indem man sich so ein Wertpapier kauft, gewährt man dem Verkäufer einen Kredit. Der Nachteil daran ist, dass man nie genau weiß, ob sich das Geschäft auch lohnen wird. Unter Umständen kann man aber auch kräftig verdienen, denn man geht üblicherweise davon aus, dass das Unternehmen Gewinne macht und einen bestimmten Anteil dieser Gewinne an die Anteilseigner ausschüttet.

Toxische Stoffe sind giftig. Jede Giftwirkung ist aber abhängig von der Menge eines Stoffes, die man einem Menschen, einem Tier oder einer Pflanze zugeführt hat. Eigentlich ist jeder Stoff zugleich giftig und ungiftig. Selbst harmlose Lebensmittel wie Schokolade, Gurkensalat oder Milch würden zu einer unerwünschten, toxischen Wirkung, mindestens zu Bauchschmerzen, führen, wenn wir davon zu viel einnehmen. Auch Giftstoffe der höchsten Toxizität, wie Nervengifte oder Kampfstoffe, sind unterhalb einer bestimmten Konzentration unschädlich.

Nun darf gemutmaßt werden, dass toxische Wertpapiere Vermögenswerte sind, die in irgendeiner ungesunden Weise in erhöhter Konzentration vorhanden sind. Es gibt mehr oder weniger sichere Wertpapiere, Hedgefonds gehören zu den riskanteren. Sie bieten die Chance auf sehr hohe Renditen, tragen aber auch ein hohes Verlustrisiko. Das alles wäre noch nicht problematisch, wenn die Art und Weise der Spekulation, die mit derartigen Papieren verbunden ist, nicht sogar große Unternehmen und ganze Staaten in die Krise führen könnten – allein dadurch, dass auf deren Zusammenbruch hin gewettet wird. Jede Anlagestrategie ist spekulativ. Und wenn das Volumen groß ist, dann kann die Konzentration eine toxische werden. Gewettet beziehungsweise spekuliert, was dasselbe ist, wird auf fast alles, während der Krise in den Jahren vor 2007 zum Beispiel auf Immobilien. Später wurde auch auf Nahrungsmittelpreise gewettet. Die Wetten sind dann wiederum die Ursache zum Beispiel für den Anstieg der Weltmarktpreise für Mais und Getreide und damit für regionale Hungerkatastrophen.

Speculare kommt aus dem Lateinischen und heißt »hoffen« und *to hedge* aus dem Englischen und bedeutet »absichern«, aber auch »sich winden« oder »erschweren«. *Hedge* ist eine »Hecke« beziehungsweise »Absicherung«, *fond* kommt aus dem Französischen und heißt »Grund« (von *fundus*, lateinisch für »Grund, Boden«). Sicher im Zusammenhang mit Hedgefonds ist allerdings nur die Unsicherheit, deren konzentrationsabhängige Toxizität und das Risiko, welches man beim Kauf eingeht.

Wenn man versuchen möchte, den Derivatehandel auf einer mittleren Metaebene zu verstehen, weil man unter anderem davon überzeugt ist, dass das Übel der Welt durch Banken finanziert und potenziert wird – Ausbeutung, Ungerechtigkeit, Missernten in Afrika, Vetternwirtschaft und die Konzentration der Macht –, dann konnte man zum Beispiel den folgenden Text zum Thema Derivate im Internet (wörtlich) lesen.

> »Ein derivatives Finanzinstrument oder kurz Derivat (lat. *derivare* ›ableiten‹) ist ein gegenseitiger Vertrag, der seinen wirtschaftlichen Wert vom beizulegenden Zeitwert einer marktbezogenen Referenzgröße ableitet.«

Weiter unten wurde noch erläutert, dass der Derivatehandel bereits vor mehr als 3.000 Jahren in Mesopotamien, Bahrain und Indien begann. Man darf natürlich nicht ungeduldig sein und erwarten, dass das Böse sich in einem ersten Satz oder in einem Absatz weiter unten offenbart.

Derivate sind Ableitungen oder Abänderungen. Der Derivatehandel ist mit Wetten vergleichbar; gewettet werden kann auf alles, was noch nicht eingetreten ist. Interessant, aber nicht verwunderlich, ist auch, dass – wie bei jedem anderen Spiel auch – mit ein wenig Manipulation geschummelt werden kann. Es gibt aber auch Unterschiede zu einem Wettbüro. Diejenigen, die beim Pferderennen auf ein bestimmtes Pferd setzen, können verlieren oder gewinnen, auf der sicheren Seite der Gewinner ist nur das Wettbüro. Beim Derivatehandel kann derjenige, der wettet, auch verlieren oder gewinnen. Aber alle, die nicht am Derivatehandel beteiligt sind, gehören auf jeden Fall zu den Verlierern. Und die Spielsucht im Finanzwesen hat Konjunktur. Während das Volumen der OTC-Derivatgeschäfte – OTC heißt *over the counter*, »über den Tresen, außerbörslich«; es gibt auch Derivatgeschäfte, die an den Börsen getätigt werden, die sind dann börslich – im Jahr 2000 noch etwa 95 Billionen US-Dollar umfasste, waren es im Jahr 2010 bereits über 600 Billionen, 2013 waren es 693 Billionen ausstehende OTC-Geschäfte plus 70 Billionen an den Börsen, insgesamt also Derivate im Wert von 763 Billionen US-Dollar (»amerikanische trillions«). Weltweit wurden 2019 Geschäfte im Wert von etwa 90 Billionen US-Dollar (kaufkraftbereinigt) getätigt. Der globale Handel umfasste in diesem Jahr also etwa ein Zehntel dessen, was an Kapital in Form von Derivaten auf der Lauer lag und den Zockern das angenehme Kribbeln von Schmetterlingen im Bauch vermittelt.

Adam Monk, ein überragender Finanzanalyst, brachte es weltweit in die Schlagzeilen der Boulevardpresse. Finanzanalysten sind zumeist gelernte oder studierte Wirtschaftsfachleute, die eine Beurteilung von Vermögenswerten vornehmen können und vorhersagen, welche Anlagen sich gewinnbringend verkaufen lassen. Dazu müssen sie einschätzen, wie sich zum Beispiel Aktienkurse entwickeln. Die Frage, ob die Investition in eine Anlage den Waffenhandel ankurbelt, eine Säugetierart in Südostasien bedrängt oder Waren unter prekären Arbeitsverhältnissen produziert werden, wird üblicherweise nur dann gestellt, wenn Kunden diese ausdrücklich aufwerfen. Aber auch wenn ethische Erwägungen eine zunehmend wichtige Rolle spielen, ist bislang kaum einzuschätzen, ob diese das Gesamtpaket irgendwann maßgeblich beeinflussen könnten. Finanzanalysten dürfen in Deutschland nur solche Produkte verkaufen, an denen sie selbst nicht direkt profitieren – Verbot des Eigenhandels von Wertpapieren.

Das Rhesusäffchen Adam Monk jedenfalls lag in aller Regel weit über dem Durchschnitt seiner hoch dotierten Kollegen. Es durfte einige Jahre lang im Auftrag der *Chicago Sun Times* jeweils fünf Aktien im *Wall Street Journal* auswählen. Das jeweilige Portfolio wurde dann gewinnbringend gekauft.

Das war natürlich ein spektakulärer Fall gewesen und der Grund dafür, dass Adam Monk so berühmt wurde – wie auch Lusha, ein Schimpanse in Russland, oder ein Papagei in Südkorea, Tiere, die allesamt locker mit den besten Investmentmanagern der Welt mithalten konnten. Natürlich gibt es auch viele Finanzberater, Affen und Papageien, die schlechter als der Durchschnitt sind und deshalb nicht berühmt werden. So ist das meistens mit dem Durchschnitt. Einige bleiben darunter, andere liegen darüber.

Unabhängig davon scheinen sich die Vorhersagen von Finanzanalysten zumeist unweit der allgemeinen Kursentwicklungen zu bewegen. Die allgemeinen Trends von Vermögenswerten sind jederzeit öffentlich zugänglich. Wofür braucht man dann also die Analysten? Es geht hier offensichtlich um das Narrativ, das Erzählen von Geschichten, um die Beruhigung der Nerven, um Psychologie, und vor allem um viel Geld. Und dabei lohnt es sich, etwas über die Vermögenswerte, die man kauft oder verkauft, zu wissen. Und dennoch vereinigt der Aspekt der Unsicherheit jeder Prognose die Investmentbanker mit den Wahrsagern vor der Kristallkugel und den Kirchen der Welt.

Die besten Analysten sind offensichtlich diejenigen, die das sagen, was alle sagen, und zwar nicht, weil die Prognosen gut wären, sondern auch deshalb, weil sie auf diese Weise mit Gesinnungsgenossen zusammen den Kurs beeinflussen. Und das ist der Fall, solange Leute bereit sind, sich vor deren Karren spannen zu lassen und in ihrem Sinn Geld anlegen. Je mehr Leute eine Anlage kaufen, umso teurer wird sie und umso höher ist die Steigerungsrate. Sollte es tatsächlich so simpel zugehen? Ist das die treibende Kraft des global entfesselten Turbokapitalismus? Unabhängig von der Beantwortung dieser Frage sind Aktienkurse als Maßstab für umweltfreundliches Wirtschaften oder menschliches Wohlbefinden vollkommen ungeeignet. Um die ökologische Misere auch ökonomisch zu erklären, sind Narrative, spätestens seitdem Shiller, Fama und Hansen 2013 den Nobelpreis für Wirtschaftswissenschaften erhielten, so wichtig wie Zahlen und Bilanzen.

Das gesamte Vermögen umfasste 2015 circa (300 bis) 800 bis 1000 Billionen US-Dollar. Den dicksten Brocken machten dabei mit einem Volumen von (200 bis) 700 bis 800 Billionen US-Dollar Derivate aus – wie viel genau, weiß niemand. Ein geringer Teil der Assets (Vermögenswerte) im Derivatehandel sind Aktien. Wenigstens entspricht der Handel mit Derivaten der spielfreudigen Natur des Menschen. Traurig dabei ist nur, dass so viele Menschen, die gar nicht mitspielen, dabei immer verlieren. Und diese Vermögen sowie die jährlichen Ausgaben und Einnahmen darf man nun auf sich wirken lassen und sich fragen, was daran gut sein soll?

Was sollen ökonomische Verhältnisse und Prozesse gewährleisten? Grundsätzlich sollte man annehmen dürfen, dass der Welthandel als Triebfeder und die Ökonomie als Wissenschaft den Menschen dienen. Auf der Basis dieser Annahme wird man ethisch-konzeptionelle Fragen voranstellen und danach die Analytik bemühen.

Menschen, die schwerreich und privilegiert geboren worden sind, sollten armen Menschen unter die Arme greifen und den Raubbau an der Natur verringern. Viele Menschen würden das richtig finden. Man kann das als Umverteilung oder Sozialsystem bezeichnen. Allerdings neigen die Menschen eher dazu, sich miteinander zu solidarisieren, wenn sie von ähnlicher Gesinnung sind, die Gewinner mit den Gewinnern, die Verlierer mit den Verlierern. Das ist menschlich, und man sollte diese Neigung bei der Planung der Zukunft berücksichtigen und also nicht alle machen lassen, wie sie es selbst wollen. Da muss man schon ein wenig Überzeugungsarbeit leisten und Druck ausüben. Oder glaubt eigentlich noch irgendjemand, dass wir Ungemach, die Bedrohung der natürlichen Grundlagen und der Biodiversität sowie die Missstände in der Gesellschaft und Umwelt ohne eine Umverteilung von da nach dort werden reduzieren oder vermeiden können? Kommunisten fordern dies kaum noch. Die gibt es – von Ausnahmen abgesehen – nur noch in Wachs gegossen bei Madam Tussauds. Milliardäre und Multimillionäre sind es heute, und es werden immer mehr. Und die fordern höhere Abgaben für Besserverdienende oder das bedingungslose Grundeinkommen doch nicht aus altruistischen Gründen, sondern damit es ihnen selbst nicht schlechter geht, zu ihrer eigenen Sicherheit, damit sie nicht von den aufgebrachten Massen überrollt werden, das hatten wir schon, aus purem Egoismus also. Auch das kennen wir zur Genüge. Und natürlich haben sie Recht.

Die numerische Betrachtung von Vorgängen in der Wirtschaft ist als Rechentechnik zunächst unproblematisch. Marktanalysen und quantifizierende Betrachtungen von Gewinnen und Verlusten, Gemeinschafts- und Privatvermögen waren schon bei Karl Marx, Jahn Maynard Keynes, aber auch Scott Gordon darauf angelegt, ökonomische Vorgänge und damit Wirtschaftskrisen und die Entstehung von Armut und Reichtum verstehen zu können.

In den neoklassischen Wirtschaftswissenschaften werden drei zentrale Dogmen mit Blick auf die Zukunft allerdings kaum jemals infrage gestellt, (i) die Notwendigkeit des Wirtschaftswachstums, (ii) das Prinzip von Angebot und Nachfrage und (iii) eine auf Privatunternehmen und Privatkapital basierende Unternehmung in einer globalisierten Welt. Es ist derzeit jedenfalls nicht zu erkennen, dass das Mantra dieser unseligen Trilogie mittelfristig zu überwinden wäre.

Das Wachstum der Wirtschaft in den Betrieben, auf nationaler Ebene und global ist so zentral, dass jede Stagnation bereits zu Nervosität führt und eine Rezession sogleich durch Konjunkturmaßnahmen, die das Wirtschaftswachstum befeuern, bekämpft werden muss. Irgendwann ist das permanente Wachstum allerdings vorbei. Schon Kinder wissen, dass nichts ewig wachsen kann. Wie allerdings eine Postwachstumsgesellschaft aussehen und funktionieren wird, können uns Ökonomen bislang nicht detailliert erklären. Aber sie warnen vor dem Chaos, das dann droht. Und tatsächlich gibt es bisher keine belastbaren Modellierungen zur Frage, wie ein kultiviertes Nullwachstum oder gar ein Wirtschaftsrückgang gepaart mit Frohsinn aussehen und gezielt arrangiert werden könnte.

Wenn es von einer Ware oder Ressource viel gibt, dann sollte diese relativ kostengünstig zu bekommen sein. Im Allgemeinen ist es aber so, dass die Preise steigen, wenn die Nachfrage wächst. Durch freundschaftliche Gespräche, Lobbyarbeit und Vetternwirtschaft wird der freie Markt zusätzlich ad absurdum geführt und in einen globalen Markt mit eigenen Normen transformiert. Wenn man aber davon ausgeht, dass selbst die Gewinner davon kaum glücklicher werden und Ressourcen verprasst werden, warum verfolgt man ihn dann trotzdem so hartnäckig, den angeblich freien Markt?

Bei jeder Krise, für jeden unterernährten Menschen, für jedes Umweltproblem könnte man sich viele politische und juristische Vorgaben erdenken, die den Reichtum so kontrollieren würden, dass niemand mehr benachteiligt, sondern dem Grundgesetz entsprechend mit Würde am gesellschaftlichen Leben teilhaben könnte. Leider ist es umgekehrt: Ökonomen führen die Politik an der kurzen Leine. Abgeordnete im Deutschen Bundestag verdienen über Nebeneinkünfte und Beraterverträge im Durchschnitt mehr als auf der Basis ihrer Diäten. Und Almosen sind das nicht. Der Begriff Diät kommt übrigens aus dem Griechischen *(diaita)* und bedeutete zumindest bei Hippokrates »Schonkost«. So werden Nahrungsmittel bezeichnet, die den Magen schonen. Diät klingt eigentlich nach Abspecken.

Wirtschaftswissenschaften analysieren in erster Linie den Umgang mit Waren und die entsprechenden ökonomischen Vorgänge. Die Frage nach einer erfolgversprechenden Umweltpolitik ist innerhalb der Wirtschaftswissenschaften kaum jemals zentral. Auch der zunächst honorige Ansatz der Monetarisierung von Werten in der Natur auf Grundlage der Ermittlung des Naturkapitals gerät schnell an seine Grenzen, wenn festzustellen ist, dass der in Dollars umgerechnete Wert von Ackerland im weltweiten Vergleich mit Regenwäldern und Korallenriffen um ein Vielfaches höher liegt.

Weltweit sind sehr viele Arten vom Aussterben bedroht. Grund für die Bedrohung und Beeinträchtigung von Ökosystemen, Tier- und Pflanzenarten sind im Wesentlichen ökonomische Vorgänge. Eigene Analysen haben ergeben, dass zwei Indikatoren der Wirtschaft in direktem Zusammenhang mit der Bedrohung der Biodiversität stehen, zum einen die Höhe des Bruttoinlandsproduktes (GDP), das den stärksten Zusammenhang mit der Zahl der stark bedrohten Arten aufweist, und zum anderen die Ungleichverteilung (Gini/Palma). Auch die konkreten Auswirkungen ökonomischer Vorgänge auf die unterschiedlichen Ökosysteme sind hinreichend bekannt und ihr negativer Einfluss ist unstrittig.

Es stellt sich dann die Frage, ob Wirtschaftswissenschaften auch Möglichkeiten zur Problemlösung parat halten? Wie stellen Ökonomen es sich vor, umweltfreundlich zu wirtschaften? Den tropischen Regenwald, die Korallenriffe und das Grasland zu erhalten? Grasland? Als Thema der Ökonomie? Die neoklassische Umweltökonomik sieht eine Lösung der Übernutzung freier und öffentlicher Naturgüter darin, diese zu privatisieren und dem freien Spiel der Kräfte des Marktes zu überantworten. Es wird in diesem Zusammenhang häufig auf die Tragödie der Allmenden hingewiesen. Die gemeinschaftliche Nutzung von Landschaftseinheiten soll dabei zu einer immer stärkeren Verarmung der Landschaften und von ihnen lebenden Menschen geführt haben. Es gibt allerdings auch viele Beispiele, die zeigen, dass Allmenden sehr wohl langfristig gut funktioniert haben und keinesfalls nur das allgemeine Chaos gemeinschaftlicher Ausbeutung herrschte. Die plausiblere Alternativhypothese geht deshalb auch davon aus, dass gerade Privatisierungen die Situation verschärfen könnten.

Das wirtschaftswissenschaftliche Problem in diesem Streit besteht nun darin, dass die Natur überhaupt erst zu einem Thema wird, wenn sie als Komposition aus Ressourcen und Ökosystemdienstleistungen verstanden werden kann und Umweltgüter erst unter dem Blickwinkel der Knappheit relevant werden. Die erkenntnistheoretische Basis der Analyse ist auf diese Weise bereits sehr stark eingeschränkt. Als Assets sind Ökosysteme und Biodiversität nicht umfassend darzustellen, denn die nicht monetären Ökosystemfunktionen sind nicht Gegenstand der ökonomischen Analyse, weder als private noch als öffentliche Objekte.

Sucht man in den Lehrbüchern zur marktwirtschaftlichen Ökonomie nach alternativen Deutungen, nach politischen Ordnungsprinzipien der Ökonomie, die auch Fragen der Verantwortung und Fairness gegenüber nicht privilegierten Menschen und gegenüber der Umwelt und Natur beantworten, nach Ideen, wie Krisen gemeinschaftlich, und das heißt zum Beispiel ohne die Zunahme von Armut und Schwermut, abgefedert werden könnten, sucht man nach humanen Regelwerken oder ethisch akzeptablen Produktionsketten, dann wird man innerhalb neoklassisch ausgerichteter Ansätze bislang nur selten fündig.

Wenn uns Ökonomen versichern, dass das Anlegen von Vorräten ökonomischer Nonsens sei, weil es klüger wäre, mit allen verfügbaren Mitteln den Umsatz von Waren und Papieren anzukurbeln, wenn sie uns darüber informieren, dass eine Phase, in der das Wirtschaftswachstum stagniert oder leicht negativ ist, bereits zu Panik an den Börsen und Massenentlassungen führen könne, dann zeitigt diese Logik auch eine gewisse Kurzsichtigkeit, insbesondere vor dem Hintergrund der Tatsache, dass eine Missernte heutzutage einer Rekordernte von gestern entspricht, dass eine geringere Auslastung eines Betriebes heutzutage immer noch zu viel größeren Produktionsmengen und Umsätzen führt als die Vollauslastung desselben Betriebes in früheren Zeiten, der zudem noch vor nicht allzu langer Zeit viel mehr Menschen beschäftigen konnte. Vorratshaltung könnte auch aus ökonomischer Sicht sinnvoll sein, wenn die Modelle langfristiger angelegt wären und Versorgungskrisen und Produktionskapazitäten angemessen berücksichtigt würden.

Viele Studienprogramme der Wirtschaftswissenschaften behandeln ethische Fragen gar nicht oder höchst stiefmütterlich. Auf Grundlage ökonomischer Modellierungen könne gezeigt werden, dass Prämissen zur Beantwortung wirtschaftsethischer Fragen vielfach nicht realistisch seien. Natürlich, nur so können wir sie ja loswerden – die gegen die Wand fahrende Realität. Im konzeptionellen Bereich wäre daher sicherlich noch Luft nach oben.

> »... der Geschäftsmann hat gar oft ein enges Herz, weil seine Einbildungskraft, in den einförmigen Kreis eines Berufs eingeschlossen, sich zu fremder Vorstellungsart nicht erweitern kann.«
>
> Friedrich Schiller 1793/1795. *Über die ästhetische Erziehung des Menschen*. Sechster Brief.

Wo könnte man sinnvollerweise ansetzen ohne die übermächtige Trias ökonomischen Gebarens infrage zu stellen? Es gibt eine ganze Reihe von Maßnahmen, die überall und sofort durchgeführt werden können. Drei Instrumente zur Gestaltung von Umweltpolitik werden schon jetzt überall auf der Welt eingesetzt: Subventionen, Umweltsteuern, Restriktionen – von demokratischen und totalitären, von kapitalistischen und kommunistischen Regimen. Sinnvoll wäre es sicherlich, diese Pakete noch deutlich besser aufeinander abzustimmen, zu bündeln, auszuweiten und Zukunft nicht nur halbherzig als Flickenteppich aus Kompromissen und Zugeständnissen, mit Ausnahmeregelungen und Schlupflöchern wie in der europäischen Rechtsprechung und Subventionspolitik, deren Werkzeugkästen und Reparaturmöglichkeiten kaum zu überblicken sind, zu organisieren. Auch ethische Standards gibt es schon und sie könnten weiter ausgebaut werden.

Wie dem auch sei, es gibt zwei konträre Möglichkeiten und natürlich alle möglichen Kompromisse. Im einen Fall würde die Ökonomie die Maßnahmen in der Umweltpolitik weiterhin bestimmen, im zweiten Fall wäre es umgekehrt.

Wenn Ökonomien den Weg der Konkurrenz und Gewinnmaximierung, der Anhäufung von Privatvermögen, der Globalisierung und des Wirtschaftsliberalismus fortsetzen wollen, werden Umweltauswirkungen anwachsen. Die negativen Konsequenzen wären kultureller, sozialer und existenzieller Natur, möglicherweise in dieser Reihenfolge. Der bislang eingeschlagene Weg der Ökonomisierung würde fortgesetzt.

Die zweite, langfristig angelegte Möglichkeit wäre mitnichten zum Nulltarif zu haben. Allein der Umbau der Energie-, Land-, Forst- und Fischwirtschaft auf Grundlage von dauerhaft biodiversen und leistungsfähigen Gewässern, Böden und Ökosystemen wird sehr teuer werden. Ökologische Leitplanken in ökonomischer Betrachtung finden sich zum Beispiel ansatzweise im *Dasgupta-Bericht* von 2021.

Die dritte Möglichkeit der Synthese ökonomischer, sozialer und ökologischer Erfordernisse zum Rundum-sorglos-Paket der Enkelgerechtigkeit konnte bislang nur als schöne Idee entworfen werden. Der Name einer Ausführung dieses in sich widersprüchlichen und keinesfalls visionären Programms lautet zum Beispiel *Agenda 2030*. Wer sich in der Lage sieht, eine adäquate Ernährung der immer noch wachsenden Weltbevölkerung ohne zunehmenden Verschleiß von Ökosystemen zu versprechen, möge gern im Detail vorrechnen, wie dies finanziell zu bewerkstelligen wäre.

Alle Möglichkeiten haben gemeinsam, dass zusätzlich investiert werden muss. Was heute nicht investiert wird, kann morgen extrem teuer werden. Dabei dürfte sich das gängige Vokabular der Macht, nach dem Begriffe wie »Marktwirtschaft« und »Liberalismus« sowie »Planwirtschaft« und »Dysfunktionalität« immer wieder miteinander in Beziehung gesetzt werden, noch für längere Zeit als Bremse erweisen und einem tragfähigen Konzept aus Subventionspolitik, Steuerpolitik und gesetzlichen Vorgaben im Sinne der Umwelt entgegenstehen.

Schutzgüter der Umwelt, Umweltprobleme

Im 18. Jahrhundert wurde von medizinischer, theologischer und juristischer Seite in Frankreich einvernehmlich entschieden, dass der Biber (*Castor fiber*) ein Fisch sei. Und im Jahr 2007 entschied das oberste Gericht in den USA, der Supreme Court, dass Kohlendioxid ein Luftschadstoff sei. Die erste Entscheidung war bedeutsam für die Nahrungsaufnahme der Menschen während der Fastenzeit gewesen und verantwortlich für einen erheblichen Jagddruck auf Biber, die zweite hatte Konsequenzen für die Abgastechnologie im Fahrzeugbau und positive Auswirkungen auf die Luftqualität. Beide juristischen Entscheidungen haben sich unmittelbar auf das Verhalten von Menschen und auf die Umwelt ausgewirkt, und beide Entscheidungen sind aus naturwissenschaftlicher Sicht gleichermaßen töricht. Biber sind Säugetiere und keine Fische, und CO_2 ist kein Luftschadstoff. Viele Treibhausgase sind keine Luftschadstoffe und viele Luftschadstoffe keine Treibhausgase. Aber es gibt auch Gase, die beiden Kategorien angehören. Kohlendioxid gehört nicht dazu, gasförmiges Wasser in der Atmosphäre auch nicht.

Die zwei wichtigsten Treibhausgase in der Atmosphäre sind Wasser und Kohlendioxid, und die Temperatur wäre global um über 30 Grad Celsius niedriger ohne Treibhausgase, um mehr als 20 Grad ohne Wasser und um sechs bis sieben Grad ohne CO_2. Darüber hinaus würde die gesamte Biosphäre inklusive der Menschheit ohne CO_2 und Wasser in der Atmosphäre innerhalb kürzester Zeit beendet sein. Eine Atmosphäre ohne Treibhausgase hat es glücklicherweise nicht gegeben, seit es die Atmosphäre gibt und die ersten Pflanzen und Tiere das Land erobert haben.

Der Begriff der »Umwelt« wurde vermutlich erstmals im 18. Jahrhundert verwendet. Goethe gebrauchte den Ausdruck in der Beschreibung seiner italienischen Reise im Sinne von Umgebung oder umgebender Welt:

> »Der Tag ist so lang, das Nachdenken ungestört, und die herrlichen Bilder der Umwelt verdrängen keineswegs den poetischen Sinn, sie rufen ihn vielmehr, von Bewegung und freier Luft begleitet, nur desto schneller hervor.«

Sehr früh wurde der Begriff bereits auch als Ausdruck für Milieu, also im Sinne von sozialer Umwelt gebraucht und fand Eingang in das Fachvokabular der Sozialwissenschaften. 1909 verwendete von Uexküll den Umweltbegriff im Sinne von belebter und unbelebter Umwelt der Tiere.

Das heute vorherrschende Verständnis des Umweltbegriffes hat sich im Zusammenhang mit der Gefährdung von Menschen (Umweltkrise) aus der benachbarten Umgebung und den Medien, in denen Menschen sich bewegen und die ihn durchdringen – Wasser und Luft – und dem daraus entstandenen Umweltbewusstsein und Umweltschutz entwickelt. Abgesehen von einer differenzierteren Wahrnehmung hat sich der Umweltbegriff im Gegensatz beispielsweise zum Landschaftsbegriff aber kaum verändert.

Im 20. Jahrhundert wurde versucht, den Umweltbegriff durch »Mitwelt« zu ersetzen, um schon vom Wort her deutlich zu machen, dass es ethisch zumindest fragwürdig erscheinen mag, wenn der Mensch sich eigenmächtig in den Mittelpunkt stellt. Den Begriff »Mitwelt« gibt es aber bereits seit dem 18. Jahrhundert in einer anderen Bedeutung, nämlich im Sinne von Zeitgenossen. Dieses Ansinnen hat sich auch deshalb nicht durchsetzen können.

Umweltprobleme sind Veränderungen in der Umgebung von Menschen, in den Landschaften und Ökosystemen, die negativ beurteilt werden. Im weiteren Sinne werden die Fernwirkungen menschlichen Handelns, die sich negativ auf Flora, Fauna und deren Lebensräume auswirken, dazugezählt. Im Zentrum des Umweltschutzgedankens steht das Leben.

Zu den Schutzgütern der Umwelt werden in aller Regel die folgenden gerechnet: menschliche Gesundheit und menschliches Wohlbefinden, kulturelles Erbe und sonstige Sachgüter, die Landschaft als ästhetisch wirksame Komposition von zumeist ganz unterschiedlichen Landschaftselementen, Flora und Fauna inklusive der artgerechten Tierhaltung, Boden, Wasser und Gewässer, Luft und Klima.

Umweltprobleme werden medial zum Teil hochgekocht und sie erscheinen dann vorübergehend in den sozialen Medien, in Zeitungen und Nachrichtensendungen. Dazu gehörten in der Vergangenheit immer wieder Chemieunfälle, Störfälle von Atomkraftwerken, das Waldsterben, BSE und die Creutzfeldt-Jakob-Krankheit, aber auch invasive Arten wie der Riesenbärenklau (*Heracleum mantegazzianum*) oder das Amphibien- und Bienensterben. Doch die mediale Wirksamkeit ist meist von kurzer Dauer und zwar relativ unabhängig davon, ob das Problem gelöst wurde oder nicht. Wenn eine Art wie der Flussdelfin in China ausstirbt, dann gibt es normalerweise überhaupt kein Medienspektakel, weil man das Aussterbeereignis nicht genau datieren kann und immer hofft, dass die Art doch irgendwo überlebt hat. Und dann gibt es auch den Fall, dass aus der Mücke ein Elefant gemacht wird. Dies war vor vielen Jahren der Fall beim Thema »Vogelgrippe« gewesen – schon lustig, wie staatliche Akteure, eingekleidet wie die Astronauten, am Strand von Rügen tote Vögel in hermetisch zu verschließende Plastiksäcke gesammelt haben, weil die Behörden kein Risiko eingehen wollten und wussten, dass wir im Ausland genau beobachtet würden. Im Ausland entwickelt sich gelegentlich eine gewisse Freude, wenn wir in Deutschland einen Fehler machen – deshalb unter anderem die Vogelgrippe-Astronauten-Küstenshow. Der ganze Aktionismus war vor allem eine Demo preußischer Gründlichkeit gewesen, wenn auch nur auf Stummfilmniveau.

Das größte Sorgenkind der Menschen in der Vergangenheit und Zukunft war und ist das Wasser. Und es ist nicht abzusehen, dass es inhaltlich die Poleposition abgeben könnte, obwohl es medial nur untergeordnet in Erscheinung tritt. Wasser hat für Menschen eine viel zentralere Bedeutung als beispielsweise Energie oder das Klima. Wasser ist Essenz, Reaktions- und Transportmedium. Pestizide, Düngemittel und Medikamente und viele Gifte erhalten ihre Wirksamkeit für die Umwelt größtenteils über das Wasser als Medium, und Wasser ist Grundstoff des Lebens. Ohne Wasser wächst kein Tier, keine Pflanze, nichts.

Hier ticken Zeitbomben, deren Ausmaß zurzeit noch nicht abzuschätzen ist. Und es hat schon in der Vergangenheit immer wieder Tausende von Toten durch Umweltprobleme im Zusammenhang mit dem Wasser gegeben. Der Hunger in Afrika ist fast ausschließlich ein Wasserproblem, welches durch das Bevölkerungswachstum verschärft wird. Typisch ist auch, dass wir die mit dem Wasser verbundenen Probleme immer erst spät oder nur halbherzig wahrnehmen.

Viele Millionen Tonnen von schwermetallhaltigen Kupferschlacken wurden gewinnbringend und spätestens mit dem Inkrafttreten der Wasserrahmenrichtlinie (2000) und dem darin enthaltenen Verschlechterungsverbot für den Zustand der Gewässer wider europäisches Recht an Ufern und Küsten Europas verbaut, immer mit dem Hinweis auf deren Unbedenklichkeit. Die Begriffe »Unbedenklichkeit« und »Unbedachtheit« im Zusammenhang mit Wissenschaft wären sicherlich eine eigene Analyse wert. Von der Industrie wurden finanziell und analytisch aufwendige Gutachten in Auftrag gegeben, um die Harmlosigkeit dieser mit Kadmium, Arsen, Nickel und Blei angereicherten Abfallprodukte zu belegen. Und währenddessen arbeiten Myriaden von Bakterien an der Verwitterung der Oberflächen dieser Schlacken und sorgen auf diese Weise dafür, dass die Schwermetalle kontinuierlich in die Umwelt abgegeben und verteilt werden.

Wasserprobleme sind so allgegenwärtig, dass die Zeitungsmeldungen niemals dieselbe Eruptionskraft entfalten können wie die Themen Klimawandel oder Energiewende. Das gilt auch für die Pestizide, Medikamente und Düngemittel, die flächendeckend in der Landwirtschaft zum Einsatz kommen. Warten wir es ab. Probleme der Wasserqualität und -quantität werden mit Sicherheit noch zunehmen. Und sie werden durch den Klimawandel noch verstärkt.

6.4

Gute landwirtschaftliche Praxis und die unsichtbare Seite der Böden

Wenn im Folgenden *die* Landwirtschaft kritisiert wird, dann ist damit insbesondere die europäische und nationale Agrarpolitik gemeint und nicht der einzelne landwirtschaftliche Betrieb. Es muss darüber hinaus betont werden, dass viele Landwirte sich sehr um das Tierwohl, die Erhaltung der Kulturlandschaft und den Artenschutz bemühen. Es gibt moderat genutzte Lebensräume mit sehr seltenen und bedrohten Arten, die ihr Überdauern in der Region bis heute allein dem Idealismus von Landwirten verdanken.

Auf dem Acker steht das Wachstum von Kulturpflanzen im Vordergrund der Betrachtung, und Pflanzen können nur wachsen, wenn die ökologischen Bedingungen des Ackers und die ökonomischen Bedingungen der Landwirtschaft dies ermöglichen. Im Boden müssen genügend Nährstoffe verfügbar sein. Und dabei ist unbestreitbar, dass die konventionelle Landwirtschaft in diesem Sinne bis dato überaus erfolgreich war. Es ist vor allem den ökologischen, ökonomischen, technologischen und agrochemischen Erkenntnissen zu verdanken, dass die Getreideproduktion pro Hektar in Deutschland heutzutage durchschnittlich mehr als doppelt so hoch ist wie noch zu Anfang der 1960er-Jahre.

Doch der Preis dafür ist hoch, denn zu den Kollateralschäden gehören Belastungen des Grundwassers, der Luft, ein Rückgang der Biodiversität und die Schädigung der Gesundheit von Menschen. Während die landwirtschaftlichen Gewinne kurzfristig gemacht werden, sind Veränderungen in der Atmosphäre und Schäden im Boden und Grundwasser in aller Regel eine sehr dauerhafte Angelegenheit.

Das Bodenleben, welches sich in Jahrmillionen entwickelt hat, kann innerhalb weniger Jahrzehnte im Ackerland dezimiert werden. Der Ackerboden ist in der konventionellen Landwirtschaft vor allem als Fläche für den Anbau, nicht aber als Raum für das Leben von Bodenorganismen interessant. Pflanzen werden mit mineralischen Düngemitteln versorgt und Schädlingskalamitäten werden mit Pestiziden in Schach gehalten.

Grünland wird als Fläche benötigt, um gewaltige Mengen Gülle, Hühnerkot und Gärreste aus Biogasanlagen aufzunehmen, und weithin hat sich ein reger Gülletourismus mit zum Teil langen Transportwegen entwickelt. Jährlich fallen in Deutschland über 200 Millionen Tonnen Gülle an, die auf Äckern und im Grünland ausgebracht werden und das Wasser und die Luft belasten.

Der Boden ist ein überwiegend unsichtbarer Lebensraum, dunkel, auch im übertragenen Sinn. Die Agrarökologie ist weit davon entfernt, alle Vorgänge des Bodenlebens verstanden zu haben. Man läuft auf dem Boden herum, befährt ihn mit landwirtschaftlichen Maschinen, düngt, spritzt und pflügt ihn. Was sich drinnen abspielt, ist auch nicht unbedingt wichtig, solange die Pflanzen auf dem Acker und die Tiere in den Ställen und auf der Weide wachsen können und eine vernünftige Rendite gewährleisten.

Böden sind gesetzlich in mindestens dreifacher Weise geschützt: durch die Bodenschutzgesetze (Bodenschutz- und Altlastenverordnung, Düngemittelverordnung), die Gesetze zum Schutz des Wassers und der Gewässer sowie die nationalen und internationalen Umwelt- und Naturschutzgesetze wie zum Beispiel die FFH-Richtlinie, die UVP-Richtlinie, das UVPG und das Bundesnaturschutzgesetz mit der Eingriffsregelung. Doch die Regularien sind insgesamt auch deshalb ausgesprochen handzahm und kaum in der Lage, den Abwärtstrend der Qualität von Böden und den Rückgang der Biodiversität zu verhindern, weil sie die gute landwirtschaftliche Praxis zur Grundlage haben. Die gute landwirtschaftliche Praxis ist ein unbestimmter Rechtsbegriff. Auf europäischer Ebene konnte eine griffige Rahmenrichtlinie zum Bodenschutz aufgrund der Intervention deutscher Landwirtschaftspolitik im Sinne der Agrarlobby bis heute erfolgreich verhindert werden.

Ein großes Problem dieser kurzfristigen und auf den Ertrag gerichteten Politik sind die Langzeiteffekte. Böden, die sich in den Jahrtausenden nach der Eiszeit langsam entwickelt haben, werden in kürzester Zeit geschädigt, die Pestizidfracht im Wasser und in den Menschen nimmt zu, 25 Millionen EU-Bürger sind unfruchtbar, Tendenz steigend, und in einigen Gegenden muss inzwischen mit erheblichem Aufwand dafür gesorgt werden, dass Schadstoffe und Nährstofffrachten die Toleranzschwellen nicht überschreiten.

Auch die Trockenheit der Ackerböden in ausgeprägten Trockenjahren hat nicht nur mit dem Klimawandel zu tun, sondern zum Beispiel auch mit lokalen Entwässerungsmaßnahmen und fehlendem Humus. Die Entwässerung der Ackerböden durch Drainage wurde jahrhundertelang vorangetrieben und die Humuszehrung in Kauf genommen. Wozu benötigt ein Acker heutzutage noch Humus? Humus ist totes organisches Material. Pflanzen benötigen Nährstoffe, um wachsen zu können, mit Humus direkt können sie nichts anfangen. Humus nimmt allerdings durchaus Einfluss auf die ökologischen Eigenschaften von Böden, auf die Struktur, auf den Nährstoff- und Wasserhaushalt.

Und dabei könnte gerade der Humus eine umweltpolitisch herausgehobene Bedeutung erlangen, wenn es darum geht, den Burn-out der Böden zu begrenzen. Denn die Böden der Erde sind ein hervorragender und fast unerschöpflicher Kohlenstoffspeicher, und sie können viel mehr Kohlenstoff aus der Atmosphäre bunkern als alle Wälder der Erde zusammen. Sie setzen den Großteil des aufgenommenen Kohlenstoffs auch nicht gleich wieder durch Atmung um, wie lebende Pflanzen und Tiere es tun. Wenn sich diese Erkenntnis durchsetzen würde und nicht immer nur der Wald als Kohlenstoffspeicher thematisiert wird, wäre ein Umdenken in der Agrarumweltpolitik aufgrund des zunehmenden öffentlichen Drucks vielleicht der nächste Schritt.

Es ist leicht möglich, die nicht abgeernteten Stoppeln und zusätzliche Biomasse in die Äcker einzuarbeiten, dadurch der Atmosphäre CO_2 langfristig zu entziehen und auf diese Weise die Qualität vieler Böden zu verbessern. Es sind auch keine langen Transportwege nötig, denn Äcker gibt es überall. Und wenn der politische Druck mit Blick auf das Klima nicht nachlässt, wird die EU vielleicht irgendwann eine wirksame Rahmenrichtlinie zum Schutz der Böden auch im Hinblick auf die Klimapolitik zustande bringen.

Humusanreicherung und ein generelles Verbot von Pestiziden? Letzteres würde sicherlich zunächst einen Aufschrei unter den Landwirten in der konventionellen Landwirtschaft verursachen, die Gesellschaft müsste zusätzliche Investitionsmittel bereitstellen, und viele Landwirte müssten ihre Produktion umstellen.

In Frankreich wurde der Einsatz von Neonicotinoiden allerdings schon frühzeitig verboten und die Landwirtschaft kommt dort seit Langem ohne aus, in der EU wurden drei der fünf wichtigsten Insektizide verboten und in der Schweiz hat die Eidgenössische Volksinitiative mit dem Namen »Für eine Schweiz ohne synthetische Pestizide (Pestizid-Initiative)« eine Volksabstimmung auf den Weg gebracht, um die Aufnahme des folgenden Textes in der Verfassung durchzusetzen:

> »Der Einsatz synthetischer Pestizide in der landwirtschaftlichen Produktion und Verarbeitung sowie in der Boden- und Landschaftspflege ist verboten. Die Einfuhr zu gewerblichen Zwecken von Lebensmitteln, die synthetische Pestizide enthalten oder mit Hilfe solcher hergestellt worden sind, ist verboten.«

Der Antrag wurde zwar inzwischen abgelehnt; im Sinne der Arterhaltung bleibt die Zielrichtung zweifellos richtig. Aber auch wenn es Licht am Ende des Tunnels gibt, ist es insgesamt noch ein langer Weg und die Rolle Deutschlands in der europäischen Landwirtschaftspolitik weiterhin extrem zögerlich und rückwärtsgewandt.

6.5 Lichtsmog und Scotobiologie

Zu den positiven Effekten von Licht gehört die Photosynthese, die tierisches und pflanzliches Leben ermöglicht. Aber auch das menschliche Wohlbefinden ist abhängig von der Zusammensetzung und Intensität des Lichtes, von der Dauer und Tageszeit, in der Farben und Kontraste zu sehen sind, oder die Haut von der Sonne bestrahlt und erwärmt wird. Im skandinavischen Winter lassen sich Menschen mit Kunstlicht in möglichst natürlicher Komposition des Sonnenlichts bestrahlen, um einer Winterdepression vorzubeugen, und bei uns werden Hühner in riesigen Mastanlagen mittags der Dunkelheit und damit dem Schlafzwang ausgesetzt, damit sie noch schneller das Schlachtgewicht erreichen. Vorher und hinterher ist es hell, nachts dann wieder dunkel. So soll es ökonomisch optimal sein. Das ist bares Geld. Mit artgerechter Tierhaltung hat das nichts zu tun.

Durch künstliche Lichtquellen werden in jeder Sekunde weltweit viele Millionen von Insekten angelockt und getötet, Meeresschildkröten und Zugvögel werden auf ihrer Wanderung in die Irre geleitet. Dauerlicht führt bei Mäusen zu Entzündungen, Muskelschwund und Osteoporose. Eine Leuchtschrift in Graz aus drei großen Leuchtbuchstaben wurde zu einem Massengrab für 350.000 Insekten innerhalb eines Jahres. Eine Milliarde Insekten dürften jedes Jahr allein in Deutschland Opfer der Lichtverschmutzung sein. Aber auch Störungen im Hormonhaushalt von Menschen sind nachgewiesen worden. Das muss man erst mal herausfinden, angesichts der vielen Störungen, denen wir ohnehin schon ausgesetzt sind.

Die Scotobiologie beschäftigt sich mit Organismen bei Nacht beziehungsweise Dunkelheit. Der Verlust der Dunkelheit außerhalb der Wohnungen und Siedlungen entspricht dabei auch dem Verlust, die Milchstraße, das Meeresleuchten, Nordlichter oder Glühwürmchen erleben zu können.

Doch die direkten Auswirkungen von Kunstlicht bei Nacht sind möglicherweise problematischer als bislang angenommen und gehen weit über das Nichterleben von Naturphänomenen hinaus. Natürlich gehören übermüdete Augen und Schlafstörungen zu den Effekten von nächtlicher Betätigung am Computer. Viele erleben das an sich selbst. Aber möglicherweise gibt es sogar einen Zusammenhang zwischen der künstlichen Beleuchtung und der extrem hohen Brustkrebsrate bei Frauen in der Zivilisation, also bei den Frauen der allermeisten Gesellschaften der Erde. Die Umstellung von der alten Glühbirne auf LEDs hat vor allem dazu geführt, dass mehr Licht in für die Natur ungünstigen Spektralbereichen produziert wird.

Die ersten Gesetze zum Schutz vor Lichtverschmutzung gab es in Spanien (1988), Chile (1999), Italien, Tschechien und Slowenien. Im Gebiet der selbst ernannten Vorreiter in Sachen Umwelt, in Deutschland, wurde im Jahr 2007 eine öffentliche Petition zur Reduktion der Lichtverschmutzung initiiert, sie wurde von 7.828 Menschen unterzeichnet, dem Bundestag übergeben, der sie dann seinerseits ordnungsgemäß der Ignoranz überantwortete – Aktenvermerk, Papierkorb; natürlich ohne Konsequenzen. In Deutschland gibt es immer noch kein Gesetz, welches die Bekämpfung oder Beschränkung von Licht als Umweltbelastung direkt regeln würde. Und so glühen, leuchten, strahlen und schädigen viele Lampen, Birnen, LEDs und Bewegungsmelder weiter sinnlos vor sich hin, in die nächtliche Dunkelheit, auf die Erde und in den Himmel.

Die Lichtverschmutzung ist ein Problem, das schnell und ohne große Mühe schrittweise angegangen werden könnte. Und man würde sehr leicht Ressourcen und Energie einsparen können. Pellworm und Spiekeroog, mit Gemeinden, die seit längerer Zeit versuchen, ihre Lichtemissionen auch im Sinne des Naturschutzes einzudämmen, gehören zu den bei Nacht dunkelsten Orten in Deutschland. Sie haben sich bei der International Dark Sky Association (IDA) darum beworben, den Titel »Sternenpark« tragen zu dürfen. Das mag man vielleicht lustig finden. In einer sternenklaren Nacht kann man dort aber einen atemberaubenden Sternenhimmel beobachten, über den nicht nur der Mond wandert. Man könnte aber natürlich noch einen Schritt weitergehen und anregen, dass die größten Flächen der Erde, von denen aus überhaupt kein künstliches Licht in die Umwelt emittiert wird, auch nicht durch fahrende Schiffe oder Autos, zum Weltnaturerbe erklärt werden. Photophobe (lichtscheue) Organismen würden es uns danken.

6.6 Teller, Tank, Tortilla

Im Jahr 2007 gab es in Mexiko eine »Tortilla-Krise«, weil der Preis für Mais (*Zea mays*) – keine mexikanische Tortilla ohne Mais – für viele Mexikaner kaum noch zu bezahlen war. Die Nachfrage nach Mais war deshalb so stark gestiegen und hatte den Preis in die Höhe getrieben, weil die USA viel Mais zur Produktion von Bioethanol aufgekauft hatten. Es entstand also ein Nahrungsengpass bei den Ärmsten in Mexiko (Teller), um den Energiebedarf in den USA zu stillen (Tank).

Viele Kulturpflanzen können gleichermaßen zur Erzeugung von Nahrungsmitteln und Energie verwendet werden. Dazu gehören unter anderem Mais, Raps, Zuckerrohr, Ölpalmen, Jatropha, Kartoffeln, Karotten, Zuckerrüben, Weizen und viele andere mehr; diese liefern auch beste Voraussetzungen für eine handfeste ethische Debatte. Darf man Kraftstoff oder Biogas aus Pflanzen erzeugen, die dann für die Ernährung nicht mehr zur Verfügung stehen, während sich viele Millionen Menschen nur unzureichend ernähren können oder sogar Hunger leiden?

Die Diskussion infolge der Tortilla-Krise war einmal mehr geprägt von der Forderung nach Versachlichung, von ökonomischer Beschwichtigung und Relativierung und von kühnen Ideen technokratischer Fortschrittsgläubigkeit. Zu den abenteuerlichen Thesen gehörten etwa die Folgenden, die in dieser oder ähnlicher Form bis heute immer wieder aufgewärmt werden.

(i) Bald werde es genetisch veränderte Sorten von Mais und Hirse geben, die weniger Wasser benötigen, gut mit Trockenperioden umgehen und deutlich resistenter gegen Schädlinge sind. (ii) Durch gentechnische Veränderungen könne auch der Einsatz von Pestiziden verringert werden. (iii) Die Konkurrenzsituation zwischen der Produktion von Nahrung und Energie auf Äckern könne dadurch vermieden werden, dass Ödland und Restflächen unter den Pflug genommen würden, um darauf Energiepflanzen anzubauen, während die guten Böden wie bisher auch der Nahrungsmittelproduktion vorbehalten blieben. In Afrika würden allein deshalb viele Flächen brachliegen, weil die notwendige Infrastruktur noch nicht entwickelt sei. (iv) So manche Einöde könnte zu einer Produktionsstätte von Energiepflanzen werden, indem dort trocken- oder auch salztolerante Pflanzen angebaut würden, die im Zuge des Klimawandels und des damit verbundenen Meeresspiegelanstiegs zur Produktion von Biokraftstoffen verwendet werden könnten.

Nun bedarf diese beschwingte Sicht der Dinge allerdings zumindest einer ökologischen und sozialen Relativierung und einer regional differenzierten Betrachtung. Es fängt damit an, dass es so etwas wie Ödland aus Sicht der Landschaftsökologie nicht gibt. Im Gegenteil, die allermeisten Lebensräume, die nicht unter den Namen »Wald«, »Acker« oder »Stadt« zu subsumieren sind, werden von Lebensgemeinschaften bewohnt, die im Wald, Acker oder in der Stadt nicht vorkommen. Es handelt sich dabei vielfach um ausgesprochen bedeutsame Habitate mit einer Fülle seltener und stark bedrohter Arten. Selbst in den großen Industriebrachen des Ruhrgebiets haben immer wieder sehr schnell seltene und bedrohte Tier- und Pflanzenarten Zuflucht gefunden.

Auf der anderen Seite greift die Diskussion zu kurz, wenn immer wieder nur auf den Kohlenstoffkreislauf und die Energiebilanzen geschaut wird. Der Kohlenstoffkreislauf ist grundsätzlich mit dem Nährstoffhaushalt von Pflanzen und Tieren und den Nahrungsnetzen verknüpft, mit den Nährstoffen im Boden und in der Luft, aber auch mit anderen Treibhausgasen, die über die landwirtschaftliche Produktion normalerweise freigesetzt werden, Lachgas und Methan zum Beispiel. Deren spezifischer Treibhauseffekt ist um ein Vielfaches höher als der von Kohlendioxid.

Eine den Anbau von Energiepflanzen subventionierende Politik ist gefordert, die Problematik der Flächen, Energiebilanzen, Wasserbilanzen, der veränderten Stickstoffbilanzen im Wasser, Boden und in der Luft, aber auch den regionalen Einfluss auf das soziale Leben in die Planung mit einzubeziehen. Dabei stellt sich vor allem immer wieder heraus, dass die Erzeugung von Biokraftstoffen, ihre Bedeutung für das Klima und die landschaftsökologische Bedeutung eine höchst ambivalente Angelegenheit sind.

Die Produktion erneuerbarer Energie ist in fast allen Fällen flächenwirksam und landschaftsökologische Schäden sind kaum zu vermeiden. Das gilt für Windkraftanlagen, Biogasanlagen und Solarparks, aber auch für die Erzeugung von Strom aus Wasserkraft. Und natürlich muss die Frage gestellt werden, welche Form der Energiebereitstellung sich in welcher Weise auf die Landschaft auswirkt, im Fall der Produktion von Biokraftstoffen von der Kultur der Energiepflanzen über den Einsatz von Pestiziden und Düngemitteln bis zur Verbrennung von Biogas. Jede Reduktion der CO_2-Abgabe durch den zunehmenden Beitrag erneuerbarer Energieformen bedeutet einen Wandel in der Landnutzung, der mit einem Flächenverbrauch in der Landschaft, mit der Konstruktion technischer Anlagen, der entsprechenden Infrastruktur sowie Risiken der Umweltverschmutzung im Normalbetrieb und bei Störfällen einhergeht. Wer eine weitere Erwärmung der unteren Atmosphäre durch den zusätzlichen Einsatz erneuerbarer Energien unterbinden möchte, sollte sich auch damit auseinandersetzen, welche Veränderung der Landschaft und Schädigung der Umwelt und Biodiversität der Preis dafür sein darf. Die Förderung von Technologien zur Reduktion der CO_2-Emissionen und eine Umweltpolitik mit Blick auf den Erhalt von Landschaften, Naturschutz und Artenvielfalt haben sich längst zu Kontrahenten entwickelt. Einstige Befürworter von Windkraftanlagen betrachten die Veränderungen in der Fläche aufgrund massiver Kollateralschäden mittlerweile mit großer Sorge.

Die Politik muss entsprechende Rahmenbedingungen für die Regionalplanung setzen, und sie darf die Erhaltung der Ökosysteme nicht außer Acht lassen. Vor allem wäre es sehr fahrlässig, das Geschehen dem freien Spiel des Marktes ohne Regelungsmechanismen zu überlassen. Wälder wurden und werden auch für den Anbau von Energiepflanzen vernichtet, für Ölpalmen auf Borneo, für Soja sowie Zuckerrohr in Südamerika. Grasland wurde und wird umgebrochen, auch bei uns, und hernach findet man dort zum Beispiel Maisäcker für Biogasanlagen. Maisäcker kann man heutzutage sogar auf von Natur aus produktionsschwachen Böden der Geest oder anderen Grenzertragsstandorten vorfinden, wo es in alter Zeit nur möglich war, Buchweizen oder Roggen anzubauen. Es ist im übersättigten Mitteleuropa leicht möglich, die Forderung nach einer Ausweitung der Produktion von Biokraftstoffen zu erheben, zumal der Klimawandel mit bedrohlichen Szenarien aufwartet. Man sollte den Wandel in der Landnutzung und die damit einhergehende Belastung der Umwelt aber nicht mit dem Argument vom Tisch wischen, dass Maßnahmen im Zusammenhang mit dem Klima Priorität haben, denn das ist keine umweltwissenschaftliche Tatsache. Die Frage nach der Bedeutung von Maßnahmen zur Umweltvorsorge ist normativ und bedarf stets der Abwägung.

Bei diesem Abwägungsprozess gilt es eine einfache Tatsache zu berücksichtigen. Der Acker ist der mit Abstand wichtigste Ort der Nahrungsmittelproduktion und der Produktion von Energiepflanzen, auch in Zukunft. Die Zunahme der Maisäcker und Biogasanlagen mit der entsprechenden Infrastruktur in den vergangenen Jahrzehnten ist dabei nur ein zusätzliches Problem für das Trinkwasser, für Insekten und die Vogelwelt. Daran ändert auch die vom Ansatz her honorige Verordnung über Anforderungen an eine nachhaltige Herstellung von Biokraftstoffen (Biokraft-NachV) nur wenig, da sie einen in der Praxis viel zu weichen Kompromiss darstellt.

Die Vorstellung, dass die Nahrungsmittelproduktion auf guten Böden und der Anbau von Energiepflanzen auf schlechten stattfinden könne, hat sich nicht als realistisch erwiesen. Die verschiedenen Kulturpflanzen stellen sehr unterschiedliche Ansprüche an den Boden und das Klima, und zwar unabhängig von der Frage, ob das Produkt ein Nahrungsmittel oder Energieäquivalent ist.

Die Fläche der Äcker ist global kaum noch auszuweiten, während die Weltbevölkerung kontinuierlich wächst. Umgekehrt wachsen die Städte und Siedlungen weltweit hauptsächlich auf Kosten von vormaligem Ackerland, auch in Mitteleuropa. Um diesem Dilemma zu begegnen, bedarf es einer realistischen und vorausschauenden Regionalplanung, wenn man den Gedanken zulassen möchte, dass die Fortsetzung des bislang beschrittenen Weges nur in die Sackgasse führen kann.

Die einfachste Lösung würde darin bestehen, Energie einzusparen, fossile Energie genauso wie erneuerbare Energie. Das würde aber auch bedeuten, die Verbrennung fossiler Energieträger nicht so schnell wie möglich zu verbieten, sondern sie im Gegensatz dazu langsam herunterzufahren, um sie möglichst langfristig auszuschleichen – sozial verträglich und mit immer geringeren Auswirkungen auf das Klima, aber auch mit Augenmaß in Bezug auf landschaftsökologische Veränderungen. Die Bereitschaft dazu hält sich bislang allerdings in Grenzen, und das Gegenteil ist häufig der Fall. Unter dem Deckmantel des Klimaschutzes wurden Agrarlandschaften zu Produktionsstätten regenerativer Energien umgestaltet. Mit Blick auf das außerordentlich lukrative Geschäft haben einige Biobetriebe die Produktionsweise ein zweites Mal umgestellt und sind in das konventionelle Geschäft zurückgekehrt.

Die Freisetzung von Treibhausgasen, gemessen als CO_2-Äquivalente, wird in Deutschland seit 1990 kontinuierlich kleiner. Der Ausstoß von CO_2 und anderen Treibhausgasen in Deutschland ist global betrachtet für das Klima allerdings ziemlich unbedeutend. Der Wandel in der Landnutzung und die Bedrohung der Biodiversität haben im Gegensatz dazu rapide Fahrt aufgenommen, und die Auswirkungen der industriellen Landwirtschaft und des Imports und Exports landwirtschaftlicher Produkte und Düngemittel auf die Landnutzung sind dabei keineswegs unbedeutend. Industrienationen, auch Deutschland, spielen als Global Player eine zentrale Rolle mit Fernwirkungen bis in die hintersten Winkel der Tropen.

Kurzum, der zunehmende Anbau von Energiepflanzen und der Ausbau der Erzeugung regenerativer Energie durch Biogasanlagen und Windparks auf dem Festland ist auf umweltschonende Art und Weise und ohne negative Effekte in Bezug auf die Schutzgüter der Umwelt in der Landschaft nicht zu bewerkstelligen. Klimaschutz gegen Umweltschutz? Ernährung versus Energieversorgung? Bevölkerungswachstum und Nachhaltigkeit?

Die Kuh ist noch längst nicht vom Eis.

6.7 Weltkulturerbe und Weltnaturerbe

1978 wurden die ersten zwölf Welterbestätten von der UNESCO anerkannt, denen bis heute noch weit über tausend weitere in mehr als 160 Ländern der Erde folgen sollten. Fast 900 Stätten wurden als Weltkulturerbe und über 200 als Naturerbe anerkannt. Der Aachener Dom und der Yellowstone-Nationalpark waren zum Beispiel von Anfang an dabei.

Die meisten Staaten der Erde haben das Welterbeabkommen inzwischen ratifiziert. Im Jahr 2006 wurde zusätzlich ein Übereinkommen zur Erhaltung des immateriellen Kulturerbes beschlossen.

Als Welterbe sollen unschätzbare und unersetzliche Güter der Menschheit gewürdigt und bewahrt werden. Darunter sind Denkmäler, Ensembles und kulturell bedeutsame Stätten (Weltkulturerbe), für Flora und Fauna bedeutende Landschaften und Regionen, geologische und physiografische Erscheinungsformen und Naturstätten (Weltnaturerbe) sowie Bräuche, Musik, Theater, Tanz, Rituale, Feste, Wissen und traditionelle Handwerkstechniken (immaterielles Erbe). Auch »gemischtes Kultur- und Naturerbe« sowie »Kulturlandschaften« können als Welterbe anerkannt werden.

Die Regularien betonen den außergewöhnlichen und universellen Wert als Eingangsvoraussetzung für die Anerkennung all dieser Stätten und Handlungen. Bei allen Stätten und auch beim immateriellen Kulturerbe handelt es sich demnach um einzigartige und nur in einem mehr oder weniger stark abgegrenzten Raum vorhandene Entitäten, um Unikate. Die entsprechenden Bauwerke, Gebiete und immateriellen Güter sollen bewahrt und das heißt auch, vor kriegerischen Auseinandersetzungen, vor baulichen Veränderungen und vor dem Verfall geschützt werden.

Die Auszeichnung als Welterbestätte durch die UNESCO bedeutet für viele Regionen häufig einen Aufschwung im Tourismus und eine ökonomische Sicherung.

Besonders stark gefährdete Welterbegebiete stehen auf einer eigens dafür eingerichteten Roten Liste, und es gibt auch Objekte, denen der Welterbestatus wieder aberkannt wurde. Nachdem das Schutzgebiet der Oryx-Antilope in Oman im Sinne der Ölförderung deutlich verkleinert worden war, wurde das Gebiet von der Liste gestrichen. Der Bestand der Antilopen ging seitdem auf einige Dutzend Tiere zurück. Das zweite Gebiet, das gestrichen wurde, war die Kulturlandschaft Dresdener Elbtal. Der Bau der Waldschlösschenbrücke führte 2009 zur Aberkennung des Welterbetitels, weil der zusammenhängende Landschaftsraum durch die Brücke irreversibel in zwei Hälften geteilt wurde. Diese Entscheidung betont unter anderem die international herausgehobene Bedeutung des Landschaftsbildes, der Kulisse, den Wert der Ästhetik für das persönliche Erleben. Diese Entscheidung ist auch angesichts der immer wieder feststellbaren Fahrlässigkeit und unbarmherzigen Ignoranz gegenüber der vom Bundesnaturschutzgesetz schon in der Zielsetzung verankerten Bedeutung des Landschaftsbildes und der Schönheit der Natur ein deutliches Signal. Das Landschaftsbild spielt im praktischen Naturschutz in Deutschland nur eine sehr untergeordnete Rolle.

Die Zahl der in nationalen und internationalen Roten Listen geführten Arten und Lebensräume steigt tendenziell immer noch in besorgniserregender Weise an. Leider gilt dies auch für die Rote Liste der Welterbestätten. Einige der anerkannten Stätten sind durch Vandalismus, kriegerische Auseinandersetzungen, Ausbeutung von Rohstoffen, Vernachlässigung oder andere Faktoren bedroht. Aktuell sind fünf Prozent aller anerkannten Stätten in ihrem Fortbestand bedroht.

6.8 Ökologischer Fußabdruck

Es wäre doch eigentlich sinnvoll, einen Maßstab für die aktuelle Bedrohung der Umwelt, Ökosysteme und Biodiversität zu haben, so eine Art ökologischen Fußabdruck. Es gibt inzwischen viele Indikatoren für Nachhaltigkeit. *Der* ökologische Fußabdruck ist einer davon; dieser geht auf zwei Erfinder aus der Schweiz beziehungsweise Kanada und das Jahr 1994 zurück.

Ob Stoffkreisläufe und ökologische Prozesse in der Natur bei der Entwicklung des Algorithmus eine Rolle gespielt haben, ist den entsprechenden Internetauftritten nicht zu entnehmen. Die Intention war es jedenfalls gewesen, auf individuelle Defizite im Hinblick auf die Nachhaltigkeit hinzuweisen.

Der ökologische Fußabdruck ist ein Flächenmaß. Er bezieht sich auf die Fläche der Erde, die ein Mensch benötigt, um den persönlichen Lebensstil zu gewährleisten. Dies schließt alle Flächen ein, die zur Versorgung mit Nahrungsmitteln, Luxusgütern und Energie und zur Entsorgung beispielsweise von Müll notwendig sind. Die Kohlendioxidproduktion wird umgerechnet in Wald, der theoretisch benötigt würde, um diese Menge zu binden. Jeder Deutsche benötigte 2008 im Durchschnitt 4,2 Hektar pro Person, fünf bis zehn Jahre danach schon 4,6 Hektar. Die Biokapazität liege dagegen bei 2 Hektar; daraus würde sich ein Defizit von mehr als 2 Hektar ergeben. Der Fuß stinkt gewaltig – Füße waschen! Den persönlichen ökologischen Fußabdruck kann man sich im Internet ganz leicht ausrechnen lassen. Da wird dann die Frage gestellt, wie groß die Wohnung ist, ob sie gut isoliert ist, ob man hauptsächlich Bioprodukte bezieht, ob man Müll trennt und mit dem Auto zur Arbeit fährt.

Mein persönlicher Wert lag – zugegebenermaßen ein wenig schöngerechnet – bei 3,7 Hektar. Dass ich besser als der Durchschnitt war, lag auch daran, dass wir mit der Bahn in Urlaub gefahren waren. Ich bin die einzelnen Schritte dann noch einmal durchgegangen und habe überall gar nichts oder das Minimum angegeben: 2,1 Hektar! Und Vorwürfe! »Ein fairer Fußabdruck soll aber nur 1,8 ha groß sein. Denn wenn alle deinen Lebensstil haben, benötigen wir 1,17 Erden.« Wer hat jetzt mehr geschummelt, die oder ich?

Was leistet die Berechnung des ökologischen Fußabdrucks nicht und welche Indikatoren geben zusätzlich Auskunft über flächenwirksame Umweltprobleme? Es gibt mindestens drei Bündel von Prozessen, in denen die Menschheit ihr wahres Antlitz in Form ausgeprägter Rücksichtslosigkeit auf die Umwelt und alle folgenden Generationen offenbart. Zwei der drei fließen in den sogenannten ökologischen Fußabdruck überhaupt nicht oder nur marginal mit ein. Die Auswirkungen auf die Böden, Lagerstätten und Ökosysteme können hinreichend genau mit dem Begriff Raubbau – rasant und rücksichtslos – überschrieben werden. Und die Vorstellung, dass der globale Norden für die Übel der Erde verantwortlich und eine gerechtere Verteilung von Gütern und Energie die Lösung für alle wäre, diese Sicht der Dinge überhört den stummen Schmerzensschrei der Natur da draußen, weil das humanistische Ideal immerzu flötet: Dann kommt mal alle rein. Zehn Milliarden Menschen können wir leicht unterbringen, wenn die Ressourcen nur gerechter verteilt würden.

Das erste Paket globaler Rücksichtslosigkeit bezieht sich auf Böden, auf denen wir im doppelten Sinne herumtrampeln. Böden haben oft eine lange Entwicklungsdauer. Sie benötigen Jahrhunderte bis Jahrtausende zu ihrer Entstehung, aber auch zu ihrer Regeneration. Die in ihnen lebenden Organismen haben eine noch viel längere Zeit der Evolution hinter sich. Die besonderen chemischen, physikalischen und biologischen Eigenschaften von Böden, die Vielfalt der Lebewesen unter der Bodenoberfläche, denen das Grundwasser seine Trinkwasserqualität verdankt, können von einem Blickwinkel, aus dem die Erdoberfläche nur als Standort für Gebäude, Kulturpflanzen, für Weidegänger, dafür aber umso mehr als Fläche für die Aufnahme von Mist und Gülle betrachtet wird, auch nicht ansatzweise wertgeschätzt werden. Die Gesetze zum Schutz der Böden in der EU und Deutschland inklusive der neuen Gülleverordnung zeitigen eine profunde Missachtung der Evolution, der ökologischen Bedingungen, der Ökosystemdienstleistungen, des Reichtums der Bodenlebewelt sowie der Bedeutung von Mikrobiomen im Boden.

Für den Zustand der Böden und die Vernichtung und Belastung von Böden gibt es bislang keinen brauchbaren Indikator. Es gibt allerdings viele Einzelparameter, die gemessen werden können, zum Beispiel Nährstoff- und Wassergehalte, Belastungen durch Schwermetalle oder andere chemische Komponenten.

Zweitens: fossile Brennstoffe. In Millionen von Jahren sind Energieträger wie Kohle, Öl und Gas durch Ablagerung und Umwandlung von totem organischen Material entstanden. Es ist nicht zu erkennen, dass Menschen, global betrachtet, in irgendeiner Weise verantwortlich mit diesen wertvollen Kohlenstoffverbindungen umgehen würden; sie verheizen sie in immer kürzerer Zeit und buddeln immer tiefer in der Erde, um an sie heranzugelangen. Der Trend zeigt, dass der Einsatz zusätzlicher regenerativer Energien daran überhaupt nichts geändert hat.

Für den jährlichen Verbrauch fossiler Energieträger – getrennt nach Kohle, Öl und Gas – gibt es bereits recht gute Angaben und Zeitreihen, die man einfach über die Energieäquivalente abbilden kann. Ein gutes Maß ist die jährlich verheizte Energiemenge. Danach ist der Verbrauch global permanent gestiegen, wenn man einmal von drei kurzen Phasen des Rückgangs während der beiden Weltkriege und der Weltwirtschaftskrise zu Anfang der 1930er-Jahre absieht.

Drittens: Ökosysteme. Viele Ökosysteme werden in extremer Weise belastet, kein Einziges ist noch unberührt. Fast alle Ökosysteme werden durch menschliche Nutzung chemisch, physikalisch und biologisch beeinträchtigt, umgewandelt oder brutal vernichtet. Tier- und Pflanzenarten sterben aus. Alle heutzutage vorkommenden Arten sind das Ergebnis einer viele Hunderte von Millionen Jahren andauernden Evolutionsgeschichte. Artbildung findet theoretisch auch immer noch statt. Je nach Position im Stammbaum des Lebens wird es aber eben auch wieder sehr lange dauern, bis eine Art neu entstanden sein wird. Andererseits bleibt eine Art, die global ausgestorben ist, unwiderruflich verloren. Ich nenne nur eine von ihnen, um die es mir persönlich unglaublich leidgetan hat. Der Chinesische Flussdelfin (*Lipotes vexillifer*) wurde seit 2002 nicht mehr gesehen. Er lebte im Jangtsekiang und noch in einigen anderen Gewässern Chinas und war genetisch seit einigen Millionen Jahren isoliert, also verwandtschaftlich weit von den anderen Delfinarten entfernt. Das Tier war vermutlich Opfer der zunehmenden Gewässerverschmutzung und des Schiffsverkehrs geworden. Nicht einmal das ist genau bekannt.

Und auch für den Zustand der Ökosysteme gibt es schon recht brauchbare Indikatoren, insbesondere die Roten Listen der bedrohten Pflanzen- und Tierarten. Die IUCN arbeitet an einer globalen Roten Liste der Habitate, und für Europa wurde dieselbe bereits 2016/17 ins Netz gestellt.

Der sogenannte ökologische Fußabdruck ist als Indikator für das, was in den Landschaften und Lebensräumen tatsächlich geschieht, kaum zu gebrauchen. Zu kritisieren ist insbesondere, dass sehr viele unterschiedliche Prozesse in einer einzigen Zahl zusammenfließen, die dann ein Maß für das persönliche Verhalten sein soll. Und die meisten von uns werden abgewatscht, auch wenn sie sich anstrengen.

Quellen und weiterführende Schriften

Acheraiou, A. 2011. Questioning Hybridity, Postcolonialism and Globalization. London.

Anderson, E. 2000. Beyond Homo Economicus: New Developments in Theories of Social Norms, Philosophy & Public Affairs 29, S. 170–200.

Aşıcı, A. A. 2011. Economic growth and its impact on environment: a panel data analysis. MPRA Paper No. 30238 (https://mpra.ub.uni-muenchen.de).

Atkinson, T.; Hasell, J.; Morelli, S. & Roser, M. 2017. The chartbook of economic inequality. Oxford.

Audretsch, D.; Bozeman, B.; Combs, K.; Feldman, M.; Link, A.; Siegel, D.; Stephan, P.; Tassey, G. & Wessner, C. 2002. The Economics of Science and Technology. The Journal of Technology Transfer 27 (2), S. 155–203.

Bar-On, Y. M.; Phillips, R. & Milo, R. 2018. The biomass distribution on Earth. PNAS (www.pnas.org/cgi/doi/10.1073/pnas.1711842115).

Barrett, K. & Guyer, C. 2008. Differential responses of amphibians and reptiles in riparian and stream habitats to land use disturbances in western Georgia; USA. Biological Conservation. 141 (9): S. 2290–2300.

Beckerman, W. 1992. Economic Growth and the Environment. Whose Growth? Whose Environment? World Development 20 (4), S. 481–496.

Black, R. 2001. Fifty years of refugee studies: from theory to policy. – International Migration Review 35 (1), S. 57–78.

Bongaarts, J. 1996. Population Pressure and the Food Supply System in the Developing World. – Popul. Dev. Rev. 22(3), S. 483–503.

CIA (ed.) 2019. The CIA World Factbook (https://www.cia.gov/library/publications/the-world-factbook; aufgerufen 7/2019).

CIA (ed.) 2020. The CIA World Factbook (https://www.cia.gov/library/publications/the-world-factbook; aufgerufen am 03.01.2020).

Costanza, R. 2008. Ecosystem services: Multiple classification systems are needed. Biological Conservation; Vol. 141; S. 350–352.

Costanza, R.; DÁrge, R.; Groot, R. de; Farber, S.; Grasso, M.; Hannon, B.; Limburg, K.; Naeem, S.; O'Neill, R. V.; Paruelo, J.; Raskin, R. G.; Sutton, P.; Belt, M. van der 1997. The value of the world's ecosystem services and natural capital. Nature 387 (6630), S. 253–260.

Daly, H. E. 1996. Beyond Growth: The Economics of Sustainable Development. Boston.

Dasgupta, P. 2021. The Economics of Biodiversity: The Dasgupta Review. HM Treasury, London.

Davidson, M. 2013. On the relation between ecosystem services, intrinsic value, existence value and economic valuation. Ecological Economics 95, S. 171–177.

Europäische Umweltagentur (Hrsg.) 2002. Late Lessons from Early Warnings. The Precautionary Principle 1896–2000. Environmental Issue Report 22 (www.umweltbundesamt.de/sites/default/files/medien/publikation/long/2697.pdf).

Firebaugh, A. & Haynes, K. J. 2016. Experimental tests of light-pollution impacts on nocturnal insect courtship and dispersal. Oecologia. 182 (4), S. 1203–1211.

Flint, K. & Murphy, H. 1997. Culture, landscape and the environment. – Oxford.

Fumagalli, V. 1992. Mensch und Umwelt im Mittelalter. Berlin.

Gaens, T.; Müller-Benedict, V. & Hobohm, C. 2021. Economies on Top, Nature on the Brink? A Closer Look on the Relationship between Economic Power and Threatened Nature. Environmental Challenges and Solutions, S. 194–217.

Giblett, R. J. 2008. The Body of Nature and Culture, Hampshire, New York.

Gifford, R. 2014. Environmental psychology: Principles and practice. – 5th ed., Colville.

Gleich, M.; Maxeiner, D.; Miersch, M. & Nicolay, F. 2000. Life Counts – Eine globale Bilanz des Lebens. – Berlin.

Gosselin, F. & Callois, J.-M. 2018. Relationships between human activity and biodiversity in Europe at the national scale: Spatial density of human activity as a core driver of biodiversity erosion. Ecological indicators 90, S. 356–365.

Hansjürgens, B.; Schröter-Schlaack, C.; Berghöfer, A.; Wittmer, H. & Moesenfechtel, U. 2018. Werte der Natur aufzeigen und in Entscheidungen integrieren: eine Synthese. Naturkapital – TEEB, Leipzig.

Hart, H. L. A. 1979. Between Utility and Rights, Columbia Law Review 79, S. 828–846.

Hart, H. L. A. 1994. The concept of law. 2nd ed. Oxford, New York.

Herrmann, U. 2015. Der Sieg des Kapitals. München, Berlin.

Hünig, C. & Benzler, A. 2017. Das Monitoring der Landwirtschaftsflächen mit hohem Naturschutzwert in Deutschland. BfN-Scripten 476; 46 S.

IUCN 2021. The IUCN Red List of Threatened Species. Version 2021-1 (https://www.iucnredlist.org; aufgerufen 5/2021).

Jolly, C. L. & Torrey, B. B. (Hrsg.) 1993. Population and Land Use in Developing Countries: Report of a Workshop. Washington, D. C.

Kaiser, D. 1989. Was tun? Bilanzen und Chancen. – In: Kaiser, D. (Hrsg.). Wir töten, was wir lieben: Das Geschäft mit geschützten Tieren und Pflanzen. – 2. Aufl., Hamburg.

Kanari, K. & Xu, L. 2012. Trade in Japanese Endemic Reptiles in China and Recommendations for Species Conservation. TRAFFIC.

Kandziora, M.; Burkhard, B. & Müller, F. 2013. Interactions of ecosystem properties, ecosystem integrity and ecosystem service indicators. A theoretical matrix exercise. Ecological Indicators 28, S. 54–78.

Kreiß, C. 2013. Profitwahn: Warum sich eine menschengerechte Wirtschaft lohnt. Marburg.

Kumar, P. (Hrsg.) 2010. The Economics of Ecosystems and Biodiversity: Ecological and Economic Foundations. London & New York.

Michaelis, H. & Donner, G. 2020. Als Nebenprodukt der Kupfergewinnung hergstellte Wasserbausteine und ihre Spuren in der marinen Umwelt. Wasser und Abfall 22 (5), S. 14–19.

Mikkelson, G. M.; Gonzalez, A. & Peterson, G. D. 2007. Economic Inequality Predicts Biodiversity Loss. PloS ONE, 2 (5): e444, S. 1–5.

Ott, K. & Reinmuth, K. C. 2021. Environmental evaluation between economics and ethics: an argument for integration. In: Hobohm, C. (Hrsg.). Perspectives for biodiversity and ecosystems. Environmental Challenges and Solutions, S. 129–157.

Pearce, D. W. & Moran, D. 1994. The Economic Value of Biodiversity. London.

Plottu, E. & Plottu, B. 2007. The concept of total economic value of environment: a reconsideration within a hierarchical rationality. Ecological Economics 61(1), S. 52–61.

Randall, A. 1987. The Total Economic Value as a Basis for Policy. Transactions of the American Fisheries Society, Vol. 116(3), S. 325–335.

Riedel, W.; Lange, H.; Jedicke, E. & Reinke, M. (Hrsg.) 2016. Landschaftsplanung. 3. Aufl., Berlin; Heidelberg.

Rogall, H. 2008. Ökologische Ökonomie. Eine Einführung. Wiesbaden.

Scheling, L. 2006. Ecological Consequences of Artificial Night Lighting. Natural Areas Journal. 27 (3), S. 281–282.

Sherbinin, A. de; Carr, D.; Cassels, S. & Jiang, L. 2007. Population and environment. Annu. Rev. Environ. Resour. 32, S. 345–373.

Sollund, R. A. 2019. The Crimes of Wildlife Trafficking: Issues of Justice, Legality and Morality. New York.

Stuckler, D. & Basu, S. 2014. Sparprogramme töten: Die Ökonomisierung der Gesundheit. Wagenbach, Berlin.

Uekötter, F. 2010. Die Wahrheit ist auf dem Feld. Eine Wissensgeschichte der deutschen Landwirtschaft. Göttingen.

United Nations (ed.) 2019. World Mortality Report 2019, CD-ROM Edition – Datasets in Excel formats (POP/DB/MORT/2019).

United Nations 1992. Convention on biological diversity (https://www.cbd.int/doc/legal/cbd-en.pdf).

United Nations 2015. Transforming our world: the 2030 Agenda for sustainable development. A/Res/70/1 (https://sustainabledevelopment.un.org/content/documents).

United Nations 2019. Sechster globaler Umweltbericht: Zusammenfassung für Politikentscheider. Umweltbundesamt (Hrsg. der deutschsprachigen Übersetzung), Dessau-Roßlau.

Verheijen, F. J. 1985. Photopollution: Artificial light optic spatial control systems fail to cope with. Incidents; causation; remedies. Experimental Biology 44 (1), S. 1–18.

Wissenschaftlicher Beirat der Bundesregierung Globale Umweltveränderungen (WBGU) 2008. Landwende im Anthropozän: Von der Konkurrenz zur Integration (www.wbgu.de/fileadmin/user_upload/wbgu/publikationen/hauptgutachten/hg2020/pdf/WBGU_HG2020.pdf).

WWF 2020. Sustainable agriculture (https://www.worldwildlife.org/industries/sustainable-agriculture).

York, R.; Rosa, E. A. & Dietz, T. 2003. Footprints on the Earth: The Environmental Consequences of Modernity. American Sociological Review 68 (2), S. 279–300.

Young, R. 1995. Colonial Desire: Hybridity in Theory, Culture and Race. Putnam.

Zimmermann, J. 1982. Das Naturbild des Menschen. Paderborn.

7

Sprache, Kommunikation, Bildung

7.1

Grundfragen

Es gibt wichtige, übergreifende Fragen, die man als Grundfragen bezeichnen kann, zum Beispiel die nach dem Sinn des Lebens, der Freiheit des Gedankens und Willens, nach den Antinomien, dem Theodizeeproblem, nach der Vermeidung von Krieg und Hunger, nach dem Streben der Macht, der Bedeutung des Glücks und seiner Abhängigkeit vom Bruttosozialprodukt, und es gibt weniger bedeutsame Fragen, zum Beispiel die nach der Abfahrtszeit der U-Bahn am Kröpcke, einem zentralen Platz in Hannover.

Ob eine Frage bedeutsam ist oder nicht, darauf kann man sich zwar gern verständigen, die Bedeutung ist und bleibt aber relativ. Wenn man zum Beispiel einen außerordentlichen Druck auf der Blase verspürt, kann die Frage nach der nächsten Toilette am Kröpcke von Minute zu Minute bedeutsamer werden und selbst die Frage nach der Freiheit des Willens in den Hintergrund drängen.

In welchem Zusammenhang stehen aktuelle Natur- und Umweltprobleme mit den klassischen Grundfragen der Philosophie? Im Internet zum Beispiel ist zu lesen, dass Kant drei beziehungsweise vier Grundfragen formuliert hat. Drei oder vier? Und diese werden auch noch auf jede erdenkliche Weise posthum und *internetional* – schönes Wort eigentlich – gemischt. Deshalb hier zunächst die Antwort auf die Frage, wie die Grundfragen bei Kant genau lauten und wo sie originalgetreu nachzulesen sind. Die Fragen lauten

(Kant, I., 1787, 2. Auflage: *Kritik der reinen Vernunft*, auf S. 917 f.): »Was kann ich wissen? Was soll ich tun? Was darf ich hoffen?«. Die Frage, was denn der Mensch sei, angeblich die vierte, ist auch nicht, wie vielfach zu lesen ist, eine, die sich allen drei Grundfragen unter- oder überordnen lässt, sondern eine, die der ersten Grundfrage zugeordnet werden darf, denn in beiden geht es schlicht um das Sein.

Die erste Grundfrage ist nur allgemeiner gestellt als die nach dem Wesen des Menschen. Die zweite Frage ist die nach dem moralisch einwandfreien Handeln, also die Kernfrage der Ethik. Die dritte Frage ist eigentlich überflüssig, denn man kann sie den beiden anderen gleichermaßen zuordnen. Was wir hoffen dürfen, ist natürlich auch davon abhängig, was möglich ist, eine Frage der Erkenntnis, und was wir auf der Basis unserer Wünsche und Hoffnung zu tun gedenken, ist mindestens auch eine normative Frage. Kant hat diese Frage vermutlich deshalb als dritte Grundfrage formuliert, weil die Kirche damals noch ausgesprochen omnipräsent war. Das ist aber zugegebenermaßen Spekulation.

Schon lange vor Kant, nämlich im Mittelalter, wurden philosophische Grundbegriffe – Transzendentalien – benannt. Dazu gehörten zum Beispiel *res* (das Ding), *unum* (das Eine), *aliquid* (das Andere), *verum* (das Wahre), *bonum* (das Gute) und *pulchrum* (das Schöne).

Und noch viel früher, nämlich im vierten Jahrhundert vor unserer Zeitrechnung, zählte Aristoteles zehn »Kategorien« auf, die er als philosophisch bedeutsam erachtete: Substanz, Größe, Qualität, Beziehung, Ort, Zeit, Zustand, Haben, Wirken, Erleiden. Es gibt also eine diskontinuierliche Verkleinerung der Zahl von Grundproblemen, Kategorien, Transzendentalien oder Grundfragen auf der Zeitachse der Philosophiegeschichte bis heute: zehn bei Aristoteles, circa sechs in der Scholastik und drei bei Kant. Wenn man die dritte wegließe, dann wären es heutzutage nur noch zwei. Die Frage nach dem Wissen bezieht sich naturgemäß auf die Vergangenheit und Gegenwart, die nach dem *Sollen* auf die Zukunft. Damit wäre der Zeitstrahl gerecht aufgeteilt. Die Notwendigkeit einer zusätzlichen Grundfrage, über die nach dem *Sein* – Vergangenheit bis jetzt, Erkenntnis – und *Sollen* – Zukunft, Ethik – hinaus, ist jedenfalls nicht auszumachen.

Was ist der Mensch? Kant selbst mag die Frage gestellt haben, auf jeden Fall aber nicht in der *Kritik der reinen Vernunft*. Dort hätte sie auch niemals hingehört. Was darf man auf die Frage antworten? Dass der Mensch etwas Besonderes sei? Das ist nichts Besonderes. Jedes Tier und jede Pflanze ist etwas Besonderes, der Mensch auch. Und wie Menschen sich in Szene setzen, sich gegenseitig bekriegen, die Erde überbevölkern und in unersättlicher Art und Weise Ressourcen verfeuern, das darf man theoretisch gern untermauern oder alternativ bedauern. Aber muss man die Art *Homo sapiens* gleich so hochheben?

Die Geschichte der Nutzung von Natur, inklusive der Frage nach dem Wie und Wieviel, den Tätigkeiten im Bergbau unter Tage und dem Töten von Tieren entspricht in allen Kulturen auch der Ideengeschichte ausgeklügelter Rechtfertigungssysteme, bei denen Religionen mit ihren Heilungs-, Beicht-, Opferritualen und dem Ablasshandel eine prominente Rolle der Argumentation gespielt haben.

Sowohl die alten Griechen als auch die meisten Philosophen bis in die Moderne beschäftigten sich mit wichtigen Fragen des gesellschaftlichen Lebens innerhalb der zwei großen Wissensbereiche Ontologie und Ethik. Dabei wurden natürliche Vorgänge und der Umgang mit der Natur schon in der Antike detailgetreu beobachtet, beschrieben, interpretiert und bewertet.

Seit Darwin wird dem Menschen seine entrückte Position zunehmend streitig gemacht. Das Spektrum der Antworten auf die Frage, was der Mensch sei, wandelte sich im Licht moderner naturwissenschaftlicher und medizinischer Erkenntnisse, der Mensch wurde evolutionskundlich in Stammbäume und ökologisch in die Umwelt eingebunden, um ihn freundlich aber bestimmt darauf hinzuweisen, dass er diesbezüglich keine gesonderte Position beanspruchen dürfe.

Diese Erkenntnis ist auch nicht unwichtig, wenn es darum geht, die Wertmaßstäbe für Menschen, Tiere, Pflanzen und Pilze aufeinander abzustimmen, wenn es um Gleichbehandlungsgrundsätze und Grundrechte gehen soll. Die Beziehungen von Menschen untereinander, zwischen den Arten und zwischen den abiotischen und biotischen Faktoren sind im Wesentlichen relational und bieten sich für Positionsbestimmungen an.

In einer globalisierten säkularen Welt herrscht nur wenig Einigkeit im Hinblick auf den Umgang mit der Natur, mit den Landschaften, Ökosystemen, Flora und Fauna. Interessanterweise sind sich die allermeisten Menschen aber darin einig, dass das Aussterben von Arten verhindert werden müsse. Diese weit verbreitete Überzeugung wurde auch dadurch zum Ausdruck gebracht, dass die Biodiversitätskonvention (CBD) inzwischen von über 190 Nationen ratifiziert wurde. In der Präambel der Konvention werden auch Gründe für die Erhaltung der Biodiversität von den intrinsischen Werten bis zu den Möglichkeiten der Nutzung angeführt. Und dennoch ist nicht sicher, ob die Komposition der hier genannten Begründungen ausreicht, einen derart eindeutigen, den Globus überspannenden Konsens erklären zu können. Es wäre auch möglich, dass Menschen die Erhaltung der natürlichen Vielfalt axiomatisch als wichtiges Ziel ansehen und angeführte Gründe eher nachgeschoben und zweitrangig sind.

7.2 Holismus und Emergenz

Alles hängt mit allem zusammen. Das ist richtig, der Pferdeapfel einer Araberstute in England mit den Zahnschmerzen des Außenministers von Togo. Und der Schlag eines Schmetterlingsflügels kann ein gewaltiges Unwetter auslösen. Das kann man durchaus faszinierend finden. Schmetterlingseffekte können aber auch bedrohlich sein. Wenn man derartige Wirkungen nur schwerlich vorher sehen kann, wie sollte man dann noch in der Lage sein *eigenverantwortlich* zu handeln. Die Auswirkungen sind aus der ganzheitlichen Sicht der Dinge betrachtet auf jeden Fall übergriffig. Niemand kann sämtliche Auswirkungen eigenen Verhaltens noch überblicken.

Spätestens seitdem die Informationsgesellschaft auf der Basis physikalischer, ökologischer und klimatologischer Erkenntnisse einst nicht gekannte weltüberspannende Zusammenhänge enttarnen konnte, sind derartige Bezüge nicht mehr gänzlich auszuschließen. Robben können im Nordpolarmeer krank werden, weil chemische Stoffe in sehr geringen Konzentrationen die Haushalte über das Abwasser verlassen, Klärwerke nahezu ungehindert passieren, mit den Flüssen ins Meer gespült werden, um sich schließlich in der Nahrungskette zu einem toxischen Cocktail in Form von Fisch als Robbennahrung anzureichern. Wer wollte also behaupten, dass eine in Potsdam herabfallende Wanduhr ohne Wirkung auf den indischen Elefanten bliebe? Es ist aber doch wohl ein bisschen vermessen anzunehmen, dass diese ihn auch ärgern würde. Das wiederum ist auch beruhigend.

Holismus heißt die Lehre, die davon ausgeht, dass ein System als Ganzheit zu betrachten und als Ganzes zu erklären sei und nicht allein auf die Eigenschaften der Einzelteile zurückgeführt werden könne. Die gegensätzliche Auffassung wird auch als Reduktionismus bezeichnet. Das Argument, eine Sache müsse ganzheitlich betrachtet werden, ist stets ein gewichtiges, zumal sich niemand gern als reduktionistisch outen möchte. Und doch läuft die holistische Sicht sehr schnell ins Leere. Denn wie sollte es möglich sein, auch nur den Ortsteil Schwachhausen in Bremen holistisch zu betrachten? Unendlich viele chemische, physikalische, biologische, kulturelle, ökonomische, verkehrspolitische, soziale, nur historisch verständliche und andere Prozesse laufen hier zusammen, bedingen sich, beflügeln sich gegenseitig, stehen zueinander in Widerspruch, sind miteinander verwoben. Die dürfe man holistisch deshalb auch nicht getrennt voneinander betrachten, sondern nur als Ganzheit. Mir fällt aber beim besten Willen nicht ein, wie man diesen Ortsteil in seiner sich täglich wiederholenden und verändernden Ganzheit, Vielgestaltigkeit und Verknüpfung mit der Umgebung anders als Schwachhausen betrachten könnte, denn jede auch noch so feine Differenzierung setzt sich in ihrer Argumentation sogleich dem Verdacht der reduktionistischen Betrachtung aus. Man muss die Dinge aber auch nicht argumentativ überfrachten. Die holistische Sicht betont die Breite und Verknüpfung, die reduktionistische geht in die Tiefe, und beide Betrachtungen können zu neuen Erkenntnissen führen.

Emergere ist lateinisch und bedeutet »auftauchen, herauskommen, emporsteigen«. Ein System ist mehr als die Summe seiner Teile. Die Teile in einem System sind nicht bloß additiv, sondern es entstehen völlig neue Systemeigenschaften durch das Zusammenwirken der Komponenten – ein gutes Argument für den Holismus.

Wasser ist zusammengesetzt aus Wassermolekülen. Ein einzelnes Wassermolekül ist weder flüssig noch fest und auch nicht gasförmig. Die Eigenschaft des Aggregatzustands entsteht erst durch das Zusammenwirken und die Art und Weise, in der die Moleküle sich zusammenlagern, aggregieren. Konkurrenz oder Kooperation gibt es erst, wenn mindestens zwei Partner interagieren, genau wie Sex. Die meisten Verhaltensweisen eines einzelnen Wolfes kann man beobachten und erklären, die Existenz seiner Geschlechtsteile aber erst, wenn man das Verhalten von sich paarenden Wölfen beobachtet hat. Es gibt Dinge, die erst auftauchen oder sich erschließen, wenn sie innerhalb eines Systems wechselwirken und zum Vorschein kommen.

Aber ist das System wirklich mehr als die Summe seiner Teile? Die Antwort ist meines Erachtens ein klares »Jein«. Denn die Wassermoleküle ändern ihre mitgebrachten Eigenschaften kein bisschen, wenn sie sich in Abhängigkeit von der Temperatur wie flüssiges Wasser, Eis oder Wassergas verhalten. Die Emergenz – und deshalb ist der Ausdruck auch so treffend – bringt den Aggregatzustand nur hervor. Er ist aber bereits in den Eigenschaften jedes einzelnen Wassermoleküls angelegt, auch wenn es ihn im einzelnen, isolierten Wassermolekül nicht gibt. Die Eigenschaft ist latent im Teil vorhanden und entfaltet sich im System; sie steigt als Systemeigenschaft empor, kommt zum Vorschein.

In der Philosophie werden schwache und starke Formen der Emergenz unterschieden. Bei der schwachen Form gründet eine vorläufige Nichterklärbarkeit des Systems auf einer Beschreibung ihrer Elemente. Die starke Form der Emergenz zeichnet sich dadurch aus, dass ihr eine prinzipielle Nichterklärbarkeit zugeschrieben wird – ein Rückfall in die Zeit vor der Aufklärung?

Und natürlich sind das Bewusstsein, die Intelligenz, der Geist nicht so leicht aus den Nervenzellen und Vorgängen im Gehirn abzuleiten wie der Aggregatzustand von Wasser aus den physikalischen Eigenschaften der interagierenden Wassermoleküle. Der Verstand, das Assoziationsvermögen, die freie Entscheidung, sollte es sie geben, sind sicherlich etwas komplexer konfiguriert. Eine grundsätzliche Nichterklärbarkeit anzunehmen, käme aber einer Kapitulation gleich.

Um im Sinne der Umwelt- und Daseinsvorsorge in wirksamer Weise tätig werden zu können, ist es nicht unbedingt notwendig, jedes Detail zu kennen. Man wird ohnehin niemals alles wissen können, weil Fragen, die beantwortet wurden, neue aufwerfen.

Viele Umweltprobleme hängen miteinander zusammen, teilweise verstärken sie sich wechselseitig. Aber auch wenn in der realen Welt alles mit allem zusammenhängt, so kann man Klimaveränderungen, Landnutzungswandel und die Bedrohung der Artenvielfalt durchaus differenziert betrachten und getrennt voneinander behandeln. Diese Aspekte sind weder im Hinblick auf den Katalog von Ursachen, noch in Bezug auf das Spektrum der Wirkungen notwendigerweise als Einheit zu betrachten, auch wenn sie miteinander verknüpft sind. Der Vorteil differenzierter Analysen besteht darin, dass sie über die holistische Betrachtung hinaus zu neuen und vor allem in die Tiefe gehenden Erkenntnissen führen können.

Der Holismus verspricht summa summarum zu viel, wenn er sektorale Analysen ablehnt. Und ja, es gibt Emergenzen. Sie sind vermutlich nicht *mehr* als das, was ihre Subsysteme hergeben, auch wenn viele Aspekte noch nicht bis ins letzte Detail geklärt sind. Eine prinzipielle Nichterklärbarkeit muss man dennoch nicht annehmen.

7.3 Natur-Kultur-Dichotomie

Nach dem Schöpfungsbericht in der Bibel trennte Gott am Sonntag Licht und Finsternis. Am Montag und Dienstag wurde das Himmelsgewölbe geschaffen, Festland und Meer wurden getrennt und Pflanzen erschaffen, am Mittwoch und Donnerstag wurden die Himmelskörper, die Tiere des Wassers und die Tiere in der Luft erschaffen und am Freitag dann die Landtiere und Menschen.

Nach diesem Bericht wurden zunächst die abiotischen Grundlagen erschaffen, um dann das Leben von Pflanzen, Tieren und Menschen zu ermöglichen. Mit ein wenig Toleranz kann man auch als Naturwissenschaftler einige durchaus überzeugende Entwicklungsschritte und Rahmenbedingungen der Evolution nachvollziehen, unter anderem die Abhängigkeit der biotischen von den abiotischen Bedingungen, die Bedeutung der Pflanzen für das Leben der Tiere, die späte Entwicklung von Menschen und deren Abhängigkeit von den Ressourcen, Tieren und Pflanzen.

Die wissenschaftliche Sicht der Evolution wurde dann später mit Charles Darwin revolutioniert. Danach hat es eine viele Hundert Millionen Jahre andauernde natürliche Entwicklungsgeschichte gegeben; alle Lebewesen sind in einem gemeinsamen Stammbaum miteinander verbunden, haben genetisches Material, und Menschen entwickelten sich als eine Art der Wirbeltiere in der Gruppe der Hominiden.

Die Frage, ob sich die religiöse und naturwissenschaftliche Sicht der Dinge zu einem widerspruchsfreien Narrativ verbinden lassen, hängt auch vom Umgang und der Art und Weise der Interpretation früher Schriften ab.

Den Erkenntnissen der natürlichen Evolution entsprechend und in Analogie zu diesen wurden verschiedene soziokulturelle Theorien zur gesellschaftlichen Evolution entworfen. Sie unterscheiden sich teilweise erheblich in ihrem Verhältnis zur natürlichen Evolution. Während die einen annehmen, dass die gesellschaftliche Evolution integraler Bestandteil der natürlichen Evolution geblieben ist, nehmen andere an, dass die gesellschaftliche Evolution an die biologische Evolution des Menschen anknüpft, die Vorreiterrolle übernimmt und die biologische Evolution mehr oder weniger deutlich abgelöst hat.

Der Begriff des »Transhumanismus« wurde 1957 von Julian Huxley, dem Halbbruder von Aldous, eingeführt. Die entsprechende philosophische Anschauung formierte sich international etwa seit den 1980er-Jahren. Friedrich Nietzsche wird gelegentlich als Ahnherr dieser philosophischen Richtung genannt. Dabei wird diskutiert, ob durch Technologien nicht eine völlig neue Welt mit einem neuen Menschentyp entstanden sei. Es wird angenommen, dass eine vollkommen gewandelte Evolution ermöglicht wurde, indem mit technologischen Möglichkeiten menschliches Leben, menschliche Fähigkeiten wie Sehen und Laufen, aber auch die Intelligenz durch Einbau von kleinen Chips im Gehirn, durch Nanotechnologie, Biotechnologie, Gentechnologie gefördert und verbessert werden könne. Es geht dabei um moderne

Technologien und nicht um profane Reparaturarbeiten am Fahrrad. Technologien sollen in der Lage sein, die Lebensqualität nach Maßgabe individueller Wünsche zu verbessern. So weit muss man aber gar nicht gehen, denn jede Brille, jedes Fahrrad und jede gefütterte Winterjacke kann individuell dazu benutzt werden, die Wahrnehmung, die Beweglichkeit beziehungsweise das Wohlbefinden von Menschen aufzuwerten. Und jedes Kreuzworträtsel kann die geistigen Fähigkeiten fördern.

Die Grundannahme des Transhumanismus ist die Optimierung moderner Verfahren zur individuellen Verbesserung des menschlichen Lebens, zur Überwindung der naturgegebenen menschlichen Grenzen. Der Transhumanismus kann auch als Versuch interpretiert werden, eine permanente Höherentwicklung und Emanzipation von der Natur aus modernen Technologien herleiten zu können, um das Konzept der Natur-Kultur-Dichotomie auf diese Weise zu untermauern.

Im Zuge humangeschichtlicher Deutungsansätze begründete Carolyn Merchant im *Tod der Natur* (1980) einen umweltpsychologischen Ablauf der gesellschaftlichen Evolution, nach dem Menschen zunächst harmonisch mit der Natur gelebt haben, um dieselbe später im Zuge der technischen Entwicklung auszubeuten und schließlich eine finale Entscheidungsschlacht gegen die Umwelt zu organisieren, mit dem Ergebnis der globalen Katastrophe. Danach war der Mensch ursprünglich Teil der Natur, war eins mit der Natur als einer harmonischen Wildnis und Ganzheit, die ganze Welt wurde als Superorganismus empfunden, später emanzipierte sich der Mensch mehr und mehr von der Natur, er entwickelte sich zu einem Kulturwesen, und es kam zur fortschreitenden Höherentwicklung von Wissenschaft und Technik, während die Natur so blieb wie sie immer war und uns zunehmend weniger bedrohte und einzwängte.

Man kann sich durchaus vorstellen, dass die soziale Evolution von Menschen im Sinne einer kulturellen Höherentwicklung mit einer Diversifizierung der Tätigkeiten und einer Emanzipation von der Natur einhergegangen ist. Doch der entsprechende Ablauf eines Naturverständnisses, nach dem der Abstand des Menschen zur inneren und äußeren Natur immer größer und deshalb die Eingriffe in die Landschaft immer massiver wurden, demzufolge die ganze Natur zu Beginn der Menschheitsentwicklung als lebender Organismus, später dann als Gesamtheit chemischer und physikalischer Mechanismen und noch später als Spielwiese für *Homo faber* erlebt wurde, ist seriös nicht zu belegen.

Ob der Mythos einer bedrohlichen, wilden Natur oder einer beglückenden, schönen und freien Natur in den Gemütern der so tief in der Landschaft verwurzelten Bevölkerung überwogen hat, ist den spärlichen Texten der des Schreibens kundigen Oberschicht von der Antike bis zum Mittelalter kaum zu entnehmen. Von einem überwiegend behutsamen Umgang in der Land- und Forstwirtschaft, Jagd und Fischerei steht auch in der Literatur der Neuzeit kaum etwas geschrieben, von den Sorgen und Nöten, Ängsten vor Naturkatastrophen und den Strapazen der Arbeit dagegen um so mehr; zum Beispiel in den Chroniken der Nordseeinseln über Sturmfluten und den Walfang.

Die weltweit ältesten Speere, die bei Schöningen im südöstlichen Niedersachsen gefunden wurden, sind etwa 300.000 Jahre alt. Bereits zwischen 60.000 und 5.000 Jahren vor heute und damit zum Teil lange vor der Erfindung des Ackerbaus rotteten die Menschen größere Wirbeltiere aus, ungefähr 100 Gattungen mit etwa doppelt so vielen Arten weltweit.

Wie sollten wir uns die Harmonie der Natur, komponiert aus den damaligen Landschaften und jagenden Steinzeitmenschen mit ihren Speeren und Beutetieren, darunter unter anderem Säbelzahnkatzen, Nashörner, Wildesel, Wildpferde und Elefanten, überhaupt vorstellen können?

Menschen haben zumeist nicht das Gefühl, Teil der Natur zu sein, und man muss auch nicht annehmen, dass das jemals der Fall gewesen sei. Auf jeden Fall ist die Überzeugung weit verbreitet, dass Menschen, auch wenn sie mittlerweile unbestreitbar zu den Säugetieren gehören und Teil der Natur sind, im Vergleich zu anderen hoch entwickelten Säugetieren doch ziemlich anders sind, viel verantwortlicher für das eigene Verhalten und die Zerstörungen in der Natur.

Im Urlaub an der Küste oder auf einer Wanderung durch die Berge genießen wir die Natur, atmen die gute Luft, wir wollen uns vielleicht eins mit der Natur fühlen und nutzen die Ästhetik der Landschaft, den Wohlklang in der Natur und die Abwesenheit von lärmendem Verkehr, um zu regenerieren. Besonders esoterisch gestimmte Zeitgenossen umarmen den Baum. Aber das Bemühen um eine Synthese scheitert, wir trotten schließlich beleidigt von der als Natur komponierten Theaterbühne von dannen und empfinden uns als Fremdkörper zwischen all den Blumen, Murmeltieren und Vögeln da draußen, die vor uns warnen, entsetzt flüchten und dadurch deutlich zu verstehen geben, dass sie uns nicht nah sein wollen; na gut, dann eben nicht. Um die verfehlte Gegenliebe zu verdrängen, können wir abends dann einen Obstler im Wirtshaus trinken, zum Beispiel.

Die Kluft zwischen Gottes Wille und der unschuldigen Natur, zwischen Himmel und Erde, zwischen evolutionärem Gewordensein und Las Vegas geht mitten durch uns hindurch. Wir sind gleichzeitig unheilvolle Animalität, aber auch unschuldige Natürlichkeit, zu der wir uns bekennen dürfen. Zu den ziemlich starken Antrieben und Bedürfnissen gehören die Nahrungsaufnahme, Sexualität, das Bedürfnis nach Schlaf, Liebe und Wärme, aber natürlich sind wir Kulturwesen, kreativ, frei und einzigartig. Wir leben mittendrin und passen nicht dazu. Viele Menschen sind davon überzeugt, dass es der Natur ohne Menschen besser ginge. Die Natur-Kultur-Dichotomie ist immanenter Bestandteil unserer ökologisch-evolutionären Schizophrenie.

Man kann heutzutage in Städten leben, ohne jemals einen einigermaßen natürlich zusammengesetzten Wald, ein Moor oder eine Bergwiese gesehen zu haben. Die Natur ist fern geworden, der Fisch ist rechteckig und kommt aus der Tiefkühltruhe, überall Plastik, Displays, künstliche Beleuchtung auch nachts, Graffiti, Straßenschluchten, Lärm. Wir haben uns entfremdet und von der Natur emanzipiert, und zwar in dem Maße, in dem wir uns mit Zivilisation umgeben und zugekleistert haben – Küche, Smartphone, Klospülung. Man muss nicht mehr viel über die Natur wissen, um überleben zu können. Man sollte Kenntnis davon haben, was ein Auto ist, was eine rote Ampel symbolisiert, wie man warme Socken und Lebensmittel einkaufen kann und wie man das Geld dafür verdienen kann.

Menschen haben ihre Umgebung sehr häufig und fast überall intensiv ausgebeutet. Den schonenden Umgang mit der Natur auf eine Verknüpfung von der leiblichen Nähe mit der unberührten, wilden Natur gründen zu wollen oder den Raubbau an der Natur mit einer seelischen Entfremdung und dem Vormarsch der Städte, ist deshalb kaum möglich, weil der räumliche Abstand zur unberührten Natur primär kein Gradmesser für das Maß der Identifikation, der Faszination und das Ausmaß der Akzeptanz von Natur mit ihren Schönheiten, Prozessen und Gefahren ist.

Die Umweltpsychologie hat versucht, Menschen in ihrem Verhältnis zur Umgebung und Natur zu kategorisieren. Man kann der Natur angstvoll und im Bewusstsein der von ihr ausgehenden Gefahren begegnen, man kann sich ihr liebevoll oder verzückt, mit einem Seitenblick auf einen Schmetterling oder die schöne Tomate, die man gerade geerntet hat, und man kann sich ihr von wissenschaftlicher Seite beobachtend, beschreibend und experimentell nähern. Es gibt auch Menschen, die Natur gar nicht interessant finden. In jedem Fall bleibt eine unüberwindbare Distanz erhalten. Sie mag groß oder klein sein.

Wir haben es vermutlich nie geschafft, uns eins mit der Natur zu fühlen. Darüber hinaus gibt es keinen empirischen Hinweis für die Ansicht, dass andere Tierarten besser dazu in der Lage wären. Denn auch der im Schnabel des Adlers zappelnde Fisch dürfte mit diesem Segment der Nahrungskette nicht einverstanden sein. Fast alle höher entwickelten Wirbeltiere sind in bestimmten Situationen überaus vorsichtig, zeigen Angst oder Fluchtverhalten. Und falls es so sein sollte, warum ist es dann so wichtig, die Dichotomie von Natur und Kultur überwinden zu wollen?

Bei der Natur-Kultur-Dichotomie handelt es sich nicht um ein loses Geflecht von zwei Systemen, bei der die beiden Antipoden getrennt voneinander gedacht werden können, denn Kultur ohne Natur gibt es nicht.

Es gibt keine kulturlosen Naturmenschen und auch die von der Natur entfremdeten Menschen in den Metropolen der Zivilisation bleiben Teil derselben. Da können sie sich noch so sehr mit einem Schlückchen Wein, dem Smartphone und einer Pizza vom Schnelllieferservice in ihrem Zimmer verkriechen. Jedes Verhalten, jede Minute des Lebens und jede kulturelle Handlung wird von der Natur und den Genen gesteuert und kontrolliert, von den abiotischen Bedingungen wie Luft und Temperatur, von der menschlichen Natur inklusive der unendlich vielen symbiontischen Bakterien im Magen-

Darm-Trakt und von den Ökosystemdienstleistungen, die uns mit Ressourcen versorgen. Aber natürlich gilt auch, dass Menschen sich wie omnipotente Umweltingenieure verhalten, indem sie Landschaften gestalten, Ressourcen verschwenden, Ökosysteme vernichten und Arten aussterben lassen.

Kultur, mit Aristoteles und Schweppenhäuser die zweite Natur des Menschen, ist kein Selbstzweck. Im weitesten Sinne dient sie dem Gemeinwohl, dem Überleben der Gruppe, dem sozialen Austausch, der Gesundheit, der Reflexion, dem Innehalten, der ritualisierten Reinigung, dem Abbau von Erschöpfung; immer aber ist sie Handlungsauftrag. Aufgefasst als Antonym der Natur, ohne Berücksichtigung der Natur, der natürlichen Grundlagen, der Emotionalität und Triebhaftigkeit wäre eine kulturelle Handlung ein sinnloses Unterfangen. Der Mensch als rein animalisches Wesen auf der anderen Seite wäre nicht mit sich selbst kompatibel und in höchstem Maß umweltunverträglich, vor allem in der Gruppe. Die natürliche Seite des Menschen bedarf der Kultiviertheit und Kultivierung. Die erste Natur ist eine aus Rohmaterialien geschichtete Mauer, Notwendigkeit und Rahmen der Handlung. Sie haucht uns Leben ein. Wie sie es schafft, bleibt vorerst unbeantwortet, eine undurchschaubare komplexe Angelegenheit, ein Wunder oder ein Werk Gottes, je nach Belieben oder Überzeugung.

Kultur, der Putz auf der Wand oder der Stuck an der Decke, benötigt dieselbe als Fundament. Gleichzeitig wird sie anstreben, die Härte und Rauigkeit der Mauer zu überdecken, zu verzieren. Das gesellschaftliche Leben wird durch beide Aspekte des Daseins erst ermöglicht.

Es ist sehr wenig nur, was Grausamkeiten und Leid, Umweltdelikte oder Artensterben verhindern oder einschränken könnte. Die beiden Antipoden des Leibes – Doppelhelix und Intelligenz – allein wären dazu nicht in der Lage. Die zwei Seiten der menschlichen Natur, beide hell und dunkel zugleich, die natürliche – keinesfalls *unbedenkliche* – und die kultürliche, die keinesfalls nur als positives Agens zu begreifen ist, die zwingende und die kreative, sie beide kritisch zu begleiten und aufeinander abzustimmen kann möglicherweise Schlimmeres verhindern. Zu hoffen wäre es.

Der Zusammenhang von Natur und Kultur mag an seinen voneinander entferntesten Enden einer Dichotomie entsprechen, im zentralen Übergangsbereich sind beide Aspekte zu einer Wesenheit verschmolzen. Genau hier bedarf es besonderer Anstrengungen, und sicher ist dabei zweierlei.

Die natürliche, animalische, körperliche Seite des Menschen ist nicht absolut festgelegt, und die kultürliche, kreative Seite ist nicht absolut frei. Ob oder wie die Zerstörung der Ökosysteme und der Verlust an Tier- und Pflanzenarten irgendwann in einen Reboundeffekt münden und damit auf unsere kulturellen Möglichkeiten zurückschlagen werden, ob es einen Kipppunkt gibt, nach dem die Ökosystemfunktionen in einem Dominoeffekt kollabieren werden, diese Frage muss zunächst offenbleiben. Man sollte allerdings vorsichtshalber eher ungünstige Szenarien annehmen.

Die Natur-Kultur-Dichotomie ist subjektiv, insbesondere emotional unüberwindbar, auch wenn es sie objektiv nie gegeben hat. Und doch ist es längst an der Zeit, die Vorstellung der Emanzipation von der Natur in Verbindung mit dem Bestreben, sich die Erde untertan zu machen, praktisch zu überwinden. Wenn immer mehr Menschen davon überzeugt sind, dass der Weg radikaler Ausbeutung der Natur nicht zielführend sei, dann ist das auch ermutigend.

7.4 Nachhaltigkeit

Um 1900 hatten Familienväter in Deutschland normalerweise nicht mehr als einen Anzug für besondere Anlässe und Familienfeiern, und der wurde selbstverständlich an den Ärmeln geflickt, wenn sie durchgescheuert waren. Wahrscheinlich kann man allgemeine Aussagen in ähnlicher Form auch für die Bekleidung der Familienmütter treffen. Die allermeisten der in der Landwirtschaft und im Handwerk tätigen Männer gingen zu Fuß zur Arbeit, waren täglich bei Wind und Wetter viele Kilometer unterwegs und wuschen sich ein Mal pro Woche komplett von Kopf bis Fuß. Dafür wurde das Badehaus aufgesucht oder das Wasser auf dem Kohleofen erhitzt. Schlafzimmer waren zu dieser Zeit selbstverständlich unbeheizt und im Winter wurden Wärmflaschen ins Bett geschoben. Viele Menschen – vor allem Jugendliche und Kinder – hatten im Sommerhalbjahr keine Schuhe an den Füßen.

Fotos aus dieser Zeit sind insofern nicht repräsentativ, als man sich dafür in aller Regel ordentlich anzuziehen hatte. Fahrräder waren Luxusartikel. Die Lebenserwartung von Jungen und Mädchen, die um 1900 in Deutschland geboren wurden, lag bei knapp 50 Jahren und damit fast 20 Jahre höher als der globale Durchschnitt mit 31 Jahren.

Nach dem Zweiten Weltkrieg wurden die wilden Baby-Boomer – Flower Power, Love, Peace und Rock 'n' Roll – von ihren Eltern dafür kritisiert, dass sie wenig Verständnis für die Errungenschaften der Moderne, für den permanenten Aufschwung, die Zufriedenheit und stolze Präsentation des Silberbestecks aufbringen konnten, und dafür, dass das Wirtschaftswunder, welche das Trauma und die Schmach des Krieges endlich verdrängt hatte, von den Jugendlichen radikal infrage gestellt wurde. Später wurden einige der spürbar ausgeflippt Unangepassten dann doch anständige Menschen mit einem Beruf, einer elektrischen Zahnbürste und einer Versicherungspolice gegen Wasserschäden.

Zu Beginn des dritten Jahrtausends kam der kalte Wind der Kritik wiederum von Kindern und Jugendlichen. Die machten den einst progressiven, inzwischen aber ergrauten Altvorderen Vorwürfe. Sie gingen auf die Straße und verkündeten, dass man ihnen ihre Zukunft rauben würde – pauschal und generationenübergriffig. Zur unbändigen Freude der Atomwirtschaft forderten einige von ihnen den Neubau von Atomkraftwerken, um die CO_2-Produktion zu drosseln. Die tägliche Dusche, der Stand-by-Betrieb von allen möglichen Haushaltsgeräten und Rechnern sowie das Frühstücksei am Sonntagmorgen wurden dagegen bislang nicht ernsthaft problematisiert.

In dieser Gemengelage versuche ich nun den Spagat. Auf gar keinen Fall möchte ich, so viel darf vorab betont werden, als jemand bepinselt werden, der die Fakten und irgendwelche wissenschaftlichen Erkenntnisse bestreitet, denn genau das passiert heutzutage schnell. Pauschal geht ruckzuck. Und dennoch sollte es erlaubt sein einige zusätzliche empirische Daten zu benennen, selbst wenn die geeignet sind, klare und einfache Botschaften zu relativieren. Darf man das? Ist das nicht genau diese selbstgerechte und besänftigende Attitüde von erwachsenen Leuten und Kleingärtnern, die uns selbst im vergangenen Jahrtausend so auf die Palme gebracht haben, dass wir schreiend in den schon damals sterbenskranken Wald rennen wollten? Man muss auch als Förster heutzutage nicht unbedingt der Meinung sein, dass der Wald sterbenskrank sei. Menschen, die den Wald nicht als überaus krank anzuerkennen in der Lage sind, sind für die derzeitige Stimmung allerdings eher nicht zentral.

Aber auch wenn man nicht bereit ist, alle Forderungen im Detail zu akzeptieren, muss man kein Problem damit haben, wenn Menschen für die Zukunft, das Klima, die Umwelt und Erhaltung der Ökosysteme demonstrieren, dass sie aufzeigen, wie sehr sie das egalitäre Gerede zum Weiterso von führenden Ökonomen und Politikern zur Raserei bringen kann. Wie ist es in einer solchen Situation überhaupt möglich, moderate oder relativierende Töne anschlagen zu wollen? Es soll hier der Versuch unternommen werden, dies zu erklären, denn auch das Nachhaltigkeitsprinzip muss sich mit der Frage nach substanzieller und akzidenteller Kritik an den geforderten Maßnahmen jederzeit auseinandersetzen können.

Fridays for Future richten den Blick massiv auf die Zukunft aus und machen der kurzfristigen Gewinnideologie eines selbstreferenziellen Turbokapitalismus schwere Vorwürfe. Sie richten den Fokus auf die Erderwärmung und alles, was damit zusammenhängt, und zunehmend auch auf die Ökosysteme, Landnutzung und Bedrohung der Arten. Dabei haben viele Leute höllische Angst vor dem Klimakollaps, einem Konstrukt, das wirklich seriös arbeitende Klimaforscher im Verein mit wirklich seriös arbeitenden Journalisten als düster am Horizont aufziehendes Szenario – schreiende Ungerechtigkeiten, Mord, Totschlag und Migration inbegriffen – heraufbeschwören.

Seriös bedeutet in diesem Zusammenhang zweierlei: erstens, dass sie sich auf Fakten konzentrieren, wissenschaftlich und journalistisch sauber arbeiten, und zweitens, dass sie wahrgenommen werden wollen. Das gehört zum Geschäft der Medien und auch der Wissenschaft. Wer ernstgenommen, gelesen und zitiert werden will, sollte möglichst Fakten bemühen und Prognosen wagen. Und sowohl die Wissenschaft als auch die Medien berichten dabei vielfach über Zusammenhänge, die kaum anzuzweifeln sind. Diese Tatsachen im Detail muss man auch gar nicht infrage stellen. Aber es geht auch um die Komposition der Fakten, die besonders betont werden, und um solche, die nur selten genannt werden. Und selbstverständlich verkaufen sich die Zukunft, Katastrophen und Kipppunkte besser als Durchschnittswerte und die Gegenwart, auch in der Wissenschaft. Mit vom Mainstream ignorierten empirischen Daten, die eher keine Katastrophe signalisieren, kann man gegen häufig wiederholte Warnungen und Prognosen deshalb auch kaum Gehör finden. Und doch gibt es sie. Und auch sie sind wissenschaftlich hinreichend belegt.

Ohne im Detail auf die Herkunft des Begriffes der »Nachhaltigkeit« aus der Forstwirtschaft und die Entwicklung nach Rio 1992 (Agenda 21), die globalen Auswirkungen zum Beispiel der Finanzkrise nach 2007 oder auch nach Fukushima 2011 einzugehen, lässt sich von der Sache her feststellen, dass man gegen das Nachhaltigkeitskonzept oder die Ziele der sozialökologischen Transformation eigentlich kaum ernsthaft sein kann, denn es geht im Kern um die Vermeidung von Engpässen im Umgang mit Energie und Ressourcen, um die gerechte Verteilung derselben und Rücksichtnahme auf eventuelle Bedürfnisse kommender Generationen.

> »Wie soll denn eine Zukunft, die sehr komplexe Fragen stellen wird, zu meistern sein, wenn man nur vage ahnen kann, was diejenigen gemeint haben könnten, die sagen, was getan werden soll?
> Sicher ist ja nur eines: Unsere Zukunft wird nicht aus Kühlschränken bestehen, die dem Supermarkt eine SMS schicken, wenn die Milch alle ist.«
>
> Max Goldt 2017, *Lippen abwischen und lächeln.*

Das Problem besteht mindestens in zweierlei Hinsicht, nämlich zum einen aus dem ambitionierten Konzept selbst, inklusive der damit verbundenen Möglichkeiten politische Fußfesseln anzulegen, und zweitens aus der Fahne, auf die dieses Programm geschrieben wird.

Das Programm selbst ist im Hinblick auf seine Interpretierbarkeit und moralischen Forderungen vielfältig. Das normative Moment birgt allerdings gerade durch den der Nachhaltigkeit innewohnenden Ausschluss zeitlicher Begrenztheit eine Gigantomanie, die im Widerspruch zum »Small Is Beautiful« steht, zum kultivierten Loslassen, das andererseits aber auch übermenschlich anmutet, weil es über das menschliche Maß hinausgeht. Menschen können an das Wohl ihrer Kinder denken, vielleicht fürsorglich – und das heißt auch ehrlich mit Augenmaß – und damit gerade noch an die folgenden Generationen. Die Unendlichkeit erscheint vielen Menschen genauso bombastisch und unwirklich wie die Vorstellung vom Wärmetod des Weltalls. Unendlichkeit macht Angst. Und auch wenn der Kern der Nachhaltigkeit über Begriffe wie den Brundtland-Bericht, das »Drei-, Vier- oder Fünfsäulenmodell«, von denen eine Säule überflüssig ist, nämlich die ökonomische, die »Regenerierbarkeit« und »Generationengerechtig*keit*« spezifiziert wird, genügt ein Blick in die Nachrichten des Tages, um festzustellen, dass die Realität so nicht funktioniert. Das allein wäre noch nicht schlimm, denn natürlich lohnt es sich, Ideale zu verfolgen, auch wenn man weiß, dass diese nicht zu erreichen sein werden – Frieden in der Welt, Freiheit, Gerechtigkeit. Problematisch kann es allerdings werden, wenn wieder einmal Menschen die Deutungshoheit für sich entdecken und logisch herleiten, wie, wann und wo etwas zu geschehen habe.

Der Gerechtigkeitsaspekt, welcher in der Nachhaltigkeitsdebatte häufig als zentrales Element ausgegeben wird, ist eine komplexe Angelegenheit, wenn Gerechtigkeit im Verhältnis zur Ungleichheit und Ungerechtigkeit im Verhältnis zur Gleichheit über große Räume oder am besten global beurteilt werden sollen. Was aber bedeutet Klimagerechtigkeit oder das Grundrecht auf Wasser konkret für ganz unterschiedlich dicht besiedelte Gebiete in den feuchten Tropen, in den Wüsten, an den Küsten, in den Auen der Tieflagen und in den Hochgebirgen der Erde unter Berücksichtigung der vollkommen unterschiedlichen traditionellen Gepflogenheiten im Umgang mit Wasser und den Unbilden des Lokalklimas? Alle Menschen haben dasselbe Recht zu duschen und sich mit einer Elektrozahnbürste die Zähne zu putzen? Der hegemoniale Anspruch der Nachhaltigkeitsdebatte ist mindestens ermüdend, wenn nicht gelegentlich ärgerlich oder gar bedrohlich. Die Frage nach dem Warum muss ja nicht mehr gestellt werden. Womit wir bei der Fahne wären.

Auf eine Fahne kann man etwas schreiben, und man kann sie in den Wind halten. Bei den Leitbildern, die nach Rio 1992 im Sinne der Nachhaltigkeit entworfen wurden, hatte man schnell den Eindruck, dass hier ein einfaches und logisches Konzept verwendet wurde, um das Profil von privaten und öffentlichen Institutionen und politischen Systemen prüfen und gegebenenfalls kalibrieren zu können. Viele Menschen haben neue Hoffnung geschöpft. Und selbstverständlich handelt es sich auch um das Rechtfertigungssystem eines grün bepuderten Wirtschaftssystems, das sehr flexibel auf derartige Angriffe reagiert, indem es sie assimiliert. Gerade jetzt kann man es wieder erleben. Alle sind Vorreiter im Klimaschutz, Politiker aller Parteien, Großunternehmen, Privatpersonen. Profilierung und Leitbilder sind modern und erwünscht. Es genügt heutzutage nicht mehr, einfach nur gute Arbeit zu verrichten oder sich vermeintlich korrekt zu verhalten. Wer heute kein Motivationsschreiben schickt und keinem Leitbild folgt, bleibt draußen. Politik weiß und kann das. Und auch wenn man eine solche Profilbildung nicht direkt mit der tumben braunen oder roten Propaganda in der ersten Hälfte des 20. Jahrhunderts vergleichen möchte, muss sich dieser Prozess eine unzulässige Simplifizierung, Nötigung und Verstetigung schon in der Analyse vorwerfen lassen.

Es gibt viele Beispiele, die zeigen, dass Nachhaltigkeit sehr belastend sein kann – radioaktiver Müll, Produktion von Biotreibstoff, die Belastung des Wassers, die Bedrohung der Biodiversität und Veränderungen des Landschaftsbildes zum Beispiel –, und es gibt Beispiele, die zeigen, dass es zu Problemen führen kann, wenn Dinge in einen Kreislauf zurückgeführt werden, aus dem sie langfristig eliminiert wurden: Öl, Kohle, Torf, seltene Erden und viele andere Lagerstätten. Und wenn dann Maßnahmen wie die Wärmedämmung der Häuser oder Flügel von Windrädern mit Materialien, die am Ende als Sondermüll behandelt werden müssen, oder die Produktion von Energiesparlampen mit Quecksilber im Namen der Nachhaltigkeit von der EU oder auf nationaler Ebene subventioniert werden, dann verliert ein ernst gemeintes Konzept wenigstens partiell seine Glaubwürdigkeit, auch wenn man diese unangenehmen Probleme auf viele zukünftige Generationen gerecht verteilt.

Durch immer häufigeren und umfassenderen Einsatz des Begriffes wächst auch seine Extension. Es gibt inzwischen nachhaltiges Wachstum, nachhaltigen Pestizideinsatz, nachhaltige Unterwäsche und nachhaltigen Tourismus.

Es gibt sogar einen nachhaltigen Vibrator ohne Strom namens Earth Angle, der mit einer Kurbel ausgestattet ist. Für 30 Sekunden prickelnde Freude muss sie, er oder eine andere Persönlichkeit vier Minuten lang kurbeln! Man möchte es gar nicht ausrechnen.

In dem Maße, in dem der Ausdruck »Nachhaltigkeit« in die Breite geht, vergrößert sich auch seine Oberfläche, man könnte auch sagen, dass die Oberflächlichkeit zunimmt und der Tiefgang sich nachhaltig verringert. Extension geht immer auf Kosten der Intention. Und wer ist am Ende nachhaltiger, die abiotischen Faktoren Klima, Wasser, Feuer, Erde oder die Pilze, Bakterien und Viren, Flora und Fauna, das Leben oder der Tod?

Wenigstens die planetaren Grenzen gelte es zu respektieren. Die Physik sagt uns, dass Materie und Energie auch ohne unser Zutun konstant bleiben. Naturwissenschaften können uns darüber informieren, was in der Umwelt nicht geht. Das sind die planetaren Grenzen, die wir mindestens zu berücksichtigen hätten. Müssen wir aber eigentlich gar nicht, denn was wir auch tun, die planetaren Grenzen sind unverrückbar; sonst wären es keine.

Wie viel Evolution, Innovation und Entwicklung ist erlaubt? Nachhaltigkeit ist kein Wert an sich. Die widersprüchliche Wortkombination von Nachhaltigkeit und Entwicklung zum Rundumsorglospaket einer *nachhaltigen Entwicklung* erweist sich zunehmend als wirklich dreist. Protagonisten und Aktivisten sehen sich in der Lage, Veränderungen dort zu fordern, wo sie selbst es wünschen, und Kontinuität anzumahnen, wo sie Veränderungen nicht gut finden, frei von der Leber weg.

2015 wurde von den Vereinten Nationen die Agenda 2030 beschlossen, welche die Ziele der Agenda 21 von 1992 ablösen soll, in ein zeitgemäßeres Narrativ übersetzt und konkretisiert. 17 Millenniumentwicklungsziele sind hier gebündelt und in klangvoller Weise beschrieben. *Millenniumentwicklungsziele?* Sind hier ernsthaft Ziele für ein ganzes Jahrtausend, von dem erst 15 Jahre vergangen waren, konkretisiert worden?

Schauen wir uns diese Ziele genauer an. 14 davon beziehen sich auf die Menschheit und das gesellschaftliche Leben, eins auf das Klima und zwei im weitesten Sinne auf Ökosysteme, nämlich das Leben im Wasser und das Leben an Land. Schaut man sich die beiden auf Ökosysteme bezogenen genauer an, dann darf man sich als Ökologe wundern. Hier geht es ganz unverblümt um die nachhaltige Nutzung und die Entwicklung der Wirtschaft. Natur und Umwelt werden zur Folie. An vielen Stellen der Agenda 2030 wird das Ziel der ökonomischen Entwicklung schamlos über nachhaltiges Wirtschaftswachstum, Infrastrukturprogramme und Innovationen definiert.

Es lohnt sich eigentlich nicht, dieses angebliche Programm weiter zu beleuchten. Es gibt bei den Vereinten Nationen nicht einmal einen Hauptausschuss für Umwelt, Natur, Ökosysteme oder die Erhaltung der Biodiversität. Die Agenda 2030 mit ihren sich teilweise in eklatanter Weise widersprechenden 169 Unterpunkten spiegelt die aktuelle Machtverteilung wider, aber keinesfalls eine überzeugende Idee von der Zukunft.

Welche Nachhaltigkeit wir wünschen und welche nicht, das müssen wir schon selbst entscheiden. Und wenn man die Begriffe »Gerechtigkeit«, »Gesundheit« und »Umwelt« ernst nimmt, wozu benötigt man dann eigentlich noch den der Nachhaltigkeit? In Bezug auf die Generationengerechtigkeit genügt es jedenfalls nicht, die derzeitigen Übereinkünfte zur globalen CO_2-Produktion, zu regionalen Fangquoten oder zum immateriellen Welterbe auf der Zeitachse zu verstetigen, denn wir können von den Übereinkünften, Bedürfnissen und Wünschen der zukünftigen Generationen heute noch nichts wissen. Auch der Wertewandel selbst muss in irgendeiner Weise Berücksichtigung finden.

David Hume hatte festgestellt, dass Leitlinien für vorbildliches Handeln nicht aus der Natur des Faktischen herzuleiten sind. Wer also zum Beispiel im Sinne der Nachhaltigkeit meint, logisch einwandfrei herleiten zu können, was geschehen soll und was nicht, und zum Beispiel darauf pocht, dass dieses oder jenes im Sinne der Nachhaltigkeit zu geschehen habe, begeht einen Seinsollen-Fehlschluss. Und wenn Humes Ausführungen stimmen, wovon ich überzeugt bin, ich habe nämlich ziemlich lange vergeblich versucht, ein Gegenbeispiel zu finden, würde der normative Bereich dann in toto hilflos ins Brackwasser der Beliebigkeit abdriften? Sollte es für das moralische System der Umweltvorsorge wirklich keine übergeordneten Orientierungshilfen ökologischer oder sozialer Art geben können? Das wäre vermutlich ebenfalls sehr unerfreulich.

Aber vielleicht gibt es doch Lösungsansätze, auch wenn die logische Unvereinbarkeit von Sein und Sollen bestehen bleibt. Die Verknüpfung mit den Ideen und lebenswerten Bedingungen der Zukunft ist dann keine zwingend logische, sondern eine, die Möglichkeiten im Hinblick auf ihr Potenzial in Betracht zieht. Man kann die Fakten auf der einen Seite, Wünsche, Empfehlungen und Regularien auf der anderen zum Beispiel durch einen Brückenschlag miteinander verknüpfen, der bestimmte Axiome zugrunde legt. Der gesamte normative Bereich könnte sich dabei auf Handlungen beschränken, die realisierbar sind. Dieser Empfehlung würden viele Menschen problemlos zustimmen können, weil es ja gar nicht anders ginge. Streng genommen ist das allerdings alles andere als simpel, schon deshalb, weil es oft schwierig ist, einschätzen zu können, was möglich ist und was nicht.

Dennoch, die schlichte Möglichkeit, etwas verwirklichen zu können, darf als sinnvolle Verknüpfung von Sein und Sollen trotz der genannten Schwierigkeiten an dieser Stelle zur Diskussion gestellt werden. Denn häufig gibt es Möglichkeiten. Die Möglichkeit kann als Bindeglied der zwei Sphären – Sein und Sollen, Vergangenheit und Zukunft – dienen. Was zweifelsfrei unmöglich ist, darf in der normativen Systematik gern außer Acht gelassen werden; das wäre der praktische Vorschlag. In der Theorie mag die Betrachtung des Unmöglichen vielleicht als Gedankenexperiment oder zum Vergleich seine Bedeutung behalten. Wenn man aber von den Bedürfnissen zukünftiger Generationen spricht, dieselben aber gar nicht kennen kann, weil auch moralische Systeme und Nutzungssysteme sich wandeln, dann könnte es sich als vorteilhaft erweisen, das Angebot einer größeren Auswahl an Möglichkeiten einer kleineren grundsätzlich vorzuziehen. Das können soziale Möglichkeiten sein, die sich auf menschliche Interaktionen beziehen, das können ökologische Möglichkeiten sein, die sich auf die Umwelt beziehen, oder andere, am besten das ganze Portfolio. Und gern noch einmal: Die Ökonomie hat sich dem unterzuordnen. Sie ist kein Selbstzweck. Eine Ökonomie, die sich nicht darauf einlassen möchte, den Menschen und der Umweltvorsorge zu dienen, sollten wir getrost aktiv demontieren.

Wenn den folgenden Generationen bestimmte Handlungsoptionen vorenthalten werden, weil wir viele Ressourcen bereits ausgeschöpft haben, dann kann man das als unfair erachten. Wenn ihnen fast alle Möglichkeiten genommen würden, dann wäre das der GAU. Optionen sind der Blumenstrauß, der die kulturelle Vielfalt der Zukunft im Jetzt verzieren kann.

Eine Pflanzen- oder Tierart, die ausgestorben ist, ein Ökosystem, das zerstört ist, eine Insel, die untergegangen ist, eine Ressource, die aufgebraucht ist, all diese stehen künftigen Generationen nicht mehr zur Verfügung. Es gibt in Zukunft dann weniger Möglichkeiten. Und das sind nicht nur Handlungsoptionen, sondern auch Möglichkeiten der Bewahrung und Evolution von Eigenwerten, der kulturellen Erfahrung und Gesundheitsvorsorge, der Wertschätzung, der Inspiration und ästhetischen Reflexion. Unwiderrufliche Verluste schmerzen schon jetzt. Und im Allgemeinen werden seltene Dinge besonders wertgeschätzt, vielleicht aufgrund ihrer Nähe zum unwiderruflichen Verlust. Jeder Verlust von Möglichkeiten wird auch das Spektrum kultureller Handlungen beschränken. Letztlich sollte sich jede Gesellschaft darüber unterhalten, welche Möglichkeiten sie den zukünftigen Generationen zugestehen und welche Verluste sie ihnen zumuten möchte. Aber sie kann nicht davon ausgehen, dass Wertmaßstäbe und Normen sich nicht ändern. Wir können nicht wissen, welche Ressourcen, Güter und Werte, die heutzutage allgemein als bedeutsam erachtet werden, von zukünftigen Generationen eine besondere Wertschätzung erfahren werden.

»Handle nach der Maxime, durch die du zugleich wollen kannst, dass sie ein allgemeines Gesetz werde«, lautet der kategorische Imperativ von Kant.

»Handle so, dass das Naturkapital langfristig erhalten bleibt«, ist eine Maxime aus der Nachhaltigkeitsdiskussion (Konrad Ott).

»Handle so, dass spätere Generationen möglichst viele Optionen haben.« Das wäre mein Vorschlag. Da diese Handlungsempfehlungen sich nicht gegenseitig widersprechen, wäre es auch möglich, eine Kombination aus allen drei Maximen zugrunde zu legen. Dann hätten wir die Kuh sicherlich vom Eis. Vorschreiben kann man das nicht, aber man könnte sich langfristig darauf verständigen.

Kurzum, »Nachhaltigkeit« ist ein Motiv und Modewort der Diskussion vergangener Jahrzehnte, deren Botschaften und Implikationen auch sehr vom Standpunkt der Betrachtung abhängen. Sowohl die grundlegenden Schriften vom Brundtland-Bericht bis zur Agenda 2030 sowie die Säulenmodelle bringen uns mittlerweile kaum noch voran, da Unwägbarkeiten, Widersprüche und Interpretationsmöglichkeiten bestehen bleiben. Und wenn der Ausdruck nun vermehrt durch Enkelgerechtigkeit oder Zukunftsfähigkeit ersetzt wird, dann sind das letztlich nur andere Worte, die sich in ähnlicher Weise auf den Gleichbehandlungsgrundsatz in der zeitlichen Dimension beziehen.

7.5 Aufmerksamkeit und Bedrohungsszenarien

Kommunikation, Aufmerksamkeit und Überzeugung sind ökonomisch bedeutsam, seit es Warenhandel, Märkte und Marktschreier gibt. Aufmerksamkeit ist ein knappes und begehrtes Gut. Mit den digitalen Medien haben wir uns seit einigen Jahrzehnten in ein sehr wirkmächtiges System der Nutzung und Steuerung von Aufmerksamkeit begeben. Die Art und Weise, in der Aufmerksamkeit verkümmert, gedeiht und in der die unterschiedlichen Wellen der medialen Verwertung und Pronouncierung von Risiken, Katastrophen und schleichenden Vorgängen miteinander in Beziehung gesetzt werden, wird einerseits durch das Schutzbedürfnis von Menschen, durch die Befriedigung von Grundbedürfnissen und entsprechenden Erwartungen sowie durch Sensationslust bestimmt und andererseits durch Machtgewinn oder finanzielle Vorteile, die die Aufmerksamkeit erzeugenden Menschen davon haben.

Beachtung ist ein umweltpsychologisch bedeutsamer Kapitalfaktor zumindest der Medien, der Werbung, der Wissenschaft und aller damit in Verbindung stehenden Zulieferbetriebe, letztlich aber auch der Politik. Aufmerksamkeit ist die Vorstufe der Beachtung und damit interessant für jede Form der Ausübung von Macht. Dazu gehören auch Strategien der Ablenkung und Agnotologie.

Im Wettbewerb um Beachtung stehen vergangene, aktuelle und zukünftige Ereignisse und Prozesse. Dabei lohnt es sich, die Risiken von Katastrophen in überzeugender Weise vorzutragen, auch wenn sie noch nicht eingetreten sind. Niemand kann heute genau einschätzen, was die Menschen morgen aufregen oder erschrecken wird. Eruptive Ereignisse und vermeintliche Risiken nach dem Überschreiten von Kipppunkten erzeugen und binden allerdings regelmäßig eine größere Aufmerksamkeit als kontinuierliche Prozesse, und die Planspiele, Prozesse und Ereignisse der Zukunft werden häufig als spannender empfunden als Dinge, die schon passiert oder aktuell zu beobachten sind.

Zu Zeiten der Coronapandemie haben sich Klimaaktivisten in pietätvoller Weise teilweise sehr zurückgenommen, weil der Klimawandel angesichts exponentiell steigender Fallzahlen und sterbender Familienmitglieder und Freunde für viele Menschen als zusätzlicher Bedrohungsfaktor nicht mehr die Poleposition der Dystopie erlangen konnte. Mit Abklingen der Pandemie wurde das Klima medial dann wieder deutlich stärker thematisiert.

Dass die direkten Veränderungen in den Ökosystemen, die jahrelang kaum Gehör fanden, nun zunehmend als Umweltproblem wahrgenommen werden, hängt möglicherweise damit zusammen, dass die Idee von einem Zusammenhang zwischen den Ökosystemfunktionen und der persönlichen Betroffenheit, zwischen den Veränderungen weit draußen und der Bedrohung der Gesundheit in den eigenen vier Wänden immer mehr Gestalt annimmt.

7.6 Zur Wahrnehmung des Klimawandels und der Ökosystemfunktionen

Menschen sind mindestens seit der neolithischen Revolution dem Klima nicht mehr völlig schutzlos ausgeliefert. Mithilfe von Kleidung, Behausungen, Feuerstätten, Be- und Entwässerungssystemen der Felder, später dann mithilfe von Kühlschränken, Klimaanlagen, Heizungssystemen unter Spargelfeldern, Feuer in Weinbergen und Schneekanonen in Wintersportgebieten wurde es möglich, sich von regional unerwünschten Einflüssen der Witterung zu emanzipieren.

Es gibt kein anderes Lebewesen auf der Erde, das in ähnlicher Weise sämtliche Klimazonen der Erde von den Wüsten und Regenwäldern in den Tropen bis zur Tundra der Arktis, von den Küsten und Auen in den tieferen Lagen bis zu den Hochgebirgsregionen in den Alpen, Anden und im Himalaja erobert hätte, und gleichzeitig in der Lage wäre, Orangen, Tee, Gurken in die Arktis, nordatlantischen Fisch bis nach Asien und Australien zu transportieren, und es dann auch noch schafft, sich überall zu vermehren.

Mit großer Selbstverständlichkeit verlassen wir uns auf die kostengünstige Bereitstellung von Ökosystemdienstleistungen der unterschiedlichsten Landschaften und Ökosysteme. Sehr zufrieden sind wir damit allerdings auch nicht. Erst intensivieren wir die Nutzung der Ökosysteme in schamloser Weise bis zum Kollaps und erwärmen die untere Atmosphäre, und dann machen wir uns Sorgen, wenn die Klimazonen anfangen sich zu verschieben, der Meeresspiegel steigt und wir die Systeme nicht mehr so ausbeuten können wie wir es gern hätten.

Ungefähr die Hälfte der Menschheit siedelt in Städten an Flüssen, Flussmündungen und nahe der Küste. Und wenn das Wasser dann über die Ufer schwappt, geben wir uns zutiefst erschrocken, auch wenn die Gefahren durch verheerende Überflutungen bekannt sind, seit Menschen sich dort niedergelassen haben. Ein solches Verhalten kann man auch als scheinheilig bezeichnen. Dabei ist es auch vollkommen unerheblich, ob das Meer durch anthropogene Ursachen oder auf natürliche Art und Weise steigt oder fällt. Der Meeresspiegel ist noch nie dort geblieben, wo er gerade war. Und es ist auch ziemlich irrelevant, dass die Flut- und Feuerkatastrophen in bestimmten Gebieten zunehmen, denn man weiß genau, dass sie dort jederzeit vorkommen *können*. Wenn man die Risiken minimieren möchte, dann kann man das tun, und zwar nicht nur auf eine einzige Art und Weise. In vielen Gebieten der Erde gibt es Missernten durch Trockenperioden, Starkregenereignisse oder Überflutungen. Damit es in diesen Gebieten nicht zu Hungerkatastrophen kommt, muss entweder Vorsorge betrieben werden oder Menschen müssen sich gegenseitig aushelfen. Selbst über größere Entfernungen ist das heutzutage möglich. Der Schutz vor Katastrophen ist allerdings nicht zum Nulltarif zu haben und im einen oder anderen Fall auch mit Verzicht verbunden. Und spätestens an dieser Stelle melden sich die vereinigten Neoliberalen und Makroökonomen zu Wort und fangen an Einwände vorzutragen (Arbeitsplätze), sie schüren Ängste (vor Armut, Hunger und dem Kommunismus zum Beispiel) und stellen Forderungen nach Kompromissen, die keine sind (Freiheit, Ressourcen).

Man kann aber gern noch einen Schritt weitergehen. Darf man annehmen, dass die wichtigsten Umweltprobleme ohne Erderwärmung gelöst wären? Oder gibt es andere relevante Umweltprobleme unabhängig vom Klimawandel? Und wenn wir umgekehrt zu der Ansicht gelangen würden, dass es der Menschheit offensichtlich mittelfristig nicht möglich sein wird, Klimaneutralität zu erwirken – nur als Gedankenexperiment – wäre es dann nicht sinnvoll, das Augenmerk schleunigst auf die Umweltprobleme zu legen, die bereits in vollem Gange sind, die möglicherweise leichter zu lösen sind, und die Annahme zuzulassen, dass die direkten Auswirkungen in der Umwelt auch direkt auf uns zurückschlagen können? Man muss damit jedenfalls nicht erst beginnen, wenn der Klimawandel irgendwann abgewendet ist. Denn dann ist es für die Ökosysteme und das Überleben von sehr vielen Arten zu spät.

Wie könnte man sich vor den Auswirkungen des Klimawandels am besten schützen? Klimakatastrophe? Was ist damit gemeint? Was ist eine Katastrophe, was ein Umweltproblem, was ein kleines, was ein globales? Wie darf man sich die Menschheitskatastrophe konkret vorstellen? Kann man angesichts der vielen Umweltprobleme überhaupt sagen, dass eins davon das größte sei?

Ist es möglich, dass Extremwetterereignisse zunehmen und gleichzeitig immer weniger Menschen davon betroffen sind? Nehmen Missernten aufgrund trocken-warmer Sommer zu? In welchem Verhältnis stehen extreme Trockenphasen und Produktionszahlen zueinander? Millionen von Menschen verlassen ihre Heimat. Wie viele von ihnen kann man als Klimaflüchtlinge bezeichnen? Welche Daten rechtfertigen die Vorstellung, dass die Bereitstellung von alternativen Energieformen zu einer Reduktion der Nutzung fossiler Brennstoffe beitragen könnte? Gibt es dazu empirische Befunde oder ist das einfach nur logisch richtig?

Nicht nur die untere Atmosphäre wird wärmer, sondern auch das Thema der globalen Erwärmung wird immer hitziger diskutiert. Es gibt Klimaleugner und Klimaaktivisten. Dazwischen wird nur wenig Platz für die Gruppe der Bedenkenträger und Langweiler eingeräumt. Der Ausdruck »Klima« wurde mit vielen weiteren Begriffen in einer Weise verbunden, in der man es sich noch im 20. Jahrhundert kaum hätte vorstellen können. Begriffe wie »Schutz«, »Kriege«, »Flüchtlinge«, »Kultur«, »Bündnis«, »Allianz«, »Service«, »Migration«, »Neutralität«, »Lounge«, »Lüge« oder auch »Lügendetektor« sind nur einige davon. Und ganz unverblümt und skrupellos wurden Dinge mit dem wohlklingenden Adjektiv »klimaneutral« versehen: Gemeinden, Hotels, Kinderkrippen, Verpackungen, Heizöl, Erdgas, Autofahrten, Reisen, Bier, gedrucktes Papier, Fairtrade-Kondome, Dildos (handgedrechselt). Es wurde ein Verein mit dem Namen Klima-Bündnis der europäischen Städte mit indigenen Völkern der Regenwälder/Allianza del Clima e. V. gegründet. Man wird für die eigene Meinung zum Thema Klimawandel von der Gegenseite angegiftet oder wahlweise belächelt, ganz egal, welche Position man bezieht. Das Pflänzchen Klima treibt wundersame Stilblüten.

Der Ausdruck »Klimagerechtigkeit« wurde ersonnen, um die Umweltgerechtigkeit in Bezug auf das Klima zu konkretisieren. Nachhaltigkeit wird vielfach über Gerechtigkeitsverhältnisse in Raum und Zeit bemessen. Und insbesondere über den Begriff der Kohlenstoffgerechtigkeit wurde deutlich gemacht, was darunter zu verstehen sei. Reparaturkosten für witterungsbedingte Schäden und die Abgabe von CO_2 sollen gerechter verteilt werden. Klimagerechtigkeit bedeutet, dass die ungleiche Verteilung der Folgen des Klimawandels dem Verursacherprinzip entsprechend auszugleichen ist. Das bereits jetzt legendäre Urteil des Verfassungsgerichts vom 29. April 2021 kam zu dem Ergebnis, dass das Klimaschutzgesetz die Freiheitsrechte junger Menschen und zukünftiger Generationen nur unzureichend schützt und verlangte Konkretisierungen für die Zeit nach 2030.

In Bezug auf die Auswirkungen der vielfältigen Maßnahmen gibt es unterschiedliche Ansätze, mit denen sich das Verfassungsgericht allerdings gar nicht beschäftigt hat. Einmal mehr wurde das Augenmerk ganz auf das Klima und hier auf CO_2-Emissionen gelegt. Die Generationengerechtigkeit in Bezug auf andere Schutzgüter der Umwelt waren nicht Gegenstand des Verfahrens und blieben unberücksichtigt. Immerhin wurde mit dem Urteil eine Tür geöffnet, und es wäre wenig plausibel, den Grundsatz nicht analog auch auf andere Dienstleistungen, Umweltprobleme, den Erhalt der Ökosysteme und den Schutz der Biodiversität anwenden zu dürfen.

Extreme Wetterlagen können zu Katastrophen wie Überflutungen, Waldbrand oder Dürre führen. Solche Katastrophen sind allemal Grund genug, ein Gebiet kurz- oder langfristig zu verlassen. Und Versorgungsengpässe haben schon seit Menschengedenken zu Völkerwanderungen, Nomadismus und Gewalt geführt. Aktuell werden viele Phänomene sehr schnell mit dem Klimawandel verlinkt, auch wenn der Zusammenhang nicht nachgewiesen oder nur mittelmäßig wahrscheinlich ist. In den entsprechenden Klimagutachten des IPCC werden unterschiedliche Vertrauensbereiche definiert, die dann bei der verkürzten Wiedergabe über die Medien häufig nicht mehr genannt werden. Umgekehrt werden Menschen sofort als Klimaskeptiker gebrandmarkt, wenn sie einen möglichen Zusammenhang auch nur infrage stellen, auch wenn ein Zusammenhang nach Einschätzung von Klimagutachten des IPCC gar nicht sicher ist.

Der Wissenschaftliche Beirat der Bundesregierung Globale Umweltveränderungen (WBGU) gelangte schon 2011 zu Schlussfolgerungen, die in ihrer Stringenz kaum alternative Deutungen zuließen. Demnach müssten die

> »... Produktion, Konsummuster und Lebensstile so verändert werden, dass die globalen Treibhausemissionen im Verlauf der kommenden Dekaden auf ein absolutes Minimum sinken und klimaverträgliche Gesellschaften entstehen können«.
>
> Hauptgutachten von 2011, S. 5.

Entsprechend dem Drängen dieses Gremiums sollte das gesellschaftliche Leben der Idee von bestimmten Zuständen in der Atmosphäre untergeordnet werden, die supra- und transnationale Politik insgesamt, die Frage der demokratischen Strukturen und Entscheidungsabläufe sowie die CO_2-Produktion. Doch die den klaren Weg vorschreibende Logik dieser Schrift kollidiert unter anderem mit demokratischen Rechten, Gleichheitsgrundsätzen und eventuell auch persönlichen Wertmaßstäben. Von diesen Sachverständigen wurde empfohlen, das parlamentarische Gesetzgebungsverfahren um eine *Zukunftskammer* zu ergänzen, um die Legislative, Exekutive und Judikative im Hinblick auf das Staatsziel Klimaschutz zum Handeln zu verpflichten und entsprechend zu kontrollieren (S. 10). Wollten diese besorgten Weisen ihrer Idee von bestimmten atmosphärischen Zuständen wirklich alles unterordnen? Die Art und Weise, wie konsumiert werde dürfe, den persönlichen Lebensstil, das Prinzip der Gewaltenteilung, aber auch andere Schutzgüter der Umwelt?

Bereits in den ersten zwei Jahrzehnten des 21. Jahrhunderts waren viele Menschen davon überzeugt, dass der Klimawandel das größte Umweltproblem des Jahrhunderts sein würde. Das Jahrhundert war am Ende des Jahres 2020 allerdings erst zu einem Fünftel vergangen. Die verbleibenden vier Fünftel standen für eine Beurteilung überhaupt noch nicht zur Verfügung. Es gehört auch eine gehörige Portion Sendungsbewusstsein dazu, auf dieser Basis zu fordern, was alles zu geschehen habe, damit genau diese eine mögliche Krise noch verhindert werden könne, einerseits, und andere mögliche Katastrophen nicht einmal erwähnen zu müssen, andererseits.

Ob der Klimawandel, die Intensivierung der Nutzung von Ökosystemen, Pandemien, eine andere Katastrophe oder eine Kombination von Desastern in den verbleibenden drei Vierteln des 21. Jahrhunderts oder danach zu einer Menschheitskatastrophe führen werden, welche Bedeutung Säuberungsaktionen, das Streben nach Freiheit und Gleichberechtigung, Klimagerechtigkeit und Schmetterlingseffekte dabei haben könnten, kann derzeit niemand seriös prognostizieren. In den Berichten des IPCC wird man entsprechende Schlussfolgerungen kaum finden. Wissenschaft geht bei ihren Prognosen üblicherweise behutsamer vor: »Es ist nicht auszuschließen, dass … (Vertrauensbereich).« Und natürlich darf man Klimatologen nicht vorwerfen, dass sie sich bevorzugt mit dem Klima auseinandersetzen, denn das ist ihr Metier. Aber von der Umweltpolitik darf man erwarten, dass sie mehr im Blick hat.

Je eindeutiger die Tendenzen in der Vergangenheit waren, umso größer ist die Wahrscheinlichkeit, dass sie sich in Zukunft fortsetzen werden. Die Wahrscheinlichkeit, dass Dinge geschehen, ist dort am größten, wo sie schon häufiger passiert sind. Das Gesetz der Serie untermauert Prognosen jedenfalls grundsätzlich am besten. Einige der aktuell prominentesten Vorhersagen können sich auf vergleichbare Tendenzen in der Vergangenheit allerdings nicht stützen, weil das entsprechende Chaos nach dem Überschreiten von Kipppunkten noch nicht beobachtet wurde.

Was bedeutet die zunehmende Häufigkeit von Extremwetterereignissen und Naturkatastrophen für die Menschen? Bezogen auf die Gesamtbevölkerung der Erde nehmen die durch entsprechende Katastrophen zu beklagenden Opferzahlen seit 200 Jahren diskontinuierlich ab. Das habe ich selbst überprüft. Die auf die Gesamtheit der Erdbevölkerung bezogene Mortalität nimmt ab, statistisch hochsignifikant. Grund dafür sind höchstwahrscheinlich verbesserte Informations- und Vorwarnsysteme, technische Möglichkeiten der Gefahrenabwehr und schnellere medizinische Versorgung der überlebenden Opfer. Es ist gelegentlich erstaunlich und zugleich hocherfreulich, wie wenig Menschenleben durch Vulkanausbrüche, Flutkatastrophen, Hangrutschungen und Waldbrände noch zu beklagen sind.

Fredrik Sjöberg schrieb im selben Jahr, in dem der wissenschaftliche Beirat der Bundesregierung sein denkwürdiges beziehungsweise bedenkliches Gutachten veröffentlichte, in seinem Buch *Rosenkönig* (2011: S. 121):

> »Ich glaube nicht recht an diesen Klimaalarm. Bis zu einem gewissen Grad vielleicht, aber im Grunde genommen nicht. So ist es. Ich könnte wissenschaftliche Gründe dafür anführen, denn ich habe das Thema viele Jahre sehr genau studiert, verzichte aber lieber darauf und sage stattdessen, dass ich nicht glaube, denn der Zweifel ist zum Teil eine Frage des Charakters und nicht des Wissens.«

Sjöberg bestritt den Klimawandel keineswegs, er beurteilte die Auswirkungen nur anders als zum Beispiel einige Gutachter des wissenschaftlichen Beirats. Wenn man sich darüber freut, dass Menschen, die sich freitags solidarisieren und eine globale Aufmerksamkeit erzeugen können, sodass Politiker und Ökonomen endlich aus ihrem Dornröschenschlaf aufwachen, darf man sich dann gleichzeitig über die bis zum Othering der älteren Generation reichende Moralität unangenehm berührt zeigen? Wenn plötzlich der Einsatz von Atomkraftwerken von einigen Aktivisten gefordert wird, obwohl kein einziges der Probleme, derentwegen die mittlerweile ergrauten Alten damals auf die Straße gegangen sind, gelöst ist? Hier die Jugend, da die Generation der Großmütter und Großväter, hier das neue Bewusstsein, da die Ignoranz?

Und auch wenn man sich sehr darüber freut, dass endlich eine Lawine zur Wahrnehmung von Umweltproblemen losgetreten wurde, darf man dann einwenden: So ganz stimmt das alles aber doch nicht?

Es ist nicht nur möglich, sondern wichtig. Die tatsächlichen und derzeit messbaren Auswirkungen der globalen Erwärmung seit mehr als 100 Jahren sind das Abtauen von Gletschern und der durchschnittliche Meeresspiegelanstieg. Dürrekatastrophen, Stürme und Überflutungen treten häufiger auf als in früheren Zeiten. Das bedeutet aber zugleich, dass niemand wissen kann, welche und wie viele der Naturkatastrophen auch ohne Erderwärmung eingetreten wären.

Wenn fossile Brennstoffe verfeuert werden, dadurch Kohlendioxid entsteht und in die Atmosphäre entweicht, erwärmt sich die Atmosphäre, die Gletscher schmelzen, der Meeresspiegel steigt an. Man kann das auch als wissenschaftliche Tatsache anerkennen wie die meisten Wissenschaftler und Menschen. Es ist auf jeden Fall eines nicht, die ganze Geschichte. Man muss den Klimawandel nicht bestreiten, darf aber auch ökologische Tatsachen zur Kenntnis nehmen, die geeignet sind, das Bild der Auswirkungen zu komplettieren.

Versorgungsengpässe und soziale Not werden zweifellos auch durch witterungsbedingte Missernten ausgelöst. Warum aber wird dann das 21. Jahrhundert betont? Noch vor wenigen Jahrhunderten war es etwa so warm gewesen wie heute; es gab eine hochmittelalterliche Warmzeit zwischen 900 und 1300 n. Chr. Bereits im 11. Jahrhundert wurde in England bis zur im Norden gelegenen Grafschaft Yorkshire Wein angebaut. In vielen Gegenden der Erde lag der relative Meeresspiegel – an den jeweiligen Küsten – in der letzten Zwischeneiszeit und vor wenigen Tausend Jahren sogar schon ein bis wenige Meter höher als heute. Alte Küstenlinien lassen sich sehr leicht nachweisen. Es müssen Warmzeiten gewesen sein, in denen Smaragdeidechsen (*Lacerta viridis* agg.) es geschafft haben, aus dem Mediterranraum bis ins Oberrheingebiet und sogar bis nach Brandenburg vorzudringen, wo sie bis heute in völlig isolierten Populationen überleben.

Die Geschichte der Kulturlandschaften ist zweifellos auch eine Geschichte der Ressourcennutzung, des Energieaufwandes, des Klimas, der Bodenfruchtbarkeit und der lebendigen Natur. Die entsprechenden Erkenntnisse der Landschafts-, Kultur- und Umweltgeschichte sind gut dokumentiert. Man kam allerdings bislang sehr gut ohne das Wort »Klimakultur« aus. Die Zusammenhänge werden zum Beispiel über Begriffe wie »Dreifelderwirtschaft«, »Wanderfeldbau«, »Transhumanz«, »Hudewaldwirtschaft«, »Entstehung der Heiden durch Übernutzung der Landschaft im atlantischen Klimabereich«, »Spätfrostgefährdung von Kulturpflanzen«, »Wässerwiesen«, »Wüstungsperioden« etc. beschrieben, und es wird sehr genau dargestellt, unter welchen klimatischen Bedingungen in welchen Regionen wie gewirtschaftet wurde. Im nördlichen England zum Beispiel war es dann während der kleinen Eiszeit, etwa vom 15. bis zum 19. Jahrhundert für Weinbau viel zu kalt.

Wenn wir Bäume und Wälder pflanzen, dann nehmen diese Kohlendioxid aus der Atmosphäre auf und schwächen den Treibhauseffekt ab – Photosynthese. Diese Möglichkeit erzählt aber auch nicht die ganze Geschichte, denn Aufforstungen und Baumpflanzungen sind eine vergleichsweise ineffektive, unrealistische und daher wenig hilfreiche Möglichkeit der Reduktion von Treibhausgasen. Es ist erstaunlich, für was Bäume und Wälder alles herhalten müssen. Auf jeden Fall gibt es bessere Möglichkeiten. Sümpfe, Moore, Ackerböden, aber auch die Böden von Feuchtwäldern sind zum Beispiel hervorragende Auffanglager für organisches Material, für Humusanreicherung oder das Anwachsen von Torflagerstätten. In den entsprechenden Ökosystemen ist schon jetzt viel mehr Platz vorhanden als in der lebenden Biomasse von Baumplantagen und Wäldern, die noch nicht da sind. Aufforstungen benötigen zudem zusätzliche Flächen. Wo aber sollen die herkommen? Man müsste andere Ökosysteme umgestalten oder vernichten und bepflanzen. Doch Savannen, Grasland, Heiden, Gebüschformationen, Niedermoore, Sümpfe und andere einzigartige und biodiverse Offenlandbiotope stehen dafür nicht zur Disposition, weil sie aus Gründen der Arterhaltung und wegen der Nutzung durch Menschen nicht einfach eliminiert werden können. Vielleicht wäre es einfacher, den Raubbau an Wäldern, die es schon gibt, mit größerem politischen Druck zu unterbinden oder einzuschränken und die Dezimierung der Wälder nicht auch noch durch Kauf von Soja und anderen Produkten zu unterstützen? Es wäre zum Beispiel sehr leicht möglich, den Handel mit

Produkten, die die Waldvernichtung irgendwo auf der Erde unterstützen, europaweit zu unterbinden.

Wenn dynamische Rückkoppelungssysteme bestimmte Werte, die als »Kipppunkte« bezeichnet werden, übersteigen, dann können abrupte, chaotische, unvorhersehbare und unumkehrbare Kaskadeneffekte ausgelöst werden. Katastrophale, diskontinuierliche, irreversible Extremereignisse mit kaum abschätzbaren Auswirkungen für das gesellschaftliche Leben wären die Folge. Aussagen dieser Art können uns Sorgen bereiten. Entsprechende Publikationen werden auch aus diesem Grund gut zitiert und wahrgenommen. Man kann Kipppunkte und das anschließende Chaos nur schwerlich widerlegen, insbesondere wenn sie noch nicht überschritten sind. Dramatische Auswirkungen nach dem Überschreiten bestimmter Werte sind schon deshalb nicht zu widerlegen, weil die Prognosen aufgrund der ihnen innewohnenden Logik ja gerade nicht genau sein können. Die Existenz der Menschheit ist durch das Überschreiten von Kipppunkten allerdings nicht in Gefahr. Jedenfalls sind bislang keine wissenschaftlichen Arbeiten publiziert worden, die das seriös prognostizieren würden.

Welcher Art aber könnten überhaupt ökologische, soziale oder ökonomische Folgen von Klimaänderungen sein? Man sollte auch bei chaotischen Systemen die Frage stellen, welche möglichen Auswirkungen sie haben können und wer genau betroffen wäre. Denn auch wenn ein zuvor kontinuierliches oder kollineares System den Wechsel in eine chaotische Phase vollzieht, ist nicht gleich alles möglich. Bergbauern in den Alpen sind vom Anstieg des Meeres nicht betroffen, auch wenn der Meeresspiegel nach dem Überschreiten des Kipppunktes plötzlich sehr schnell und bis zu maximaler Höhe ansteigen würde. Nicht alle Kipppunkte sind gleich problematisch. Das ist zumindest partiell beruhigend, denn es werden ja immer mehr. Inzwischen wurde ein Kipppunkt beschrieben, nach dem das Ergrünen der Sahara die unausweichliche Folge der sich wandelnden Niederschlagsregimes sei. Wer sich bislang Sorgen wegen der Ausbreitung von Wüsten gemacht hat, muss das nicht unbedingt verkehrt finden. Für den borealen Nadelwald wurde ein Forest-Dieback nach Überschreitung des Kipppunktes prognostiziert. Man denkt dann vielleicht, dass der Wald nach einer bestimmten Temperaturerhöhung plötzlich zusammenbricht. Doch diese Waldzone wird sich wie die meisten anderen Vegetationszonen verlagern, wenn sich das Klima verändert, und der boreale Wald wird dort, wo er dann aufgrund von zu warmen Bedingungen nicht mehr existieren kann, durch den temperaten Wald ersetzt, und zwar Baumart für Baumart, Individuum für Individuum. Aber natürlich muss man auch das nicht gutheißen.

Wenn man die globalen Veränderungen nicht auf anthropogene Ursachen und klimatische Auswirkungen zu reduzieren bereit ist, läuft man dann nicht automatisch Gefahr, als Leugner des Klimawandels diffamiert zu werden?

Mittlerweile wird eine undifferenzierte Verwendung von Begriffen wie »Erderhitzung«, »Menschheitskrise«, »Klimakrise«, »Klimakiller (Teufelsgas)« oder »Forest-Dieback« insbesondere von fachökologischer Seite kritisiert, weil die Begriffe den Sachverhalt nicht angemessen beschreiben. Dabei wird auch die Frage aufgeworfen, ob der Landnutzungswandel den Klimawandel verstärkt, ob die schleichenden Temperatur- und Niederschlagsbedingungen die ökologische Krise verstärken oder ob beide Aspekte gleichermaßen wirken. Es wird insbesondere bemängelt, dass die ausschließliche Betrachtung von Klimawandel und alternativen Energien einer differenzierteren Betrachtung der Probleme in den Ökosystemen kaum Raum lässt. Warum sollte es überhaupt wichtig sein, Ökosysteme und Ökosystemdienstleistungen zu betrachten? Wo sind die größten und einschneidendsten Einbußen der Lebensqualität in Zukunft zu erwarten? Welche Rolle wird dabei der Klimawandel spielen? Gibt es eventuell direktere und gravierendere Auswirkungen in der Umwelt als Extremwetterereignisse? Für welche Vorgänge sind Menschen selbst verantwortlich, welche der übelsten Einflüsse auf die Umwelt kann der Mensch zurückfahren?

Es gibt gute Gründe dafür, Facetten der Humanökologie und Landnutzung auszuleuchten und zu benennen. Ein Grund diese Dinge zu benennen besteht darin, der Komplexität ökosystemarer Bezüge näherzukommen, um das Ausmaß möglicher Reboundeffekte menschlicher Rücksichtslosigkeit besser einschätzen zu können als bisher. Ein wichtiger Grund ist aber auch, dass mögliche Umweltschäden, die durch übereifrige und wenig durchdachte Entscheidungen ausgelöst werden, vielleicht noch zu vermeiden sind. Und deshalb muss über die Bedeutung von Ökosystemen, die Veränderungen in der Landnutzung und über die Natur gesprochen werden.

> »Entschuldigung, habe ich Natur gesagt? So nennen wir das jetzt nicht mehr. Es heißt jetzt Naturkapital. Ökologische Prozesse heißen jetzt Ökosystemdienstleistungen, weil sie tatsächlich dafür da sind, uns zu dienen. Berge, Wälder, Flüsse; das sind schrecklich überholte Ausdrücke. Sie werden nun mit dem Begriff grüne Infrastruktur überschrieben. Biodiversität und Lebensräume? Vergangenheit, meine Güte. Es handelt sich um Kapitalanlagen. Ich will das gar nicht abtun. Das sind einfach die Begriffe, die wir heutzutage dafür benutzen.«
>
> Eigene Übersetzung von George Monbiot: Put a price on nature? We must stop this neoliberal road to ruin. The failure of the markets hasn't stopped the rise of the gobbledygook-filled Nature Capital Agenda; *The Guardian*, 24. Juli 2014.

Welche Ökosysteme sind durch welche Maßnahmen besonders betroffen? Natürlich ist es auch wichtig, einschätzen zu können, welche Auswirkungen zu befürchten sind, wenn Kipppunkte erreicht oder überschritten werden. Die Antwort, dass es dann chaotisch wird, reicht allerdings nicht aus. Was heißt chaotisch jenseits der Kipppunkte? Wer ist betroffen? Sind alte und junge Menschen gleichermaßen betroffen, bestimmte Pflanzen, Säugetiere, Honigbienen, die Insekten im Allgemeinen oder vielleicht sogar ganze Ökosysteme? Was machen die Kipppunkte mit den bedrohten Arten und den Menschen?

Die immer wieder gebetsmühlenartig verwendeten Ausdrücke »Menschheitskatastrophe«, »Jahrhundert« und »global« sind ein Mittel, um mögliche Szenarien zu bekräftigen, um zu warnen und um Aufmerksamkeit zu erzeugen. »Menschheitskatastrophe« bedeutet, dass alle betroffen sind. Der Hinweis auf das 21. Jahrhundert bedeutet, dass mindestens alle jetzt lebenden und die folgenden Generationen betroffen sind. Niemand wird sich zudem globalen Veränderungen entziehen können. Die Kombination dieser Ausdrücke zur größten globalen Menschheitskatastrophe des Jahrhunderts ist mehr, sie ist unlauter, weil sie sehr viele Möglichkeiten ignoriert und das Spektrum bestimmter Umweltauswirkungen in hegemonialer Weise bündelt.

Das größte Umweltproblem der Menschen war stets, ist und wird nach dem Gesetz der Serie die Quantität und Qualität des Wassers sein – jedenfalls gemessen an der Mortalitätsrate, Einbuße an Lebensqualität, an den unerwünschten Effekten in Bezug auf das soziale und kulturelle Leben. Natürlich hängen die Wasserprobleme auch mit dem Klima zusammen, wenigstens teilweise. Aber auch hier sollte man Ursache und Wirkung nicht verwechseln. Die allermeisten Umweltprobleme des Wassers und in den Gewässern werden von Menschen verursacht. Die Geschichte der Nutzung des Trink-, Ab- und Brauchwassers ist eng verknüpft mit der Gesundheit, dem Durchschnittsalter und dem sozialen Leben von Menschen in den jeweiligen Regionen.

Für die Ökosysteme und ihre sich dynamisch wandelnden Funktionen, Nahrungsnetze und Biodiversität sind Menschen das größte Problem. Veränderte Landnutzung, Landwirtschaft, Forstwirtschaft, Fischerei, Aquakulturen, krebsgeschwürartiges Ausgreifen der Städte und Siedlungen, von Beton und Asphalt in die Landschaft, Bergbau, die Ausbeutung von Ressourcen, der Einsatz von chemischen Stoffen und die Produktion von Müll, sie zerstören und verändern die Systeme dramatisch. Besonders alarmierend ist jedoch, dass die ökosystemaren Prozesse und Nahrungssysteme geschwächt werden, von denen wir direkt – und das heißt auch physisch und ökonomisch – abhängig sind.

Das Wachstum der Weltbevölkerung und das steigende Lebensalter kann man als Erfolgsgeschichte der Menschheit interpretieren, für die Biodiversität und Ökosysteme sind menschliche Aktivitäten in den Ökosystemen summa summarum eine kontinuierlich wachsende Katastrophe.

Das Verlangen einer wachsenden Weltbevölkerung nach Ressourcen ist offensichtlich nur durch die zunehmende Ausbeutung und Bereitstellung von Ressourcen zu befriedigen. Und wenn Menschen nicht in der Lage sind, das Problem an der Wurzel zu packen, sollte man vielleicht über andere Möglichkeiten der Schadensbegrenzung nachdenken. Auswirkungen auf die Biosphäre, Pedosphäre und Hydrosphäre werden vielfach zunächst nur symptomatisch zu behandeln sein. Allerdings werden auch Krankheiten teilweise sehr erfolgreich über die Einflussnahme auf Symptome und die Einnahme von Medikamenten in Schach gehalten.

Die Menschheit ist derzeit mitnichten existenziell bedroht. Auf der Roten Liste der IUCN stehen dagegen immer mehr andere Arten und Ökosysteme. Die Menschheit ist durch die wachsende Problematik des Artensterbens zur Zeit offensichtlich noch nicht stark betroffen, solange die Ökosysteme noch einigermaßen funktionieren. Das hat auch etwas Beruhigendes. Aber natürlich stellt sich auch die Frage, ob soziale und kulturelle Probleme in einer ersten Phase und massive ökonomische und gesundheitliche Rückschläge in Phase zwei und drei irgendwann damit einhergehen könnten?

Ökosysteme funktionieren nur, solange die trophischen Ebenen der Nahrungsnetze gut aufeinander abgestimmt sind, die wiederum durch Biodiversität verknüpft sind. Strukturveränderungen, chemische Substanzen und Veränderungen in der Nutzung bewirken eine Schwächung der Ökosysteme durch Reduktion der biologischen Vielfalt innerhalb der Systeme. Und wenn die natürlichen und halbnatürlichen Lebensräume weiter dezimiert und fragmentiert werden, die biologische Vielfalt weiterhin so in Mitleidenschaft gezogen wird und die Nahrungsnetze immer größere Löcher aufweist, werden wir unweigerlich ärmer – mit und ohne Reboundeffekte. Das wenigstens ist nachweisbar. Und natürlich können witterungsbedingte Extremereignisse die ökologischen Probleme und den evolutionären Engpass noch verstärken.

Der Zeitraum von 2018 bis 2020 war eine Phase der Trockenheit infolge des Klimawandels. Land- und Forstwirte haben sich entsprechend zu Wort gemeldet und staatliche Unterstützung für Einbrüche in der Produktion gefordert. Doch was genau hat sich wie ausgewirkt?

2019 war in Deutschland kein besonders trockenes Jahr gewesen, auch wenn es überall nachzulesen ist und das Jahr als zweites Trockenjahr nach 2018 in Folge in die Geschichte eingehen dürfte, allein weil es so unglaublich oft vermeldet wurde. Der Jahresniederschlag lag mit 735 Millimetern nur circa 50 Millimeter niedriger als der Durchschnitt der letzten Jahrzehnte und damit ziemlich genau im Bereich des Durchschnitts der Jahre 1881 bis 1920 (741 Millimeter). Bei diesem ausgesprochen kühlen Zeitfenster um die vorletzte Jahrhundertwende handelt es sich immerhin um den Abschnitt, welcher im Zusammenhang mit der globalen Erwärmung auch von wissenschaftlicher Seite hartnäckig und willkürlich als klimatisch wünschenswerter oder unbedenklicher Referenzzeitraum vor Beginn der anthropogenen Erderwärmung angeführt wird. In den Jahren um 1881 lag die Temperatur in Deutschland etwa 2,1 Grad niedriger als 2020 und die Niederschläge waren um 66 Millimeter pro Jahr geringer gewesen; damals lagen sie bei 723, heute bei 789 Millimeter pro Jahr (Werte der ganzrationalen Trendlinie). Wie hätten wir das Klima denn gern heutzutage, so kühl wie damals aber niederschlagsreicher?

Warme und niederschlagsreiche Jahre mit kurzen Trockenperioden vor der Getreideernte sind für gute Erträge in unseren Breiten günstig, und man darf vermuten, dass Landwirte sich die klimatischen Verhältnisse von damals nicht unbedingt wünschen würden.

Im Jahr 2019 führten Land- und Forstwirte massive Ernteeinbußen und Schäden an Bäumen auf die Trockenheit wie auch schon im Jahr 2018 zurück. Einbußen gab es allerdings nur mit Blick auf klar definierte Erwartungshorizonte. Eine Einbuße ist relativ. 2019 lagen sowohl die Holzernte als auch die Getreide- und Obsternte im Rahmen der langjährigen Entwicklung und weit oberhalb aller Resultate, die in Deutschland jemals vor 1980 erzielt werden konnten. Die Obsternte war 2019 durchschnittlich bis gut gewesen, aber nicht mehr so herausragend wie im Jahr 2018, welches tatsächlich ein ausgesprochen trockenes Jahr gewesen ist (586 Millimeter).

Das Jahr 2020 wurde dann von Forstwirten, Landwirten und den Medien sogleich zum dritten Trockenjahr in Folge erklärt, zweifellos verursacht durch den Klimawandel. Der Niederschlag lag in diesem Jahr bei 705 Millimetern und damit tatsächlich fast zehn Prozent unter dem Durchschnitt der vergangenen 140 Jahre (770 Millimeter) – wie schon in den Jahren 1881, 1883, 1887, 1892, 1893, 1904, 1907, 1908, 1911, 1920, 1921, 1929, 1933, 1934, 1942, 1943, 1947, 1949, 1953, 1959, 1963, 1964, 1971, 1972, 1975, 1976, 1989, 1991, 1996, 2003 und 2018.

Besonders die anhaltende Trockenheit von Ackerböden und Absenkung der Grundwasserspiegel wurden immer wieder als Beleg für massive Auswirkungen der dreijährigen Trockenperiode angeführt, selbst in den Abendnachrichten. Es wurden überwiegend blutrot eingefärbte Landkarten gezeigt, um die klimatisch bedingte Trockenheit der Böden zu veranschaulichen.

Allerdings wurde dabei fast nie erwähnt, dass Grundwasserabsenkungen und Trockenheit im Oberboden vielfach hausgemacht sind, in der Vergangenheit durchaus erwünscht waren oder zumindest in Kauf genommen wurden – zwecks Gewinnung von Ackerland, zur Steigerung der Produktivität, infolge von Entwässerungsmaßnahmen, Humuszehrung und auch wegen moderner Möglichkeiten der Feldberegnung. Es ist aufwendig, alte Entwässerungssysteme in Schutzgebieten rückgängig zu machen, und es dauert häufig sehr lange, bis die Böden wieder vernässt sind.

Die auf den Zusammenhang von Klima, Energie und Mensch eingeschränkte Sichtweise wird dem Anspruch nicht genügen können, die bereits jetzt virulenten Umweltprobleme auch nur annähernd überblicken und entsprechend handeln zu können. Prognosen zu den konkreten Auswirkungen des Klimawandels bedürfen einer stärkeren Unterfütterung mit empirischen Daten der Ökosystemforschung und entsprechenden Auswirkungen der Landnutzung. Der Klimaalarm ist keinesfalls zu laut, aber er muss sich vorwerfen lassen, zu eng angelegt zu sein. Eine umfassende Beurteilung ökologischer Prozesse ist dringend geboten, um die tatsächlichen Auswirkungen besser einschätzen zu können. Klima und Ökologie müssen gleichermaßen und in Kombination analysiert werden. Effekte wie der Meeresspiegelanstieg, Missernten oder Waldbrände sind Wirkungen von Ökosystemfunktionen, die zweifellos *auch* mit den klimatischen Verhältnissen zusammenhängen.

7.7 Sprache, Kommunikation und Political Correctness

Sprache ist das Ergebnis der biologischen Individualentwicklung (Neurobiologie, Natur) im Kontext der Einflüsse von außen (Kultur, Umwelt). Neurobiologische Prozesse ermöglichen und kontrollieren die individuelle Sprachentwicklung und damit die Kommunikation. Die Kommunikation selbst ist eine sehr komplexe Angelegenheit aus persönlicher Prädisposition aller Beteiligten, Informationsübertragung, Strategien und Ästhetik. Dabei stellt sich auch die Frage, wie Sprache selbst auf die Wahrnehmung der Umwelt und das Umwelthandeln Einfluss nimmt. Dieser Aspekt beleuchtet das Verhältnis von evolutionärem Erbe, Ökologie sowie Kultur und Kommunikation. Insofern ist das Verständnis von Sprache durchaus nicht nur eine Angelegenheit der Sprach- und Gesellschaftswissenschaften, sondern zugleich der Evolutionsforschung, Neurobiologie and angewandten Ökologie.

Der menschlichen Sprache analoge Kommunikationssysteme finden sich bei einigen hoch entwickelten Primaten und Meeressäugern. Von diesen wird zum Teil angenommen, dass sie in der Lage sind, sich auch konzeptionell miteinander zu verständigen. Und selbst Hunde, Katzen und große Vögel können die operationale Bedeutung von gesprochenen Wörtern lernen und sich Anweisungen entsprechend verhalten, auch wenn sie uns nicht direkt mit differenzierten Lautäußerungen antworten können. Viele Vogelarten und Säuger können überaus menschliche Gefühle auf ihre Weise zum Ausdruck bringen – unbändige Freude, schlechtes Gewissen, Befremden, Wut. Die Behauptung, dass Tiere lediglich instinktiv handeln und reagieren, wird Hundebesitzer angesichts der Persönlichkeit ihrer Mitbewohner kaum überzeugen können.

Die Sprachanalyse beschäftigt sich mit Sprache als Spiegel sozialer und kultureller Bedingungen, während die Psycholinguistik den engen Zusammenhang von charakteristischen Phasen der Sprachentwicklung und Neurobiologie in den Fokus nimmt.

Sie ermöglicht Kommunikation nicht nur über Begriffsinhalte, sondern auch durch die Art und Weise, in der bestimmte Aspekte betont werden. Der Sprachästhetik kommt in diesem Zusammenhang eine besondere Bedeutung zu. Als »Morpheme« werden die kleinsten bedeutungstragenden Einheiten bezeichnet, in aller Regel also einzelne Wörter oder Wortbestandteile. Darüber hinaus sind die Melodie und das Rauschen, der Gebrauch von innovativen und redundanten Elementen in der Kommunikation wie in der Musik oder Statistik bedeutsam. Es gibt Sprache, die uns einschläfert, es gibt schrille Laute, und es gibt Menschen, die brüllen. Das kann sehr überzeugend wirken oder uns deutlich vor Augen führen, dass etwas so nicht richtig ist. Die Sprachrezeption hängt nicht nur von den vermittelten Inhalten ab, sondern von der kommunikativen Atmosphäre, Umwelt und den

Erwartungen der Empfänger insgesamt. Rhetorik ist die Wissenschaft von der Kunst der Überzeugung. Die meisten Empfehlungen in Gesprächen zwischen Käufern und Verkäufern sind solche der inhaltlichen Argumentation, Verkaufsargumente. Von diesen wiederum sind die Qualität der Produkte und Preise die vermeintlich überzeugendsten. Die generelle Bedeutung der Atmosphäre, Farbzusammenstellung und Raumtemperatur während der Verkaufsgespräche, der Wert der Ästhetik inklusive der Gerüche in den Verkaufsräumen werden mittlerweile aber auch nicht mehr infrage gestellt und professionell eingesetzt.

Im Zusammenhang mit der Umwelt ist darüber hinaus zu fragen, in welcher Weise Sprache auf unsere Wahrnehmung Einfluss nimmt und dadurch bestimmte Aspekte stärker und andere weniger intensiv wahrgenommen oder sogar ausgeblendet werden. Sprache wird auf diese Weise selbst zum Motor der Interaktion mit der Umwelt. Durch Sprache vermittelte Überzeugungen können soweit gehen, dass Offensichtliches abgestritten wird. Es soll immer noch Menschen geben, die die Evolution, die Kugelform der Erde oder den Holocaust bestreiten. Das kann man als problematisch ansehen, als Beispiele aus dem diskursiven Kuriositätenkabinett oder beides.

Obskurantismus und Verschwörungstheorien sind allerdings meistens nicht das Ergebnis von Ignoranz, sondern im Gegenteil von auf Grundlage rhetorischer Figuren und den Möglichkeiten psycholinguistischer Rezeption und Ausdeutung in überzeugender Weise vorgetragenen Argumenten Gleichgesinnter. Menschen mit den anscheinend abstrusesten Überzeugungen sind häufig sehr wohl in der Lage, gut zuzuhören und auf Gegenargumente einzugehen.

Muttersprachler des Englischen und des Deutschen nehmen Bewegungen unterschiedlich wahr. Diese Erkenntnis wird damit begründet, dass Verlauf und Ziel der Bewegung in der englischen Grammatik ähnlich gewichtet werden, während im Deutschen der Endpunkt betont wird.

Political Correctness im eigentlichen Wortsinn gibt es nicht. Als starres Konzept kann es sie nicht geben, und sie sollte als moralische Leitfigur am besten in enge Schranken gewiesen werden, auch wenn wir uns besonders im deutschsprachigen Raum immer wieder ausgesprochen intensiv darum bemühen, bloß nichts falsch zu machen. Es bringt aber auch wirklich keinen Spaß, wenn man nur verlieren kann. Wer sich sklavisch um politische Korrektheit bemüht, wird auf Dauer den Tritt ins Fettnäpfchen nicht vermeiden können.

Dies soll im Folgenden auch unter Einsatz fragwürdiger Grenzüberschreitungen verdeutlicht werden.

Menschen unterschiedlicher Kulturen und mit verschiedenen Sprachen nehmen ihre Umwelt unterschiedlich wahr. Begriffe, Redewendungen und Sprache einschließlich der ästhetischen Aspekte von Sprache sind ein recht gutes Abbild der Verflechtungen, Verwirrungen und Verirrungen, der Irrationalismen in einer angeblich durch und durch logisch und streng rational ablaufenden Welt, auch wenn die Begriffe immer ein wenig hinterherhinken und gleichzeitig vorwegpreschen. Worte und Darstellungen von Zusammenhängen können vernünftig sein, sie können präzise sein und dennoch ungehört bleiben, wirkungslos verpuffen, falsch verstanden werden oder auch ungewollt beleidigend sein. Sie können einen Shitstorm und sogar einen Krieg auslösen; sie sind gleichzeitig rational und irrational. Ob und wie sie wirken, kann man vorher nie ganz genau einschätzen. Selbst die übelsten Beleidigungen können schallendes Gelächter hervorrufen. Worte folgen der Vita activa und eilen ihr voraus. Sie verbinden die Vita contemplativa mit dem Geschehen. Dabei ist nicht einmal klar, ob die rationalen Anteile nicht geradezu ins Verderben führen, während die irrationalen die Welt retten könnten. Benötigen wir wirklich ein vielfältigeres Klimavokabular der Zukunftsdiskurse?

Wenn das alltägliche Vokabular von Begriffen wie »Konjunkturschwankungen«, »Wachstumsblasen« und »Investmentkommandos« beherrscht wird, dann ist dies ein Indiz für die Macht und übergriffige Vernetztheit wirtschaftlichen Gebarens. Wenn ökonomische, neoliberale und militaristische Vokabeln sich verbünden und in alle anderen Lebensbereiche ausstrahlen, wie sehr beeinflussen diese dann unser Denken und Handeln, oder umgekehrt? Ist es wichtig, dem Digitech-Geschwurbel, Behördendeutsch und Singsang modischer Begriffe ein alternatives Narrativ für die Natur und Umwelt der Zukunft zu bieten oder sollte ein derartiger Sprech proaktiv verwendet werden, damit Ökonomen und die ihnen verpflichteten Politiker dann leichter zu überzeugen sind?

Wenn allgemeine Begriffe, deren Ästhetik gerade in ihrer Unbekümmertheit liegt, zu bestimmten Rechtsbegriffen ausgedeutet und dadurch im Sinne einer angeblich freien Ökonomie festgezurrt werden, wäre es dann nicht an der Zeit, ein wenig dagegen anarbeiten und mitreden zu wollen?

In den 1970er-Jahren machte die orthodoxe Nomenklatur der vereinigten Gegner von Atomkraftwerken ihre Anhängerschaft darauf aufmerksam, dass der Begriff »Kernkraft« verharmlosend wirke. Es wurde angeraten, besser den Ausdruck »Atomkraft« zu verwenden, da dieser im Gegensatz zur Kernkraft die Bedrohung deutlicher herausstellen und nicht so sehr nach Apfelkernen klingen würde. Die Erderwärmung wird heutzutage auch gern als »Erderhitzung« bezeichnet, um den Klimawandel als ernst zu nehmendes Problem zu befeuern. Welcher Ausdruck der beiden Begriffspaare die objektive Situation oder die persönliche Betroffenheit besser beschreibt oder sich im Sinne eigener Überzeugungen strategisch besser eignet, mag jede Person für sich selbst beurteilen.

Begriffe wie »Harmonisierung« (wollen wir alle), »Grundsatz der Verhältnismäßigkeit« (um Rechte einzuschränken), »Sozialtourismus« (Migration), »Teufelsgas« oder »Klimakiller« (Kohlendioxid), »Klimaflüchtlinge« (gibt es die wirklich?), »Leitkultur« (sonntags keine Garagentore schleifen?), »strukturelle Ungerechtigkeit« (schwer zu widerlegen), »Alternativlosigkeit« (Gegenargumente abbügeln) werden immer wieder strategisch, politisch diffamierend oder euphemistisch eingesetzt. Umso lohnenswerter kann es sein, sich auch von Begriffen oder logischer Argumentation nicht übertölpeln zu lassen und Nein zu sagen.

Begriffe verantwortungsvoll zu verwenden, um Missverständnisse zu vermeiden, ist sicherlich ein honoriges Unterfangen. Mit dem Schlagwort der politischen Korrektheit werden entsprechende Bemühungen in der öffentlichen Diskussion und Meinungsbildung überschrieben. Vom Grundsatz her soll Political Correctness der Gleichberechtigung dienen. Gleichzeitig beeinträchtigt sie das Diskussionsklima, indem die Sensibilitätsschwelle für andere Meinungen erheblich abgesenkt wird. Bilder oder Gedichte werden als sexistisch oder antisemitisch bezeichnet – Verunglimpfung im Namen der Korrektheit. Ein nicht lösbares Problem ist der immerwährende Konflikt zwischen der Tatsache, dass es einerseits keine unschuldige Sprache gibt, weil Begriffe kein neutrales Agens sein können, und dem Anspruch, die eigentliche Bedeutung von Begriffen unmittelbar verteidigen zu müssen und entsprechend aufklären zu dürfen. *Eigentlichkeit* kann auch ein Problem sein.

Den Ausdruck »Schwarzfahren« sollen wir nicht mehr benutzen, da man eine illegale Tätigkeit mit der Hautfarbe von Menschen assoziieren könne und der Ausdruck deshalb rassistisch sei. Inzwischen ist auch der Ausdruck »Farbige« oder »Colored People« für dunkelhäutige Menschen in den USA nicht mehr angesagt. Selbige möchten nun als »African Americans« bezeichnet werden. »Black people« soll angeblich auch in Ordnung sein, jedenfalls in den USA.

»African Americans« oder »black people« ist aber zumindest für den größten Teil der dunkelhäutigen Menschen nicht korrekt, da viele von ihnen – wie der größte Teil der Menschheit – Vorfahren in allen möglichen Erdteilen hat, Präsident 44 zum Beispiel in Afrika, Irland, Großbritannien und Deutschland. Und wenn man die dunkelhäutigen Menschen in den USA einmal mit den dunkelhäutigen Leuten in Haiti oder Teilen Afrikas vergleicht, dann kann man – hoffentlich politisch korrekt – feststellen, dass die Leute in den USA meist eine deutlich hellere Haut haben, dann aber doch wieder nicht asiatisch hellgelb, schal beige, elfenbeinfarben oder rötlich sind wie Zugereiste aus Japan oder Ureinwohner aus Irland. Als Kamala Harris in den USA und auch bei uns als erste *schwarze* Vizepräsidentin der USA vorgestellt wurde, durfte man sich wundern. Neben Joe Biden war überhaupt kein Unterschied in der Farbe der Haut zu erkennen. Wenn das, was über sie in den Medien gesagt wurde, korrekt wäre, dann war Präsident 45 ein Farbiger, orangefarben.

Darüber hinaus beanspruche ich für mich die Farbe mit dem offiziellen Kürzel FOC27E, etwa *kieferstammgraubeige*, im Sommer nicht ganz so blass. Ich möchte auch nicht mehr als »alter weißer Mann« bezeichnet werden, zum einen, weil es politisch nicht korrekt wäre, zum zweiten, weil es einen negativen Touch hat, und zum dritten, weil die Farbenlehre es einfach nicht hergibt.

Umfassend korrekt für die meisten Menschen mit ein wenig dunklerer Haut als der Durchschnitt der Bleichgesichter in den USA wäre derzeit »African European Americans«. Kamala Harris jedenfalls wurde von Wikipedia als »Afroamerikanerin und asiatische Amerikanerin« mit Eltern aus Indien und Jamaika vorgestellt. Bis zu diesem Zeitpunkt war allgemein nicht bekannt gewesen, dass der Inselstaat Jamaika zu Afrika gehört – *Jamaica me crazy.* Kamala Harris, eine Schwarze, *People of Color*? Erstaunlich.

Die Vorfahren der Menschheit insgesamt lebten in Afrika und Vorderasien, wenn man nur weit genug zurückgeht. Da kommen wir nämlich alle her. Und die genetischen Unterschiede zwischen den Bevölkerungsgruppen dieser Erde sind ziemlich gering. Es gibt Japaner, die genetisch weiter voneinander entfernt sind als der durchschnittliche Neapolitaner und eine gebürtige Sizilianerin. Das lässt sich mit gentechnischen Methoden mittlerweile leicht feststellen. Die meisten Menschen Europas wären entsprechend als »African-Europeans«, »Afropäer«, »Bleichgesichter« oder auch »käsgesichtige, rundrückige Langnasen« zu bezeichnen; das kann politisch noch nicht als unkorrekt verurteilt werden, da diese Beschreibung gerade jetzt in diesem Satz ihre Uraufführung hatte. Aber natürlich sollte man sich immer die Frage stellen dürfen, ob die Hautfarbe oder andere Äußerlichkeiten im jeweiligen Kontext überhaupt thematisiert werden müssen.

Es geht auch eine Nummer kleiner. Es ist nicht angesagt, jungen Damen oder Kanzlerinnen spontan und jovial einen Arm um die Schulter zu legen – auch nicht, wenn der Herr Präsident 43 sie schon häufiger mal getroffen hat. Sowieso, das ganze öffentliche Gehabe von Männern und Frauen, oder etwas blümeranter, von pausierenden Kanalarbeitern und geschäftig vorbeispazierenden Damen, das ist sehr speziell.

Es galt im 20. Jahrhundert als unanständig, Frauen hinterherzuflöten. Ich kann mich an den Doppelpfiff noch genau erinnern. Er klang etwa wie der Ruf von Karmingimpeln (*Carpodacus erythrinus*): »Nice to meet you.« Mittlerweile scheint sich die Ansicht dazu ein wenig zu drehen, weil niemand gern *unsichtbar* sein möchte. Es gilt nicht mehr grundsätzlich als taktlos, postklimakterische Frauen offenherzig anzulächeln. Sie fühlen sich dann *wahrgenommen* und geschmeichelt.

Der Knigge war gegenüber den ungeschriebenen Gesetzen der Political Correctness, wie sie heutzutage beachtet werden müssen, eine Sammlung von Verhaltensregeln für Bauernlümmel.

»Entwickelte Länder« und »sich entwickelnde Länder« – muss es in der Sekunde korrekt heißen. Der Ausdruck »Entwicklungsländer« ist politisch nicht mehr korrekt, da zu wenig betont wird, dass diese Länder sich von allein, aus sich heraus, autonom entwickeln, natürlich mit Unterstützung von außen, das wäre nur gerecht, Hilfe zur Selbsthilfe, na gut. Und doch spricht die Annahme, dass es Länder geben könnte, die für sich in Anspruch nehmen auch nur annähernd entwickelt zu sein, für eine sehr überhebliche Sicht der Dinge. Ja, der Ausdruck »entwickelte Länder« zeitigt postkoloniale Überheblichkeit und sollte schleunigst auf die Liste der politisch vollkommen inakzeptablen Begriffe gesetzt werden.

Die niederländische Schriftstellerin und Übersetzerin Rijneveld hatte auf die Übersetzung des viel beachteten Gedichts, welches Amanda Gorman 2021 zur Amtseinführung von Joe Biden vorgetragen hatte, verzichtet, weil die Frage von einer schwarzen Niederländerin aufgeworfen worden war, ob eine weiße Übersetzerin, die unter ganz anderen Bedingungen sozialisiert wurde, dazu überhaupt in der Lage beziehungsweise autorisiert wäre. Nun gibt es zwar ähnliche und unähnliche Muster der Sozialisation, vollkommen gleich aber können sie nicht sein. Und deshalb schließt sich die Frage an, ob andere Menschen aus anderen Gegenden der Erde mit einem anderen Erfahrungshintergrund als Amanda Gorman überhaupt in der Lage sind, so ein Gedicht erfassen oder verstehen zu können? Denn das ist natürlich auch die Voraussetzung für eine vernünftige Übersetzung. Es gibt diverse deutschsprachige Übersetzungen dieses Gedichts, von Frauen, Feministinnen, im Teamwork erarbeitete und von Verlagen autorisierte Versionen – bloß nichts falsch machen. Da müssen trotz anderweitiger Erfahrungen Leute über ihren eigenen Schatten gesprungen sein und dieses Gedicht ins Deutsche übersetzt haben. Man kann das mutig oder unangenehm finden. Darf man versuchen, Aristoteles zu begreifen, wenn man nicht im antiken Griechenland aufgewachsen ist? Oder ist die Frage bereits eine Spitze gegen eine schwarze Niederländerin?

Es gab unendlich viel Lob für dieses großartige, berührende Gedicht, von Ex-Präsidenten unterschiedlicher Hautfarbe, Politikern und Menschenrechtsaktivistinnen gleichermaßen, alle mit unterschiedlichem Background. Hier einige Zeilen, selbstverständlich im Original und somit unverfälscht, aber aus dem Zusammenhang gerissen:

»Scripture tells us to envision
that everyone shall sit under their own vine and fig tree
And no one shall make them afraid
If we're to live up to our own time
Then victory won't lie in the blade
But in all the bridges we've made
That is the promised glade
The hill we climb
If only we dare
It's because being American is more than a pride we inherit,
it's the past we step into
and how we repair it«

Da dieser Amtswechsel insbesondere aus diverskultureller Sicht in Europa fast einer Erlösung gleichkam, wurde natürlich auch erwartet, dass man nicht gleich wieder superkritisch schon mit den Aufführungen während einer Feier umgehen würde. Manchmal kommt eine inhaltliche Debatte im Sinne der Political Correctness nur schleppend in Gang. Es wird dann Toleranz besonders in eine bestimmte Richtung erwartet. Darf man sich unter diesen Bedingungen dann auch noch aus anderweitig sozialisierter Perspektive positionieren? Und dann auch noch zu dem persönlichen Urteil gelangen, dass es der Situation vollkommen angemessen, protzig, nationalistisch und in etwas hilfloser Weise konturlos ins Große verdichtet erscheint? Dass es nicht weniger als den »American Dream«, Obamas »Yes, we can«, das »America first« von Präsident 45 und Merkels »Wir schaffen das« zum Ausdruck bringt? Bedenken neben dem Bemühen um Einheit in Vollkommenheit, das Kleine neben dem letzten Schliff, Zögerlichkeit und Zweifel neben der Furchtlosigkeit, Muße und Bescheidenheit im Angesicht des Wunsches nach Stärke und Wirkmächtigkeit, die Welt da draußen, sie alle waren nicht zentral und man hat das im Sinne der künstlerischen Freiheit zu akzeptieren.

Künstlerische Freiheit umfasst jedoch nicht nur das Kunstwerk, sondern auch die Möglichkeiten der Annäherung, die unterschiedlichen Sichtweisen und Übersetzungen. Und bevor wir wieder beginnen, Kunstwerke, ihre Interpretationen oder Übersetzungen zu verunglimpfen oder auszusortieren, sollte das Verhältnis von politischer Korrektheit und künstlerischer Freiheit geklärt werden.

Studenten heißen nunmehr »Studierende« um den Krampf mit dem angehängten »Innen« zu umgehen. Außerdem haben Feministinnen das Binnen-I längst als Penissymbol enttarnt. Es wird deshalb vermehrt und nach einem Sternchen wieder klein geschrieben, damit der aufrechte Penis mitten im Wort nicht alles überragt und deutlich wird, dass es auch noch andere als das weibliche und männliche Geschlecht gibt. Ein Beispiel für die derzeit angesagte Ausdrucksweise wäre nicht »Ministerpräsident*innen«, sondern »Minister*innenpräsident*innen« mit zwei Pausen beim Sprechen, dort wo die Sternchen stehen. Gemeint sind die Regierungschefinnen und -chefs von Bund und Ländern, die nicht nur Ministern vorstehen, sondern auch Personen weiterer Geschlechter.

Max Goldt soll – zurück zu den Studierenden – darauf hingewiesen haben, dass eine Studentin, die gestorben ist, mit Sicherheit kurz vor ihrem Tod keine »sterbende Studierende« gewesen ist. Man kann nicht gleichzeitig studieren und sterben.

Und wieso gibt es überhaupt noch Juden, Fußballspielerinnen und Friseure? Geht das nicht zu weit? Reduzieren wir diese Menschen nicht allzu sehr auf ihre religiöse Zugehörigkeit, auf ein Hobby oder ihre berufliche Tätigkeit? Sind diese Menschen nicht in Wirklichkeit unglaublich viel mehr, facettenreicher, vielseitiger, kompetenter, kreativer, wunderbarer, jede, jeder und jedes – es gibt nur drei Geschlechter in der deutschen Sprache – für sich genommen ein einmaliges Geschöpf?

Zum Glück mehren sich auch kritische Stimmen von unverdächtiger Seite (zum Beispiel Rainer Paris 2008):

»Wir befinden uns also in schwerer See. Ja, schon die Tatsache, daß hier jedes Wort übergenau gewogen und abgewogen werden muß, ist selbst ein empirisches Datum: Indiz für die Umstelltheit von Prangern, die jedwede Unbefangenheit blockieren und nicht nur dem Soziologen das Leben schwer machen.«

Die Political Correctness ist durchaus in der Lage, Spaß und Spontaneität zu blockieren. Und in der Zuspitzung verkehrt sich die Political Correctness manchmal in ihr Gegenteil. Das Misstrauen, welches der niederländischen Übersetzerin allein aufgrund ihres Backgrounds unabhängig von ihrer Kompetenz offen entgegengebracht wurde, kann man durchaus als ethnografisch motiviertes Misstrauen oder als Othering betrachten.

Sprache beeinflusst unsere Wahrnehmung. Für unsere Wahrnehmung der Umwelt sind auch Prägungen, persönliche Überzeugungen und Mehrheitsmeinungen bedeutsam. Wer hat wann etwas wie gesagt und gemeint?

Political Correctness schafft eine Metaebene der Verständigung und des Verhaltens, Distanz und eine ganz eigene Wirklichkeit, einem digital nachbearbeiteten Foto analog.

Und wenn eine Meta-Correctness dazu führt, dass der normierte Sprech sich von der Realität entfernt, hat dies sicherlich auch Auswirkungen auf unser Verständnis komplexer Zusammenhänge. Auf den unappetitlichen Umgang mit den Hautfarben, Rassen und Ethnien könnte man in diesem Sinne zum Beispiel ganz einfach komplett verzichten.

Black lives matter?

Lives matter.

Mit Sprache kann man viele Dinge bezwecken. Sprache ist Macht und Ohnmacht zugleich. Symbole, Texte und Sprache können eingesetzt werden, um Geld zu verdienen, um Zwietracht zu säen, um zu vermitteln und zu überzeugen. Es gibt viele andere gute Gründe für die Verwendung von Sprache. Fast überall, wo herzhaft gelacht wird, wurde vorher gesprochen oder ein Clown ist über seine eigenen Füße gestolpert. Aber das ist natürlich auch Sprache, Körpersprache. Auf jeden Fall lohnt es sich nicht nur zu wissen, wovon die Rede ist, sondern auch einschätzen zu können, zu welchem Zweck

Texte, Dokumente oder harmlose Schriften entstanden sind. Wenn man an einer öffentlichen Anstalt regelmäßig unverständliche Formulare ausfüllen muss, dann liegt das manchmal auch daran, dass Verwaltungsfachleute mit dem ihnen zugewiesenen Bürostuhl unzufrieden sind und darauf aufmerksam machen möchten, dass man an ihnen nicht vorbeikommt.

Die Einbettung in bestimmte Deutungsrahmen wird mit »Framing« überschrieben. Lügen werden nunmehr als »alternative Fakten« bezeichnet. Flüchtlinge, die im Mittelmeer ertrinken, heißen bei Rassisten und den Politikern rechts außen »Asyltouristen«. Wenn Politik auch nicht den Ansatz einer Lösung erkennen lässt, bezeichnet sie das als »ambitionierte Strategie«. Das im 20. Jahrhundert eher negativ konnotierte Wort »Hierarchie« wird zunehmend weniger verwendet. Stattdessen sind wir nun an »Projekten« beteiligt. Dadurch wird es allerdings nicht besser.

Die Fast-Food-Kette Subway hat den Euphemismus »Sandwich Artists« für ihre Angestellten als eingetragenes Warenzeichen gesetzlich schützen lassen. Heutzutage werden Menschen nicht mehr entlassen, sondern »freigestellt«. Und wenn Opel ein Sanierungsprogramm mit 12.000 Stellenstreichungen als »Olympia« betitelt, dann kann man das kaum anders als sarkastisch bezeichnen. Eine »Nachentscheidungsdissonanz« ist eine Fehlentscheidung; stimmt, häufig merkt man es erst hinterher. Boni bekommen die Anteilseigner trotzdem. Großkonzerne wie VW, BMW oder Daimler bekamen zur Zeit der Coronapandemie Staatshilfen in erheblichem Umfang. Trotz massiver Kurzarbeit wurden dann Dividenden an die Anteilseigner ausgeschüttet. Politik, die meinte, es nicht von vornherein unterbinden zu müssen, gab sich im Nachhinein empört.

Meistens kann man Modeworte oder modische Phrasen daran erkennen, dass es sie vorher nicht gab (Neologismen), dass sie Neukombinationen darstellen, dass sie gerade besonders häufig benutzt werden oder auch englischsprachige Anteile aufweisen. Zu Beginn des Jahrtausends und in deutscher Sprache gehörten beispielsweise die Begriffe »Braindrain«, »Brainstorming«, »Challenge«, »Commitment«, »Corporate Identity«, »Crashkurs«, »Facility Manager«, »Format«, »Global Player«, »Klimakriege«, »Module«, »performant« (performatorisch, performativ?), »Portfolio« und »Quantensprung« zu den

Modebegriffen. Modebegriffe sind für eine gewisse Zeit lang mit besonderen Emotionen verbunden, sie werden phasenweise besonders häufig verwendet und stellen insofern ein rhetorisches Stilmittel dar. Einige von ihnen werden in Verbindung mit einem gewissen Enthusiasmus, ja sogar mit einem Sendungsbewusstsein benutzt.

Begriffe wie »Diversität« oder »Interkulturalität« und sogar der geographisch sehr variable Ausdruck »Europa« waren und sind zum Teil bis heute positiv besetzt. Die subjektive Zuschreibung ist objektiv kaum greifbar. Derartige Stilmittel sind keine Euphemismen, denn sie beschönigen nichts. Häufig wird die Botschaft schon bald spröde und der Begriff trocknet ein, wenn die Essenz verdampft ist. So geht es derzeit der »Nachhaltigkeit«. Der Begriff wird in einem immer breiteren Spektrum von Bedeutungen verwendet. Er verliert an Tiefgang und Konturen. Vielleicht war der Anspruch von Anfang an zu groß angelegt gewesen. Und wenn er dann noch als zentrales Ansinnen in einen widersprüchlichen Fahrplan wie die Agenda 2030 – »neues globales Wohlstandsverständnis«, »Blaupause für die Zukunft« – eingepflegt wird, dann kann auch ein gut und ernst gemeintes Konzept nur verlieren.

7.8 Digitale Medien

Die Digitalisierung der Welt ist nicht anders als revolutionär zu bezeichnen, verbunden mit neuen Möglichkeiten, Geschwindigkeiten und erheblichen Verwerfungen in den bestehenden gesellschaftlichen und ökonomischen Strukturen. Diese bahnbrechende Entwicklung hat mutmaßlich damit zu tun, dass sie eine menschliche Saite zum Schwingen gebracht hat und Grundbedürfnisse des Verhaltens und sozialen Lebens bedient.

Wie wirkt sich die Digitalisierung der Welt auf die Ökosysteme, auf die Umwelt und Natur aus? Ist nicht allein die Frage ein wenig hyperartifiziell? Scheint es nicht ein bisschen sehr weit hergeholt zu sein, die Digitalisierung und ihre sprunghafte Entwicklung zum Beispiel während einer Pandemie mit den Nahrungsnetzen im Regenwald oder der Luftverschmutzung in Stuttgart in Verbindung bringen zu wollen?

Digitale Medien nehmen Einfluss auf Menschen, auf die Art und Weise der Kommunikation und menschliches Verhalten, deren Gesundheit, und es fragt sich, in welcher Weise auch die natürlichen Abläufe in der Natur ganz weit weg, am Nordpol etwa oder in den Tiefen der Tiefsee, wo die Sonne niemals scheint und grausliche Gestalten von Fischen ab und zu Lichtblitze absondern, durch Digitalisierung betroffen sind. Die Geschichte fängt damit an, dass technisches Gerät heutzutage nahezu ausnahmslos digital gesteuert wird.

Digitus, lateinisch, ist der »Finger«. Der Begriff »analog« kommt aus dem Griechischen und bedeutet »verhältnismäßig«. Die beiden Worte stellen kein Gegensatzpaar dar. Eine digitale Linie ist aus einzelnen Punkten zusammengesetzt, eine analoge entspricht einem zum Beispiel mit dem Bleistift oder Kugelschreiber durchgezogenen Strich. Den Unterschied kann man mit bloßem Auge zumeist nicht feststellen. Medien sind Mittel, Massenmedien sind heutzutage fast ausschließlich digitale Medien; Printmedien und Papier werden zunehmend in den Hintergrund gedrängt. Computerprogramme und das Internet, Rechner und Smartphones, Systeme, die die elektronische Kommunikation gewährleisten, sind – ganz grob zusammengefasst – digitale Medien.

Die Entwicklung digitaler Technik reicht kaum länger als bis in die 1950er-Jahre zurück, erste Ansätze sind natürlich bis in die Antike aufspürbar. Das ist meistens so, wenn man historizistisch nachbohrt, denn man findet immer irgendeinen alten Griechen, der damals schon von Bits und Bytes geschwärmt haben mag, nicht wörtlich, aber vielleicht im übertragenen Sinne. Diese Entwicklung ist bis in den hintersten Winkel der Erde und in alle sozialen Schichten hinein jedenfalls in wenigen Jahrzehnten gesellschaftsfähig geworden. Mehr noch, es geht praktisch nicht mehr ohne.

Das Wort »Stubenarrest« wird vermutlich irgendwann aussterben, was aber gar nicht schade ist. Vor der Digitalisierung spielten Kinder üblicherweise draußen, gemeinsam, unbeaufsichtigt, nach der Schule und vor dem Abendessen beziehungsweise vor dem Dunkelwerden. Wenn sie etwas ausgefressen hatten oder nicht artig gewesen waren, durften sie nicht raus – Stubenarrest. Das war im 20. Jahrhundert eine beliebte deutsche Strafe gewesen.

Heutzutage kann man Digital Natives im Kindesalter mit Stubenarrest nicht mehr drohen, jedenfalls nicht, wenn sich im Zimmer ein Laptop oder Smartphone befindet. Ist es heutzutage eine Strafe oder Belohnung, die Kinder mit an die frische Luft zu nehmen?

Den ersten Computer hat meine Schule im letzten Dreißigstel des vergangenen Jahrtausends nach langen Diskussionen, Elternabenden, Spendenaktionen und für viel Geld angeschafft. Von E-Mails habe ich persönlich zum ersten Mal kurz nach der Wende, vielleicht um 1990 herum, erfahren. Ungläubig durfte ich zur Kenntnis nehmen, dass es einen persönlichen Postkasten gibt, den man überall auf der Welt öffnen kann. USB-Sticks gab es noch nicht. Eine Schnittstelle wurde mit dem Messer im Käse erzeugt. Wenige Jahre zuvor hatte ich angefangen, selbst am Computer zu arbeiten – mit MS-DOS, Laufwerk A, Laufwerk C, alle Buchstabenfolgen mussten peinlich genau eingegeben werden, ansonsten: No-Go. Abspeichern war das Gebot der Stunde. Es war schrecklich. Anfang der 1990er wurde ich dann in der freien Wirtschaft mit TexAss konfrontiert, einem Programm, welches die Schrift zu diesem Zeitpunkt noch nicht einmal *kursiv* setzen konnte. Das Papier musste man rechtwinklig und per Hand in den Drucker legen, damit es nicht schief bedruckt wurde. Eine flexible seitliche Begrenzung hatten unsere DIN-A3-Drucker damals noch nicht gehabt. Alle Geräte, die man zur digitalen Nutzung vor der Jahrtausendwende eingesetzt hatte, sind längst im Museum zu bestaunen. Und meinen fünf Jahre alten und immer noch uneingeschränkt funktionstüchtigen Scanner kann ich in der Sekunde wegschmeißen, weil mein gerade aufgemotzter Rechner denselben in unerträglich arroganter Manier meint nicht mehr ansteuern zu müssen. Die Taktfrequenzen eines normalen PCs steigerten sich von einigen Megahertz in den 1980er-Jahren bis zu derzeit einigen Gigahertz.

Besonders soziale Netzwerke und Computerspiele haben das Verhalten und den Tagesablauf von Kindern und Jugendlichen radikal verändert. Das Display von Computern und Smartphones und sowohl die Macht über optische und akustische Signale wie auch die Erwartung auf freundschaftliche Nachrichten oder Gewinne binden einen erheblichen Teil der Aufmerksamkeit im Alltag. Die zehn größten Videospielmärkte erwirtschafteten

2018 einen Gesamtumsatz von über 100 Milliarden US-Dollar, Deutschland lag mit fünf Milliarden Dollar an fünfter Stelle. Das Volumen der Onlinewerbung umfasste 2020 einen Umsatz von über 40 Milliarden Dollar.

Fast unbegrenzte Möglichkeiten der Kommunikation und Informationsbeschaffung in Echtzeit stehen den allermeisten Menschen zur Verfügung. Das sind unglaublich schnelle und effektive Wege im Vergleich zu den Möglichkeiten vor der Digitalisierung. Die internationale wissenschaftliche Kommunikation per Post funktionierte seinerzeit nicht schlecht. Aber es konnte auch einige Wochen dauern, bis man Antwort bekam. Das geht inzwischen schneller. Es ist auch viel einfacher geworden, sich öffentlich zu positionieren und dabei trotzdem unerkannt zu bleiben. Das Internet bietet eine nie dagewesene Fülle an Informationen, Kommentaren, Hetze und Verschwörungstheorien. Was davon seriös ist und was nicht, muss man selbst im Wesentlichen einschätzen. Darüber hinaus ist die personenbezogene Vorauswahl der angebotenen Informationen auf der Basis von Algorithmen, die niemand kennt, eine höchst bedenkliche Angelegenheit.

FOMO – *fear of missing out,* der Sorge, etwas zu verpassen, kann man dadurch begegnen, dass man nachschaut. Man kann dadurch die Gefahr verringern, etwas zu verpassen, und natürlich kann man die Zeit nutzen, um selbst nette Smileys oder andere Emoticons zu verschicken. Fleißige Smartphonenutzer schauen im Durchschnitt etwa 80- bis 100-mal am Tag auf das Display, selbstverständlich auch im Urlaub.

Zu den körperlichen Auswirkungen von Rechnern und Smartphones gehören Verkehrsunfälle, Mausarme, verspannte Rücken, Funktionsstörungen der Augen und Bewegungsmangel, zu den geistigen zählen Konzentrationsstörungen und Beeinträchtigungen kognitiver Leistungen, zu den praktischen: zu wenig Zeit zu haben.

Im Einzelfall kann das Ergebnis eine ernst zu nehmende Computersucht sein, worauf die jeweils aktuellen Suchtberichte und einige Ergebnisse der BLIKK-Studie von 2016/17 nun seit Langem hinweisen. Die dauerhafte Beschäftigung mit einem Computer beziehungsweise Smartphone wird häufig von Konzentrationsschwächen und Schlafstörungen begleitet. Es gibt einen Zusammenhang zwischen der Beschäftigungsdauer und dem Body-Mass-

Index. Verzögerte Sprachentwicklung und Hyperaktivität gehen mit exzessivem Einsatz digitaler Medien einher. Wie bei allen Korrelationen kann der Kausalzusammenhang selbstverständlich auch hier infrage gestellt werden. Gibt man im Internet übrigens den Begriff »Konzentrationsschwäche« ein, dann bekommt man zunächst eine Fülle von pharmazeutisch motivierten Tipps von Bachblüten bis hin zu Pillen mit brutalen Nebenwirkungen. Leider steht nirgends, dass der Einsatz digitaler Medien auch nutzungskompetent beziehungsweise bei kleinen Kindern im Rahmen elterlicher Vorgaben beschränkt werden könne, denn daran kann definitiv niemand etwas verdienen.

An Schulen können die Kapitel von Büchern schon lange nicht mehr in derselben Zeit durchgenommen werden, wie dies noch vor wenigen Jahrzehnten möglich war. Lehrer berichten, dass die Geschwindigkeit des Lernens deutlich zurückgegangen ist. Und sie benennen Beispiele von Themen, die inzwischen nicht mehr unterrichtet werden können, weil sie zu komplex sind und der notwendige Tiefgang nicht mehr zu erreichen sei. Aufgrund eigener Erfahrungen im Lehrbetrieb an Universitäten betrachte ich die Verbindung aus Aufmerksamkeitsdefiziten, zunehmender Bedienmentalität und Computersucht – ABC-Alarm – als überaus giftigen Cocktail der Bildungsarbeit.

Was kann man dagegen tun? Das wiederum ist leicht zu beantworten. Man muss die Digitalisierung kultivieren, man kann den Einsatz dieser Medien üben und gegebenenfalls reglementieren – genau wie dies bei anderen Antrieben, Bedürfnissen und Lastern längst üblich ist, bei der Ernährung, Sexualität, in Bezug auf den Konsum von Alkohol, auf das Schlafbedürfnis. Es gibt sicherlich kaum ein menschliches Verhalten, das durch Kultivierung nicht gewinnen könnte.

Die Kultivierung des Umgangs mit digitalen Medien kann auf mindestens fünf Ebenen organisiert werden: Mündigkeit, Kompetenz, Anwendung, Gesundheit, Umwelt.

Zur Mündigkeit gehört die Frage nach dem Datenschutz oder der Geschäftspolitik beteiligter Soft- und Hardwareproduzenten, zur Kompetenz der Überblick über Tools und deren Bedeutung, und zur Anwendung die Fähigkeit, mit einzelnen Programmen adäquat arbeiten zu können. Die Frage nach der Gesundheit und Umwelt ist die nach den Begleitumständen, den Auswirkungen am Arbeitsplatz, aber auch in der Umwelt.

Nach der Jahrtausendwende wurde zunehmend die Frage nach den Umweltauswirkungen der Produktion von Rechnern gestellt und das Umweltbundesamt gibt Tipps zur Umweltentlastung im Zusammenhang mit der privaten Nutzung von Computern. Mittlerweile sind die Gewinnung der Rohstoffe, aber auch der Strombedarf von Rechnern und die Folgen der Verschrottung ein Thema geworden und es gibt mehr oder weniger seriöse Zertifikate und Labels, die beim Kauf von digitalen Medien zu Rate gezogen werden können. Der Energieaufwand durch Digitalisierung und Internetnutzung liegt mittlerweile in derselben Größenordnung wie der Flugverkehr, die der CO_2-Produktion durch Informations- und Kommunikationstechnologien bei zwei bis drei Prozent der globalen Emissionen.

Bezeichnend ist allerdings, dass die Entwicklung der Technik den ethischen Fragen zur Gesundheit, Kultivierung und Umwelt wie bei vielen technologischen Neuerungen vorauseilte. Nach wie vor fehlen klare gesellschaftliche Übereinkünfte in Schulen, Hochschulen und in den verschiedenen Berufen.

Zusammenfassend kann festgehalten werden, dass die dauerhafte Beschäftigung mit digitalen Medien massive Auswirkungen auf die psychosoziale Umwelt und das menschliche Verhalten hat, gesundheitliche Probleme und Verhaltensänderungen die Folge sind, die Erzeugung der Rohstoffe und die Verschrottung der Rechner regional extrem problematisch für die Umwelt ist und der erhöhte Energieumsatz auch deutliche Auswirkungen auf das Klima hat. Als wirksames Mittel zum Zweck können die Medienkompetenz, die Kultivierung der Verfahren und Verhaltensweisen deutlich ausgebaut und auch die Umweltauswirkungen noch umfassender dokumentiert werden. Die Mengen eingesetzter Energie und Rohstoffe können noch problemlos reduziert werden.

Digitale Medien sind wie Plastik, extrem vielfältig einsetzbar, ökonomisch außerordentlich bedeutsam, aber problematisch für die Gesundheit und Umwelt.

7.9

Greenwashing und der Goldene Windbeutel

Wenn Produkte mit einem Label für Umweltschutz, Bioqualität oder fairen Handel versehen werden, dann ist das Ansinnen häufig ein honoriges. Doch Kontrolle ist auch hier besser als Vertrauen. Oft genug liegt der Verdacht auf *Greenwashing* nahe. Einige Labels stammen von unseriösen Organisationen, wenn sie nicht sogar vom Unternehmen selbst erschaffen wurden. Die bekanntesten Labels sind zum Teil in die Kritik geraten, weil sie nicht halten konnten, was sie versprachen. Einzelne Produkteigenschaften wurden als umweltfreundlich ausgezeichnet, andere waren umso problematischer.

Wenn eine Matratze oder ein Backofenspray zum Beispiel als FCKW-frei beworben wird, dann dürfte dies zwar der Tatsache entsprechen. Allerdings sind FCKWs ohnehin seit dem Ende des letzten Jahrhunderts verboten.

Wenn Autos *wenig* Sprit benötigen, dann verbrauchen sie vermutlich weniger als andere. Umweltfreundlich sind sie deshalb noch lange nicht. Und wenn man Elektrofahrzeuge, ihre Produktion, die spätere Entsorgung und die Auswirkungen der Firmengewinne inklusive der Raketen, die vom Tesla-Chef zwischendurch ins Weltall geschossen werden, als Gesamtpaket betrachtet, dann ist das mitnichten klimaneutral.

Als *Deep Greenwashing* wird die hochprofessionelle und zum Teil erfolgreiche Art und Weise bezeichnet, mit der Lobbyisten Einfluss auf die Umweltpolitik, Gesetzgebungsverfahren und Grenzwerte nehmen und dadurch Umweltprogramme verwässert werden. Die Agrarlobby in Deutschland ist in Brüssel immer wieder ausgesprochen erfolgreich, wenn es darum geht, den Natur- und Umweltschutz auf europäischer Ebene als existenzbedrohend für die Wirtschaft zu verunglimpfen. Wirksamer Umwelt- und Naturschutz wird seit vielen Jahren durch die konsequente Intervention der deutschen Bauernlobby und im Widerspruch zu europäischen und deutschen Regularien ausgehebelt.

Umweltauflagen werden von Betrieben manchmal zähneknirschend umgesetzt, um dann kurz darauf als unternehmenseigener Erfolg dargestellt zu werden. Und auch der Deutsche Bauernverband weist beharrlich darauf hin, dass die Ziele des Natur- und Umweltschutzes von der Landwirtschaft selbstverständlich nicht nur mitgetragen, sondern auch aktiv unterstützt werden.

Windkraftanlagen sind ein wichtiger Baustein der Klimapolitik. Die anlagebedingten Kollateralschäden in der Natur und Landschaft werden dabei genauso hingenommen wie die Tatsache, dass die Rotorblätter aus faserverstärkten Kunststoffen bestehen, die später aufwendig als Sondermüll entsorgt werden müssen.

Die Relevanz der Nachhaltigkeit wird ebenso häufig betont wie sie nicht nachgewiesen werden kann. Das alles ist nicht neu. Werbung und Propaganda waren schon immer eine plakative Angelegenheit, die der Fantasie der Käufer, nicht aber der Wirklichkeit entsprechen mussten. Darüber hinaus ist die Wahrheit spätestens mit Präsident 45 ziemlich unbedeutend geworden. Niemand konnte diesen Präsidenten dazu bringen, Gegenargumente zur Kenntnis zu nehmen oder gar zu widerlegen, wenn er die Möglichkeit bekam, zusätzliche Behauptungen pressewirksam in schneller Folge abzusondern. Und pressewirksam waren sie häufig allein aufgrund ihrer Absurdität. Und allein dadurch waren sie erfolgreich.

Die gemeinnützige Organisation Foodwatch vergibt den Goldenen Windbeutel als Auszeichnung für besonders hemmungslose Werbung seit 2009. Nach einer Vorauswahl darf online abgestimmt werden.

2020 bekam der Grünländer Käse die Auszeichnung für die Lüge der Tierhaltung im Hochland. Ein guter Kandidat war auch die Bioweidemilch von Arla mit 71 Prozent geringerer CO_2-Produktion, allerdings nicht in Bezug auf die Milch, sondern auf die Verpackung. Überhaupt lässt sich mit den Begriffen »Einsparung«, »Verringerung« oder »Mehr für denselben Preis« viel Schindluder treiben, denn die Bezugsgröße kann das Unternehmen sich ja selbst ausdenken. Man ist auch nicht gezwungen, die Reduktion der Menge auf der Verpackung anzugeben. Manchmal genügt es, den Inhalt zu verkleinern und die Verpackung einfach so zu lassen, wie sie ist.

Im Jahr 2019 gewann die Kinder-Bio-Tomatensauce von Zwergenwiese den Goldenen Windbeutel mit mehr als doppelt so viel Zucker wie in der Tomatensauce für Erwachsene. Die Marke Alete war der Gewinner im Jahre

2017. Die Firma vermarktete einen Kinderkeks mit einem Zuckeranteil von 25 Prozent (!), angepriesen für Kinder ab einem Alter von acht Monaten (!), unter dem Slogan »zum Knabbernlernen«! Auch hoch gerankt war die »Ochsenschwanzsuppe« von Lacroix ohne Anteile vom Ochsenschwanz oder der Protein Drink Vanille von Bauer mit genau so viel Zucker wie Protein. Im Jahr 2014 gewann der Monte Drink von Zott, in dem mehr Zucker enthalten war als in der gleichen Menge Cola. Die Werbung dazu: »idealer Begleiter für Schule und Freizeit, mit wertvollem Traubenzucker«. 2011 gewann die Milchschnitte von Ferrero: »Schmeckt leicht. Belastet nicht. Ideal für zwischendurch.« Die Schnitte bestand zu 60 Prozent aus Fett und Zucker. Eine Schokosahnetorte hat üblicherweise weniger von beiden Inhaltsstoffen.

Wie dem auch sei, es ist ganz einfach. Wenn wir sie machen lassen, wie sie wollen, dann machen sie es, wie sie wollen.

7.10 Narrative, Kompetenzialismus und Bologna

Nachdem Gespräche, Vereinbarungen, Gesetze, Gebete, Ermunterungen, Ermahnungen, hitzige Debatten über die Gestaltung des Machbaren die großen Probleme auch nicht ansatzweise haben lösen können, sollten es nun die *Narrative* richten. Narrative sind Erzählungen, Märchen, Geschichten, blümerant und vor allem nicht so anstrengend wie Mathematik. Sie sollen ein Mindestmaß an intellektuellem Anspruch repräsentieren, sinnstiftend sein, Emotionen und Werte transportieren und sie sollen Orientierung bieten. Das in gar nicht wenigen Fragen erfolglose und schwächelnde Europa benötige keine Verfassung, sondern ein Narrativ! Aha. Aber wie bei Märchen auch kann man nie genau sagen, wo man dann landet, oder anlandet, je nachdem, ob man zuvor geflogen oder abgedriftet war, im schlimmsten Fall kenterte und im Mittelmeer ertrank. Dann wäre die Erzählung final fingiert, der soziale Endpunkt vor dem Anfang. Hier wird übrigens nicht auf Kosten von Migranten gewitzelt, sondern eine Dauermisere mit Sarkasmus hinterlegt. Ein Narrativ kann einen Verblendungszusammenhang darstellen, der uns so lange zu Tränen rührt, bis man nicht mehr weiß, wie es dazu kommen konnte und wo es lang gehen soll. Es ist offensichtlich vorstellbar, ja es wird sogar als logisch einwandfrei und sinnhaft angepriesen, dass das Narrativ den Weg aus der Dystopie einer kohlendoxidgeschwängerten Erdatmosphäre mit einem aufbrausenden Meeresspiegelanstieg und zunehmender Migration aufzuzeigen sich eigne.

Die besondere Rolle der Narrative in der Kommunikation und Literaturwissenschaft wird zwar kaum noch angezweifelt, dass Erzählungen allerdings zunehmend auch in anderen transdisziplinären und komplexen Zusammenhängen vorgetragen werden, um Ideologien, politische Handlungen und ganz praktische Maßnahmen beim zerstörerischen Werk der Abrissbirne zu bemühen und bloßzustellen, das ist eine Novelle mit Bezügen zu durchaus neuen Formaten, denn das Potpourri der Freiheitsgrade einer jeden Erzählung bleibt ja bestehen. Nur die drögen Kollegen in den Bereichen Mathematik, Naturwissenschaften und Technik sind noch nicht ganz so weit, auch wenn diese Behauptung vielleicht etwas schmucklos pauschal daherkommt (sorry).

Besonders nach der Jahrtausendwende begann der steile Aufstieg der Narrative durch den Quereinstieg in bislang unbekannte Gefilde. Fortan werden sie bemüht, unentwegt, scheinbar zwanglos und von ungetrübtem Optimismus getragen. Seit Langem Vorreiter für diesen Stil sind Sitzungen von Gremien in öffentlichen Verwaltungen, zum Beispiel elendig lange Senatssitzungen an Hochschulen. Dort wurden auch schon im vergangenen Jahrhundert bunte Narrative nach dem Motto »Mal schauen, wo es mich hinredet« ersonnen.

Erwartet wird nunmehr nicht weniger als das verbindliche Metanarrativ. Narrative sind wie Mythen. Sie gestehen sich selbst alle Freiheiten zu und ersetzen Stringenz durch zielgenaue Unverbindlichkeit. Vom Narrativ wird im Gegensatz zum Mythos aber durchaus mehr als das Ausleuchten der Kristallkugel erwartet.

Der Begriff »Format« bezog sich einst auf Briefumschläge, die Größe von Papier und *Digital Files*. Aber das ist seit Langem passé. Nun werden Kategorien von Filmen, Fernsehzeitschriften, Castingshows und Modulen als Formate bezeichnet oder auch Prozesse der Abstimmung und Formen des Unterrichts. Formate und Narrative sind, gemessen an den Versatzstücken ihrer Verwendung in der Sprache, extrem angesagt. Und sie passen gut zusammen. Eigentlich könnte das der Durchbruch sein. Endlich geschieht etwas. Verspielt und umtriebig wird der verschlungene Pfad aufgedröselt und durch Dichtung verdichtet. Und es ist auch nur folgerichtig, wenn die Lösung eine individuelle in einer hyperindividualisierten Welt sein soll. Das Narrativ hat nicht den Anspruch, gegensätzliche Auffassungen durch enormen Aufwand, unendlich mühselige Gremiensitzungen der Diplomatie oder Mediation, in stressigen World Cafés und unter massivem Einsatz von unterschiedlichen Problemlösungskompetenzen widerspruchsfrei zu befrieden. These, Antithese, Synthese, das ist vorbei. Das Motto lautet »Globalisierung« und der »Biobetrieb im Steirischen Vulkanland«. Narrative erschaffen die Leichtigkeit des konträren Miteinanders ohne den Anspruch, Dinge in Beziehung setzen zu müssen oder gar Kontrahenten zu befrieden. Lass sie doch aufeinander losgehen und den Dissens aushalten.

In der Schule mussten früher Gedichte auswendig gelernt werden, heute werden dort und auch in anderen Bildungseinrichtungen Kompetenzen vermittelt, Geschichten erzählt und Kurzvideos gezeigt. Bastel- und Krabbelkompetenz im Kindergarten, Eloquenz in der globalen Ökonomie, Rhetorik am Stammtisch in der Gastwirtschaft nebenan und in den Bildungseinrichtungen hat es gegeben, solange es Kindergärten, Kneipen und Schulen gibt. Als kategoriale Kompetenzen der Vermittlung hat man diese Dinge allerdings erst gegen Ende des letzten Jahrtausends auseinandergefummelt und zu Leitelementen der Bildung verstetigt. Es war klar, dass es so sein müsse, ja gar nicht anders ginge.

In der Pädagogik hat sich etwa seit den 1990er-Jahren die Meinung durchgesetzt, dass es fortan um die Vermittlung von Kompetenzen zu gehen habe. Das Bildungsideal kritischer Lehr-Lern-Diskurse wurde ersetzt durch ein Konzept messbarer Anpassungsleistungen und Leistungsanpassungen. Dass dabei die kritische Auseinandersetzung zwischen sich aufplusternden Egos und gesichtslosen Formaten immer unwichtiger wurde, war letztlich unvermeidlich.

Bei der Vermittlung ging es fortan um »sachlich-kategoriale Kompetenzen« (Fachwissen), »methodische Kompetenzen« (kompetente Anwendung bestimmter Methoden, Methodenwahl und Strukturierung), »Selbstkompetenzen« (Selbstbewusstsein, Handlungsbereitschaft, Verantwortungsbewusstsein) und Kompetenzniveaus. Man kann noch viele weitere Formen von Kompetenzen definieren und kategorisieren. Interessanterweise wird so etwas wie soziale Kompetenz bei dieser Entwicklung nur noch peripher bemüht. Früher nannte man dieselbe »soziales Verhalten«; sie spielt aber eine deutlich geringere Rolle und wurde sukzessive durch Selbstkompetenz verdrängt. Das soziale Verhalten, welches sich zuvor auf das interaktive Verhältnis von Personen innerhalb einer Gruppe bezog und im günstigen Fall von gegenseitigem Wohlwollen getragen war, wurde auf diese Weise in das charakterliche Potenzial einer nunmehr kompetenten Persönlichkeit verschoben und die Dynamik der Gruppe marginalisiert.

Wichtig im täglichen Leben ist die »Inkompetenz-Kompensationskompetenz« (Odo Marquard), die neben der Bereitwilligkeit zur Lüge und dem Willen zum hemmungslosen Radfahren eine wichtige Voraussetzung für die Partizipation an der Leistungsgesellschaft darstellt. Diese Meinung muss man nicht teilen. Man darf aber annehmen, dass zum Beispiel Problemlösungskompetenzen in der Textanalyse nicht dieselben sind wie Problemlösungskompetenzen in der Technik. Und wenn man diese Logik weiterdenkt, gibt es irgendwann so viele Kompetenzen wie Fragen, die es zu beantworten gilt, und Dinge, die man lernen kann. Und nun kommt der interessante Teil.

Unabhängig von den vielen Modernisierungsbestrebungen in Bezug auf die Kompetenzorientierung bleibt festzustellen, dass es nur wenige Untersuchungen und noch erheblich weniger empirische Erkenntnisse über die tatsächlichen Vor- und Nachteile gibt, die dadurch entstanden sein könnten, dass in der Lehre nun lehnstuhlaffin kompositorisch kompetenzialisiert wurde. Da darf die Frage doch erlaubt sein, was das alles gebracht haben könnte?

Und weil wir andauernd, unhinterfragt und ohne Begleitforschung dazu angehalten wurden, in jedem Curriculum für jede Lehrveranstaltung, die von der Gesellschaft, dem Präsidium einer Hochschule oder einer Verwaltung (?)

als wichtig erachteten Kompetenzbereiche in vorgefertigten Formaten und Formularen – Diktatur des Formulars – zu benennen, haben nicht wenige Kolleginnen und Kollegen grundsätzlich in die Kästchen hineingesäuselt, was wissenschaftlich melodisch Stil erkennen, aber nicht sofort Sinn und Verstand vermissen ließ. Man darf auch an einer Hochschule, deren Strukturen und Erfassungsbögen versuchen Spaß zu haben. Und das trauen sie sich in den übergeordneten Kontrollgremien dann doch nicht, diese Art der Kreativität infrage zu stellen, selbst wenn die Modulbeschreibungen metaphorisch, kompetenzialistisch leichtfertig klandestin und hübsch formuliert daherkommen. Nach eigener Erfahrung gehen die auch glatt durch die strengen Akkreditierungsverfahren, wenn zeitgemäße Schlagworte passgenau konglomeriert wurden.

Vielleicht ist der folgende Kompromiss als vorsichtiges Zwischenfazit akzeptabel? Es dürfte sich auch in Zukunft als pädagogisch sinnvoll erweisen, die Ausrichtung auf personenbezogene Kompetenzen und Qualifikationen inklusive der kognitiven Fähigkeiten, der praktischen Fertigkeiten und dem verantwortungsvollen Umgang untereinander von den objekt-, fach- und methodenbezogenen Zielen der Lehr-Lern-Einheiten getrennt zu betrachten, auch wenn die Beurteilung der Metakompetenzen häufig von selbstgenügsamen Inkarnationen unauffälliger Kompetenzspezialisten in assessmentzentrierten Gremien, Aufsichtsbehörden und Kultusministerkonferenzen vorgenommen wird, deren Bedeutung durch Illumination von Narrativen wenigstens partiell untermauert und strukturell vorgegeben wird, ohne dass die Frage gestellt würde, ob und wozu man dieselben überhaupt benötige. Die Restriktionen im Zusammenhang mit der Pandemie haben aber auch deutlich gemacht, dass Schulen und Hochschulen mehr als nur Lernorte sind. Es sind Orte der Zusammenkunft, der Bewegung, der Erholungspausen und geselliger Nahrungsaufnahme, Orte, an denen Konflikte ausgetragen werden und man üben darf, auch zu verlieren.

1999 wurde in Bologna von 29 Personen, zumeist Bildungsministern oder deren Vertretern, aber auch anderen Politikern, von 31 Personen insgesamt, darunter acht Frauen, sofern man dies aus dem Namen herleiten darf, aus der EU, aber auch von Nicht-EU-Repräsentanten vielleicht als freundschaftliche Geste, eine wachsweiche und wohlklingende Erklärung unterzeichnet. Der ganze Text in deutscher Sprache und normaler Schriftgröße ist keine drei Seiten lang.

Aus einigen Ländern waren gleich zwei Minister angereist, aus anderen keine. So ist das häufig bei Festivitäten, die zur Würdigung einer Institution, in diesem Fall einer 900 Jahre alten Uni, organisiert werden. Man geht hin oder man sagt ab, tut mir leid, ist ja nicht so wichtig.

Die genannten Unterzeichner verpflichteten sich darin, ein System vergleichbarer Studienabschlüsse mit Bachelor und Master einzuführen sowie die Mobilität von Studierenden und Lehrenden und die Zusammenarbeit der Hochschulen zu fördern.

In der kurzen Erklärung kommen sehr allgemeine Aussagesätze vor. Es ist dort zum Beispiel zu lesen:

> »Dank der außerordentlichen Fortschritte der letzten Jahre ist der europäische Prozess für die Union und ihre Bürger zunehmend eine konkrete und relevante Wirklichkeit geworden.«

Hier steht tatsächlich, dass es in den 1990er-Jahren einen Prozess gegeben haben muss, der nicht nur zunehmend konkret und relevant, sondern dass dieser gleichzeitig oder im Laufe desselben auch »real« geworden ist. Man darf aber annehmen, dass er erst wirklich wurde, nachdem er in die Gänge kam, der Prozess. So steht das da. Zunächst war er vermutlich nicht so sehr real, sondern vielleicht ätherisch oder atmosphärisch blümerant, aber dann kam er in Gang und erhärtete sich, als Vorgang immerhin, nicht nur als kurzer Event. Es ging also quasi um den Werdegang, wie er selbst Wirklichkeit wurde und sich Schritt für Schritt im Konkreten manifestierte.

Es steht auch geschrieben:

> »Die Richtung der Hochschulreformen, die mittlerweile in mehreren Ländern Europas in Gang gesetzt wurden, zeigt, daß viele Regierungen entschlossen sind zu handeln.«

Es geht hier um Entschlossenheit von Regierungen, und darum, dass Regierungen erkennbar zum Handeln neigen. Das könne gezeigt werden. Und wie kann man das zeigen? Indem man sich die Richtung von Hochschulreformen ansieht, zum Beispiel. Es wird ausdrücklich nicht behauptet, dass man die Entschlossenheit von Regierungshandeln nur an der Ausrichtung von Hochschulreformen erkennen kann. Auf jeden Fall wird hier die Entschlossenheit von Regierungen zu handeln mit einer nicht näher definierten Richtung von Hochschulreformen verknüpft, die wenigstens für Deutschland überhaupt nicht nachvollziehbar ist.

Ein weiterer Satz der *Bologna-Erklärung* gibt Auskunft über den offensichtlich messbaren Zusammenhang der Vitalität und Effizienz einer Zivilisation auf der einen Seite und der Attraktivität der Kultur andererseits.

> »Die Vitalität und Effizienz jeder Zivilisation lässt sich an der Attraktivität messen, die ihre Kultur für andere Länder besitzt.«

Das klingt auf jeden Fall ermutigend und nach europäischem Selbstwertgefühl. Hier ist allerdings auch von einem Indikator, einer Messlatte für Vitalität und Effizienz die Rede, für die Zivilisation und ihre Kultur, die auf andere Länder anziehend wirkt. Die Attraktivität der Kultur kann man dann messen, und zack, schon weiß man, wie vital und effizient alles abläuft, in der Zivilisation.

Wenn ich also beispielsweise die Kultur der halb-nomadisierenden Samen im hohen, mückengeschwängerten Norden Skandinaviens oder die Kultur der Kanaken auf Neukaledonien attraktiv finde, dann kann ich dadurch auf die Vitalität und Effizienz rückschließen. Außerdem müssen sie zivilisiert oder Mitglied einer Zivilisation sein. Steht da. Sonst funktioniert der Gesamtzusammenhang möglicherweise nicht. Zivilisiert sind die anderen, die Nichteuropäer, natürlich nicht automatisch. Ansonsten hätte es ja auch nicht extra erwähnt werden müssen. Da müsste man also noch einmal genauer hinschauen, im entfernten Osten und Süden und auf den Inseln da draußen. Wenn man sich trotz der festlichen Stimmung ein wenig kritisch mit diesem Satz auseinandersetzen wollte, dann könnte man eventuell monieren, dass jeder Zivilisation nur eine Kultur zugebilligt wird. Da wäre der Plural sicherlich angemessener gewesen.

Zumindest an einer Stelle scheinen Inhalte in sehr allgemeiner Form durch, auch wenn diese zum Zweck der Expansion der europäischen Union eingesetzt werden sollen:

> »Inzwischen gibt es in weiten Teilen der politischen und akademischen Welt sowie in der öffentlichen Meinung ein wachsendes Bewußtsein für die Notwendigkeit der Errichtung eines vollständigeren und umfassenderen Europas, wobei wir insbesondere auf seinen geistigen, kulturellen, sozialen und wissenschaftlich-technologischen Dimensionen aufbauen und diese stärken sollten.«

Und dann geschah, was niemand hätte ahnen können. Nach der Unterzeichnung dieses überraschend dünnen, dafür aber umso inbrünstigeren Papiers, ging es richtig zur Sache, kraftvoll und mit einer ungeahnten Sprengkraft. Diese Zusammenkunft im Jahr 1999 hat einen unglaublichen und bislang in diesem Maße nicht gekannten Veränderungsprozess an den europäischen Hochschulen in Gang gesetzt. Vielleicht war die Zeit reif. Man kann eine Erklärung, die mit »Der Europäische Hochschulraum« überschrieben ist, natürlich leicht ins Lächerliche ziehen, besonders wenn sie sich dafür so hervorragend eignet. Es darf uns allerdings Sorgen bereiten, wenn ein solcher Text zu derart massiven Umbaumaßnahmen führen kann.

Fast alle Studienprogramme wurden umstrukturiert, evaluiert, bachelorisiert, masterisiert, akkreditiert, alte Abschlüsse wie das Diplom, der Magister oder das Staatsexamen wurden großflächig eingemottet, und die Universitäten bekamen einen Universitätsrat, Hochschulrat oder sogar beide Gremien, in denen jeweils Vertreter aus der Wirtschaft beteiligt sind, vor die Nase gesetzt. Was hat sich dadurch verbessert? Interessant und im Sinne der Wissenschaft ganz ungewöhnlich: Man weiß es nicht! Es gibt bislang keine belastbaren Ergebnisse, die auf diese seriöse Frage seriös antworten würden.

Der Wissenschaftsrat, der das Bologna-Reformprogramm, das es als solches überhaupt nicht gibt, ausdrücklich befürwortete, konnte eine Qualitätssteigerung nicht feststellen. Die Humboldt-Gesellschaft, die dem Prozess von Anfang an skeptisch bis ablehnend gegenüberstand, kritisierte an der Umstellung der Studienprogramme insbesondere, dass Gutes und Bewährtes leichtfertig aufgegeben wurde, und bescheinigt dem Bologna-Prozess, dass er praktisch gescheitert sei. Zu ähnlich kritischen Ergebnissen kam die Bundeszentrale für politische Bildung. Der internationale Austausch wurde seitdem nicht ausgebaut, er stagnierte und in einigen Bereichen ging er sogar deutlich zurück. Dass viele Fachgebiete, insbesondere kleinere, am langen Arm verhungerten, wurde später narrativ bagatellisiert oder unkommentiert zur Kenntnis genommen. Die gutachterlichen Verfahren der Akkreditierungsagenturen, mit denen neue und alte Studienprogramme beurteilt werden, bringen den betroffenen Institutionen häufig praktische Vorteile, allerdings widersprechen sie dem Gedanken der Freiheit in Forschung und Lehre und damit dem Grundgesetz (Artikel 5) überall dort, wo sie sich auf wissenschaftliche Inhalte einschießen, also praktisch überall.

Mittlerweile gibt es diverse Analysen zu den Zwischenergebnissen des Prozesses, Berichte über die Umsetzung des Bologna-Prozesses, die sich interessanterweise auch mit Aspekten der Hochschulentwicklung beschäftigen, die seinerzeit überhaupt nicht Gegenstand des Treffens gewesen waren. Wie dem auch sei, einiges wird eher positiv, anderes eher negativ beurteilt, je nach Gutachten – ernüchternd. Die seinerzeit von der Ökonomie in die Wissenschaft gepflanzte Euphorie des Aufbruchs in eine neue Zeit ist allerdings zumindest aus der Binnenansicht kaum noch spürbar.

Inzwischen wächst die Kritik am Kompetenzmodell und an den Umbaumaßnahmen nach Bologna auch von pädagogischer Seite. Es wird beanstandet, dass es vorrangig darum ging, Bildung zu ökonomisieren. Auf den Punkt gebracht ist die individualisierte Zuschreibung von Kompetenzen ein Unterfangen, das sich folgsam der Ökonomisierung im Sinne des Bologna-Prozesses unterordnen möge. Ökonomisierung bedeutet zum einen, dass Hochschulen noch straffer ökonomisch organisiert wurden, und daran ist zunächst sicherlich nichts verkehrt. Es besteht aber zum anderen auch ein latenter Rechtfertigungszwang für Inhalte, die nicht praktisch anwendbar oder nicht ökonomisch darstellbar sind.

Mit wenigen Stichworten der Bologna-Erklärung – Arbeitsmarktrelevanz der Qualifikationen, internationale Wettbewerbsfähigkeit – wurde angedeutet, was erreicht werden sollte und letztlich auch erreicht wurde. Die Ökonomie begann ihre wirtschaftsliberalen Arme über die gerade von der Knute der Religion befreite Hochschullandschaft zu legen. In der Erklärung von Bologna war dieses Ziel allerdings gar nicht explizit aufgeführt worden.

Mittlerweile ist die mit dem Prozess stark angewachsene Bürokratie zu einem Monster mutiert, das von der Privatwirtschaft über die Mitarbeit in Hochschulräten mindestens partiell fremdgesteuert wird. Und dadurch bleibt in Gefahr, was schon immer gefährdet und beeinflusst wurde: die Unabhängigkeit der *universitas*.

Die Ökonomisierung hat seit der Jahrtausendwende die Arbeit der Bildungseinrichtungen verändert. Die Bundeszentrale für politische Bildung hat sich zu den Auswirkungen des Bologna-Prozesses verschiedentlich kritisch geäußert. Durch die Ökonomisierung, Verschulung und immer feinere Vorgaben bis hin zu den Operatoren werden zunehmend Anpassungsleistungen gefordert und bewertet. Dabei wird quasi nebenbei auch immer weniger Wert auf Kritikfähigkeit und Komplexität gelegt. Man muss nicht annehmen, dass dieser Effekt bewusst gesteuert würde. Derartige Wirkungen können auch das Ergebnis veränderter Strukturen und Gepflogenheiten sein. Aber natürlich darf auch angenommen werden, dass willfährige Hochschulabsolventen mit guten Noten in vielen Bereichen lieber angenommen werden als kritische Geister. Das könnte irgendwann allerdings auch nach hinten losgehen.

Und wie ist es um Bologna selbst bestellt, um die Stadt am nordwestlichen Fuß des Apennin, mit einer der ältesten Universitäten der Welt? Wie hat sich der Bologna-Prozess auf die Stadt ausgewirkt? Bologna ist eine Stadt in der Emilia-Romagna, nicht eigentlich lieblich wie die Städte in der Toskana, eher grobschlächtig und wuchtig, mit schwerfälligen Gebäuden und großen Plätzen, mit Arkaden, die allein im Stadtzentrum eine Gesamtlänge von fast 40 Kilometern überspannen. Sie wurde als etruskische Stadt Felsina im sechsten Jahrhundert v. Chr. gegründet.

Die alte Basilika Santo Stefano ist ein Kirchenkomplex aus sieben Kirchen, mit Mauern und Fundamenten, die teilweise aus dem achten Jahrhundert stammen, einmalig, ungeheuer faszinierend und zugleich verwirrend. Die ehrwürdige Bibliotheca Universitaria ist voll von uralten Büchern. Selten war ich vom Eindruck einer Bibliothek mit Büchern, die ich bis dahin nur vom Hörensagen kannte, so benommen.

Unter dem Asphalt der Straßen wurden Reste der Via Emilia freigelegt und schnell wieder zugedeckt. Was auch sonst soll man mit einer alten Römerstraße anfangen, die man gerade ausgebuddelt hat und möglichst so erhalten möchte, wie sie ist? In der Strada Maggiori stecken noch drei Pfeile unter dem Gebälk, wo sie von Jugendlichen oder anderen übermütigen Schützen im Mittelalter hineingeschossen worden sind.

Bologna ist die Heimat der Mortadella und Tortellini; Letztere sollen der Legende nach den Nabel der römischen Liebesgöttin Venus abbilden. Diese Stadt hat so viel erlebt, dass es auf eine internationale Feier von allseits in die Peripherie lächelnden Repräsentanten mehr oder weniger vermutlich nicht ankommt.

7.11 Alleen

Die landschaftsökologische, kulturhistorische und landschaftsästhetische Bedeutung vieler und insbesondere alter Alleen ist mittlerweile unstrittig. Alleen sind Straßen mit Bäumen auf beiden Seiten, die in regelmäßigen Abständen gepflanzt wurden. Sie sind sowohl an öffentlichen wie auch an privaten Verkehrsflächen und Wirtschaftswegen nach dem Naturschutzgesetz (BNatSchG) geschützt und bedürfen der regelmäßigen Pflege zur Erhaltung und Verkehrssicherung. Das Wort *avenue* bedeutete in der französischen Sprache zunächst »Ankunft«, im 16. Jahrhundert dann »Auffahrt«, seit dem 17. Jahrhundert »Allee« und seit dem 19. Jahrhundert auch »breite Straße« in einer Stadt. Ähnlich verhält es sich mit dem Begriff *avenida* im Spanischen.

Das *Abendlied* von Matthias Claudius ist möglicherweise das berühmteste deutsche Gedicht. Das in den vergangenen Jahren am meisten diskutierte ist allerdings vermutlich das von Eugen Gomringer, auch wenn es schon vor vielen Jahrzehnten in spanischer Sprache publiziert wurde. Über dieses

Gedicht wurde viel geredet, es wurde unterschiedlich interpretiert, und es verknüpft wie die allermeisten Geschichten und Gedichte den kulturellen und naturbezogenen Aspekt in vorbildlicher Weise.

Geschichten und Gedichte kann man interpretieren, man kann sie schön oder abstoßend finden, und häufig kann man sie nachempfinden. Sehr häufig können sie auch eine Menge über Muster zeitgenössischer Wahrnehmung aussagen.

Eugen Gomringer, ein bolivianisch-schweizerischer Schriftsteller, hatte zu Beginn der 1950er-Jahre, als er Soldat der Schweizer Armee war, ein Gedicht mit dem Titel *avenidas* geschrieben, das, auf einer Fassade einer Hochschule in Berlin aufgetragen, zu endlosen Diskussionen geführt hat. Kritikerinnen und Kritiker empfanden das Gedicht sexistisch, patriarchalisch oder wahlweise *peinlich*. Die Staatsministerin sprach im Zusammenhang mit den Vorwürfen dagegen von einem Akt der Kulturbarbarei.

Hier eine mögliche Übersetzung:

»Alleen
Alleen und Blumen
Blumen
Blumen und Frauen
Alleen
Alleen und Frauen
Alleen und Blumen und Frauen und
ein Bewunderer.«

Zu diesem Gedicht wurde von Studierenden, vom AStA und einer Gleichstellungsbeauftragten angemerkt, dass es sexistisch sei: »Altmänner-Sexismus at work.« Das männliche Kompliment wurde als besonders perfide Form der Demütigung enttarnt. Es reproduziere die patriarchalische Kunsttradition, in der Frauen ausschließlich die schönen Musen seien.

Gomringer wollte entsprechend der von ihm entwickelten *konkreten Poesie* mit wenigen Stilelementen positive Assoziationen und Stimmungen wecken, ohne die Worte oder Wortkombinationen nach dem ideologischen

Kollaps im Zweiten Weltkrieg sofort wieder hermeneutischen Überlastungssyndromen auszusetzen. Als das Gedicht entstand, war er übrigens noch ein junger Mann gewesen.

Auf der Metaebene ergibt sich nun allerdings ein grundsätzliches Problem. Die konkrete Poesie bezweckt einerseits, dass gerade nicht bis ins letzte Detail und bedeutungsschwer analysiert und interpretiert wird, auf der anderen Seite musste sich der Dichter mit einer aus seiner Sicht oberflächlichen und fehlgeleiteten Interpretation von agitatorisch gestimmten Hochschulangehörigen auseinandersetzen. Thomas Schmid (2018 in einem Blog) hat sich dem Gedicht von fachkundiger Seite angenähert und einen sehr interessanten Ausweg aus diesem Dilemma skizziert. Einige Sätze aus seiner Erörterung lauten:

»›avenidas‹ ist insofern eine Konstellation, als die Zeilen etwas Federleichtes, Schwebendes haben. Das Große an dem Gedicht ist aber, dass es dabei nicht bleibt. Dass die wie absichtslos hingeworfenen Substantive im Zuge der Wiederholungen wie Schwämme Bedeutung aufsaugen. Dass sie ohne ein einziges Verb eine wahre Beschreibung liefern, eine Frühlings- oder Sommerszene aufrufen. Das gewissermaßen geschmacks- und geruchsneutrale Wort ›und‹ verkoppelt auf unauffällige Weise Straßen, Blumen, Frauen und den Bewunderer. Es stellt Verbindungen her, die in der Schwebe, die vorläufig bleiben. Das Gedicht lässt eine eigene Welt entstehen. Und es ist keineswegs so, dass dem Bewunderer am Ende alles zu Diensten ist. Der Bewunderer ist nicht die Hauptperson. Er steht abseits. Obwohl er durch die Bezeichnung, die er trägt, der einzige Aktive zu sein scheint, ist er nur das Beiwerk zu den drei substantivischen Hauptakteuren des Gedichts: den Straßen, den Blumen, den Frauen.«

Als mittelmäßig kulturbeflissener Freund der schönen Künste erlaube ich mir es wie folgt zu handhaben. Gelegentlich denke ich lange über ein Werk nach. Und wenn mir Fachleute Details erklären, nehme ich das Werk oft mit anderen Augen wahr. Häufig sind Erklärungen aber nicht zur Hand, wenn ich Musik höre, Kunst betrachte oder etwas lese. Meistens lasse ich die Werke auf mich wirken und beobachte, ob ich emotional in irgendeiner Weise von ihnen berührt, angeregt oder fasziniert bin. Manchmal ist das nicht der Fall, bei diesem Gedicht ist es so. Es berührt mich ob seiner formalen Schlichtheit, Ästhetik, seiner inneren Symmetrien, auch weil ich den Dreiklang aus Alleen, Blumen und Frauen attraktiv und dieselben gar nicht selten und im konkreten Einzelfall sogar ansprechend finde. Die Bewunderung kann ich gut nachvollziehen. Natürlich gibt es auch manchmal eine Straße, Blume oder Frau, die man nicht so toll findet. Ich mag zum Beispiel keinen Gemeinen Hohlzahn (*Galeopsis tetrahit*), schon wegen des Namens nicht, und die Blüten dieser Pflanze sind eher klein und unscheinbar, und ich mag auch so manche gesichtslose und viel befahrene Durchgangsstraße mit Supermärkten und Tankstellen am Stadtrand nicht. Frauen, die ich nicht mag, möchte ich an dieser Stelle nicht erwähnen.

Über die vernichtende Kritik an diesem Gedicht habe ich nachgedacht. Und dann habe ich das Gedicht einmal mehr auf mich wirken lassen: nichts. Keine Veränderung. Es sprach mich immer noch in derselben Weise an. Die Kritik hat an meiner Haltung dem Gedicht gegenüber auch deshalb nichts geändert, weil ich nicht in jedem Fall bereit bin, der dissonanten Partitur des Strukturalismus- und Sexismusvorwurfs beizupflichten. Und was heißt eigentlich *Sexismus*? Die gesamte Farbpalette der Beziehungen zwischen Frauen und Männern lässt auch wohlwollende Beurteilungen zu. Darf man die alle prädeterministisch ausklammern? Es wurde kritisiert, dass Frauen mit Alleen und Blumen als dekorative Objekte in eine Reihe gestellt würden. Einige Kritiker dieses Gedichtes nehmen Alleen und Blumen offensichtlich lediglich als Dekoration wahr. Was mögen sie über die Ökologie von Alleen, über den landschaftsplanerischen und gärtnerischen Aufwand, mit dem die Straßenbäume regelmäßig begutachtet und fachgerecht in Form gebracht werden, über die Natur der Grünstreifen zwischen den Bäumen mit den Blumen und die Natur-Kultur-Beziehung von Bewunderern und Frauen oder Frauen und Bewunderern denken? Glauben sie vielleicht, dass Blumen und Bäume nur deshalb viele 100 Millionen Jahre der Evolution hinter sich haben und in sich tragen, damit irgendwelche Menschen sie dekorativ oder okay finden?

Und vor allem erachte ich die Selbstverständlichkeit, mit der Bewertungsmaßstäbe und Sprachregelungen aus der Gegenwart heraus auf frühere Zeiten und zukünftige Generationen übertragen werden, als übergriffig. Darf man sich heutzutage überhaupt sicher sein, dass sich *un mirador* im bolivianischen Spanisch der 1950er-Jahre ausschließlich auf den glotzenden Mann bezog? Auch Aussichtspunkte in der Landschaft heißen im Spanischen *miradores*. Vielleicht sollte man nicht jedes Gedicht in andere Sprachen übersetzen, um stenöke und missgünstige Kommentierungen agitatorisch durchgestylter Aufplusterungen vermeiden zu können. Es ist ja insbesondere die Orthografie der Inbrunst des Rechthabens, die uns Sorgen bereiten muss, ganz egal welche Richtung sie einzuschlagen sich gerade anschickt.

Quellen und weiterführende Schriften

Akerlof, G. A. & Shiller, R. J. 2016. Phishing for Fools: Manipulation und Täuschung in der freien Marktwirtschaft. Berlin.

Alchourrón, C. E. & Bulygin, E. 1971. Normative Systems. Wien.

Auer, K. 2002. »Political Correctness«: Ideologischer Code, Feindbild und Stigmawort der Rechten. Österreichische Zeitschrift für Politikwissenschaft 31 (3), S. 291–303.

Barry, B. 1990. Political Argument: A Reissue with New Introduction. Berkely/Los Angeles.

Bernardy, J. 2014. Aufmerksamkeit als Kapital. Formen des mentalen Kapitalismus. Marburg.

Davenport, T. H. & Beck, J. C. (2001). The attention economy. Understanding the new currency of business. Boston.

Börtitz, C. & Hobohm, C. 2021. History of environmental communication and education. In: Hobohm, C. (Hrsg.). Perspectives for biodiversity and ecosystems. Environmental Challenges and Solutions, S. 43–75.

Breidenbach, R. 1996. Herausforderung Umweltbildung. Diss. Univ Koblenz Landau, Bad Heilbrunn.

Brennan, A. & Lo, Y. S. 2016. Environmental ethics. In: Zalta EN (ed.). The Stanford Encyclopedia of philosophy. (https://plato.stanford.edu/entries/ethics-environmental/).

Bruderer, H. 2018. Meilensteine der Rechentechnik. Band 1: Mechanische Rechenmaschinen, Rechenschieber, historische Automaten und wissenschaftliche Instrumente, 2. Auflage, Berlin/Boston.

Buchheim, T.; Flashar, H. & King, R. A. H. 2003. Kann man heute noch etwas anfangen mit Aristoteles? Hamburg.

Bundesminister für Umwelt, Naturschutz und Reaktorsicherheit (Hrsg.) o. J.: Konferenz der Vereinten Nationen für Umwelt und Entwicklung im Juni 1992 in Rio de Janeiro – Dokumente – Agenda 21. – 289 S., Bonn.

Bundesminister für Umwelt, Naturschutz und Reaktorsicherheit (Hrsg.) o. J.: Konferenz der Vereinten Nationen für Umwelt und Entwicklung im Juni 1992 in Rio de Janeiro – Dokumente – Klimakonvention Konvention über die Biologische Vielfalt Riodeklaration Walderklärung. – 56 S. Bonn.

Cazenave, A.; Palanisamy, H. & Ablain, M. 2018. Contemporary sea level changes from satellite altimetry: What have we learned? What are the new challenges? Adv Space Res 62, S. 1639–1653.

Darwin, C. 1839. Journal of researches into the geology and natural history of the various countries visited by H. M. S. Beagle, under the command of Captain Fitzroy, R. N. from 1832 to 1836. London.

Darwin, C. 1859. On the origin of species by means of natural selection, or, The preservation of favoured races in the struggle for life. London.

Deutscher Wetterdienst 2021. Wetter und Klima aus einer Hand: Zeitreihen und Trends (https://www.dwd.de/DE/leistungen/zeitreihen).

Eckert, H. & Gonzalez, J. J. (Hrsg.) 2017. Zielverführung. Unterhaching.

Emcke, C. 2010. Kollektive Identitäten: Sozialphilosophische Grundlagen. Frankfurt/M.

Frank, G. 2007. Ökonomie der Aufmerksamkeit. Ein Entwurf. München.

Goodman, A. H.; Heat, D. & Lindee, S. M. 2003. Genetic Nature/Culture: Anthropology and Science Beyond the Two-Culture Divide, University of California Press, California.

Habermas, J. 1981. Theorie des kommunikativen Handelns. Frankfurt/M.

Head, S. 2005. The New Ruthless Economy. Work and Power in the Digital Age. Oxford.

Hendlin, Y. H. & Ott, K. 2016. Habermas on Nature: A Postnormal Reading between Moral Intuitions and Theoretical Restrictiveness. Environmental Ethics 38, S. 183–208.

Höffe, O. 2004. Immanuel Kant. 6. Aufl., München.

Horta, O. 2017. Animal Suffering in Nature: The Case for Intervention. Environmental Ethics 39 (3), S. 261–279.

Hörz, H.; Liebscher, H.; Löther, R.; Schmutzer, E. & Wollgast, S. (Hrsg.) 1991. Philosophie und Naturwissenschaften. 3. Aufl., Berlin.

House, E. R. 1980. Evaluating with validity. Beverly Hills, London.

Ip, K.-T. 2009. Environmental ethics: intercultural perspectives. Amsterdam, New York.

IPCC 2014: Climate Change 2014: Synthesis Report. Geneva.

IPCC 2018. Global Warming of 1.5°. An IPCC Special Report on the impacts of global warming of 1.5° above pre-industrial levels and related global greenhouse gas emission pathways, in the context of strengthening the global response to the threat of climate change, sustainable development, and efforts to eradicate poverty. Geneva.

IPCC 2019. Climate change and land: An IPCC Special Report on Climate Change, Desertification, Land Degradation, Sustainable Land Management, Food Security, and Greenhouse gas fluxes in Terrestrial Ecosystems. Geneva, Switzerland.

Kant, I. 1787. Critik der reinen Vernunft. 2. Aufl., Riga (http://www.zbk-online.de/texte).

Kinzig, A. P.; Ehrlich, P.; Alston, L.; Arrow, K.; Barrett, S.; Buchmann, T.; Daily, G.; Levin, G.; Levin, S.; Oppenheimer, M.; Ostrom, E. & Saari, D. 2013. Social norms and global environmental challenges: the complex interaction of behaviors, values, and policy, BioScience 63, S. 164–175.

Knüppel, H. & Leonhard, J. 2020. Natur – Bildung – Kultur: Versuch einer Verbindung. Berlin.

Krebs, A. 1999. Ethics of Nature. Berlin.

Layard, R. 2009. Die glückliche Gesellschaft. 2. Aufl., Frankfurt, New York.

Lyons, J. 1995. Einführung in die moderne Linguistik. 8. Auflage, C.H. Beck, München.

Manske, A. 2002. »Political Correctness« und Normalität: Die amerikanische PC-Kontroverse im kulturgeschichtlichen Kontext. Heidelberg.

Marais-Potgieter, A. & Thatcher, A. 2020. identification of six emergent types based on cognitive and affective constructs that explain individual's relationship with the biosphere. Sustainability 12, 7614; (doi:10.3390/su12187614).

Martínez-Alier, J. & Roldan, R. (Hrsg.) 2015. Handbook of Ecological Economics. Cheltenham.

Metelmann, J. & Welzer, H. 2020 (Hrsg). Imagineering. Frankfurt am Main.

Mortenson, E. 2011. Bridging the Nature/Culture Divide. Topia. 33, S. 254–257.

Myers, N. & Knoll, A. H. 2001. The biotic crisis and the future of evolution. – PNAS 98 (10): S. 5389–5392.

Nilayangode, P.; Laladhas, K. P.; Unnikrishnan Nair, G. S.; Mathai, A.; Baijulal, B. & Oomen, O. V. 2016. Grassroot initiatives for environmental sustainability. – In: Laladhas, K. P.; Nilayangode, P. & Oomen, O. V. (eds.). Biodiversity for sustainable Development. – Environmental Challenges and Solutions 3, S. 185–192.

Norris, P. & Inglehart, R. 2004. Sacred and secular: religion and politics worldwide. Cambridge, UK.

O'Brian, K. J. 2010. An Ethics of Biodiversity: Christianity, Ecology, and the Variety of Life. Washington.

Oppermann, S. T. 1999. Ecocriticism: natural world in the literary viewfinder. Hacettepe Üniversitesi Edebiyat Fakültesi Dergisi 16 (2), S. 1–16.

Ott, K. & Döring, R. 2008. Theorie und Praxis starker Nachhaltigkeit. 2. Aufl., Marburg.

Ott, K. 2014. Umweltethik zur Einführung. 2. Aufl., Hamburg.

Reinmuth, K. C. 2021. A framework for evaluation of normative solutions to environmental problems. In: Hobohm, C. (Hrsg.). Perspectives for biodiversity and ecosystems. Environmental Challenges and Solutions, S. 107–128.

Rolston, H. 1988. Environmental Ethics. Philadelphia.

Russell, B. 2012. Philosophie des Abendlandes. Ihr Zusammenhang mit der politischen und der sozialen Entwicklung. Zürich.

Schumacher, E. F. 1973. Small is beautiful: a study of economics as if people matters. London.

Scruton, R. 2012. Green Philosophy: How to Think Seriously about the Planet. London et al.

Seagle, C. W. 2013. Discourse, development and legitimacy: Nature/Culture dualism of mining engagements in biodiversity offsetting and conservation in Madagascar. In: Evers, S. J. T. M.; Campbell, G., & Lambek, M. (Hrsg.), Contest for Land in Madagascar: Environment, Ancestors and Development. African Social Studies Series 31, S. 187–220.

Steingart, G. 2016. Weltbeben: Leben im Zeitalter der Überforderung. 5. Aufl., München.

Stodt, B.; Wegmann, E. & Brand, M. 2016. Predicting dysfunctional internet use: the role of age, conscientiousness and internet literacy on internet addiction and cyberbullying. International Journal of Cyber Behavior, Psychology and Learning 6, S. 28–43.

Sussman, R. & Gifford, R. 2014. The psychology of climate change. In: Gifford, R. (Hrsg.) 2014. Environmental psychology: Principles and practice. 5. Aufl., Colville, S. 420–453.

Swyngedouw, E. 2010. Apocalypse forever? Post-political populism and the spectre of climate change. Theory, Culture & Society 27 (2–3), S. 213–232.

Thiele, A. 1988. Die Kunst zu überzeugen: Faire und unfaire Dialektik. 2. Auflage. Düsseldorf.

Voltaire, o. V. 2019. Über die Toleranz. 6. Aufl., Berlin.

Watson, P. 2012. The Great Divide: Nature and Human Nature in the Old World and the New. New York.

Wieland, H. R. 2010. Computergeschichte(n) – nicht nur für Geeks: Von Antikythera zur Cloud. Bonn.

8

Zusammenfassung

Kulturelle Handlungen sind ein Spiegel von Ökosystemdienstleistungen. Kulturgeschichte ist immer auch die Geschichte der Nutzung von Ressourcen, von Eingriffen in die natürliche Umwelt und der Umgestaltung von Landschaften. Das Anliegen dieser Schrift war es, die Beziehung von Natur und Kultur bis hin zu den kleinsten Verästelungen gesellschaftlichen Lebens aufzuzeigen. Nach der hier vorgestellten These besteht ein enger Zusammenhang zwischen den Kulturen, den sozialen Lebenswelten, der Gesundheit von Menschen auf der einen Seite und dem Zustand der Ökosysteme, die durch Biodiversität vernetzt sind, auf der anderen. Sowohl die helle als auch die dunkle Seite der Natur-Kultur-Beziehung, die inspirierenden Aspekte sowie Probleme für Menschen, Ökosysteme und Biodiversität sollten anhand ausgewählter Beispiele dargestellt werden. Es wurde als wichtig erachtet, den engen Rahmen wissenschaftlicher Sachanalyse gelegentlich zu verlassen und eigene Beobachtungen und Kommentare einzuflechten.

Es wurde versucht, die Bedeutung und das Ausmaß der ökologischen Krise aus umweltwissenschaftlicher Sicht darzustellen. Nach den ersten zwei Dekaden eines Jahrhunderts kann niemand wissen, welches die größte Katastrophe eines Jahrhunderts, das zu weniger als einem Viertel vergangen ist, sein wird. Es ist im Jahr 2021 völlig offen, welche Ereignisse nach dem Jahr 2100 in der Retrospektive als Katastrophen des 21. Jahrhunderts bezeichnet werden könnten, ob diese erst nach dem Überschreiten von Kipppunkten eingetreten sind oder ob sie eher dauerhaft gewirkt haben. Welche Bedeutung Säuberungsaktionen, das Streben nach Freiheit und Gleichberechtigung, Klimagerechtigkeit und Schmetterlingseffekte dabei haben könnten, auch dies ist derzeit nicht seriös zu prognostizieren. Mit dem Klimawandel sind erhebliche Risiken und Ängste vor katastrophalen gesellschaftlichen Auswirkungen verbunden. Diese Zukunftsängste dürfen aber nicht dazu führen, dass die Aufmerksamkeit in Bezug auf andere Umweltprobleme, die möglicherweise gravierender sein werden, nachlässt. Mit Sicherheit wird es nicht reichen, den Fokus auf den Klimawandel und Maßnahmen im Zusammenhang mit den CO_2-Emissionen zu legen. Die ökologische Krise ist viel mehr als nur eine Klimakrise.

Die Intensivierung der Landnutzung und die Vernichtung von Ökosystemen findet vor unseren Augen statt. Äcker ersetzen den Regenwald, Städte wachsen auf ehemaligem Ackerland und an den Küsten, an denen die Extremwetterereignisse zunehmen. Das Artensterben ist schon seit Langem ein gravierendes Problem, denn Ökosysteme, deren Dienstleistungen wir gern in Anspruch nehmen, können ohne Biodiversität nicht funktionieren. All diese Veränderungen stehen mit dem Klimawandel in Wechselwirkung und sie sind mit erheblichen Auswirkungen und Risiken für das menschliche Wohlbefinden verbunden. Viele von ihnen sind im Gegensatz zur Erwärmung der unteren Atmosphäre irreversibel. In der gegenwärtigen Umweltdebatte werden daher immer häufiger auch Veränderungen der Landnutzung thematisiert und Gegenmaßnahmen angemahnt. Im Fokus der Beeinträchtigung von Ökosystemen stehen dann vor allem Wälder, Süßwasserökosysteme oder auch Korallenriffe. Daneben gibt es aber noch viele weitere für die Arterhaltung und Gesundheitsvorsorge wichtige Ökosysteme, die zu schützen sind, unter anderem Küstenlebensräume wie Dünen und Salzwiesen, Fels- und Schuttfluren, Moore und Sümpfe, Grasland, Savannen, halb offene Weidelandschaften, Heiden und Gebüschformationen. Auch anthropogene Lebensräume, Städte und Siedlungen können einen wichtigen Beitrag für die Erhaltung der Biodiversität leisten.

Aus ökologischer Sicht werden Umweltrisiken, aktuelle Probleme und die entsprechenden Auswirkungen auf Ökosysteme noch nicht hinreichend und ihrer tatsächlichen Bedeutung entsprechend dargestellt. Die konventionelle Land-, Forst- und Fischereiwirtschaft sind von Bestrebungen im Sinne der Arterhaltung und des Tierschutzes teilweise noch weit entfernt. In Bezug auf die Landnutzung in Europa sind zwei gegensätzliche Tendenzen zu beobachten. Auf der einen Seite wird die Nutzung intensiviert oder sie verbleibt auf hohem Niveau, zum Beispiel der Einsatz von Pestiziden oder riesigen Erntemaschinen, die durchschnittliche Betriebsgröße wächst, während die Zahl der landwirtschaftlichen Betriebe immer noch schrumpft. Auf der anderen Seite wird versucht, mit effektiven Umwelt- und Naturschutzmaßnahmen gegen anzusteuern. Der Kompromiss, der dabei herauskommt, bewirkt, dass einzelne, ehemals stark bedrohte Arten wieder häufiger geworden sind, viele andere dagegen immer stärker bedroht sind.

Das größte Sorgenkind der Umwelt war und ist die Verfügbarkeit von Wasser und der Umgang mit dem Schutzgut Wasser. Die allermeisten Umweltprobleme, die Menschen belasten oder Menschenleben gekostet haben und derzeit bedrohen, wirken allerdings eher schleichend, kontinuierlich oder diskontinuierlich, aber nur selten in Form von katastrophalen Überflutungen oder chaotisch nach dem Überschreiten von Kipppunkten. Jedes Jahr sterben Millionen von Menschen aufgrund von Umweltproblemen, die mit der Qualität oder Quantität des Wassers in Zusammenhang stehen. Einige von ihnen stehen auch mit dem Klima in Wechselwirkung.

Die Artenvielfalt wird durch ökonomische Prozesse, Klimawandel und durch menschenunabhängige Naturkatastrophen beeinträchtigt. Das größte Problem für die Arterhaltung ist der Mensch. Es sind in erster Linie ökonomische Vorgänge, die zur Schädigung und Vernichtung von Ökosystemen führen und die Existenz von Arten bedrohen. Der Klimawandel, der seine Wirksamkeit vor allem über Veränderungen in den Ökosystemen entfaltet, besetzt eine intermediäre Position, wenn es um die Zahl der bedrohten Arten geht. Naturkatastrophen wie Tsunamis, Vulkanausbrüche oder natürliche Extremwetterereignisse spielen nur eine untergeordnete Rolle im Potpourri der Gefährdungsfaktoren.

An einigen Tendenzen wird sich kurz- und mittelfristig nichts ändern, weil entsprechende Korrektive global nicht vorhanden sind oder nicht greifen. Die Menschheit, der Ressourcenhunger, die Produktion von Fleisch und die CO_2-Konzentration in der Atmosphäre werden daher noch für längere Zeit weiter anwachsen. Wenn man dagegen proaktiv tätig werden möchte, auch weil man Reboundeffekte, chaotische Zustände nach dem Überschreiten von

Kipppunkten, Auswirkungen auf die Gesundheit, Verteilungskämpfe inklusive Mord und Totschlag befürchtet, wird dies in der globalen Dimension derzeit jedenfalls kaum möglich sein. Es gibt keinen Hinweis dafür, dass der Kapitalismus in der Lage wäre, sich freiwillig und in kultivierter Weise auf ethische Mindeststandards der Produktion und des Handels oder einen schonenden Umgang mit Ökosystemen einzulassen. Freiwillige Selbstverpflichtungen in ökonomischen Zusammenhängen sind meist ziemlich unwirksam. Und es ist auch keine global einvernehmliche Grundüberzeugung, Politik der Vereinten Nationen oder revolutionäre Situation in Sicht, die darauf abzielen würde, in effektiver Weise etwas gegen die zunehmende Schädigung und Vernichtung von Ökosystemen zu unternehmen.

Die häufig geäußerte Vorstellung, dass die Weltwirtschaft ein kopfloser Treiber von Umweltproblemen sei, kann aus ökologischer Perspektive bestätigt werden. Die Rahmenbedingungen ökonomischer Freiheiten bedürfen auf jeden Fall der steten und aufmerksamen Kontrolle im Sinne der Umwelt und Gesundheitsvorsorge, und Freihandelsabkommen mit kompromissaffinen Bypass-Sondergerichten hinter verschlossenen Türen sind aus umweltwissenschaftlicher Sicht extrem problematisch.

Eine mögliche Alternative zur Umweltvorsorge auf globaler Ebene könnte darin bestehen, Aktivitäten und Investitionen auf der lokalen, regionalen, nationalen oder europäischen Ebene zu verstärken. Nach dem Gesetz der Serie lohnt es sich vor allem dort tätig zu werden, wo bereits Erfolge zu verzeichnen sind. Den Zwängen des globalen Marktes könnte jede Nation beziehungsweise die EU sehr schnell durch Import-, Produktions- oder Handelsbeschränkungen begegnen. Historische und aktuelle Vorbilder dafür sind reichlich vorhanden. Und es ist eigentlich längst klar, was die allermeisten Menschen gern vermeiden würden beziehungsweise nicht wollen: zum Beispiel Kinderarbeit, Hunger, Abholzung von Urwäldern, Artensterben. Umweltpolitik muss derartige Dinge und die Verfütterung von Soja aus Regenwaldgebieten an Schweine in Europa auch mit dem Hinweis auf den globalen Markt und internationale Handelsbeziehungen nicht unterstützen. Viele Prozesse wären entlang ethischer Leitlinien leicht zu begrenzen, wenn man sich endlich darauf verständigen könnte. Und wenn andere nicht mitmachen wollen, kann man auch allein anfangen. Das ist kleinmaßstäbig häufig leichter möglich als in geographisch größeren Räumen oder in der globalen Dimension.

Es ist oft zu hören, dass wir sofort tätig werden müssen, um die Menschheitskatastrophe noch verhindern zu können. Die Frage nach der zeitlichen Dimensionierung ist auch eine Frage nach den Erwartungen, Befürchtungen, tatsächlichen Auswirkungen und der Durchführung effektiver Maßnahmen. Natürlich ist es in vielen Fällen sinnvoll schnell zu handeln und in einigen bereits zu spät. Etwa 900 der wissenschaftlich beschriebenen Arten, vor allem Tiere, sind bereits ausgestorben, fast zehnmal so viele sind stark vom Aussterben bedroht. Hinzu kommen die existenziell gefährdeten Arten vor allem in den Regenwäldern, die noch gar nicht wissenschaftlich erfasst sind. In einigen Fällen müsste extrem schnell gehandelt werden, um eine Art noch retten zu können. Die Menschheit gehört derzeit allerdings noch nicht zu den bedrohten Arten. Ein wichtiges Etappenziel im Sinne der Arterhaltung, der Atmosphäre und des Umweltschutzes wäre eine nicht weiter wachsende Weltbevölkerung, auch um Dystopien, Hospitalismus und Stress nicht weiter zu befeuern. Aber auch von diesem Ziel sind wir derzeit noch viele Jahre entfernt. Dringend zu handeln bedeutet nicht in jedem Fall, auf die Tube zu drücken. In einigen Fällen lohnt es sich im Gegensatz dazu, beherzt zu bremsen.

Es ist häufig sinnvoll, Erholungspausen einzubauen, Verzicht zu üben, weniger Fleisch zu produzieren, weniger zu essen, weniger Brennstoffe, Energie und Wärme zu erzeugen, weniger Pestizide zu verspritzen, weniger Gülle zu produzieren und in der Landschaft auszuschütten, weniger Auto zu fahren, nicht mehr so oft in Urlaub zu fliegen, weniger Müll zu produzieren, Haustieren weniger Medikamente und Hormone zu verabreichen, sie artgerecht zu halten und sie langsamer und gesünder aufwachsen zu lassen. Aber auch wenn viele Menschen dabei bereits jetzt freiwillig und teilweise mit erheblichen Zugeständnissen mitmachen, wird es kaum ausreichen. Natürlich darf man sich auch als Privatperson fragen, welchen Beitrag man zu leisten bereit wäre. Und wenn man sich ein Elektroauto zulegt, dann ist das niemals gut für die Umwelt, sondern höchstens weniger schlecht. Aber auch das kann ein Schritt in die richtige Richtung sein.

Eine Verlangsamung muss insbesondere mit Blick auf die Nutzungsänderungen in den Landschaften und Ökosystemen auf allen Etagen der Politik diskutiert, geplant und eingepreist werden. Wenn Planungsverfahren zum Städte- und Wohnungsbau wegen enorm steigender Mietpreise beschleunigt und das Wachstum von Städten, Infrastruktur und die Bodenversiegelung gleichzeitig gebremst werden sollen, damit die Welt von morgen nicht völlig zugebaut ist, bedarf es ausgeklügelter Lösungen. Und auch in solchen Fällen lohnt es sich, zunächst in Ruhe nach einer Lösung zu suchen, als sofort in Aktionismus zu verfallen.

Ökonomische Vorgänge sind der wichtigste Treiber von Veränderungen in der Natur. Umwelt- und Naturschutz bedeuten deshalb auch immer, Kosten und Ersparnisse zu berücksichtigen. Ambitionierte Umweltpolitik inklusive Natur- und Artenschutz wird sich mit der Idee auseinandersetzen, ein konsistentes und nach Maßgabe empirischer Umweltdaten abgestimmtes Paket aus Subventionen, Steuern und Restriktionen inklusive Zertifizierungen zusammenzuschnüren, anstatt wie bisher Kompromisse, Schlupflöcher, Vetternwirtschaft, Beraterverträge und Flickenschusterei zu bedienen. Verantwortliches Handeln schränkt das Spektrum der Freiheiten unweigerlich ein. Regierungshandeln im Sinn effektiver Umweltpolitik ist darüber hinaus nicht denkbar, ohne den Wirtschaftsliberalismus konsequent in seine Schranken zu weisen. Freiheit, Freiwilligkeit und die damit verbundene Verantwortungsdiffusion sind häufig nicht umweltverträglich, und freie Marktwirtschaft ist nicht das Gegenteil von Planwirtschaft. Das Gegenteil von Planwirtschaft ist Wirtschaften ohne Plan. Investitionen in den Natur- und Umweltschutz müssen finanziert werden. Man kann die Kosten kalkulieren und die vielfältigen Umweltmaßnahmen, die es bereits gibt, ausbauen oder man kann alles auf die lange Bank schieben und folgenden Generationen überlassen. Die Reparaturmaßnahmen von morgen dürften allerdings erheblich teurer werden als Vorsorgemaßnahmen heutzutage. Und man kann nur reparieren, was noch da ist.

Der Informationsfluss und die umfangreiche Bereitstellung von Erkenntnissen wurden durch die Entwicklung und den Einsatz digitaler Medien revolutioniert. Eigentlich sollte man annehmen dürfen, dass die Welt der

Informationen dadurch reicher, wissenschaftlicher und objektiver geworden ist. Auch sollte es leichter möglich sein, komplexe Vorgänge und deren Auswirkungen mit aufwendigen Computerprogrammen zu modellieren. Der Boden für Verschwörungstheorien und Obskurantismus scheint aber offensichtlich nicht weniger fruchtbar geworden zu sein. Neben der sorgfältigen Beachtung empirischer Daten und der logischen Argumentation ist Sprache beziehungsweise eine adäquate Verwendung von Sprache eine wichtige Größe wissenschaftlicher Prinzipien und effektiven Umwelthandelns. Sprache und das Internet gestehen all jenen Freiheiten zu, die die Texte verfassen und ins Netz stellen, aber auch den Nutzern, die die Texte überfliegen oder lesen, verstehen und interpretieren wollen. Die Art und Weise der Verwendung von Fach- und Alltagssprache ist ein wichtiger Indikator für die Bedeutung von Befindlichkeiten und Prozessen. Umgekehrt beeinflusst Sprache die Kommunikation, das Denken und Umwelthandeln. Bewusst fehlleitende Argumentation und Stilelemente bis hin zu unerträglicher Lyrik gehören zum Geschäft. Und auch wenn es kaum zu beweisen ist, so deutet doch einiges darauf hin, dass Euphemismen, der spielerische Umgang mit Fakten, Ignoranz und Dreistigkeiten in der Berichterstattung und Politik zugenommen haben. Die kritische Auseinandersetzung mit der fein aufeinander abgestimmten Trias aus ökonomischer, politischer und juristischer Rhetorik ist sicherlich ein aufwendiges Unterfangen im Bemühen, Umweltprobleme minimieren zu können. Denn von der in Sprache gegossenen Idee einer Lösung über das Narrativ und die Argumentationskette bis hin zu den justiziabel formulierten Beschlüssen praktischer Umweltmaßnahmen ist es häufig ein langer Weg.

Danksagung

Viele Freundinnen und Kollegen haben einzelne Kapitel gelesen. Für alle konstruktiven Hinweise, Empfehlungen, handfeste Kritik und motivierende Diskussionen möchte ich mich sehr herzlich bei Gerd Grözinger, Uta Herdeg, Annelie Hobohm, Volker Müller-Benedict, Michaela Moro-Richter sowie Karl Christoph Reinmuth bedanken. Christian Berg, Leiter des Botanischen Gartens der Universität Graz, hat mit seinen Kenntnissen der wissenschaftlichen Nomenklatur erheblich zur Analyse und anekdotischen Evidenz von Pflanzen- und Tiernamen beigetragen.

Mein Dank gilt auch den Autorinnen und Autoren im In- und Ausland, die mit mir zusammen ein Buch zum Thema *Perspectives for Biodiversity and Ecosystems* erarbeitet haben, welches als wichtige Quelle für die inhaltliche Ausgestaltung dieses Buches zur Verfügung stand.

Sehr viele Diskussionen mit Studierenden, die ich namentlich nicht alle nennen kann, haben mich immer wieder zum Grübeln angeregt und auf die Spur gebracht. Dafür möchte ich mich bei allen Beteiligten ganz herzlich im Nachhinein bedanken.

Ein besonderer Dank gilt der Lektorin Maike Hofma und dem Lektor Clemens Herrmann vom oekom verlag für die angenehme und fruchtbare Zusammenarbeit bei der Produktion dieses Buches.

Der Autor

Fragen der Kulturgeschichte, Einflüsse von Menschen auf Landschaften, Aspekte der Makroökologie, Umweltbildung, Umweltethik und Umweltpolitik bestimmen das Interesse und die Forschung von Prof. Dr. rer. nat. habil. Carsten Hobohm. Eine umfangreiche Liste nationaler und internationaler Projekte, Publikationen und Kooperationen mit weit über 100 Kolleginnen und Kollegen in allen Teilen der Erde spiegelt entsprechende Aktivitäten wider.

Als Ordinarius an der Europa-Universität Flensburg (EUF) ist er zuständig für die Organisation von Lehrangeboten in den Bereichen Biologie und ihre Didaktik, Ökologie und Umweltbildung.

Zusammen mit vielen weiteren Ko-Autorinnen und Ko-Autoren publizierte er ein Buch zum Thema *Perspectives for Biodiversity and Ecosystems*, das im Jahr 2021 herausgegeben wurde.

Im Jahr 2020 erhielt er den Forschungspreis der Universität.

In einem CHE-Ranking in den Jahren 2014 und 2018 erhielt die Lehramtsausbildung im Bereich Biologie/Ökologie an der EUF die beste Beurteilung auf nationaler Ebene.

Im Jahr 2000 publizierte Carsten Hobohm das erste Fachbuch zum Thema »Biodiversität« in deutscher Sprache (UTB).

Vor seiner Berufung nach Flensburg arbeitete Carsten Hobohm an den Universitäten Bayreuth (Beginn des Studiums in den Fächern Chemie und Biologie), Freiburg im Breisgau (Biologie-Diplom), Hannover (Promotion im Fach Geobotanik, Nebenfächer Bodenphysik und Philosophie), Lüneburg (Habilitation) und Siegen (Vertretungsprofessur im Bereich Ökologie und Botanik auf Lehramt).

Darüber hinaus betätigte er sich aktiv in der Landschaftspflege und im Rahmen behördlicher Verfahren zur Umweltverträglichkeitsprüfung und hielt stets den Kontakt zu Organisationen und zur Verwaltung im Naturschutz – Zivildienst bei der Schutzstation Wattenmeer auf Sylt, Umweltverträglichkeitsuntersuchungen zu Kläranlagen, Kraftwerken, Bohrungen und Pipelines in der Nordsee, Kartierung von FFH-Gebieten entlang der Küste, Beratung im Umweltschutz.

Carsten Hobohm ist Mitglied zahlreicher nationaler und internationaler Naturschutzorganisationen und wissenschaftlicher Vereinigungen. Er wohnt mit seiner Familie in Lüneburg.

Warum Veränderung guttut

Klimawandel, Globalisierung und soziale Ungleichheit – wir stehen vor immensen Herausforderungen. Hartwig Schulz analysiert aus der Perspektive eines Naturwissenschaftlers schonungslos Fehlentwicklungen und fordert einen Paradigmenwechsel: Statt Konkurrenz und Wettbewerb allein braucht es mehr Kommunikation, gegenseitige Wertschätzung und mehr Selbstorganisation, um unsere Gesellschaft resilienter zu machen.

H. Schulz

Aufbruch in eine nachhaltige Zukunft
Wie wir die Illusion unbegrenzten Wachstums überwinden
240 Seiten, Broschur, 28 Euro
ISBN 978-3-96238-321-3
Auch als E-Book erhältlich

Mit Spiritualität gegen den Klimawandel

Trotz Klimawandel ist eine gute Zukunft für alle Menschen möglich. Doch Appelle mit nüchternen Fakten bewirken wenig, erst durch Emotionen verändern Menschen ihr Verhalten. Religionen setzen hier an und motivieren, mit Herz und Verstand an der Welt von morgen zu bauen. Das Buch lädt zu einer spirituellen Entdeckungstour ein, begleitet von ökonomischen und gesellschaftlichen Analysen, die politische Perspektiven und konkrete Handlungsmöglichkeiten aufzeigen.

G. Banzhaf

So entsteht Zukunft
Spirituelle Ressourcen, philosophische Reflexionen, politische Perspektiven
176 Seiten, Broschur, 20 Euro
ISBN 978-3-96238-315-2
Auch als E-Book erhältlich

DIE GUTEN SEITEN DER ZUKUNFT